Buffie Johnson

# Die Große Mutter in ihren Tieren

Buffie Johnson

# Die Große Mutter in ihren Tieren

## Göttinnen alter Kulturen

Walter-Verlag, Olten und Freiburg

Originalausgabe: «The Lady of the Beasts. Ancient Images of the Goddess and Her Sacred Animals», erschienen bei Harper & Row, Publishers, San Francisco.


Aus dem Amerikanischen von Brigitte Siegel.


Gesamtherstellung in den grafischen Betrieben des Walter-Verlags
Printed in Switzerland
ISBN 3-530-40388-1

Dem lebendigen Geist von

NATASHA RAMBOVA

und

CARL GUSTAV JUNG

gewidmet

# Inhalt

# Vorwort

Im Februar 1954 schrieb ich einen Brief an Carl Gustav Jung. Ich war damals in Salzburg, wo ich Vorträge am Seminar für Amerikastudien hielt, und ich hatte Vorbereitungen getroffen, im folgenden Monat ins Tessin zu fahren, nach Ascona auf der schweizerischen Seite des Lago Maggiore, um mich dort in einem Archiv umzusehen, wo Photographien aufbewahrt wurden, die im Zusammenhang mit der Großen Göttin standen. Ich bat Dr. Jung, ihn in Zürich besuchen zu dürfen, erwähnte aber nicht, daß dieser Besuch eine Station auf meinem Weg ins Tessin sein würde. Er antwortete, er werde zu diesem Zeitpunkt nicht in Zürich sein, und schlug mir vor, nach Ascona in das Hotel zu kommen, wo er und seine Frau einen dreiwöchigen Ferienaufenthalt verbringen wollten.

Ich hatte bereits in demselben kleinen Hotel am Kai ein Zimmer reserviert; damit begann eine Folge von «Zufällen» oder Koinzidenzen, die ich immer als Beispiel für Jungs Theorie der Synchronizität empfunden habe. Als wir uns in der Casa Manasa trafen, kamen Dr. Jung und ich von Anfang an gut miteinander aus. Seine engagierte Erforschung des menschlichen Bewußtseins hatte einen starken Einfluß auf mich ausgeübt, und ich sagte ihm das. Freundlich und ausführlich erkundigte er sich nach meinem noch ungeschriebenen Buch, zweifellos daran interessiert, da die Große Mutter und ihre heiligen Tiere zu seinen grundlegenden Archetypen zählten.

Oft unterhielten wir uns beim Frühstück im Speisesaal des Hotels, manchmal auch beim Tee auf der Terrasse – mit Blick auf den See – und immer nach dem Abendessen, wenn wir im Aufenthaltsraum saßen, einem gemütlichen Zimmer, das mit einfachen, in leuchtendem Weiß und Blau gepolsterten Holzmöbeln ausgestattet war. Die Rouleaus an den Glastüren zum Hof wurden bei Sonnenuntergang immer herabgelassen, als wollte man das Licht im Inneren zurückhalten.

Wie wir unsere Mahlzeiten an wechselnden Orten einnahmen, so drehten sich auch unsere Gespräche zu den verschiedenen Tageszeiten um unterschiedliche Themen. Abends liebte es Dr. Jung, über Afrika zu reden. Er hatte in Kenia und Uganda gelebt und betrachtete diese Jahre als die aufschlußreichste Erfahrung seines Lebens. Er schien von Natur aus in Bildern zu denken, und er berichtete, daß der Anblick des Profils eines Afrikaners, das sich gegen den rosa Schein des Abendhimmels abhob, für ihn eine Offenbarung gewesen sei, die es ihm erleichterte, die Anfangsphase der Entfaltung der menschlichen Psyche zu verstehen.

Zum Tee hatten die Jungs meist Besucher aus Zürich, daher waren die Gelegenheiten zu privaten Unterhaltungen mit dem Doktor begrenzt. Gelegentlich gingen wir auf dem Kai spazieren, und bei einem dieser Spaziergänge bat ich ihn, mir den Begriff der Synchronizität zu erläutern. Er wies auf die glatten Steine auf dem Grund des Sees und seine unbewegte Oberfläche, zwei Ebenen derselben und zur selben Zeit zugänglichen Erfahrung.

Aber meine Lieblingszeit war das Frühstück. Der Speisesaal war in diesen beiden Wochen beinahe leer, und bei Tee, Croissants und Honig sprachen wir über die Quellen und die Entwicklung meiner Arbeit.

Ich kann mich nicht mehr genau an meine Worte

erinnern, aber ich erzählte Dr. Jung, daß in der Kindheit Malen und Schreiben meine Lieblingsbeschäftigungen gewesen waren. Ich hatte Gedichte über die Natur verfaßt, über die Wälder und die von wilder Iris umgebenen Teiche; damals lebte ich in Duxbury (Massachusetts), einem Städtchen am Meer, wo ich ein Buch über Astronomie mit einem Finger auf der Schreibmaschine tippte. Dr. Jung war außergewöhnlich empfänglich für den intimen Charakter von Erinnerungen, deshalb erzählte ich ihm vielleicht auch von den geheimen Tänzen meiner Kindheit – vom ägyptischen, vom japanischen und vom Schmetterlingstanz. Das Wichtigste aber war meine intensive Beschäftigung mit der Göttin, lange bevor ich das Wort *Göttin* gehört hatte oder wußte, was es bedeutete. Im Alter von acht Jahren hatte ich eine Serie von vierzig Aquarellen gemalt, feminine Bilder, die ich «The Spirits Of» («Die Geister von») nannte und die den Geist der Sonne, des Mondes, der Sterne, der Winde, des Himmels und der Erde darstellten.

In den 30er Jahren, als ich in Paris malte und ausstellte, erzählte mir eine Freundin von einem Vortrag über die Göttin, den sie in New York gehört hatte, und die Erinnerung an «The Spirits Of» flutete in mein Gedächtnis zurück. Nach der Rückkehr in die Vereinigten Staaten machte ich die Bekanntschaft der Ägyptologin Natasha Rambova, einer außergewöhnlichen Frau, die, als sie bei ihrer Tante Elsie de Wolf, der späteren Lady Mendel, in Versailles lebte, im Kreis um den Mystiker Gurdjeff groß wurde. Natasha tanzte beim Ballet Russe und heiratete später Rudolph Valentino, ihren Partner auf dem Parkett des Gesellschaftstanzes. Mit ihr zusammen beschäftigte ich mich fünf Jahre lang eingehend mit esoterischer Symbolik und Mythologie, und zwischen uns entstand eine tiefe Beziehung. In dieser Zeit beschloß ich, ein Buch über die nahezu vergessene Göttin zu schreiben. Natasha schlug eine indirekte Methode vor: Warum verfaßte ich keine Studie über die Göttin, wie sie in den bildlichen Darstellungen der ihr geweihten Tiere erschien? Ich griff ihre Anregung sofort auf.

Die Göttin machte sich auch erneut in meinen Gemälden bemerkbar; 1950 erhielt ich von der Bollingen Foundation ein kleines Stipendium, und ich begann, Photographien zu sammeln. Die Suche nach Darstellungen der Großen Mutter hatte schließlich dazu geführt, daß ich mit dem hochgewachsenen, scharfäugigen, weißhaarigen Mann, der mich so herzlich ermutigte, meine Suche fortzusetzen, an einem Tisch saß. Später in diesem Jahr lud er mich nach Zürich ein, um seine Bibliothek zu benutzen.

Damals wußte ich es noch nicht, aber diese Frühstücksgespräche mußten mir über eine lange Zeit hinweghelfen. Nachdem ich in den 50er Jahren nach New York zurückgekehrt war, versuchte ich, mit anderen Menschen über die Göttin zu diskutieren. Die Philosophen, Psychoanalytiker und Theologen, die ich kannte, reagierten mit Interesse; aber die Schriftsteller und meine Künstlerkollegen wichen diesen Gesprächen bald früher, bald später aus. Daher blieb ich still und durchkämmte die Museen und Archive Europas auf der Suche nach Photographien. Während all der Jahre, in denen ich an dem Buch arbeitete, war meine Hauptbeschäftigung die Malerei. Jeden Vormittag, wenn

Die Autorin im Jahr 1943, als sie mit der Arbeit an diesem Buch begann.

ich noch frisch war, schrieb ich einige Stunden lang, und ich hielt die Augen nach einschlägigen Bildern für mein Buch offen. Mein roter Faden war die visuelle Darstellung; ich schrieb das Buch um die Bilder herum.

Der anfängliche Mangel an Interesse für die Materie meines Buches bremste mich zwar, aber die Zeit arbeitete für mich. Die wissenschaftlichen Studien, deren Zahl stark zunahm, seit J. J. Bachofen 1859 die matriarchale Kultur wiederentdeckt hatte, war für mich eine große Hilfe. Heute interessieren sich viele Menschen für dieses Thema. Die Hauptquellen aus dem 20. Jahrhundert waren für mich die Arbeiten von Harrison, Briffault, Neumann und Gimbutas.

Sehr viel verdanke ich meiner großzügigen Freundin Marija Gimbutas, der Archäologin, deren Entdeckungen dazu beitragen, die bisher gängigen Vorstellungen von antiker Kulturgeschichte zu verändern. Ihre Arbeiten, vor allem das Buch *The Language of the Goddess,* übten einen nachhaltigen Einfluß auf die Zielsetzung meiner Bemühungen aus, und ihre freundliche Unterstützung im Lauf der letzten Jahre war von unschätzbarem Wert.

Aber diese Art der Forschung, Vertiefung und Verbesserung könnte endlos fortgesetzt werden. Hier ist nun also das Buch, das Natasha Rambova 1943 in New York wünschte und das ich Dr. Jung 1954 in Ascona versprach. Ich hoffe, *Die Große Mutter in ihren Tieren* hätte ihre Zustimmung gefunden.

BUFFIE JOHNSON
*New York City*
*Oktober 1987*

DANKSAGUNG

Vor allem möchte ich meiner guten Freundin Marija Gimbutas meinen Dank für all ihre Hilfe aussprechen. Danken möchte ich ferner Joseph Campbell, Mircea Eliade, Clayton Carlson, Kermit Lansner, David Gascoyne, Ingrid Kepler-May, Yvonne Keller, Dr. Violet de Laszlo, Ashley Montagu, Michael Scott, Eugene Schwartz, Gerald Sykes, Paul Tillich, Robert Asmussen, Blair Seagram, Gloria Orenstein, Barbara Walker, Grace Shinell, Joan Iten Sutherland, Rollo May, Sam Francis, Elinor Gadon, William Barrett, Josephine Graff, Merlin Stone, Paul Bowles, Donna Wilshire, Jenny Sykes, Kamado, Seth Rosen, William McGuire, der Bollingen Foundation und Annmari Ronnberg von der ARAS (Archives for Research in Archetypal Symbolism, New York und Los Angeles).

# Einführung: Das Urweibliche

Eine Höhlenmalerei
aus Cogus zeigt Frau-
en, die den Stunden-
tanz aufführen. Spa-
nien; spätes Paläolithi-
kum, nach 10000
v. Chr. (Ausschnitt
aus Abb. 317).

«Die Erdmutter ist eine kosmogonische Gestalt, die ewig fruchtbringende Quelle von allem. Sie ist die Mutter schlechthin. Alles kam aus ihr, kehrt zu ihr zurück und ist sie selbst. Die Gesamtheit des Kosmos ist ihr Körper, alles ist aus ihrem Schoß geboren, und sie nährt alles an ihrer Brust. Es gibt keinen grundlegenden Wandel, keine Individuation. Jedes einzelne Geschöpf ist eine Manifestation ihrer selbst; alles hat in einem ewigen Kreislauf von Geburt und Wiedergeburt an ihrem Leben teil.»

*Encyclopedia Britannica*

Zuerst kam das Bild, und das Sehen bleibt die natürlichste Art der Wahrnehmung. Durch die bildlichen Darstellungen der Großen Göttin, die in diesem Buch wiedergegeben sind, versuche ich, zu dieser nicht-verbalen Art des Weltverstehens zurückzufinden. Ihre Ikonen sprechen über das große Schweigen von Millenien hinweg auf eine Weise zu uns, die man nur ohne Worte ergründen kann. Die Bilder lassen sich vielleicht in Worte «übersetzen», aber verstehen kann man sie nur in den tief verborgenen Winkeln der Psyche, wo Worte oft nichts ausrichten. Die ersten Symbole erschienen lange vor dem Cro-Magnon-Menschen[1]; jedes einzelne ist Teil eines weitläufigen, eng verflochtenen Systems. Jedes hier gezeigte Bild oder Symbol stammt aus dieser weltumspannenden, wortlosen Sprache, die man bei der Verehrung der Gottheit benutzte. Die an die Höhlenwände gemalten Tiere weisen auf eine prähistorische Sicht des Kosmos hin; die bedeutenderen von ihnen kann man am Himmel als Sternbilder sehen.

50 000 Jahre alte Mythen und Rituale belegen den Glauben der Neandertaler an ein Leben nach dem Tod, aber Darstellungen der Großen Göttin, der ersten Gottheit, traten erst vor ungefähr 30 000 Jahren auf. Einige Aussagen, die vielleicht spekulativ anmuten, beruhen tatsächlich auf Rekonstruktionen anhand von archäologischen Überresten. Da in paläolithischen Zeiten die Schrift noch nicht erfunden war, ist der Name der Großen Mutter nicht überliefert; zweifellos wurde sie von jeder Sippe unter einer anderen Bezeichnung verehrt. Viel später, im schriftkundigen Kreta, ist sie als die Herrin der Tiere und als Vegetationsgöttin bekannt. Als Regentin der gesamten Schöpfung bestimmte sie über das Leben von der Geburt bis zum Tod; Tiere, Pflanzen und Menschen gehörten zu ihren Kindern.

In der Kunst der Eiszeit ist die Große Göttin oder die Große Mutter nicht nur für Leben und Tod, sondern auch für die Regeneration verantwortlich. Sie ist ein Archetyp, ein Urbild, das sich aus den jedem Individuum innewohnenden Erfahrungen seiner Gattung herleitet[2]. Es ist kein Zufall, daß die esoterische Zahl für die Frau die Vier ist; wie es auch bei der christlichen Trinität der Fall ist, zieht sich die Vorstellung von der Großen Göttin in dreifachem Aspekt – Jungfrau, Mutter und altes Weib – durch die Geschichte. Ihr vierter und weniger bekannter Wesenszug, der einer Todesgöttin nämlich, macht sie zur Herrin des Wandels. Mit der Entwicklung ihres Kultes vermehrten sich ihre Erscheinungsformen und ihre heiligen Attribute, damit die psychischen Bedürfnisse jeder Gemeinschaft befriedigt werden konnten. Die Ikonographie der Figuren und Gefäße ist nicht nur eine Manifestation des Glaubens der Alten, sondern eine visuelle Sprache, aufgrund derer sich ihre Vorstellungen erschließen und interpretieren lassen.

Im Kern der Vorgeschichte tauchen schemenhaft die Tierarchetypen auf, Symbole der Fruchtbarkeit und des Todes, die als etwas, das man nur als Epiphanie bezeichnen kann, neben der Großen Mutter stehen[3]. Ihre Tiere sind weder Totems noch selbständige Gottheiten polytheistischer Glaubensvorstellungen, sondern verkörpern die Gottheit selbst, charakterisieren ihre Persönlichkeit und veranschaulichen ihre Macht. Diese heiligen Tiere fungieren in den Mythen als Führer und Seelenträger, ähnlich wie es in Märchen und Träumen der Fall ist.

Die Verehrung der Gottheit setzte sich vom Paläolithikum über die neolithische Epoche bis zur Bronzezeit in Kulthandlungen fort, die dazu bestimmt waren, die Fruchtbarkeit der Erde zu steigern und ihre Geschöpfe zu vermehren. In diesen alten Zeiten betrachtete man die ganze Welt als eine Manifestation des Heiligen. Die Menschen waren angesichts des Mysteriums der Natur, die sie als magisches Ganzes auffaßten, von Ehrfurcht erfüllt. Jeder Aspekt der alltäglichen häuslichen Verrichtungen wurde als heilig empfunden und mit rituellem Gehalt erfüllt: die Geburt neuen Lebens, die Tierjagd, die Höhlenkunst und später das Aussäen und Ernten der Feldfrüchte.

Die Große Mutter versinnbildlichte die natürlichen generativen Kräfte des Bauches oder des Schoßes der Erde, die Höhle der unterirdischen Dunkelwelt[4]. Als die Große Mutter ist sie aber nicht einfach eine Mutter- oder Fruchtbarkeitsgottheit; ihr Wesen ist weitaus umfassender, denn es ist das der kosmischen Schöpferin. Für die Menschen der Steinzeit war Gott weiblich. Der natürliche Überfluß der Erde deutete darauf hin, daß das fruchtbare, nährende Weibliche göttlich war, da alles Leben von ihm ausging. Frauen behielten ihre Rolle als Ernährerinnen bei, als sie im Neolithikum (etwa 7000 v. Chr.) den Ackerbau einführten; man glaubte, daß sie mit ihrer Erfahrung im Hervorbringen von Leben am besten geeignet wären, die Saat so zu beschwören, daß sie auch keimte und gedieh. Grotten, Felsspalten und Höhlen sind natürliche Manifestationen des Urschoßes der Universalmutter, und die in den verborgenen, tiefen Klüften der Erde entstandene Kunst scheint ihr auf ähnliche Weise gewidmet zu sein, wie man Kathedralen, etwa die von Chartres, der Jungfrau Maria weihte.

In der Zeit des frühen Neolithikums war das Gebären ein heiliger Akt, der unter der Aufsicht der Göttin stand und in speziell für diesen Zweck eingerichteten Räumen stattfand. Die Geburt hing eng mit der Ernährung zusammen, da die erste lebenerhaltende Substanz von der Mutter kommt. Frauen versorgten ihre Familien auch tagtäglich mit dem Notwendigen. Da sie seit frühesten Zeiten Nahrungssammlerinnen waren, führte ihre Kenntnis des Pflanzenwachstums dazu, daß sie die ersten Gärtner wurden; indem sie ihr Wissen von den Kräutern nutzten, praktizierten sie – was ganz natürlich ist – auch als erste die Medizin und, vertraut im Umgang mit Giften, Rauschmitteln und Zauberei, entwickelten sie sich zu Schamaninnen.

Die Frauen – deren häusliches Leben sich weitgehend um Herd und Feuer abspielte – sorgten nicht nur für Nahrung, sondern erfanden zusätzlich die Weberei. Das Ausbessern alter Körbe mit Lehm führte dazu, daß schließlich Töpferwaren angefertigt und auch verziert wurden. Von den Fingerabdrücken, die im Ton zurückblieben, wissen wir, daß Frauen dies vollbrachten[5]. Im Paläolithikum errichteten Frauen die ersten Unterschlupfmöglichkeiten: aus Häuten gefertigte Zelte, die von Hörnern gehalten wurden. In der Folge bauten sie Behausungen aus ungebrannten Ziegeln; dies waren die Anfänge der Architektur. Diese Beiträge der Frauen zum Zivilisationsprozeß mündeten direkt in Kunst und Kultur ein. Möglicherweise stammen auch die Malereien von Frauen, denn im anatolischen Çatal Hüyük in der Türkei enthielten nur die Gräber der Frauen Malutensilien[6].

Die Tatsache, daß dieses auf die Mutter hin zentrierte Umfeld vorhanden war, bedeutet nicht, daß die Frauen im Sinne eines Matriarchats regierten; aber sie zeigt, daß die Frauen im gesamten Paläolithikum und Neolithikum hohes Ansehen genossen. (Die nebenstehende Tabelle gibt eine Übersicht über die Abfolge der prähistorischen und historischen Epochen.) Die Kinder wurden nach ihren Müttern benannt; alle Mitglieder der weitläufigen Familienverbände schlossen sich zusammen, um zu überleben. Häuptlinge gab es nicht, und es herrschte ein Geist der Gleichberechtigung.

Die einstigen Rollen und Beziehungen der Geschlechter zueinander bleiben für uns ein Rätsel; sicherlich beteten und feierten Männer und Frauen gemeinsam und liebten sich. Später entstand die Institution der Ehe, eine patriarchale Einrichtung, die dazu diente, den Vater – wegen der Erbfolge – zu identifizieren. Der Mann wurde aber im vorliegenden Buch weitgehend unbeachtet gelassen, denn seine Geschichte wurde bereits geschrieben.

Aus einer gemeinsamen Wurzel hervorgegangen, sich dann in verschiedene Äste gliedernd und immer wieder neue Wurzeln schlagend, weiterwachsend und sich verflechtend wie der tropische Banyanbaum, entfaltete sich die menschliche Gesellschaft zu einem ganzen Wald und blieb doch gleichzeitig ein einziger Baum. Auf ihrer Suche nach dem Sinn der Existenz bedienten sich unsere Vorfahren der Symbole, die wir heute noch an den Höhlenwänden sehen können, und riefen so die Kunst ins Leben.

Die Kontinuität der großartigen Suche nach Sinn, von der die alten bildenden Künstlern nicht abließen, erhellt das Schattenland der Zeit. Wortlose Zeugnisse aus Kulturen, die noch keine Schrift kannten, bilden den Kern unseres Wissens über dieses Streben. Die Höhlenmalereien wie auch die Sakralgegenstände des Paläolithikums und der Jungsteinzeit zeigen eine völlige Übereinstimmung von Bild und Idee, eine Übereinstimmung, die für mich als Malerin von zentraler Bedeutung war. Wenn die Kunst auch jahrtausendelang verborgen lag, so behielt ihr Vorbild doch seine ungebrochene Wirkung. Es beeinflußte die Vorstellungen der frühzeitlichen Menschen und läßt sich wiedererkennen, wenn wir die geheiligten Glaubensinhalte des östlichen und westlichen Denkens untersuchen. Wir müssen dazu lediglich mit dem inneren, nicht nur mit dem äußeren Auge schauen.

| ZEITALTER | ANNÄHERNDE DATEN (V. CHR.) | NORDWESTEN DES EUROPÄISCHEN KONTINENTS | WESTLICHES MITTELEUROPA | ÄGYPTEN UND DER NAHE OSTEN | MENSCHENTYPUS |
|---|---|---|---|---|---|
| | 50 | Beginn der Eisenzeit | Beginn der historischen Zeit | | |
| | 500 | | Beginn der Eisenzeit | | |
| | 1000 | Beginn der Bronzezeit | | Beginn der Eisenzeit | |
| | 1500 | Spuren von Kupfer | Beginn der Bronzezeit | | |
| | 2000 | spätes Neolithikum | Beginn der Kupferzeit | Beginn der Bronzezeit | |
| | 2500 | | | Legierungen gebräuchlich | Varianten des *Homo sapiens* |
| NEOLITHIKUM | 3000 | mittleres Neolithikum | spätneolithische Industrien | Beginn der histor. Zeit Erfindung d. Schrift | |
| | 3500 | | | Amratian-Industrien | |
| | 4000 | frühes Neolithikum Muschel-Mounds | mittelneolithische Industrien | Beginn der Nutzung von Eisen | |
| | 4500 | | | Ackerbau u. Domestizierung von Tieren | |
| | 5000 | altnordische Petroglyphen | frühneolithische Industrien | Beginn der Nutzung von Kupfer | |
| MESOLITHIKUM | 5500 | | | | |
| | 6000 | Maglemose-Kultur | | | |
| | 6500 | | | | |
| PALÄOLITHIKUM – spätes | | | spätes Magdalénien | | |
| | 8500 | | frühes Magdalénien | wahrscheinlich Beginn der neolithischen Kultur im Bereich der Schlammablagerungen im Niltal | Předmost Cro-Magnon |
| mittleres | | | spätes Aurignacien | | |
| | 15 500 | | frühes Aurignacien | | Grimaldi Cro-Magnon |
| | 18 500 | | Moustérien-Kultur | | Auftreten der Cro-Magnon-Menschen |
| | 35 000 | | | | |
| frühes | 75 000 | | | | Auftreten des Neandertalers |
| | 100 000 | | | | |
| | 600 000 | | | | |
| | 1 000 000 | | | | Auftreten des *Homo erectus* |
| | 2 000 000 | Beginn des Pleistozän | | | |

# Teil I: Der Vogel

Die Taubengöttin aus
Kreta, gekrönt mit
Vögeln, Konus und
Stierhörnern. Kreta;
Mittelminoisch III,
1700–1400 v. Chr.
(s. Abb. 28 und
Tafel 6).

# Vogelgottheiten des Paläolithikums

Der Vogel, die Ritualmaske der Altsteinzeit tragend, lugt verstohlen aus dem Dickicht der Zeit hervor. Da er vom Himmel kommt, ist der Vogel nicht nur ein Bild für den Geist des Lebens, sondern auch für die menschliche Seele. Deshalb und weil seine zweifache Geburt, zunächst als Ei und dann als Küken, an Wiedergeburt und Erneuerung denken läßt, wurde der Vogel von den frühen Verehrern der Göttin als das heiligste aller Geschöpfe betrachtet.

## VOGELZAUBER

Da sich die Vögel im oberen Luftraum tummeln, wo das Wetter entsteht, glaubte man in den Zeiten der primitiven Kulturen, daß die Vögel auf magische Weise das Wetter bestimmen, Regen bringen und über Donner und Blitz herrschten. Wasservögel waren für den Regen zuständig, während Spechte den Stürmen, besonders aber den Gewittern, geboten; die Bewegungen dieser Vögel wurden sehr sorgfältig verfolgt, um ihnen Hinweise auf das bevorstehende Wetter zu entnehmen[1]. Die alten Griechen sagten das Wetter aufgrund der Beobachtung von Vögeln voraus, und in Peru gab es vor der Eroberung durch die Spanier ein Gremium von Auguren, das diese Aufgabe wahrnahm[2]. Auf den Britischen Inseln gilt der Ruf des Kuckucks auch im 20. Jahrhundert noch als Signal, mit dem Frühjahrspflügen zu beginnen.
Vogelsymbole findet man auf der ganzen Welt. Die Vogelmotive in der Kunst des Paläolithikums stehen mit speziellen Glaubensüberzeugungen in Zusammenhang. Das Tragen von Vogelmasken gehört zu rituellen Tänzen und Schauspielen, durch die der numinosen Macht, also einem übernatürlichen Wesen, das die Gläubigen anbeten, deren Bedürfnisse mitgeteilt werden. Diese magischen Riten haben dieselbe Funktion wie Gebete[3].
Die Tarahumara-Indianer tanzen zur Musik und zum Gesang ihres Schamanen, um die Gunst und den Schutz ihrer Götter herbeizurufen. Sie behaupten, die Vögel hätten sie gelehrt, zu hüpfen und zu fliegen, zu spielen und zu stampfen, wenn sie ein transzendentes Wesen anbeten, ein Wesen, das der Schleier der Natur verhüllt und das den Eulen, Tauben und Truthähnen Regen und Nahrung schickt. Daraus schließen die Indianer, daß die Gottheit auch ihre Bitten um gute Ernten und Gesundheit erfüllen wird[4]. Die Geschichte der Religion läßt sich in der Formel: «vom Tanz zum Gebet» zusammenfassen.
Der Vogel wurde auf vielfältige Weise zu magischen Zwecken herangezogen. Das Kostüm mit Schnabel, Flügeln und Federn verlieh seinem Träger die Kräfte des Vogels, wobei jedes physische Attribut einer anderen geistigen Eigenschaft entsprach. Die Weisheit der Vögel wurde durch ihre Federn symbolisiert und auch übertragen. Die einzelne Feder, die viele Indianer in Nordamerika trugen, hielt den Kontakt des Kriegers zur Welt der Geister aufrecht. Die alten Maya, Azteken und Peruaner wiederum trugen das phantastische Gefieder tropischer Vögel bei öffentlichen Ritualen, und zwar nicht nur als Kopfputz, sondern auch zu Umhängen und Röcken mit komplizierten Mustern verarbeitet[5].

Eine andere Art, den Vogel auf magische Weise zu nutzen, war das Verzehren der Gottheit in Form eines Vogels. Auf althebräisch ist «gut» gleichbedeutend mit «gut zu essen». Im alten Mexiko hatte das entsprechende Wort fast die gleiche Bedeutung, und der antike griechische Schriftsteller Porphyrios sagte, daß diejenigen, die den Geist prophetischer Tiere in sich aufnehmen wollten, deren wirksamste Teile verspeisten[6].

Das Herz des Adlers verleiht Mut, das Fleisch von Krähen und Eulen vermittelt Weisheit, und das Fleisch des scharfsichtigen Falken gewährt gutes Sehvermögen. Ein Vogel wird nicht einfach gegessen, um einen Gott zu verzehren, sondern um seiner Substanz teilhaftig zu werden und sein Mana aufzunehmen. «Mana», ein Begriff, der zuerst bei den Völkern Polynesiens gebraucht wurde, verweist auf eine geheimnisvolle geistige Macht, die sich in bestimmten Gegenständen oder Personen konzentriert; sie wird in vielen Teilen der Welt immer noch sehr geschätzt. Heutzutage werden Wiedehopfe, schöne Vögel mit prächtigen Federhauben, in der marokkanischen Stadt Fes in Käfigen auf dem Markt verkauft. Der Wiedehopf ist für magische Zwecke gut geeignet und wird für viele praktische Zaubereien verwandt. Wenn ein marokkanischer Junge sieben Jahre alt wird, gibt man ihm ein Wiedehopfherz zu essen, damit sein Gedächtnis gestärkt wird, dem er den Koran einprägen muß[7].

Auch Vogelknochen sind von Zauberkraft durchdrungen. Von der Magdalénien-Fundstelle Le Placard in Frankreich stammen viele bearbeitete Vogelknochen. In einige sind Löcher gebohrt; wenn man auf ihnen bläst, geben sie einen hohen, flötenähnlichen Ton von sich[8]. In einen Knochen ist eine Zickzacklinie eingeritzt, ein Feuchtigkeitsideogramm, das mit der Vogelgöttin in Verbindung gebracht wird. Im Frühling hat man wahrscheinlich die Musik dieser Flöten aus Vogelknochen, verstärkt durch andere, hohe Pfeiftöne erzeugende Instrumente und von Trommeln begleitet, bei den sakralen Festen benutzt, mit denen man die Wiederkehr der großen Wasservögel feierte.

Die Darstellung von Tieren auf Höhlenwänden war ein Versuch, auf magische Weise den Jagderfolg sicherzustellen, und diente vielleicht auch zur Besänftigung der Geister der heiligen Tiere, die man töten mußte, um sich zu ernähren. Die menschliche Gestalt erscheint in der Kunst der Steinzeit nur selten; Tiere nehmen den beherrschenden Platz ein. Die wenigen winzigen Figuren, die Menschen darstellen, so etwa die Frau auf dem Bild von Pech Merle in Frankreich, stehen in scharfem Gegensatz zu den großen, oft vollständig ausgeführten und sehr sorgfältig gezeichneten Tieren.

## DIE HÖHLENKUNST

Vogelmasken tragende Menschen finden sich in den steinzeitlichen Höhlen immer wieder; die Darstellungen gipfeln im Neolithikum in einem großen Aufblühen des Vogelkultes der Muttergöttin[9]. In der Eiszeitkunst gibt es allein in Frankreich mehr als hundert gemalte Symbole der Vulva, hingegen entdeckte man bisher nur vier männliche Symbole.

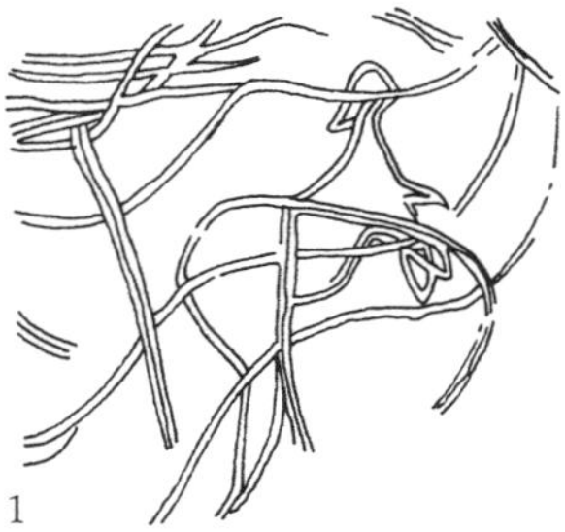
1

1. Älteste bekannte Vogelgottheit in einem Gewirr von mit dem Finger gezeichneten Linien. Grotte von Pech Merle, Lot, Frankreich; Aurignacien.

Bestimmte Orte strahlten einen besonderen Zauber aus, und man brachte ihnen daher besondere Ehrfurcht entgegen[10]. In der Tempelgrotte von Pech Merle (wenn nicht anders angegeben, liegen alle in diesem Kapitel genannten Fundorte in Frankreich) übt eine zentrale Halle mit einer hohen, gewölbten Decke eine magische Wirkung aus. Die Wände dieser Kammer werden von zwei natürlichen Galerien unterbrochen, und ein zentraler Felspfeiler mit durchscheinenden Stalaktiten ruft einen geheimnisvoll transparenten Eindruck hervor[11]. Die emblematischen Steine betrachtete man als Konzentrationen der Höhlen-Heiligkeit[12]. An der Decke der oberen Galerie zeigt ein großes, verwirrendes, mit dem Finger gezeichnetes Bild einen Irrgarten von strahlenden Linien, ein Labyrinth kaum erkennbarer Bilder.
Abbé Lemozi entdeckte mehrere schwangere weibliche Figuren, die auf den unteren Teil der Wand gemalt sind, und bemerkte, daß eine von ihnen einen nach hinten gewandten Vogelkopf hat, außerdem kurze, flügelähnliche Arme, die aus einem üppigen Körper wachsen. (M. Gimbutas wies später auf viele vogelköpfige Gestalten aus der neolithischen Zeit hin.) Ihre Beine enden in menschlichen Füßen, aber sie beugt sich auf unnatürliche Weise nach vorn, so daß die Aufmerksamkeit auf ihr großes, eiförmiges Gesäß gelenkt wird. Dem Ei werden in der Kunst dieser Periode magische Eigenschaften zugeschrieben; seine Bedeutung wird klarer werden, wenn wir weitere Illustrationen betrachten. Die Figur stellt zweifellos die Große Mutter-Schöpferin dar, deren Name unbekannt ist, da die Schrift erst etwa 3000 v. Chr. entstand.

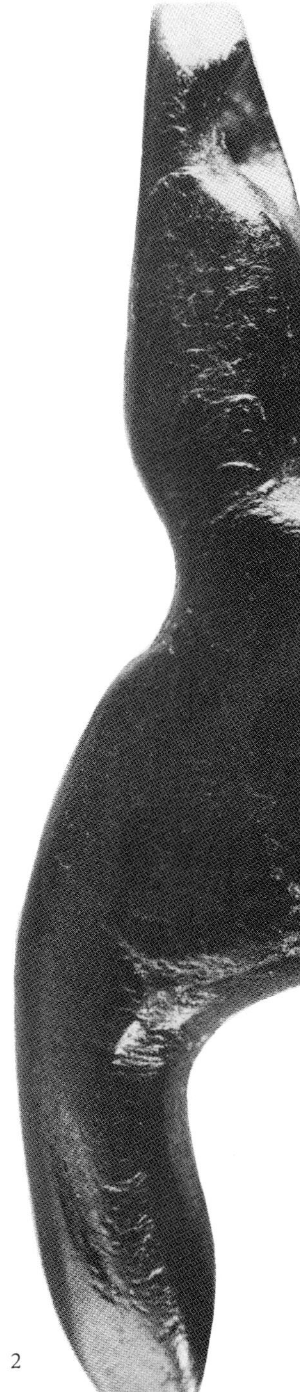
2

2. Amulett der Gesäßsilhouette. Petersfels, Deutschland; spätes Paläolithikum.

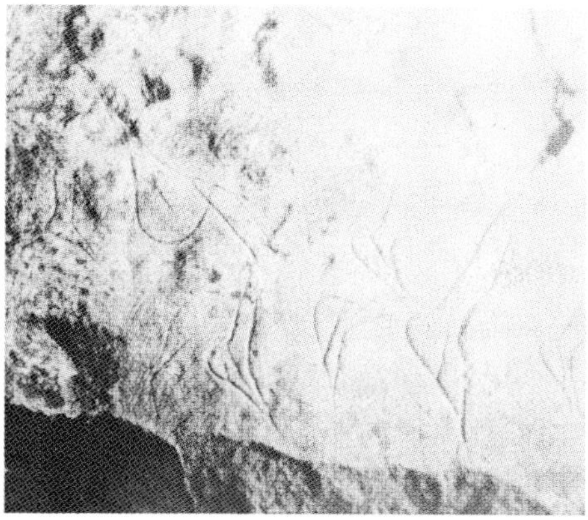

3

3. Die kopflose weibliche Figur, die die P-Silhouette zeigt, ist in einen Felsblock eingraviert. La Roche, Dordogne, Frankreich; ca. 17000–14000 v. Chr.

Siegfried Giedion schreibt dazu: «Der Vogelkopf auf der menschlichen Gestalt gehört zu den langlebigsten mythologischen Erfindungen. Er taucht auf in einer frühen Stufe des Aurignacien: in den weiblichen Gestalten von Pech Merle.»[13] Diese Göttinnenfiguren stehen nicht allein da; drei von ihnen sind mit den Mammuts in die labyrinthischen Linien eingesponnen. Diejenige, die einen Kopf hat, nannte man die «Herrin der Mammuts». Als die frühesten bekannten Vogelgottheiten bringen sie die emotionale Intensität der frühen Empfindungen und Glaubensvorstellungen zum Ausdruck, die ein sehr reichhaltiges System umfassen, das weit komplexer ist, als man bisher angenommen hatte.

Ein weiteres Beispiel für ein übertriebenes eiförmiges Gesäß findet sich bei der ansonsten schlanken Gestalt einer nackten, etwa 4,5 cm hohen Magdalénien-Figurine aus polierter Lignitkohle; sie stammt aus Petersfels in Baden (Deutschland). Die kohlschwarze, kopflose Form geht in wellenartigem Schwung vom oberen Ende des Halses in die Spitze der sich nach unten verjüngenden Beine über. Die schwarze Welle löscht jedes physische Kennzeichen – Kopf, Brüste, Vulva, Bauch – außer dem Gesäß aus. Dieses Magdalénien-Amulett wurde so gefertigt, daß man es in der Hand halten und leicht tragen konnte. Da der Bauch nicht vergrößert ist, hängt die starke Ausprägung des Gesäßes weder mit Schwangerschaft noch mit Fettleibigkeit zusammen. Dieser Gesäßsilhouette (Profilstatuette) begegnet man so häufig, daß man sie als bewußte Konvention ansehen muß[14].

Übertriebene Gesäßformen treten nicht nur bei den Skulpturen aus dieser Zeit überall auf, sondern auch bei Steingravierungen. Die Sicherheit, mit der der Graveur mit einigen gezielten Strichen eine menschliche Figur oder ein individuelles Tier zeichnen konnte, zeugt von einem ausgeprägten visuellen Gedächtnis. Eingeritzt in eine Steinplatte, entdeckte man in La Roche in der Dordogne viele schematisch dargestellte kopflose Frauen aus der Zeit des Mittleren Magdalénien. Sie sind 10 cm bis 15 cm groß und zeigen den vertrauten Anblick eines nach hinten gewölbten, stark entwickelten Gesäßes, eine Haltung, die die eiertragende Vogelgöttin gewöhnlich einnimmt. Ein Bogen und eine gerade Linie reichen aus, um die sogenannte P-Form entstehen zu lassen. Auf einem Steinblock im Museum von Les Eyzies sind viele solcher magischen Bilder zu sehen[15].

In der Höhle von La Gare de Couze in der Dordogne hat man diesem typischen, in der Regel so vereinfachten Gesäßbild eine Brust hinzugefügt. Den meisten dieser Figuren fehlen nicht nur die Köpfe, sondern auch die Brüste, und man erkennt nur an ihrem überzeichneten Gesäß, daß es sich um weibliche Wesen handelt. Der Schlüssel zum Geheimnis dieser Gesäßsilhouette, die bei den Archäologen solche Verwirrung hervorrief, liegt in der mythischen Interpretation, denn dieses Gesäß birgt das kosmische Ei.

Eine andere, auf einen Kieselstein eingeritzte und wegen ihrer Vogelmaske sehr seltene Darstellung, auf der die Gesäßsilhouette zu sehen ist, wurde von Abbé Lemozi im Abri Murat im Département Lot entdeckt. Lemozis Nachforschungen lassen keinen Zweifel daran, daß es sich um eine Vogelmaske handelt. Unter diesen in der Regel kopflosen Ge-

4. Anders als andere Figuren mit übertrieben dargestelltem Gesäß hat diese Brüste. Höhle von La Gare de Couze, Dordogne, Frankreich; spätes Paläolithikum, ca. 17000–14000 v. Chr.

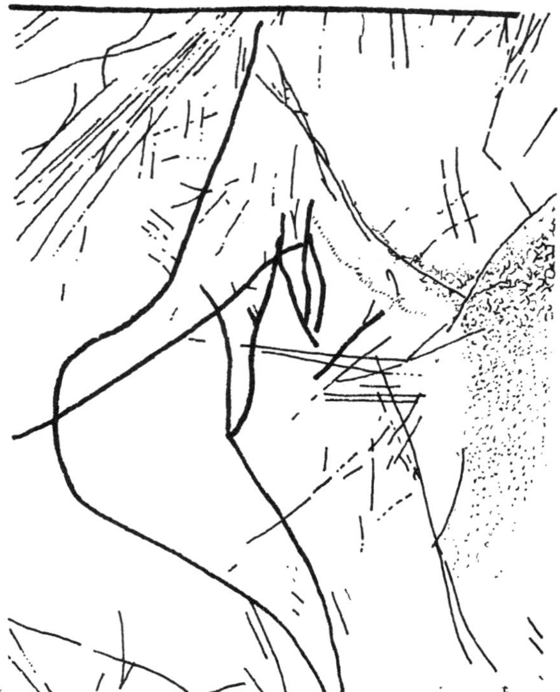

4

stalten fällt diese Figur mit der Vogelmaske besonders auf. Die Enden der Schnüre, mit denen die Maske befestigt ist, wehen wie im Wind nach hinten, ein Detail, das dem Bild einen gewissen Reiz und eine deutlich persönliche Note verleiht.

Ein früher Kopf aus Mammutelfenbein aus der Grotte du Pape, Brassempouy, der etwa 3,5 cm hoch ist und aus der Zeit um 22000 v. Chr. stammt, beweist, daß die Künstler des Paläolithikums sehr wohl in der Lage waren, einen menschlichen Kopf mit naturalistischen Zügen darzustellen. Sie verzichteten auf den Mund, der bedrohlich wirkte, weil er «nach innen nimmt», d.h. in Stücke reißt, verschlingt und schluckt. Nur die Züge, die die Vorstellung von überfließender Fülle erwecken, betrachtete man als erwünscht; andere Kennzeichen ignorierte man bei den Skulpturen dieser Zeit ganz einfach.

*La Polichinelle* ist der nette Name, den man einer kleinen nackten Statuette aus dem späten Aurignacien gab, die nur 4,7 cm hoch, aber sehr schön gegliedert ist. Sie wurde von einem Arbeiter in der Nähe der Grimaldihöhlen bei Menton zu Tage gefördert[16]; dort hatten wahrscheinlich die Behausungen von Menschen gestanden. Die lebhafte und ausdrucksvolle Figur, purpurrot wie eine Pflaume, erscheint von vorn gesehen schlank; im Profil zeigt sie ein stark hervortretendes Gesäß, auch Brust und Bauch sind vorgwölbt. Der Kopf wurde als von einer Kapuze oder einem Schleier verhüllt beschrieben und greift künstlerisch die Linien der Figur wieder auf; er ähnelt der Federhaube eines Schopfspechts. Eine Abbildung aus dem Buch *Gods and Goddesses* von M. Gimbutas[17] zeigt das aus dem Si-

5

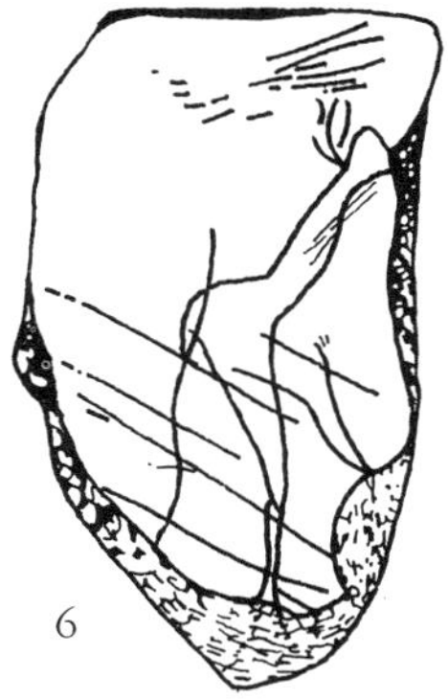

6

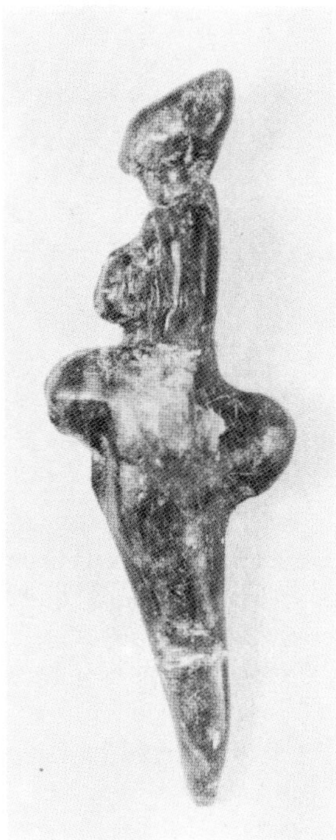

7

8

5. Der Kopf einer verlorenen Figurine aus der Grotte du Pape, Brassempouy, Landes, beweist die Existenz guter Porträtdarstellungen im Gravettien und im späten Périgordien; Frankreich, ca. 22000 v. Chr.

6. Diese seltene Figur mit Vogelmaske und übertrieben dargestelltem Gesäß ist auf einen Kieselstein graviert. Gefunden im Abri Murat, Lot, Frankreich; spätes Magdalénien, ca. 10000 v. Chr.

7. Aus Stein gemeißelte Venus mit vergrößertem Gesäß aus Menton, Frankreich. Aurignacien, 40000–26000 v. Chr. (s. Tafel 2).

8. Jugendliche Gravettien-Figur mit vergrößertem Gesäß aus dem Abri von Cazelle, Sireuil. Dordogne, Frankreich; Gravettien, 20000–18000 v. Chr.

tagroi Mound in Nordgriechenland (etwa 4000 v. Chr.) stammende neolithische Bild eines dreieckigen Spechtkopfes, der mit der dreisträngigen Halskette einer Göttin geschmückt ist. Wie erwähnt, löst der Specht mit seinem mimetischen Getrommel Gewitter aus. Diese Vorstellung von sympathetischer Magie trifft man auch bei Aristophanes an, der in seinem Stück *Die Vögel* bemerkt, daß Zeus das Szepter des Spechts stahl, um der Gott des Donners zu werden[18].

Die Venus von Sireuil ist mit bemerkenswertem Geschick in der Tradition der Gesäßsilhouette geformt. Den wunderschönen, durchscheinenden Quarz schaffte man aus einiger Entfernung herbei, um den Torso anzufertigen, der in der Nähe des Abri von Cazelle in der Dordogne gefunden wurde. Fein poliert, vibriert die jugendliche kopflose Figur – mit Sicherheit stammt sie aus dem Gravettien – geradezu vor Energie. Sie hat kleine Brüste und kurze, verschränkte Arme und Beine. Die rudimentären Gliedmaßen weisen an den Schultern Spuren von Haar auf. Wie bei den meisten Steinzeitfiguren nimmt man auch hier an, daß es sich in erster Linie um einen Kultgegenstand handelt, weniger um ein Kunstwerk[19].

Der vollbusige Ostrava Petrkovice-Torso aus gebranntem Ton (27000–26000 v. Chr.), in Dolní Věstonice in der Tschechoslowakei gefunden, wurde in der Nähe einer Feuerstelle entdeckt; dieser Umstand weist darauf, daß die Figur innerhalb einer Behausung verehrt wurde. Wenn das Gesäß auch flach ist, erinnern Schultern und Oberarme doch an Flügel. Das dramatische Moment liegt in dem ausgewogenen Verhältnis von vogelartigen

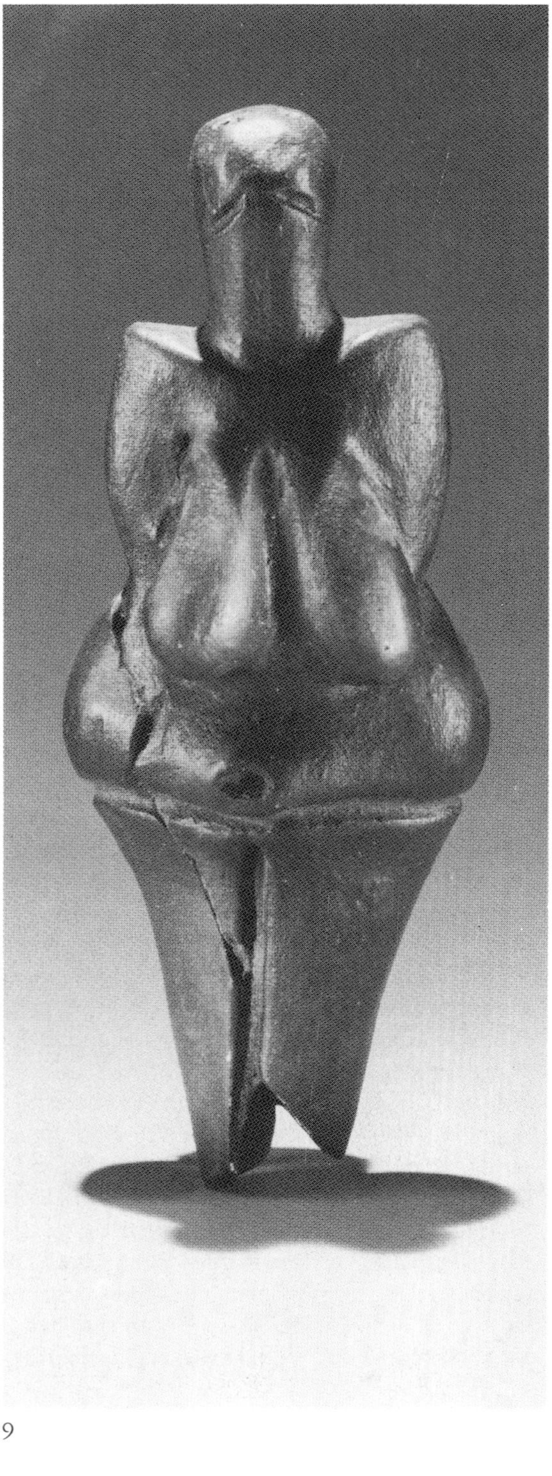

9

und menschlichen Charakteristika. Die Löcher im Kopf lassen vermuten, daß Federn und Blumen hineingesteckt wurden, und auf Feuchtigkeit hindeutende Linien ziehen sich vom Schnabel zur Brust.

Das Vogelmotiv ist bei der Venus von Lespugue aus den französischen Pyrenäen besonders ausgeprägt. Diese Skulptur ist vielleicht aus der gesamten Périgordien-Periode (25 000–18 000 v. Chr.) die schönste Darstellung der weiblichen Gestalt; bei ihr wiederholt sich das prächtige Oval, das sich vom Kopf über die Brüste bis zum Gesäß und den Schenkeln schwingt. Drei Ansichten dieser Figur lenken die Aufmerksamkeit auf ihre vogelartigen Züge. In der Frontalansicht (s. Farbtafel 3) sehen ihre Oberarme wie Flügel aus; wo sie aus dem Körper wachsen, sind sie schwer und nach vorn gezogen, unterhalb des angewinkelten Ellenbogens aber dünn und federartig, beinahe verkümmert.

Im Profil ähnelt der auf seinem langen Hals leicht nach vorn geneigte Kopf der Venus von Lespugue dem einer Taube. Andere Statuetten aus Westeuropa, so etwa die Venus von Willendorf, weisen ebenfalls den vorgeneigten Kopf auf; diese Haltung läßt die menschlichen Züge in den Hintergrund treten und an einen Vogel denken. Wie auch bei der Figur aus der Grotte du Pape fehlt oft der Mund; dadurch wird das Vogelartige betont, da der Vogelschnabel Nase und Mund in einem ist. Die Rückansicht zeigt einen großen, fächerartigen Gegenstand unterhalb des Gesäßes, der bis zu ihren Knöcheln reicht. Das sanft in eine Spitze auslaufende Schwanzgebilde ist mit etwa einem Dutzend eingekerbter vertikaler Linien markiert, die

10

9. Eiszeit-Gottheit mit flügelartigen Schultern. Dolní Věstonice, Tschecho-Slowakei; ca. 27 000–26 000 v. Chr.

10. Die Profilansicht der Venus von Lespugue ist gekennzeichnet durch die eiförmigen Hüften und den vogelartigen Kopf und Schwanz. Französische Pyrenäen; ca. 25 000–18 000 v. Chr.

11. Die zu Recht berühmte Venus von Lespugue; an der Rückseite ist ein Anhängsel zu erkennen, in das vertikale, an Schwanzfedern erinnernde Linien eingekerbt sind. Pyrenäen, Frankreich; ca. 25 000–18 000 v. Chr. (Vorderansicht s. Tafel 3).

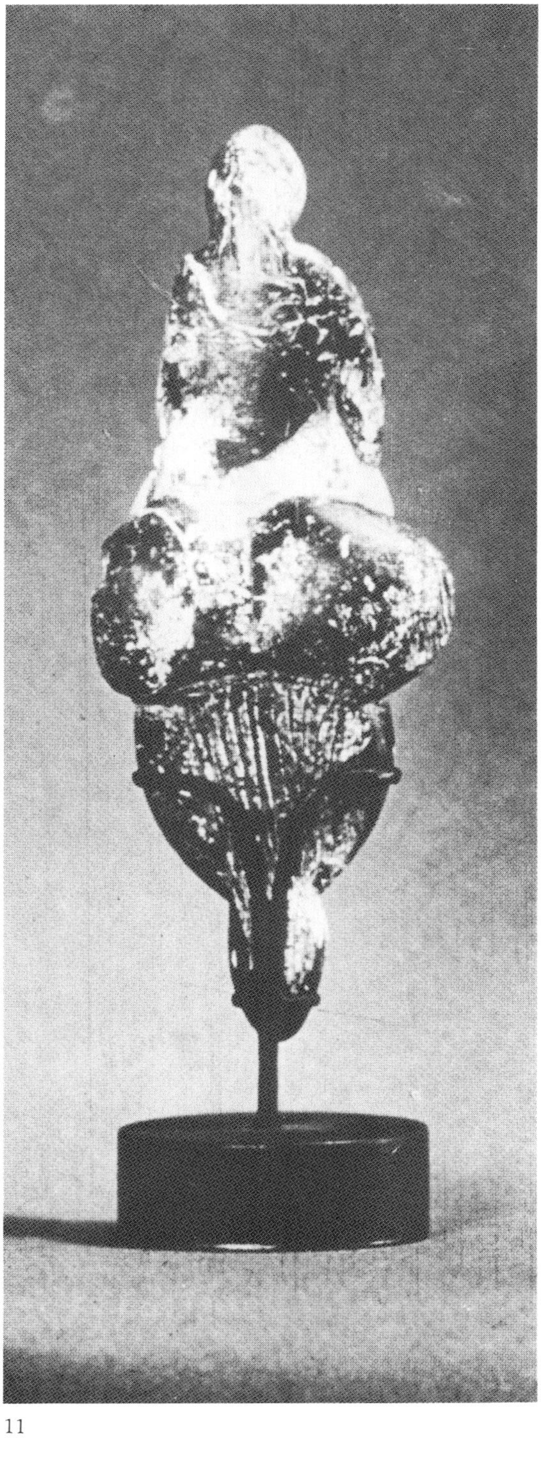

11

12

Schwanzfedern ähneln. Größe und Länge der Federkiele stehen in angemessenem Verhältnis zu ihrem Körper; der in Kreuzschraffierung dargestellte Teil erinnert an Federn, die die Identifizierung der Figur als Vogelgöttin erhärten; Federn verleihen demjenigen, der sie trägt, übernatürliche Kräfte. Diese Vogel-Epiphanie der Göttin, ihre alternative Erscheinungsform, erklärt die eigenartige Gestalt mit dem vergrößerten Gesäß.
Einige Archäologen vertreten die Meinung, daß die Gesäßsilhouette die Steatopygie veranschaulicht, ein ererbtes Merkmal, das zu übermäßigem, im Gesäß angelagertem Fettgewebe führt[20]. Das trifft nicht zu; die seltsamen Wölbungen der Steinzeitstatuetten haben nichts mit anatomischer Fehlentwicklung zu tun, sondern sind eine erstaunliche und geniale Metapher für das Mischwesen aus Frau und Vogel[21]. Das Gesäß der Gottheit ist offenbar so geformt, damit sie riesige Eier darin tragen kann, reif und bereit zum Ausbrüten.

## VEREINFACHTE FORMEN DER GÖTTIN

Das charakteristische Kennzeichen einer der sechs geometrischen Figuren, die in einer Behausung in Mezin in der Ukraine gefunden wurden und dem späten Aurignacien zuzurechnen sind, ist ein langer, kopfloser Hals und ein Vogelgesäß. Abstrakte Gravierungen bedecken Front, Rücken und Seiten, und ein enormes dreieckiges Symbol, ein Chevron (nach unten offener Winkel, auch Zickzacklinie oder Fischgrätenmuster), vereint vogelartige und weibliche Charakteristika der Vogelgöttin. Der Chevron wird mit dem Wasser assoziiert; ein enges Zickzackmuster bedeutet sturzbachartigen Regen. Als weibliches Schamdreieck ist der Chevron ein Zeichen von Prestige. Ein Wassersymbol ist oft unterhalb des Schwanzes zu erkennen. Motive wie das griechische Schlüsselmuster, der Archetyp des Schlüssels des Lebens, der «den Weg» zu ewiger Wiederkehr öffnet – bis in unsere Zeit hinein eine religiöse Konvention –, sind ebenfalls auf diesen Figuren angebracht. Diese Amulette, auf etwa 14000 v. Chr. datiert, wurden in dem Ritual verwendet, das im Frühling die Rückkehr der Wasservögel anzeigte, die den Jägerstämmen heilig waren und eine ihrer wichtigsten Nahrungsquellen bildeten.
Die Figur aus dem späten Magdalénien, die in eine Höhlenwand in Fontales im Département Tarn-et-Garonne geritzt ist, geht nicht mit einem menschlichen Kind schwanger. Sie trägt das kosmische Ei, dessen Größe und Kontur die Erklärung für das ausladende Hinterteil der Vogelgöttin bilden.
Die in diesem Kapitel beschriebenen eiertragenden Figuren veranschaulichen die Vorstellung von der Gottheit als Vogel-Göttin-Schöpferin. Wir besitzen Zeugnisse aus einem Zeitraum von über 25000 Jahren – vom 30. bis zum 5. Jahrtausend v. Chr. –, in denen der Vogel und die Göttin verschmelzen. Sie bringen den Gedanken zum Ausdruck, daß die Schöpfung aus dem Universal-Ei entstand, das von der Gottheit gelegt wurde. Der paläolithische Ursprung des Ur-Eis ist der Grund für die «Gesäßsilhouette» oder eiertragende Haltung der geneigt stehenden Figuren, die man in der Kunst der paläolithischen, neolithischen und chalkolithischen Zeiten überall antrifft. Die Bildzeugnisse belegen den

12. Drei Ansichten eines Typs eines stilisierten Amuletts in Vogelform, auf das vorne das weibliche Dreieck eingeritzt ist. Mezin, Ukraine, Sowjetunion; ca. 14000 v. Chr.

13. Ritzzeichnung einer weiblichen Figur mit dem Kosmischen Ei im Rumpf. Fontales, Südfrankreich; Magdalénien, ca. 18000–14000 v. Chr.

13

weitverbreiteten Glauben, daß das kosmische Ei im Gesäß der Vogelgöttin getragen wurde. Die Ursubstanz des Lebens, der Keim der Materie, wuchs in ihrem Körper heran, bis sie des Schutzes nicht mehr bedurfte und das Universum hervorbrach.

## RITEN DER VOGELMASKEN-MENSCHEN

Durch eine ungewöhnliche Laune des Schicksals wurde die Darstellung einer Gruppe von Vogelmasken tragenden Menschen enthüllt, die mit einem paläolithischen Vogelkult in Verbindung gestanden haben mußten und ein Ritual duchführten. Während des heftigen Bombardements von Sizilien im Zweiten Weltkrieg löste sich eine Schicht kristallinen Kalksteins von der Wand einer Höhle auf der kleinen Insel Addaura in der Nähe von Palermo und gab eine Gravierung frei, die nicht viel später als 8000 v. Chr. entstanden sein konnte[22].
In der schönsten und exaktesten Zeichnung der menschlichen Gestalt in der gesamten mesolithischen Kunst kann man hier Menschen mit Vogelmasken beim Tanz sehen. Die Klarheit und Eleganz der Linie, mit der in dieser Komposition die Körper ausgeführt sind, waren zu dieser Zeit sonst unerreicht. Die Bewohner dieser Höhlen waren hochgewachsen, gut proportioniert und verfügten über eine Hirnkapazität, die der unseren gleichkommt.
Im Zentrum der Tänzer liegen zwei Männer auf der Erde, deren sexuelle Erregung möglicherweise eine Folge der Todesangst ist. Beide sind mit einem Seil gefesselt, das vom Hals bis zu den Fußknöcheln reicht und so kurz gebunden ist, daß sie sich strangulierten, wenn sie ihre gekrümmten Körper streckten. Meisterhaft gezeichnet, tanzen die maskierten Gestalten im Kreis um die ithyphallischen Männer. Rhythmische Bewegungen führen oft zu kollektiver Ekstase. Die beiden Männer sind vielleicht Anhänger eines Kultes, bei dem die Imitation des Sterbeprozesses die Wiedergeburt für alle sicherstellen soll. Die Teilnehmer an derartigen Riten waren in der Regel maskiert, und die Tatsache, daß die Riten oft in den abgelegensten und unzugänglichsten Kammern der Höhlen stattfanden, deutet auf einen geheimen Zweck dieser Zeremonien hin.
Von Vogelschwingen-Pfeifen und einfachen Flöten begleitetes mimetisches Tanzen war die Vorstufe zu Musik und Poesie. Der Tanz entstand aus der Beobachtung der Bewegungen von Tieren und impliziert, daß der Mensch sich mit ihnen identifizierte. Der Tanz führte zur Verzückung und in der Folge zu intensiviertem Bewußtsein, zur Erkenntnis des Todes und zur Hoffnung auf Wiedergeburt; so wurde die Kunst geboren.

## DIE GÖTTIN ALS VORBOTIN DER JAGD

Etwa zwei Drittel aller paläolithischen Figuren stammen aus der Sowjetunion. Sowjetische Archäologen stimmen darin überein, daß die Darstellung der Frau in diesem Zeitalter überwiegt, und sie erkennen ihre Vorherrschaft an, die in den Gottheiten der jeweiligen Kulte zum Ausdruck kommt. Die Frau verbindet die mystische Identität des Jä-

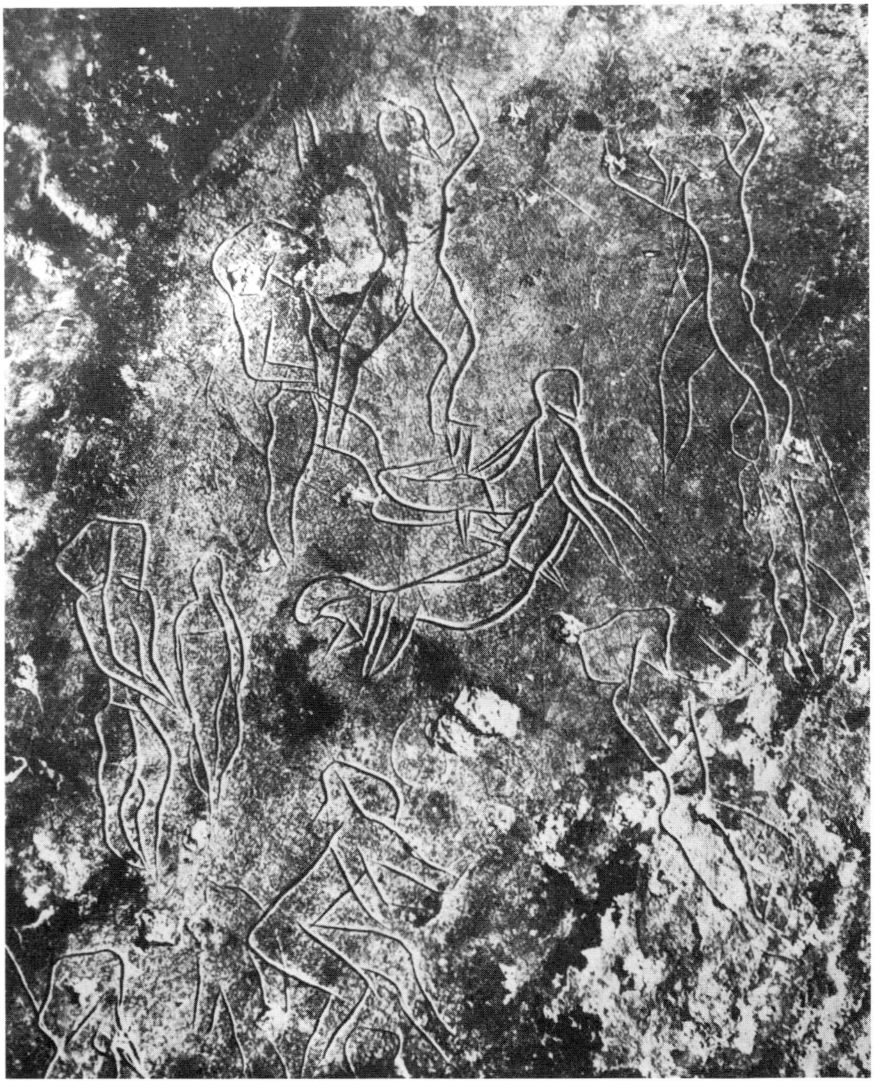

14

14. Mesolithische Figuren mit Vogelmasken, eingraviert in eine Höhlenwand. Addaura, Italien; ca. 8000 v. Chr.

15. Eine Gottheit überträgt ihre magischen Kräfte auf einen Jäger. Algerische Sahara; Mesolithikum.

15

gers mit dem Gejagten. Nach sowjetischer Sicht gab es «im ersten Stadium kollektive Geister und Abbilder tatsächlich lebender Frauen-Mütter. Als sie sich im Lauf der Zeit zu weiblichen Gottheiten, d. h. zur Gestalt einer Muttergöttin weiterentwikkelten, behielten sie ihre charakteristischen Züge bei, und dieses Bild wiederum pflanzte sich in den Religionen der Antike und bis in unsere Zeit fort»[23].

Die Dunganen, ein nordasiatisches Volk, sprechen von einer Herrin des Herdes und des Heims, die als alte, weise, immer noch vitale Frau in Erscheinung tritt. Ihr Bild bekam in jeder Behausung einen Ehrenplatz. Sie galt als die Hüterin der Vögel und die Eigentümerin des Waldes und besaß daher eine mysteriöse Macht über die Vermehrung der Wildtiere und über die Jagd. In der ethnographischen Literatur finden sich viele Beschreibungen von Jagdriten, an denen Frauen teilnehmen. Manchen Anschauungen zufolge führten die Frauen die Tiere auf magische Weise zu den Jägern. Die Göttin spielte in den verschiedenen Kosmologien eine entscheidende Rolle, und sie scheint nicht nur mit dem Tod der Tiere, sondern auch mit ihrer Wiederbelebung in Verbindung gebracht worden zu sein.

Eine in die Felswände der Oase Tiout in der algerischen Sahara eingeritzte Zeichnung verdeutlicht, welche Bedeutung der Göttin der Jagd, die an ihren erhobenen Armen zu erkennen ist, in der Zeit des Mesolithikums zukam[24]. Die Aussichten des Jägers, das Tier zu erlegen, auf das er seinen Pfeil gerichtet hat, hängt gänzlich von der Kraftlinie ab, die vom Schoß der Mutter durch sein Geschlecht und in seine Arme fließt. Der Jagdpfeil zielt direkt auf den eiförmigen Körper eines Straußes, der vielleicht eine andere Erscheinungsform der Göttin darstellt.

Nach dem Rückgang der Gletscher folgten den Herden Einwanderer, die aus den mit Malereien geschmückten Höhlen stammten, nach Mal'ta in der Nähe des Baikalsees in Sibirien, wo es eine ähnliche Tundralandschaft gab. Dort setzte sich die Beziehung zwischen Göttin und Vogel fort; am Baikalsee wurden sechzehn Figuren der Göttin gefunden, begleitet von aus Mammutelfenbein geschnitzten Darstellungen, die Hälse und Köpfe von Schwänen, aber weibliche Körper haben. Diese möglichen Vorläufer der langhalsigen Figuren der neolithischen Zeit erinnern an die Schwanenjungfrauen europäischer Mythen und Märchen[25].

Eine einzigartige geometrische Zeichnung einer Gottheit aus dem Gravettien, die in den Stoßzahn eines Mammuts graviert ist, der bei Předmost gefunden wurde, drückt in ihrem Aufbau die Auseinandersetzung mit den Themen der Schöpfung und der Nahrung aus, Themen, die die Aufmerksamkeit der frühen Menschen in Anspruch nahmen[26]. Die dreieckige Form des Kopfes ist hier möglicherweise eine Andeutung des Schnabels der Vogelgöttin. Dreiecke und Winkel flankieren oft die Körperöffnungen, die Feuchtigkeit absondern: Augen, Mund, Nabel und Geschlecht; hier sind vor allem Nabel und Sexualbereich betont. Eine Reihe mit einem Gittermuster versehener Bänder auf dem Kopf deutet auf den Gebrauch von Federn hin; vielleicht beziehen sie sich auch auf eine am Mond orientierte Zeitrechnung, die mit Wetterveränderungen zu tun hat, die die Wasserversorgung bein-

16. Zwei Schwanengöttinnen mit den Kennzeichen von Vogel und Frau. Mal'ta, Baikal-See-Region, Sibirien; spätes Paläolithikum.

17. Geometrische Gottheit mit dreieckigem Kopf und Winkelmustern aus Předmost. Moravia, Tschecho-Slowakei; Gravettien, ca. 26000 v. Chr.

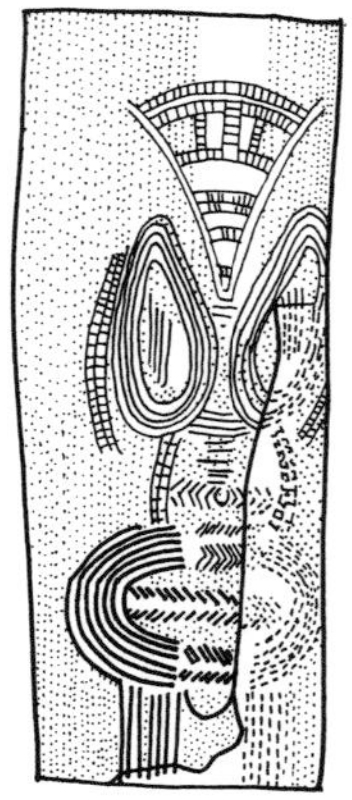

17

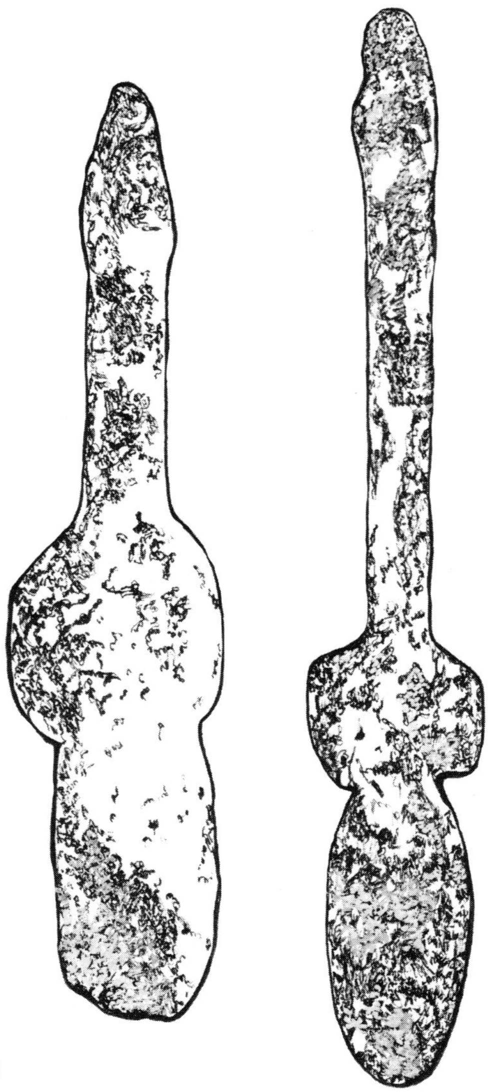

16

flussen. Die enormen Brüste mit vier Umrißlinien akzentuieren das Motiv der Nahrung.

Die Eigenart der Gestalten ist keineswegs die Folge mangelnder bildnerischer Fähigkeiten, sondern resultiert aus einem tiefen Glauben daran, daß die Welt aus dem göttlichen Ei geschaffen wurde, das die Vogelgöttin in ihrem Gesäß trug. Sie ist gleichermaßen für die Schöpfung wie für die Regeneration verantwortlich. Der Tod wird als Teil des endlosen Kreislaufs von Wiedergeburten empfunden, und immer besteht die Möglichkeit der Erneuerung. Eine solche Vorstellung vom Tod löste die Elemente der Natur auf und führte – durch das Ritual – zur Entfaltung des menschlichen Verstandes und seiner Fähigkeit zu abstraktem Denken.

# Die Schöpferin

Die Mutter-Schöpferin ist die ewig fruchtbare Quelle des Universums, der Ursprung oder Urquell. Grenzenlos, übersteigt sie jede Definition; alle elementaren Aspekte sind ihr zu eigen.

Das Feuer, die höchste kosmische Komponente, geht von der Sonne und den Sternen aus; es fungiert als Erzeuger des Lebens und als ein Symbol des Wandels. Es bietet ein archetypisches Bild physischer und geistiger Energie. Anfänglich wachte die Frau über das Feuer im Herd; sie erkannte es als das Werkzeug aller Werkzeuge, als Waffe, die zum Angriff wie auch zur Verteidigung eingesetzt werden konnte. Sie bediente sich seiner auf magische Weise, um sich selbst und ihre Kinder zu schützen. Ihre Verbindung mit dem Feuer tritt in zahllosen Schöpfungsmythen zutage. Sicherlich hätte man ohne Feuer die großen Höhlen nicht für rituelle oder künstlerische Zwecke benutzen können. Überlieferungen erzählen davon, wie die Frau das Feuer in ihren Geschlechtsorganen[1] oder am Ende ihres Grabstocks oder manchmal auch in den Fingernägeln verborgen aufbewahrte. Und das Feuer blieb jahrtausendelang in ihren Händen, wie aus dem anhaltenden Einfluß der römischen Vestalinnen und Vestas selbst, die im Feuer Gestalt annahm, zu ersehen ist.

Bis 10000 v. Chr. hatte sich das Klima in Europa jedoch dramatisch verändert. Als die Gletscher abschmolzen, wuchsen dort, wo die Tiere der Tundra gegrast hatten, große Wälder. Die Höhlen des Paläolithikums wurden verlassen, und die Traditionen und Mythen, die dort aufgeblüht waren, nahm man in fruchtbare Täler mit.

Das Aufkommen des Ackerbaus kennzeichnete den Beginn der revolutionärsten Epoche der Geschichte. Nicht einmal die Neuerungen des Maschinenzeitalters und der beängstigenden Atomtechnologie sind mit den kulturerschütternden Umwälzungen des Neolithikums vergleichbar. Diese Veränderungen sind umso bemerkenswerter, als sie sich im Zeitraum von nur wenigen tausend Jahren vollzogen, die wie eine Minute erscheinen, wenn man sie mit dem Zeitalter des Paläolithikums vergleicht, dessen Äonen so zahllos sind wie die Sterne.

Der Einsatz des Feuers durch die Frauen im Neolithikum hatte große Neuerungen zur Folge. Die Töpferei entwickelte sich aus der Methode, nach der man die geflochtenen Körbe reparierte, die ursprünglich zum Wasserholen dienten. Abgenutzte Körbe strich man mit Lehm aus; wenn man sie ausrangierte und ins Feuer warf, verbrannte das Stroh und die rohen Töpfe blieben zurück. Diese Beobachtung gab die Anregung für die ersten gezielt angefertigten Töpferwaren. Auf archaischer Ebene wurden alle Töpferwaren von Frauen geschaffen: das Gefäß ist gleichsam die Frau. Der Ton wurde für die Frauen etwas Heiliges; kein Mann durfte bei der Herstellung eines Topfes zugegen sein, und er durfte den mit einem Tabu belegten Ton bis zur Erfindung der Töpferscheibe auch nicht berühren[2]. Frauen, die ersten Töpfer, versahen später auch erstmals Gegenstände mit künstlerischen Verzierungen. Frauen gelang dann eine Reihe weitreichender Erfindungen, deren bedeutendste die Entwicklung des Ackerbaus aus dem einfachen Sammeln von Früchten war. Jede neue Entdeckung muß die Identifikation der Frau mit der Großen

Mutter-Schöpferin verstärkt haben, sowohl bei den Frauen selbst als auch im Verständnis der Männer.

## DAS UR-EI

Der Kult der eitragenden Vogelgöttin der paläolithischen Zeiten erlebte im Neolithikum neuen Aufschwung. Die Fähigkeit der Großen Mutter, die Fortpflanzung herbeizuführen – durch die sie zur Trägerin der Verwandlung wurde –, blieb im wesentlichen unverändert. Ein irdener Krug steht als ihr bedeutsamstes Symbol auf dem Altar. Als schöpferisches Gefäß bringt die Frau die Göttlichkeit der Vogelmutter, der Trägerin des Ur-Eis, zum Ausdruck.

Das zerbrechliche Ei, das so sorgfältig im Inneren der Gottheit gehütet wird, enthält die Keimessenz des Universums. Himmel und Erde entfalten sich aus dem kosmischen Ei[3]. In vielen Kosmologien wird das Welten-Ei aus dem Urmeer geboren, und aus ihm entsteht das Universum des Sternenhimmels, der Ozeane und Flüsse und der Erde. Aus dem Universal-Ei ging der Kosmos hervor.

Im heutigen Indien ist das kosmische Ei nicht mehr ein Attribut der Göttin, sondern des Gottes Vishnu. Der lebenspendende Aspekt der Vogelgöttin hingegen ist geblieben. Sie wird gewöhnlich nackt dargestellt, mit einem großen Schamdreieck[4]. Dieser deutliche Hinweis auf ihr Geschlecht und damit auch auf ihren Schoß dient als Erinnerung daran, daß sie die Quelle ist, aus der das Leben entspringt und zu der es zurückkehrt. Das «Große Runde» schließt den Anfang des Lebens und seine Verwandlung durch Tod und Wiedergeburt in sich ein[5].

## DIE EITRAGENDEN GOTTHEITEN

Die numinose eitragende weibliche Gestalt, der wir in der Kunst des Paläolithikums begegnen, ist als Vogelgottheit dargestellt; sie ist in Frankreich und Spanien in Höhlenwände eingeritzt und als winzige Figurine in Stein und geweihtes Mammutelfenbein geschnitten. Seit dem Paläolithikum finden sich immer wieder vogelförmige Vasen und eiförmige Gefäße und Krüge, in denen die Seelen auf ihre Wiedergeburt warten.

Im Mesolithikum vollzog sich im südwestlichen Europa ein Bruch in den Lebensbedingungen. Der postglazialen Kälte des zurückweichenden Eises folgte ein neblig-feuchtes, graugrünes Klima, das das Wachstum von Wäldern begünstigte. Die Großtiere, die offenere, tundraähnliche Weidegründe benötigten, zogen dem zurückweichenden Eis nach. Einige der Jäger und Sammler verfolgten die Tierherden bis nach Mal'ta in Sibirien, wo zusammen mit Hirsch- und Mammutknochen auch ihre Überreste gefunden wurden[6]. Wir wissen, wer sie waren, denn ihr Schädelbau stimmt mit dem der Menschen aus den französischen und spanischen Höhlen überein; hier wie dort bildet die Große Mutter mit ihren Tieren die Motive für ihre Kunst[7]. Viele Figuren sind nackt oder ganz mit einem Muster bedeckt, das auf Pelzkleidung hindeutet[8].

In neolithischen Zeiten zogen andere Gruppen in

18

18. Halbtorso einer Gottheit mit Doppeleiern im Leib. Novye Ruseshty I, Moldavien, Sowjetunion; Ende des 5. Jahrtausends v. Chr.

die fruchtbaren Täler «Alteuropas» (das ist M. Gimbutas' Bezeichnung für das vor-indoeuropäische Südosteuropa, einschließlich der Adriaküste Italiens, des griechischen Festlands und der Insel Kreta[9]). Die großartigen Höhlen wurden verlassen. Dieser Bruch in der Entwicklungsgeschichte Europas ist mit einer geologischen Verwerfungslinie vergleichbar. Die grundlegenden Zusammenhänge der alten Chronologie zerbrachen, und Europa scheint nun nicht mehr direkt mit dem Nahen Osten verbunden gewesen zu sein[10].

Die Grundzüge der paläolithischen Mythologie allerdings setzten sich ins Neolithikum fort; die Symbole der früheren Jäger und Sammler blieben weiterhin in der Psyche der nun zum Ackerbau übergegangenen Menschen verwurzelt. Wenn neun Menschen nötig waren, um einen 2,70 m großen Höhlenbären zu erlegen, war das Leben unvermeidlicherweise voller Gefahren, und es fand oft ein vorzeitiges Ende. Menschliche Überreste lassen erkennen, daß die durchschnittliche Lebenserwartung im Paläolithikum bei etwa 33 Jahren lag. Die Betonung von Fruchtbarkeit und Wiedergeburt war eine natürliche Reaktion auf die stets und überall drohende Todesgefahr.

Wie bereits erwähnt, entwickelten die Frauen, die durch ihre Tätigkeit als Nahrungssammlerinnen mit den Bedürfnissen der Pflanzen vertraut waren, im milderen Klima des Neolithikums die Kunst des Anbaus und der Kultivierung[11]. Vereinzelte an den Nilufern freigelegte Ackerbaugebiete hat man mittels der Radiokarbonmethode auf 18000 v. Chr. datiert. Der Pflanzenanbau war vor 7000 v. Chr. noch nicht sehr verbreitet; danach nahm er, selbst in seßhaften Gemeinschaften, nur sporadisch zu[12]. Es folgte eine relativ friedliche Zeit; unter den Grabbeigaben finden sich keine Waffen. Die Bevölkerung vermehrte sich dank der reichlicheren Verfügbarkeit von Lebensmitteln, und die Religion der Göttin überlebte mit ihren Details die Übersiedlung in neue Lebensräume. Nach dem Rückzug der Gletscher breiteten sich Wälder aus, die Höhlen wurden aufgegeben, und alle Spuren dieser Kultur scheinen verschwunden zu sein. Die künstlerischen Konventionen des Paläolithikums tauchten im 7. Jahrtausend v. Chr. im neolithischen Südosteuropa wieder auf und blieben auch im 5. Jahrtausend v. Chr. erhalten. Die Zeichen auf den Figuren der Herrin sind die erste bekannte, von Menschen des Neolithikums zur Übermittlung ihrer Glaubensvorstellungen benutzte Ikonographie. Die eitragende Haltung war auch in der mythischen Welt der Jungsteinzeit weiterhin eine Signatur der Schöpferin.

Eine verstümmelte gestreifte Gottheit aus Novye Ruseshty in der sowjetischen Region Moldavien, die man dem Ende des 5. Jahrtausends v. Chr. zuordnet, trägt ein Paar Eier in ihrem Bauch. In den Demitorso sind außen auf Vorder- und Rückseite elaborat verzierte Doppeleier eingeritzt. Viele derartige Statuen enthalten Doppeleier, die im Inneren der vollständigen Figuren untergebracht sind. Dieser Platz der Eier und die Verzierungen der Oberfläche bezeichnen den Ursprung der universalen Lebenskraft. Das symbolische Muster, mit dem diese Idole verziert sind, diente vielleicht als visuelles Mittel zur Anrufung der Göttin[13].

Eine aufgrund ihres vergrößerten Gesäßes als Vo-

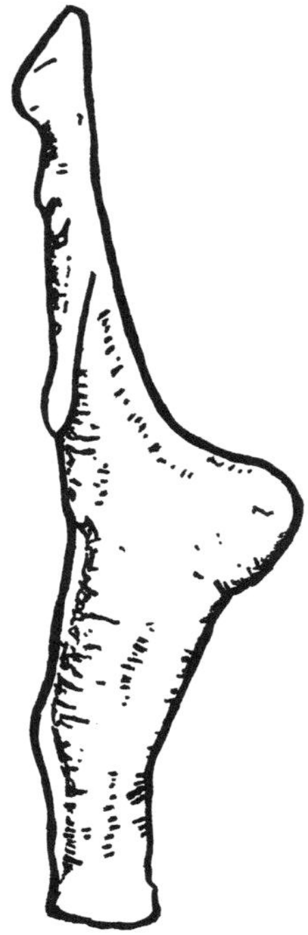

19

19. Gottheit mit dreieckigem Kopf und Gesäßsilhouette. Karanovo I, Zentralbulgarien; Neolithikum, ca. 7000–5500 v. Chr.

20. Große, rot-weiße Gefäßfigur mit eingeritzten Symbolen aus Vidra, Rumänien; Kupferzeit, 5. Jahrtausend v. Chr.

gelgöttin erkennbare Gottheit wurde in Karanovo I in Bulgarien entdeckt. Sie weist den weitverbreiteten Typ eines dreieckigen Kopfes auf, der in der Form dem der Venusfigur *La Polichinelle* ähnelt, auf die man an einer außerhalb der Höhle gelegenen paläolithischen Fundstelle in der Nähe von Menton in Frankreich stieß (s. «Vogelgottheiten des Paläolithikums», Abb. 7)[14].

Aus Rumänien, aus dem kupferzeitlichen Vidra (5. Jahrtausend v. Chr.), stammt ein Terrakottagefäß in Form einer stehenden Figur, die beide Hände in einer magischen Geste auf ihren Körper hält. Der Kopf, der den Deckel bildete, fehlt. Auf dem Körper, der einst fröhlich rot und weiß bemalt war, sind kosmische Eier, Rhomben und konzentrische Kreise eingraviert.

20

## EINE NEUE SICHT DER NEOLITHISCHEN GESCHICHTE IN EUROPA

Bevor wir uns den Mittelmeerinseln zuwenden, den Bollwerken der Göttinnenverehrung, benötigen wir einige historische Hintergrundinformationen. Vom Ausgangspunkt dieses Buches bis zu den weiter unten beschriebenen Kurgan-Invasionen sind 30 000 Jahre vergangen; wir befinden uns im 6. vorchristlichen Jahrtausend. Aus unserer Perspektive, in der nun einmal die christliche Ära der letzten etwa 2000 Jahre dominiert, fällt es uns schwer, den Blickwinkel zu erweitern und uns eine Vorstellung vom Leben zu machen, wie es sich vor dem antiken Griechenland abgespielt hat.

Marija Gimbutas' Anwendung neuer Datierungs-

21

21. Figur der Muttergöttin. Hal Tarxien, Malta, 5000–2500 v. Chr. (s. Tafel 5).

techniken auf die neolithische Periode im südöstlichen Europa hat den Begriff der menschlichen Kulturgeschichte radikal verändert und unser Verständnis davon unermeßlich erweitert. Gimbutas hat den Teil Europas, den sie bespricht, als «Alteuropa» bezeichnet. Er besteht aus dem zentralen und östlichen Balkan, der moldavischen Ukraine sowie den Regionen der mittleren Donau, der Adria und der Ägäis.

Gimbutas zufolge wurde das friedliche, egalitäre, Göttinnen verehrende, auf dem Ackerbau beruhende Leben in Alteuropa, wie es vom 7. bis zum 4. Jahrtausend v. Chr. blühte, durch die Kurgan-Invasionen gewaltsam unterbrochen. Trotz dieser Invasionen konnte sich die alte, bäuerliche Kultur in Südosteuropa noch 3000 Jahre und auf den Inseln der Ägäis noch beinahe 5000 Jahre lang halten. Der aggressive Einfall dreier separater Wellen von mit Pferden berittenen Hirten, die zwischen 4500 und 3000 v. Chr. von jenseits des Schwarzen Meeres kamen, führte zu katastrophalen kulturellen Umwälzungen. Seit der zweiten Hälfte des 5. Jahrtausends v. Chr. liegen Zeugnisse dafür vor, daß das Pferd sowohl ein Reittier als auch ein Kulttier war; dies geht aus Kopfstücken (Teilen des Zaumzeugs) mit Geweihsprossen, Pferdfigurinen und pferdeköpfigen Skulpturen hervor. Nach den Kurgan-Invasionen blieb in diesem Gebiet nur sehr wenig von der alten Kultur und Religion übrig. Gimbutas' Forschungen eröffneten neue Wege zur Rekonstruktion der neolithischen Religion. Ihre Ergebnisse wurden von Mircea Eliade, der großen Autorität auf dem Gebiet der religiösen Ideengeschichte, anerkannt.

## MALTA

Malta mit seinen ehrfurchtgebietenden Steintempeln (die am Ende des Kapitels mit dem Titel «Schreine» beschrieben werden) gehört im Zeitraum von 5000–2500 v. Chr ebenfalls zum «Herrschaftsbereich» der massigen Figur der Schöpferin, der All-Mutter. Weibliche Gottheiten mit üppigen Proportionen gibt es reichlich in diesen Tempeln. Da nach alten symbolischen Begriffen die Größe in der Regel auch die Bedeutung bestimmt, drücken die Heiligtümer und Figuren manchmal allein aufgrund ihrer Dimensionen die Machtfülle aus. Von einer dieser 1,80 m hohen Gottheiten ist nur noch der untere Teil übrig; ihre Schöpferkraft wird durch die doppelte Spirale angezeigt.

## ÄGYPTEN

Im ägyptischen Mythos vollzieht sich die Erzeugung des Ur-Eis in der sogenannten Zeit des Nicht-Seins. Die erhabene Gans erscheint zwischen den unvergänglichen Sternen und teilt mit ihren weiten Schwingen den Nachthimmel. Während die Welt noch von Stille überflutet ist, bricht die Stimme der «großen Schnatterin» das Schweigen, und sie legt das Ei, das den Keim des Lebens in sich trägt. Spätere Interpretationen der Priester verwandeln sie in einen Ganter; es ist jedoch zweifelsfrei das Weibchen, das beim Eierlegen gackert; somit bezeichnen die ersten ägyptischen Mythen also eigentlich eine Göttin-Schöpferin. Aus ihrem Ei bricht ein Vogel des himmlischen Lichts hervor[15].

22. Nut überspannt den sternenbesetzten Himmel. Grab von Ramses VI., Ägypten; ca. XX. Dynastie, um 900 v. Chr. (s. Tafel 4).

23. Altägyptische Grabmalerei der «Großen Schnatterin», die das Universalei legt. Vordynastisch.

22

23

Das Ur-Ei, das von einem heiligen Vogel in den wassergefüllten Abgrund gelegt wird, enthält den Keim des Lebens und ist ein typisches Beispiel für die Schöpfungsgeschichte des Universums. Der kosmische Stoff, aus dem das Universum gebildet wird, entstammt verschiedenen Teilen des Ur-Eis. Die genauen Einzelheiten gingen infolge der Veränderungen in der religiösen Ausrichtung verloren. Einige ägyptische Texte besagen, daß das Ur-Ei von acht Geschöpfen männlichen und weiblichen Geschlechts mit Frosch- und Schlangenköpfen geformt wird, die im Meer des Nichts schwimmen, unsichtbar, weil diese Genesis sich vor der Erleuchtung der Welt abspielt[16].

Das Bild der Vogelgöttin tauchte in Ägypten ungefähr zu der Zeit auf, als sie in Alteuropa verschwand. In Nordafrika, dem Hort unenthüllter Geheimnisse, der Region seltsamer Zaubereien, entstanden in den frühen vordynastischen Zeiten (etwa 4000 v. Chr.) Grabfiguren mit schwingenartigen Armen und Händen und Gesichtern, die stark ausgeprägte Schnäbel aufweisen. Die kraftvolle Haltung dieser Figuren bringt die Energie und das Mysterium des Fluges zum Ausdruck, und ihr Gesäß wird durch das kosmische Ei stark vergrößert. Diese bemalten Terrakottafiguren, die weniger als 30 cm groß sind und sich alle sehr ähnlich sehen, fand man in Gräbern in Mohamerian bei Edfu. Sie stellen eine großartige Mischung aus Vogel, Frau und Gottheit dar und üben einen beinahe übersinnlichen Zauber auf den Betrachter aus.

An einer Wand des Grabes von Ramses VI. überspannt die ägyptische Himmelsgöttin Nut mit ihrem sternenbesetzten Körper, der sich über den

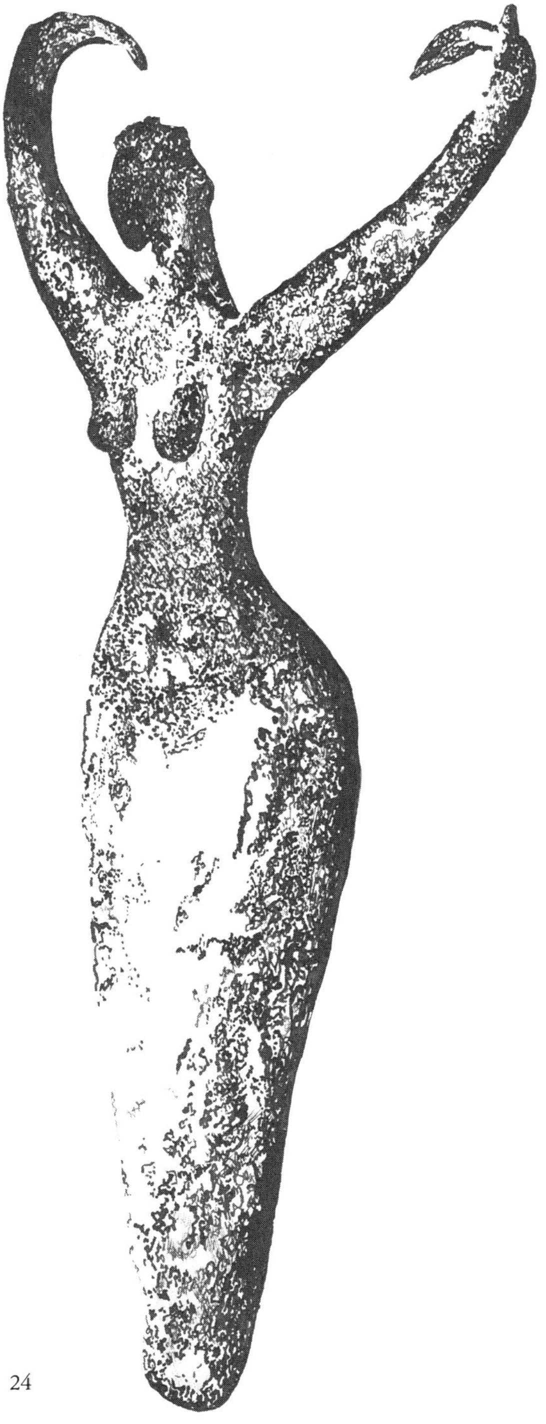

24

24. Vordynastische Grabgottheit mit Vogelschnabel, federnartigen Händen und vergrößertem Gesäß, die eine Haltung einnimmt, als wollte sie fliegen. Ägypten; ca. 4000 v. Chr.

Himmel wölbt, das Firmament; sie trägt in ihrem Leib die Sonne. Sie tritt beim Aufgang in ihren Mund ein und durchwandert während des ganzen Tages ihren mächtigen Körper, um bei Sonnenuntergang wieder hervorzutreten und zur Wiedergeburt in die Unterwelt hinabzusteigen. Die menschliche Seele als Ba-Vogel in seinem kleinen Boot begleitet die Sonne vom Anbruch der Nacht bis zum Morgengrauen[17].

## KRETA, MYKENE UND TROJA

Es gibt klare Beweise dafür, daß es in der minoischen Epoche – noch bis 1400–1200 v. Chr., als auf dem Festland nur noch geringe Reste davon übrig waren – einen Vogelkult mit regelmäßigen, festgefügten Ritualen gab. Die Faszination der minoischen Zivilisation liegt teilweise in der Tatsache begründet, daß eine Kultur, die mit solcher Akribie erforscht wurde, dennoch rätselhaft geblieben ist.
Wir kennen die Architektur dieser Menschen, ihre Möbel und die Straßen ihrer Städte. Die Dokumentation ihrer mit der Schrift vertrauten Gesellschaft ist bemerkenswert vollständig. Wir wissen von ihrem Handel, von ihren Haartrachten und ihrer Kleidung, von ihren Kosmetika und Parfums; ihre Kunst zeigt uns, wie sie aussahen. Auch ihre religiösen Vorstellungen sowie der exquisite Geschmack und Stil ihrer Lebensweise sind uns bekannt. Und dennoch entziehen sie sich uns.
Einer der Gründe, warum es uns so schwer fällt, die Alten zu verstehen, ist, daß ihr Zeitgefühl sich völlig von dem unseren unterschied. Der Westen lebt

25. Goldene Gottheit mit drei Tauben. Mykene, Griechenland; 1550–1400 v. Chr.

26. Bronzestatue der indischen Göttin Lakshmi, die auf einer Eule reitet. Indien; 1700–1800 n. Chr.

heute nach einem Sonnenkalender, während alle alten Völker einem Mondkalender folgten und glaubten, daß der Mond wichtiger sei als die Sonne. Der Mond herrscht über die Gezeiten, den Regen und die Regelblutung der Frauen, also im Grunde genommen über alle Flüssigkeiten. Die Pflanzen wachsen nachts, und das Wasser, dem der Mond gebietet, ist für ihr Wachstum von grundlegender Bedeutung.

Die kretische Kultur entfaltete sich, als die Periode des akausalen Denkens mit ihrer Vorstellung von einer zyklisch ablaufenden Zeit zu Ende ging. Man glaubte, daß Ereignisse, die sich gleichzeitig abspielten, auch hinsichtlich ihrer Qualität zusammenhingen.

Die Minoer standen mit dieser Anschauung nicht allein da. Alle prähistorischen Menschen erlebten die Zeit auf diese akausale oder zyklische Weise. Diese «alte Zeit» unterscheidet sich sehr stark von unserer an der Uhr ausgerichteten linearen oder kausalen Zeitvorstellung, bei der die Ereignisse einander streng und geradlinig als Ursache und Wirkung folgen.

Aus Mykene (1550–1400 v. Chr.), einer Festlandskultur mit starken Verbindungen nach Kreta, stammt ein goldenes Abbild der unbekleideten Gottheit im Naturzustand, das an ihr Auftreten als die «nackte Göttin» des Neolithikums erinnert. Tauben haben sich auf ihr niedergelassen oder umflattern sie zum Zeichen der Wesensverwandtschaft. Sie ist mit einem Diadem gekrönt und berührt ihre Brüste in einer Geste der Fruchtbarkeit und des Überflusses, die man später bei den Idolen der Aphrodite auf Zypern wiederfindet.

## MILCH

Einigen alten Kosmologien zufolge wohnt das Prinzip des Lebens, die Kraft der Natur, der Milch inne. In Indien wurde die religiöse Tradition, in der die Mutterfigur in den Mittelpunkt gerückt ist, niemals wirklich unterbrochen, und so wird auch die Muttergöttin im *Rig-Veda* mindestens dreihundert Mal erwähnt. Ein früher indischer Schöpfungsmythos berichtet, daß das Meer so lange gequirlt wurde, bis es sich in einen milchigen Schaum verwandelte, Amrita genannt, aus dem dann festes Land entstand. Dem Meer entsprang – wie Aphrodite – auch Lakshmi, die Göttin der Weisheit und des Glücks, die Mutter der Welt, aus der auch Edelsteine und bestimmte Kulttiere hervorgingen[18]. Auf einer Bronzeskulptur reitet Lakshmi auf dem Rücken einer Eule.

## DER KONUS

Die gehörnte Krone, die in der sumerischen Kunst vorherrschte, wurde zuerst von der prähistorischen Muttergöttin getragen; in ein Emblem phallischer Kraft verwandelt, findet sie sich später überall bei Gottheiten wieder.

Es ist die Krönung als solche, die dem König oder der Königin die Macht göttlicher Herrschaft verleiht. Die Hörner der Krone sind die geschwungenen Pfosten des Tores zwischen Himmel und Erde, ein Kanal der Lebensenergie[19]. Der Sichel des Mondes ähnlich, dienen sie als Übermittler seiner belebenden Kraft. Im Tempelpalast von Knossos

25

26

auf Kreta repräsentieren Hörner die schöpferische Kraft des Stiers; sie dominieren hinsichtlich der Größe und Zahl über alle anderen Symbole. Arthur Evans bezeichnet sie als «Weihehörner».
Der Konus, der auch die Form einer Anhöhe, eines Hügels oder eines Berges annehmen kann, steht für den Nabel der Erde und gilt als Zeichen der Stabilität. Der Konus stellt auch den Schoß dar; diese Interpretation entspricht der ursprünglichen Bedeutung des Omphalos, des heiligen Mittelpunkts der Welt in Delphi, der als Kommunikationsmittel zwischen den Lebenden und den Toten fungierte.
Das Bild der Gottheit wurde ein einfacher weißer Konus oder eine Pyramide. Konische Steine, die offenbar als Idole dienten, fand man auf Malta, begraben unter den Böden der Tempel der Göttin. Der Konus steht fast sicher am Ursprung der Bergmutter; in Byblos im heutigen Libanon war er ein Symbol der Astarte. Ihre Münzen tragen nicht nur in Byblos, sondern auch in Sidon, Paphos und anderen Städten im Nahen Osten das Bild eines Konus. In Babylonien wurden zahlreiche aus Ton gefertigte Votivkonen gefunden, vor allem in Lagasch und Nippur. Auf den Münzen von Perga ist der heilige Konus reich verziert und steht, als Symbol für die Sicherheit der Erde, in einem Tempel zwischen zwei Sphinxfiguren[20].
Zwischen den unfruchtbaren Hügeln und Schluchten des Sinai grub man beim Heiligtum der «Herrin des Türkis» Konen aus Sandstein aus, Symbole der mütterlichen Gottheit[21]. Ein Bildnis von Aphrodite, der Taubengöttin, das auf der Insel Zypern, ihrem Lieblingsaufenthalt in der Antike, gefunden wurde, hatte die Form eines weißen, pyra-

midenförmigen Konus[22]. Anderen Göttinnen Griechenlands war ebenfalls die Taube zugeordnet, aber nur Aphrodite wird mit einem weißen Konus bezeichnet; das ist der schlüssige Beweis dafür, daß die Taubengöttin von Kreta ihr Prototyp ist (s. Abb. 28).

Hügel, Konus und Omphalos, aber auch Grabhügel und Gräber – all dies sind Symbole der Erdmutter. Silbury Hill, in den Wiltshire Downs in Großbritannien gelegen, ist größer als die Pyramiden und schlicht und einfach das weltweit größte symbolische Bild der Göttin. Die Anlage ist eine sorgfältig geplante und hervorragend ausgeführte Darstellung der schwangeren Göttin, wobei der Hügel ihren schwellenden, zum Gebären bereiten Bauch bildet. Von einer Quelle gespeist, füllte der Brunnen unter Silbury Hill den umschließenden Graben gleichsam mit Fruchtwasser. Der Graben konturiert ihren Körper. Wie bei den neolithischen Figuren üblich, reichte ein Schaft aus, um Kopf und Hals anzudeuten[23]. Mit Hilfe der Radiokarbonmethode datierte man Silbury Hill auf das Neolithikum und bestimmte sein Alter mit 4500 Jahren.

Die Taubengöttin aus Mittelminoisch III trägt eine Krone aus Vögeln und Hörnern; in der Mitte erhebt sich ihr Emblem, der Konus, das Symbol ihres Schoßes. Diese Zeichen demonstrieren nicht nur ihre Göttlichkeit, sondern gemahnen auch an Zeiten, die weit vor der kretischen Kultur liegen.

Die Große Mutter wurde in Form eines Konus an hochgelegenen Orten und auf Hügeln oder Bergen verehrt, die manchmal von einem Stein gekrönt waren, von dem man annahm, daß er über reichen Fruchtbarkeitszauber verfügte. Vom Nahen Osten bis zur Ostsee wurden und werden diese Orte immer noch von Frauen aufgesucht, die sich Fruchtbarkeit wünschen. Der berühmte Omphalos in Delphi ist ein Konus oder Hügel; vor der Usurpation Delphis durch Apollon war der Omphalos der Göttin Themis oder Gaia geweiht.

## SCHÖPFUNGSMYTHEN

Das kosmische Ei hat sowohl mit der Welt des Geistes, der inneren Welt, zu tun, als auch mit der äußeren Welt, wie sie von der Göttin ersonnen wurde. Die Vorstellung von einem Universal-Ei, das von einem Vogel zur Welt gebracht wird, ist vielen Kulturen gemeinsam.

Nach dem Glauben der Guatemala-Indianer Zentralamerikas war im Anfang alles Wasser, und das Angesicht der Erde lag im Verborgenen. Es gab nur das schweigende Meer und den Himmel; nichts unterbrach die Stille außer der Schöpferin und Gestalterin, der Vogel-Schlange, die sich, mit grünen Federn bedeckt, in den klaren Wassern des Zwielichts ausdehnte und über einem Ei brütete. Über diese Szenerie strich Hurakan, ein Nachtwind, und legte das Land frei[24]. Wenn diese Geschichte auch eine Schöpfung durch ein eindeutig weibliches Wesen, nämlich die gefiederte Schlange, nahelegt, so wurde diese später doch in ein Wesen männlichen Geschlechts umgewandelt.

Ein vergleichbarer Schöpfungsmythos der Hopi-Indianer in Arizona ist sehr reizvoll. Die Hopi glauben, daß es im Anfang überall nur Wasser gab. Zwei Gottheiten lebten im Ozean, eine im Osten,

27. Die Erdmutter: Silbury Hill und der ihn umgebende Graben. Großbritannien; ca. 2500 v. Chr.

28. Die Taubengöttin von Kreta, gekrönt mit Vögeln, Konus und Stierhörnern. Kreta; Mittelminoisch III, 1700–1400 v. Chr. (s. Tafel 6).

28

27

30

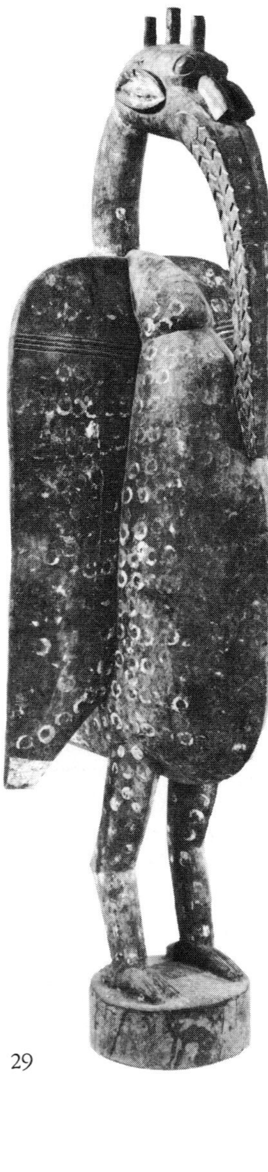

29

29. Kranichgeist. Stamm der Senofu, Elfenbeinküste; zeitgenössisch.

30. Nach der *Genesis* «brütet» der Heilige Geist in Gestalt einer Taube über dem Wasser. Altar des Doms von Salerno, Italien; 5.–11. Jahrhundert n. Chr.

31. Eine prähistorische indianische Felsmalerei aus der Fremont-Kultur zeigt eine überlebensgroße Figur, die die Vögel und die Vegetation erschafft. Utah, USA; 1300–400 v. Chr.

die andere im Westen. Die Göttin des Östlichen Ozeans und die Göttin des Westlichen Ozeans begegneten sich, als sie das Meer auf der Brücke des Regenbogens überquerten. Die beiden Gottheiten steckten die Köpfe zusammen, und durch ihre Konzentration bewirkten sie, daß sich mitten im Ozean trockenes Land zeigte.

Als sie bemerkten, daß es auf dem Land keine Lebewesen gab, formte die Göttin des Ostens aus Lehm einen kleinen Zaunkönig, und beide Göttinnen sangen eine Zauberformel über ihn, bis die Tonfigur zum Leben erwachte (so wie Jesus nach dem Koran Vögel aus Lehm bildete und belebte). Sie erschufen viele verschiedene Arten von Vögeln und Tieren; danach schufen sie die erste Frau, dann den ersten Mann, und sie bliesen ihnen das Leben ein, wie sie das auch bei den Vögeln und Tieren getan hatten[25].

In den meisten Kosmologien besteht der erste Schöpfungsakt in der Erschaffung des Lichts. Die jüdisch-christliche Tradition bildet dabei keine Ausnahme. Darüber hinaus wird in der christlichen Überlieferung der Heilige Geist als Taube versinnbildlicht. In der *Genesis* wird das hebräische Wort *tehom,* «die Tiefen» (nach der englischen King James-Version «das Firmament»), benutzt, um die Bewegung des Geistes Gottes über dem Wasser zu schildern. *Tehom* wird im Hebräischen aber auch verwendet, um bei Vögeln das Ausbrüten der Jungen zu beschreiben, eine in der Regel von den Weibchen wahrgenommene Tätigkeit.

Auf dem mittelalterlichen Elfenbeinaltar der Kathedrale von Salerno wird mit den lateinischen Worten für Nacht und Tag auf die Schöpfung hin-

31

gewiesen. «Die Dunkelheit geht dem Licht voraus und ist dessen Mutter.»[26] Die ursprüngliche Weisheit war dunkel und weiblich, dann folgte ihr das maskuline Wissen des Lichts. In den Religionen der Ägypter und Griechen brütet die Seele oder der Atem in Gestalt eines Vogels, der die Präsenz eines göttlichen Wesens andeuten soll. Ein Mythos aus der Neuen Welt schreibt die Schöpfung dem Wirken der Winde zu; man glaubte, daß sie sich durch das Fächeln von Vogelschwingen aus dem Urmeer erheben[27].

Der Vogel nimmt in afrikanischen Schöpfungsmythen eine hervorragende Stellung ein. Die Vorstellung von einem Vogel, der den Kosmos, die Erde und das Menschengeschlecht gebar, ist vielen Stammesreligionen gemeinsam. Auf den Sandwich-Inseln gibt es immer noch den Glauben, daß im Anfang nichts als Wasser war, bis ein großer Vogel aus der Höhe herabschwebte und ein Ei ins Meer legte. Als das Ei aufplatzte, kamen die Inseln heraus. In Europa wie auch in Afrika betrachtete man den Wind als befruchtenden Vogel, einen Ahnengeist, der über die Frauen wehte und sie fruchtbar machte.

Das Symbol des afrikanischen Senofu-Stammes ist die Vogelfrau namens Kono, offenbar die Ahnherrin[28]. Zu den Kultinsignien der Elfenbeinküste gehört die große Holzfigur eines Schopfkranichs, die einem gigantischen Geist ähnelt. Die Sakralmasken dieses Kultes mit ihren in Schnäbel auslaufenden Gesichtern wurden vor Außenseitern so sorgfältig verborgen gehalten, daß sie erst vor kurzem ans Licht kamen. Mit einer Höhe von 1,50 m bis 1,80 m waren diese Masken nicht nur als geschnitzte Reliefs an den Zeremonienhäusern und an der Hütte des Häuptlings angebracht, sondern sie wurden auch anläßlich ritueller Tänze getragen, bei denen der Träger der Maske zur Gottheit wird.

Eindrucksvolle, von den Fremont-Indianern gemalte Piktogramme beleben im Labyrinthgebiet des Horse Canyon (im Canyonlands National Park in Utah) die Siena-braunen Wände. Die 1,80 m hohe Figur einer Göttin, die «mitten im Schöpfungsakt» dargestellt wird, läßt aus ihren Händen Pflanzen, Vögel und Tiere hervorgehen; ein Baum entsprießt auf magische Weise ihrem Mittelfinger (1300–400 v. Chr.).

## DIE SCHÖPFERIN ALS SPINNERIN UND WEBERIN

Die Vogelgöttin war von Anfang an eine Spinnerin und Weberin. Ihre Wahrzeichen und Symbole finden sich auf Hunderten von Spindeln; viele in Troja gefundene Exemplare illustrieren H. Schliemanns Buch *Ilios*[29]. Die drei rätselhaften Schwestern, die im griechischen Mythos als Schicksalsgöttinnen auftreten, tragen Spindeln, Weberschiffchen und Scheren, die zu symbolischen Werkzeugen von Geburt, Leben und Tod werden. Sie bestimmen über den Lebenslauf des Menschen, indem sie seinen Lebensfaden spinnen, zwirnen und schließlich abschneiden. Die tiefe Bedeutung, die als Metapher für die Schöpfung neuen Lebens mit dem Weben verbunden ist, läßt sich seit der Zeit feststellen, als die Frauen anfingen, aus Wollfäden Stoffe zu wirken. Dies ist eine natürliche Parallele

32

32. Silberamulett einer Vogelgestalt mit Schlangenarmen und Menschenkopf. Sachros, Marokko; zeitgenössisch.

zur menschlichen Mutter, die in ihrem Schoß neues Leben spinnt.
Etwa 300 v. Chr. wurden in Ecuador und Peru die Motive der Eule und der Muttergöttin zu beliebten Verzierungen der Spinnwirtel, wobei die Gottheit gewöhnlich die Gebärhaltung einnimmt. Die Eule wird als Emblem des Schoßes dargestellt. Zusammengebundene Spindeln finden sich als Grabbeigaben in großer Zahl auf Friedhöfen und an Zeremonienstätten, die mit den Toten in Verbindung stehen.

## VOGELGÖTTINNEN DER GEGENWART

In Marokko kann man auf Schmuckstücken und handgewebten Teppichen, die Händler in den sehr primitiven Ortschaften in den Bergen des Hohen Atlas aufstöbern und von dort mitbringen, noch immer uralte Symbole der Göttin entdecken. Die Gestalt der Muttergöttin und ihre Wahrzeichen erscheinen auch in den geometrischen Formen und Mustern auf den schwarzen Ziegenhautzelten der megalithischen Berber wieder, die unter dem dünnen Firnis des Islam ihre noch auf die Altsteinzeit zurückgehende Tierverehrung aufrechterhalten.
Aus dem marokkanischen Sachros in Tanger stammt ein seltsames Silberamulett. Sehr klein und mit einem ziselierten Blumen- und Pflanzenmuster, zeigt das Amulett einen menschlichen Kopf auf einem Vogelkörper. Die Arme sind wie Schlangen geformt und die Hände wie Schlangenköpfe. Ein gespreizter Schwanz vervollständigt die Komposition dieser Vogel-Schlangen-Mensch-Gottheit, die viele Embleme der alten Muttergöttin in sich verbindet. Die «Alte Religion», wie sie genannt wurde, ist überall auf der Welt von den einfachen Menschen beibehalten worden, die gegen den Wandel resistent sind und an so unzugänglichen Orten wie den Bergen des Atlas wohnen.
Die «schwangere Vogelgöttin» des Bildhauers Costantino Nivola stammt ebenfalls aus der heutigen Zeit und ist eine Skulptur von außerordentlich magischer Wirkung. Dieses Werk gehört zu einer langen Serie von Vogelgöttinnen, an denen dieser zeitgenössische Künstler seit Jahren arbeitet.

33. Die «Schwangere Vogelgöttin» von Costatino Nivola gehört zu einer Serie von Plastiken, an der der Künstler seit Jahren arbeitet. USA; zeitgenössisch.

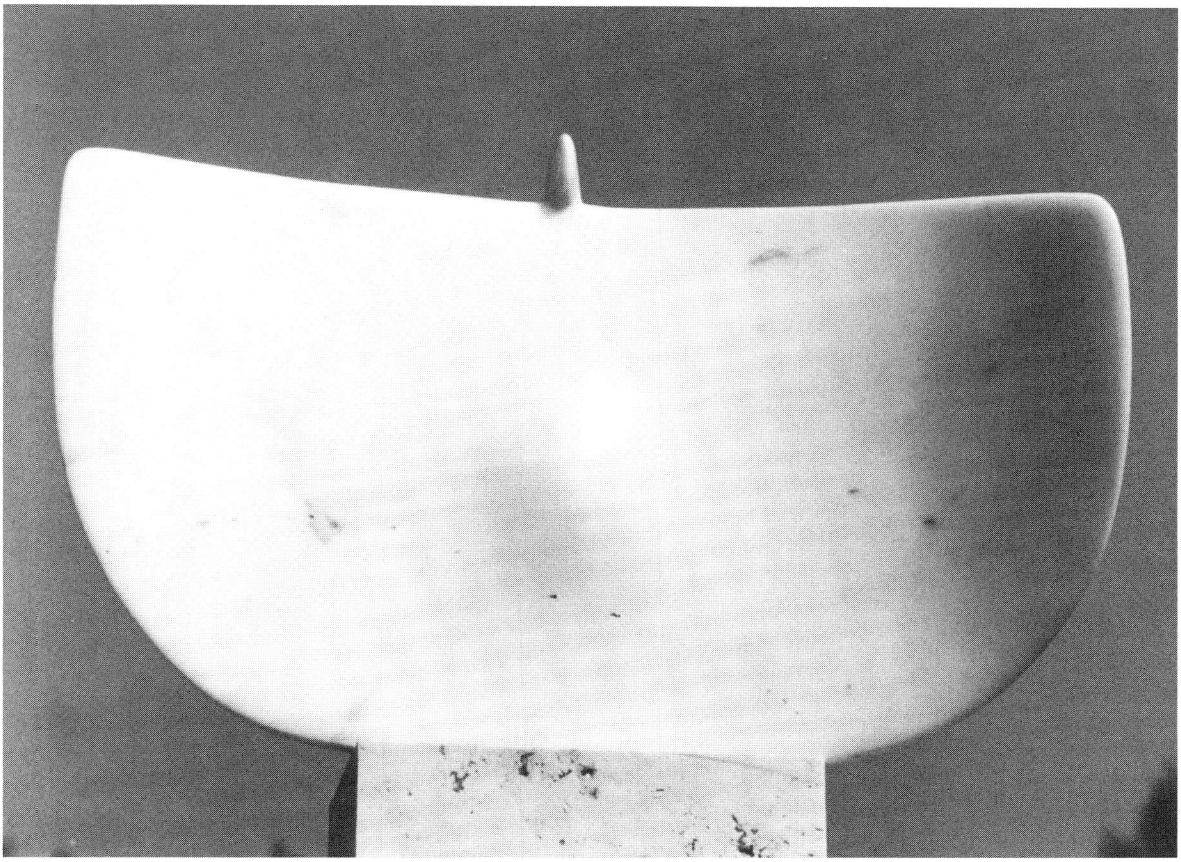

33

# Die Herrin des Wassers

## WASSERSYMBOLIK

Die Verknüpfung von Wasser und Mutterschaft ist weit verbreitet und sehr bekannt. Das feuchte Element ist buchstäblich die Quelle des Lebens; seit dem Anbeginn der Zeit galt das Wasser als Urschoß, als Gefäß, als Kelch oder Gral, dem das Leben entspringt. Die frühen Griechen betrachteten das Meer als ein Symbol der Mutterschaft und der Fortpflanzung; lange vor dem Christentum taufte man Kinder, indem man sie mit magischen Tropfen benetzte. Im Neolithikum führte die intensive Auseinandersetzung mit dem feuchten Element zur Entstehung von Wassersymbolen wie Netzen oder Zickzack- und parallelen Linien. Diese Symbole bedecken häufig den ganzen Körper der Vogelgöttin, um sie als Herrin des Wassers zu kennzeichnen. Als «göttlicher Wasserkrug» gießt sie reinigenden Regen aus ihrer himmlischen Wohnung. Heilige Brunnen und heiliges Wasser, die man einst in Ehren hielt, wurden zu Unrecht vernachlässigt. Seit kurzem macht sich aber wieder ein stärkeres Interesse an den Feldern, Hügeln und Wäldern unserer Umgebung bemerkbar.
In früheren Zeiten war es Aufgabe der Frauen, sich um die Wasserversorgung zu kümmern. Bis zur Invasion Griechenlands aus dem Norden, die gegen Anfang des 2. Jahrtausends v. Chr. erfolgte, blieb die magische Kunst des Regenmachens ein Vorrecht der Frauen; später gingen die römischen Vestalinnen – wie in neuerer Zeit die Priesterinnen in Benin in Afrika – jeden Tag zur Quelle, um in besonderen Zeremonienkrügen Wasser für den Tempel zu holen. In einigen afrikanischen Königreichen fungiert der regierende Monarch immer noch als lebender Repräsentant des Regengottes. Seltsamerweise nimmt aber nicht er an den Riten teil, von denen die Wasserversorgung abhängt, sondern vielmehr nehmen seine Frauen, Mütter genannt, diese Funktion wahr[1].
Zahllose neolithische und paläolithische Terrakottafiguren aus Europa veranschaulichen die Beziehung zwischen dem Wasser und der Gottheit. Im Verhältnis zu den reichlichen archäologischen Funden aus dem Neolithikum haben aus der paläolithischen Epoche nur wenige Stücke überlebt; doch hat man ein oder zwei deutliche Beispiele gefunden, aus denen hervorgeht, daß Zickzack- und Winkelmuster, die mit Vogel und Wasser in Zusammenhang stehen, bereits zu dieser Zeit gebräuchliche Symbole waren. Eine frühe Darstellung des Chevron aus paläolithischen Zeiten ist mit kühnen Zügen auf den Körper des Mischwesens aus Vogel und Frau (aus Mezin in der Ukraine; s. Abb. 12) eingraviert[2]. Die V-Formation fliegender Vögel, der Vorboten des Frühlings und der Frühlingsfeste, sind möglicherweise der Ursprung des V-Zeichens, aber vielleicht hat auch die Form ihrer Schnäbel einen starken Einfluß ausgeübt. Das wiederholte V-Zeichen (VVV) ist ganz offensichtlich ein Zeichen für fließendes Wasser; zwei auf dem Kopf stehende Vs (ΛΛ) wurden zur phönizischen Glyphe für fließendes Wasser und entwickelten sich zum Buchstaben *M*. Im Arabischen ist das Wort für «Wasser» *ma*.
Zahlreiche menschliche Stundenglas-Figuren, die sich aus zwei Dreiecken zusammensetzen, bilden beeindruckende geometrische Darstellungen der

34

34. Diese Schale zeigt das Wasser über und unter der Erde, die in Form der zwei Pyramiden mit Netzmuster dargestellt ist; die Sonne geht rechts auf und links unter. Ägypten; Amratien.

35. Eine geometrische Stundenglas-Gottheit ziert einen Wasserkrug mit großen Mäandern. Traian, Rumänien; 4000 v. Chr.

Vogel- und Wassergöttin, die sich an ihrer dreifingrigen Hand erkennen läßt. Ein Dreieck, mit der Grundlinie nach oben, bildet ihren Oberkörper; das andere, mit der Grundlinie nach unten, die untere Körperhälfte. Auf einer Vase aus Traian im Nordosten Rumäniens (4000 v. Chr.) steht eine solche Figur im Mittelpunkt der dekorativen Ornamente; sie hat einen zart angedeuteten stecknadelartigen Kopf und entsprechende Füße[3]. Die Mäandermuster auf Keramikvasen und Figurinen erzählen die Geschichte eines Kosmos, in dem das oben dargestellte Flüssige – wie das griechische Schlüsselmuster – auf den empyreischen Wohnsitz dieser Wassergottheit hinweist. Nach M. Gimbutas weist der paradiesische Wohnort der Göttin drei Ebenen auf: Himmel, Erde und Wasser. Große rautenförmige Mäander, Symbole für das kosmische Wasser, umschließen die geometrische Gottheit[4].

Das Reich der Göttin, dessen Ausdehnung die Umlaufbahn der Sonne bezeichnet, ist auf einer Schüssel aus der Amratian-Kultur des prähistorischen Ägypten graphisch dargestellt. Tag und Nacht ziehen oben und unten an der Erde vorbei, die durch die mit einem Netzmuster versehenen pyramidenförmigen Berge des Ostens und des Westens symbolisiert ist. Zickzacklinien deuten zwei Ozeane an; die Gottheit wohnt über den himmlischen Wassern, während das untere Meer mit der Unterwelt in Verbindung steht; durch diese Region muß die Seele, wie die Sonne auch, zu ihrer Auferstehung hindurchgehen. Wenn die Sonne im Westen untergeht, gelangt sie zu der verborgenen Quelle ihres Lebens, und bei Sonnenaufgang wird sie im Osten wiedergeboren. Jahrtausende später

35

wurden in Ägypten die gleichen beiden, mit dem heiligen Netzmuster überzogenen Berge über dem Haupteingang der Großen Pyramide von Gizeh eingemeißelt; sie markierten den Ort des Sonnenaufgangs, nämlich der Auferstehung des Pharao. Sie sind immer noch dort, für jedermann deutlich sichtbar.

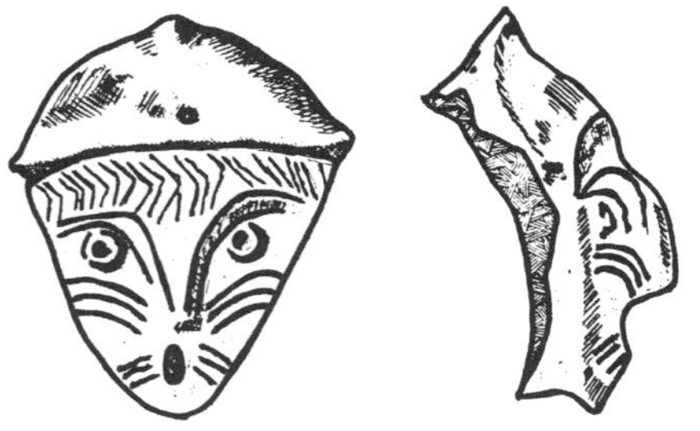

36

37

WASSERGÖTTINNEN

Die neolithische Wassergottheit ist auch auf einem Keramikdeckel aus der frühen Vinča-Kultur in Jugoslawien vom Ende des 6. Jahrtausends v. Chr. zu sehen. Von vorn ähnelt ihre Maske einer jungen Frau mit einer Baskenmütze, Ponyfrisur und katzenartigen Schnurrhaaren. Das Profil dagegen enthüllt eine völlig andere Charakteristik: die eines Raubvogels mit kühn gebogenem Schnabel. Die Fransen auf der Stirn entpuppen sich als Fries aus Zickzacklinien – ein Wahrzeichen der Vogelgöttin –, und neben ihrem Mund finden sich Parallellinien[5]. Die hervorstehenden Augen sind in der Mitte durchlöchert, damit Wasser daraus entweichen kann, und ihr ovaler Mund bildet eine Tülle; als Ganzes bringt die Maske die Wasserproblematik während einer Trockenperiode zum Ausdruck.

Zur Zeit des Neolithikums und des Chalkolithikums spielten Wassergefäße auf den heiligen Altären und bei der rituellen Verehrung der Göttin eine wichtige Rolle. Einige der Gefäße sind lediglich mit Augen und einem Schnabel am Hals der Vase verziert; andere zeigen die in Relief auf dem zylindrischen Hals dargestellten Augen der Göttin. Das Wasser steht in enger Beziehung zum Phallus, zu Hörnern, zur Schlange und zum Wasservogel. Der Hals einer mit Merkmalen beider Geschlechter versehenen Statuette stellt unmißverständlich einen Phallus dar; die Figur hat ein Loch in der Spitze und Flügel, aber gleichzeitig das Gesäß einer Vogelgöttin[6]. Wie jeder sehen kann, der durch die Straßen einer Stadt geht, hat der geflügelte Phallus bis in unsere Tage als Graffiti überlebt.

Der Kopf auf einem großen Vogelkrug aus der frühen Vinča-Kultur (Anza IV in Makedonien, etwa 5300–5000 v. Chr.), rot auf cremefarbigem Grund bemalt, ist ein Symbol des heiligen Schoßes. Die Augenbrauen treffen sich über modellierten, diamantförmigen Augen, und zwei schwere diagonale Formen ziehen sich über die Wangen, die in der Mitte ein Loch haben. Vom Hals ausgehend, ziehen sich die stark ausgeprägten Zickzacklinien der Vogelgöttin scharf nach unten und bilden ein kontinuierliches Muster aus Vs, das etwa in halber Höhe in einem breiten, mit Karos durchsetzten Band endet. Die Diamantaugen der Gottheit kennzeichnen zusammen mit den Parallel- und Zickzacklinien die Herrin des Wassers. Der freie Platz am Hals wird von einem großen roten Dreieck ausgefüllt. Die Größe des Kruges läßt vermuten, daß es sich um einen Vorratskrug für einen Altar handelt, vergleichbar mit denen, die bei heutigen religiösen Zeremonien für Weihwasser verwendet werden[7].

Das Gesicht einer sitzenden Göttin aus Hacilar IV in Anatolien (etwa 5000 v. Chr.) ist mit kräftigen roten Regenlinien auf cremefarbenem Untergrund verziert. Die Göttin der Feuchtigkeit ist durch Augen aus sauber eingelegtem Obsidian charakterisiert; die schweren, überschattenden Brauen treffen sich über einer schnabelförmigen Nase. Sturzbachartige Ströme ergießen sich aus den Augen der Gottheit und überziehen ihr ganzes Gesicht mit Regenlinien; ihr Hals ist von einer dichten Folge horizontal verlaufender Winkel umschlossen[8].

Vor kurzem wurde ein archäologisches Rätsel gelöst. Einige seltsame Terrakottafiguren aus Grie-

36. Die Herrin des Wassers auf dem Dekkel eines Kruges; Augen und Mund sind durchlöchert, um Zentren der Feuchtigkeit anzudeuten, ihr Gesicht ist mit Wasserzeichen verziert. Malco, Jugoslawien; 5000 v. Chr.

37. Ein großes, vogelähnliches Wassergefäß, das neben einem Altar gefunden wurde, ist mit Wasser-Chevrons dekoriert. Vinča-Kultur, Anza IV, Makedonien; 5300–5000 v. Chr.

38. Regenlinien strömen über Gesicht und Körper einer Wassergottheit in Gestalt eines Kruges. Hacilar IV, Anatolien, Türkei; ca. 5000 v. Chr.

38

39

39. Langhalsige Göttin, die die Gestalt eines Kruges hat und ein Gefäß trägt, zeigt Baum- und Netzembleme. Kreta; 2000 v. Chr.

chenland ließen sich schlecht datieren; die wahrscheinlichste Annahme war, daß sie dem 8. Jahrhundert v. Chr. zuzuschreiben seien. Die Figuren weisen Wassersymbole auf, die an weit frühere Zeiten erinnern; in der Form sehr ähnlich, unterscheiden sie sich aber durch ihre Verzierungen. Alle sind durch den übertriebenen Säulenhals der Vogelgöttin gekennzeichnet, der den langen Hals von Wasservögeln nachahmt. Von ihrem Rock, dessen Glockenform an die Zeit des Paläolithikums denken läßt, im 8. Jahrhundert aber ein Anachronismus ist, hängen klar erkennbare Beine. Körperöffnungen, aus denen Feuchtigkeit austritt (Nasen, Münder, Brüste), sind sorgfältig modelliert und rot hervorgehoben. Mitunter steht die Augeniris, die mit weißen Perlen eingelegt ist und glitzert, etwas vor; die durchstochenen Ohren trugen einmal Ohrringe, und das in bewegten Wellenlinien gemalte Haar fällt über den Nacken hinab.

Die anfängliche Unsicherheit hinsichtlich der Entstehungszeit und der Identität dieser Idole hielt an, bis ein Fund aus der frühen Bronzezeit in Myrtos auf Kreta die Frage klärte. Man grub neben dem ältesten steinernen Hausaltar, der bisher auf Kreta gefunden wurde (um 2000 v. Chr. datiert), eine ähnliche Figur mit langem Hals aus. Die Statuette, die ihre Beine verloren hat, trägt ein glockenförmiges Überkleid. Das Feuchtigkeitsmotiv wird durch eine kleine Kanne angetönt, die sie in der Armbeuge hält, außerdem deuten die aufgemalten Feuchtigkeitssymbole und der Fundort darauf hin[9]. Die Kannen dienen dem Transport; da es wegen der Hügellage des Ortes keine Brunnen gab, muß das Wasser in Krügen heraufgeschafft worden sein.

Die Tunika der Göttin ist auf Vorder- und Rückseite mit einer Reihe von Vierecken im Karo- und Netzmuster verziert. Das Karomuster verweist, wie auch das Netzmotiv, auf den Zyklus von Leben und Tod. Aus diesem Grund sind Augen, Nase und Brustwarzen der kleinen Figur mit dem geweihten Ockerrot des Blutes und des Lebens bemalt.

Mit einem Netzmuster – dem Wasser des Lebens – überzogen, zieren zwei langhalsige Wasservögel, die sich über eine Swastika mit acht Enden hinweg anschauen, das Kleid einer Göttin, die im Museum von Boston steht. Die Swastika steht für Sonne, Mond und Schoß; acht Enden anstelle von vieren verdoppeln ihre Kraft. Auf den Armen trägt die Figur je zwei Swastiken, die die Doppelaxt der Wiedergeburt flankieren. Die meisten Swastiken sind im entgegengesetzten Uhrzeigersinn ausgerichtet, eine Anspielung auf den Mond anstatt auf die Sonne. Zwischen den Brüsten hängt eine Halskette, die mit einer Lebenssäule aus vertikalen Rauten verziert ist. Der Anhänger besteht aus einer Art Kamm mit Parallellinien, die wie aus einer Wolke fallender Regen aussehen. In der plastischen Kunst des Paläolithikums war ein Kind, das einen Kamm trug, ein Emblem für eine Regenwolke. Beides, Kind und Wolke, symbolisiert neues Leben. In Europa und Asien steht der Kamm häufig für Regen, obwohl das Emblem in Europa seine Bedeutung verloren hat; wie auch in Indien versinnbildlicht der Kamm bei den Hopi-Stämmen der Neuen Welt immer noch den Regen.

Es lohnt sich, diese Figuren genauer anzusehen, denn sie zeigen viel von der Symbolik früherer Zeiten. Bei einem anderen Idol, das heute im Louvre

40. Glockenförmige Gottheit, verziert mit einer doppelten Swastika, die von langhalsigen Vögeln flankiert ist, mit einem Kammmuster und einer Doppelaxt. Kreta; ca. 900 v. Chr.

40

41

steht, wurden Variationen der gleichen Symbole verwendet. In der Mitte befindet sich eine stark hervorgehobene, enorme Säule, die mit dem heiligen Netzmuster versehen ist und von zwei sich schlängelnden Wasserrinnsalen flankiert wird; zwei netzgemusterte Wasservögel, aus deren Schnäbeln Wasser tröpfelt, bewachen das Bild. Jedes Symbol unterstreicht bis ins Detail das Motiv der Herrin des Wassers, und das Netzmuster ist zur Betonung fünf Mal ausgeführt. Diese Anachronismen lassen mit Sicherheit annehmen, daß diese Symbolik seit ältesten Zeiten intakt geblieben ist. Das griechische Wort *kteis* wird landläufig für «Kamm» verwendet, bedeutet aber auch «Vulva» oder «Kammuschel»[10].

Da niemand so recht verstand, was diese Idole darstellen sollten, war die Identität der Göttin beinahe 4000 Jahre lang verschüttet. Die Ideogramme konnten nicht entziffert werden, da der Schlüssel zu ihrem Kode im Lauf der Zeit und mit dem Verschwinden der Religion der Göttin verloren gegangen war. Die Symbole, die als Zeichensprache die Anfänge des Schreibens bildeten, waren aufgrund der gewaltigen kulturellen Veränderungen unerkannt geblieben.

## CHINA

Jahrtausende später, fern der Ägäis und fern der griechischen Religion, spielte der Vogel in einem Ritus, der mit Wasser zu tun hatte, eine sehr ähnliche Rolle. Auf einem chinesischen Bronzegefäß der Tschou-Periode, das aus der Zeit der Streitenden Reiche (476–221 v. Chr.) stammt, stehen sich zwei Gottheiten in dramatischer Konfrontation gegenüber. Die beiden tanzenden Gestalten haben die mit kräftigen Schnäbeln versehenen Köpfe von Eulen und weibliche Brüste. Der Rock der rechten Figur, die auf mit Sporen ausgestatteten menschlichen Beinen tanzt, schwingt in Form eines gebogenen Schwanzes nach hinten; ihre Arme sind ausgestreckt. Die weibliche Gottheit auf der linken Seite trägt einen Rock[11]. Bei den sibirischen Stämmen der Dunganen und Jenisseier sind die Mäntel der Schamanen auch heute noch immer so geschnitten, daß sie den Schwingen und Schwänzen von Eulen ähneln[12].

In diesem astrologischen Szenario stellt eine weibliche Gestalt den Bogenschützen im Sternbild Sagittarius dar; sie richtet ihren Bogen auf zwei Drachen, die in China Sinnbilder geistiger Stärke sind und mit dem Regenzyklus assoziiert werden. Einem vertikalen und einem horizontalen Drachen sind zwei Kugeln zugeordnet, die die Mondphasen bezeichnen. Bis heute wird in der Astrologie der aufsteigende Knoten des Mondes «Drachenkopf» und der absteigende Knoten «Drachenschwanz» genannt.

Tritt die astrologische Konjunktion der Monde mit den Drachen des Wassers ein, so wird eine gefährliche Situation durch Rituale abgewendet; Tänze sind erforderlich, um die magische Wirksamkeit des Ritus zu verstärken. Die Gottheiten oder Schamanen leiten die Zeremonie, die den befruchtenden Regen auf die Erde herabruft[13]. Magische Kräfte kontrollieren im Widerstreit liegende Elemente, damit sie Feuchtigkeit abgeben; dies

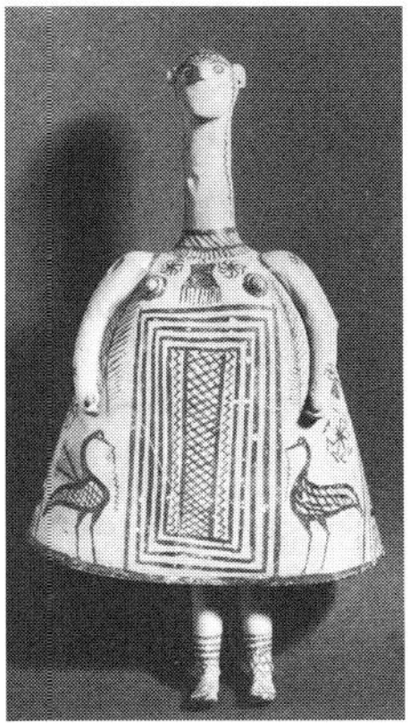
42

43

41. Ein Relief auf einem heiligen Bronzegefäß zeigt zwei Schamaninnen, die tanzen, um Regen herbeizurufen. China; 476–221 v. Chr.

42. Gottheit mit einem Netzmuster auf der Mitte des Körpers sowie langhalsigen Vögeln, doppelten Swastiken und einem Kammsymbol. Böotien, Griechenland; ca. 900–700 v. Chr. (s. Tafel 1).

43. Die Tauchvogelmaske von Indianern der pazifischen Nordwestküste symbolisiert die Verbindung des Vogels mit der Unterwelt. Kanada; zeitgenössisch (s. Tafel 10).

führt oft zur Überwindung des Drachens durch den Vogel. Der Tanz wendet die Gefahr ab, daß die Mondbälle von den Drachen verschlungen werden – eine vernichtende Trockenheit wäre die Folge. Von einem Pfeil durchbohrt, ergießt der Mond seinen Inhalt als Regen über die Erde[14].

## NORDAMERIKA

Der zur Mamalelekala-Kultur der kanadischen Indianer gehörende Kwakiutl-Stamm im pazifischen Nordwesten erweitert die mythische Beziehung zwischen Vogel und Wasser um ein neues Element. Eine Maske, die Qiumugwe, den König des Meeres, darstellt, wurde sowohl Männern als auch Frauen als Belohnung für ihre Verdienste verliehen. Die Indianer glaubten, daß die von einem Vogel gekrönte Maske Glück bringe. Sie zeigt einen Tauchvogel, dessen Konstruktion recht seltsam ist. Er wird durch einige Fäden in Bewegung gesetzt, die wie bei Marionetten befestigt sind; zieht man daran, öffnet und schließt diese bemerkenswerte Maske den Schnabel, dreht den Hals von einer Seite zur anderen und schlägt mit ihren Segeltuchschwingen.

Die symbolische Bedeutung des Tauchvogels weicht sehr stark von der anderer Wasservögel ab; da er unter der Wasseroberfläche verschwindet, gehört er sowohl zur Luft als auch zum Unterwasserreich des Todes. Er gilt deshalb nicht nur als Bewohner der physischen und geistigen Welt, sondern zudem auch als Führer durch Tod und Wiedergeburt.

# Die Nährmutter

Viele Ursprungsmythen fassen die Milchstraße als einen strahlenden Strom von Sternen auf, der der Milch der großen Muttergöttin entspringt. Der Begriff «Galaxis» ist von *laktos* abgeleitet, dem altgriechischen Wort für «Milch». Die tiefe symbolische Bedeutung der Milch wurde schon frühzeitig erkannt. Als einem wunderbaren Geschenk des Weiblichen brachte man ihr besondere Verehrung entgegen; die weibliche Gottheit wurde zur Quelle von Nahrung und Fülle. Die überfließende Brust, die erste Wahrnehmung in unserem Leben, bleibt im menschlichen Bewußtsein als ein Bild konzentrierter Kraft.

Der augenfälligen Brust der Vogelgöttin, der reichlich strömenden, nährenden Quelle, begegneten die prähistorischen Künstler mit Ehrerbietung. Da die Kunst religiösen Zwecken diente, ist kaum anzunehmen, daß Brüste und andere Geschlechtsmerkmale in den Männern den Gedanken an körperlichen Verkehr wachriefen. Sexualität und Fortpflanzung standen in keinem symbolischen Zusammenhang.

## BRÜSTE

Im Paläolithikum waren die Brüste ein dominantes Motiv, wie sich an einer schaftförmigen Elfenbeinstatuette aus dem östlichen Gravettien (25000 bis 20000 v. Chr.) aus Pavlov in der Nähe von Dolní Věstonice in der Tschechoslowakei nachweisen läßt. Alles an diesem abstrakten, stabförmigen Gebilde ist einer beherrschenden Idee unterworfen; der polierte Schaft stellt eine Ikone der heiligen Quelle der Nahrung dar. Leicht geschwungen und nach hinten gebogen, zeigt er wohlgeformte Brüste, die an den Rändern eingekerbt und mit horizontal und schräg verlaufenden Linien verziert sind, die möglicherweise nicht nur dekorativen Charakter haben[1]. Der Übergang zwischen Brüsten und Schaft bildet eine natürliche V-Form, wie sie oft auch durch eine Halskette entsteht – eine Wiederholung des Vogelschnabelmotivs.

Die Vorstellung, daß Brüste die göttliche Quelle der Feuchtigkeit sind, kommt in einem Anhänger aus Mammutelfenbein (26000 v. Chr.) zum Ausdruck, der ebenfalls aus Dolní Věstonice stammt. Zwischen den Brüsten ist das doppelte V-Zeichen eingraviert, das Zeichen der Vogelgöttin. Ganze Halsketten aus solchen Anhängern wurden an dieser und mindestens fünfzig weiteren Fundstellen des späten Paläolithikums entdeckt. Diese Darstellungen von Brüsten hatten keinerlei erotische Funktion; sie wurden von Frauen als Nahrungsamulette getragen[2].

In Le Combel (in Pech Merle, Frankreich) hat man, unmittelbar vor dem ursprünglichen Eingang ins innere Heiligtum, einen kleinen Stalaktiten, der bis hin zur Brustwarze genau wie eine menschliche Brust aussieht, besonders hervorgehoben und mit Punkten aus rotem Ocker eingekreist. Seit frühesten Zeiten diente roter Ocker, die Farbe des Blutes, dazu, Sakralgegenstände zu markieren; die Toten wurden damit besprengt, um neues Leben in ihnen wachzurufen. Im innersten Heiligtum bildet eine andere Gruppe von Stalaktiten einen erstaunlichen Kranz von Steinbrüsten. In den Stalaktiten, die aus dem Körper der mütterlichen Höhlung her-

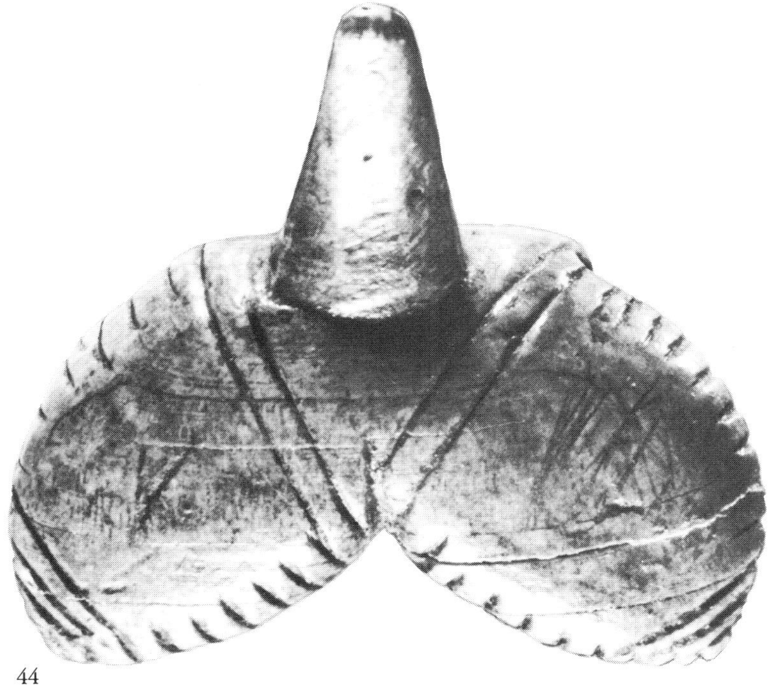

44

44. Anhänger aus Mammutelfenbein in Form von Brüsten. Dolní Věstonice, Tschecho-Slowakei; 26000 v. Chr.

45. Steinzeitliche schaftförmige Figur mit Brüsten. Pavlov, Tschecho-Slowakei; 25000–20000 v. Chr. (s. Tafel 7).

46. In Le Combel, Pech Merle, stellen Stalaktiten Brüste dar, die mit roten und schwarzen Punkten bemalt sind. Frankreich, Solutréen; ca. 20000–18000 v. Chr.

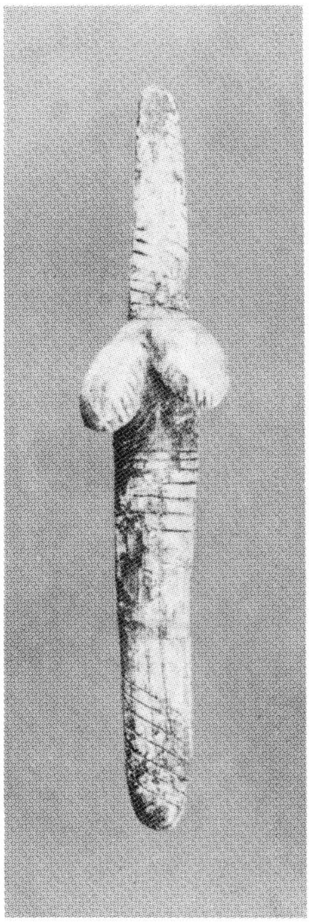

45

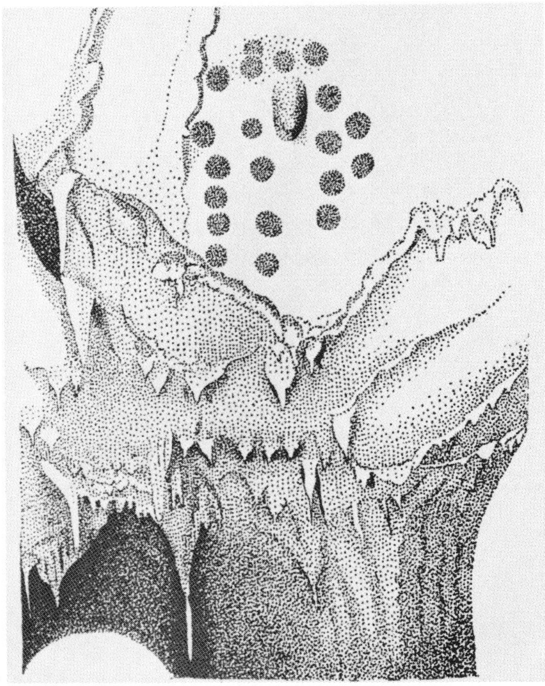

46

47. Eulenköpfige Madonna drückt einen Säugling an die Brust. Zypern; 1450–1225 v. Chr. (s. Tafel 9).

48. Sakrale Darstellung von Brüsten aus der Eisenzeit. Dänemark; 900 v. Chr.

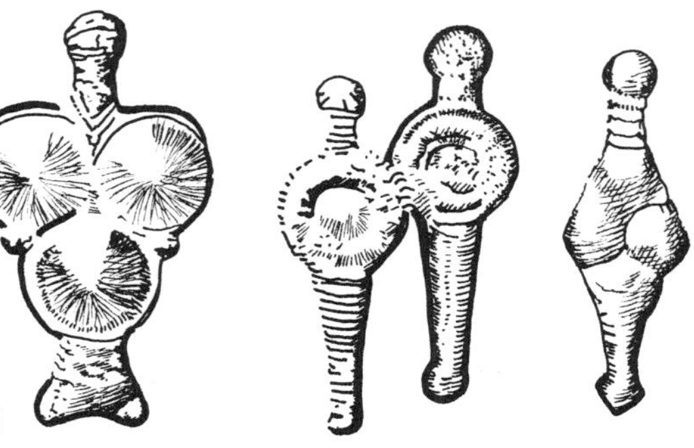

48

47

vorwachsen, konzentriert sich die Heiligkeit der Höhle[3].

Aus der späteren Bronzezeit, die in Südeuropa etwa 1500 v. Chr. begann und im Nordwesten etwas später einsetzte, fand man merkwürdige Statuetten, die nur eine einzige oder auch drei Brüste aufweisen und die Nährmutter darstellen. Der Hals eines dieser schematisierten Amulette aus Dänemark trägt verschiedene V-förmige Linien; die Köpfe wirken maskiert und vogelartig[4].

## DIE VOGELGÖTTIN ALS NAHRUNGSSPENDERIN

Als Terrakotta-Gottheit aus der späten Bronzezeit stellt die Vogelgöttin ihre Brüste zur Schau. Die eulenäugige, mit einem kühnen Schnabel versehene Madonna aus Zypern (1450–1225 v. Chr.) hält einen Säugling an ihrer Brust, dessen Nacktheit ihre Fähigkeit zu nähren unterstreicht. Das stark betonte Geschlecht verdeutlicht ihre Rolle als «Creatrix», als Schöpferin. Sie trägt Ohrringe und geweihte Halsketten, Typisierungen der weiblichen Gottheit.

Sehr früh schon wurde die Eule zu einem Emblem des Uterus; in Europa, Asien und Afrika gehörte die Eule zu einer Familie von Muttersymbolen mit Uterus-Charakter, die umhüllende wie auch beschützende Funktionen hatten und denen man daher große Zuneigung entgegenbrachte. Die Eule symbolisiert jedoch nicht nur Leben und Nahrung, sondern wacht auch über den Totenkult. Die zyprische Madonna benutzt die magische Eulenmaske

49. Einem langhalsigen Vogel ähnlicher Wasserkrug mit Brüsten, Halsketten und Tülle als Schnabel und Auge. Thera, Griechenland; 1500 v. Chr.

50. Vase in Gestalt einer geflügelten Eule mit menschlichen Brüsten und vier Halsketten. Mallia, Kreta; 3. Jahrtausend v. Chr.

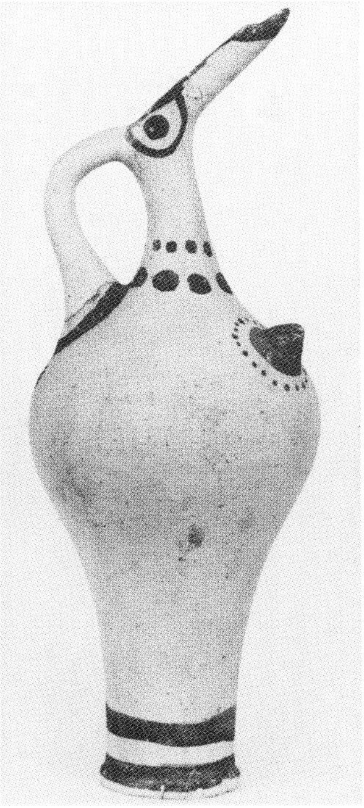

49

mit dem spitzen, zerreißenden Schnabel und den blitzenden Augen, um die Macht der Muttergöttin über den Tod zu verdeutlichen. Für uns besteht heute ein scharfer Kontrast zwischen Leben und Tod; offensichtlich wurde aber in den Frühzeiten der Geschichte das eine als Erweiterung des anderen aufgefaßt. In den prähistorischen Gottheiten, die durch die Statuetten dargestellt werden, sind diese Gegensätze aufgelöst.

Eine Vase in Form einer geflügelten Eule, deren tüllenartig geformte Brüste durchlöchert sind, damit die Milch aus ihnen fließen kann, stammt von der Begräbnisstätte in Mallia im Osten Kretas und wird auf das Ende des 3. Jahrtausends v. Chr. datiert. Der Körper ist mit Bändern aus aufgemalten weißen Zickzacklinien, die fließendes Wasser symbolisieren, und mit vertikalen Parallellinien überzogen, die für strömenden Regen stehen. Vier sakrale Halsketten liegen um den Hals der Figur. Die tüllenartigen Brüste deuten auf einen rituellen Zweck hin.

Ein Wasserkrug von der Insel Thera (um 1500 v. Chr.) bringt das Thema auf geistreiche Weise zum Ausdruck. Mit einem Schnabel als Tülle stellt der Wasserkrug die Große Göttin als milchspendende Mutter dar, als einen langhalsigen Wasservogel mit zurückgeworfenem Kopf und wachsamen Augen. Ein Punktmuster zeichnet die Umrisse markant hervortretender Brüste nach, und weitere Tupfen bilden zwei Halsketten, die auf ihre rituelle Bedeutung als Muttergöttin hinweisen. Das Gefäß als Körper des Weiblichen, das Nahrung in Form von Milch speichert, und seine Beziehung zur Geburt werden als Aspekte der Großen Mutter

50

51. Eine eulengesichtige Topf-Mutter hält ein Gefäß in den Händen und trägt ein weiteres auf dem Kopf. Troja; 12. Jahrhundert v. Chr.

52. Gefäß in Frauengestalt mit mehreren Halsketten trägt eine Schale. Preußen; 9.–7. Jahrhundert v. Chr.

53. Alabasterstatuette der Astarte als Topfmutter mit Brüsten hält ein Gefäß auf dem Schoß. Turgi, Spanien; 5. Jahrhundert v. Chr. (s. Tafel 8).

54. Die vielbrüstige Diana (Artemis) von Ephesus, beschützt von ihren Tieren. Rom; 2. Jahrhundert n. Chr.

51

52

53

54

verehrt. Hunderte ähnlicher irdener Henkelkrüge sind in letzter Zeit auf der Insel ausgegraben worden.

DIE TOPF-MUTTER

Die altägyptische Topf-Hieroglyphe war das Zeichen für «Frau»[5]. Eine Figur von der trojanischen Fundstelle Hissarlik bietet eine seltsame Wiederholung des Topfmotivs: die Topf-Mutter trägt ein Gefäß auf ihrem Kopf; gleichzeitig hält sie ein kleines Gefäß in den Händen, das mit ihrem größeren, topfförmigen Körper verbunden ist. Der Topf wiederum steht für den unerschöpflichen Schoß der Vogelgöttin, die Urtiefe. Wie erwähnt, waren die Frauen für die erste Herstellung von Töpferwaren verantwortlich; daher waren die Töpfe von Anfang an von weiblicher Magie durchdrungen. Vier Halsketten unterstreichen ihre Bedeutung als lebenerhaltende Gottheit. Sie spendet Milch für Menschen und Tiere, die sich physisch und geistig von ihrem Elixier ernähren.

Andere Gefäßgottheiten tragen ebenfalls Töpfe. Ein anthropomorphes Tongefäß aus Preußen, datiert auf das 9. bis 7. Jahrhundert v. Chr., ist mit mehreren Halsketten verziert, die Hände halten eine Schale. In den Rock sind Dreiecke (weibliche Symbole) eingekerbt, an deren Spitzen sich haarartige Linien finden, und die Ohren sind zum Tragen von Ohrringen durchlöchert. Die Erneuerungskräfte der Erde umfassen Geburt, Leben und Tod oder auch Leben, Tod und Wiedergeburt.

Eine fein gearbeitete Alabasterstatuette der auf einem Thron sitzenden phönizischen Göttin Astarte wurde im alten Tutugi in Spanien ausgegraben. Wenn die hohle Figur mit Milch gefüllt wird, rinnt die Flüssigkeit aus zwei tüllenartigen Brüsten in ein Gefäß auf ihrem Schoß. Ausführung und Ikonographie sowie die geflügelten Sphinxe deuten darauf hin, daß es sich um die Arbeit östlicher Kunsthandwerker handelt.

Römische Künstler, die durch Schockwirkung sinnliche Erregung hervorrufen wollten, schufen die außergewöhnliche Darstellung der vielbrüstigen Diana (Artemis) von Ephesus. Man glaubte, diese Göttin nähre Menschen und Tiere mit ihrer Milch. Sie wird von ihren Tieren beschützt und hat die Mauerkrone mit der Mondscheibe dahinter aufgesetzt; anstelle einer Halskette trägt sie eine Girlande aus Saatgut und Eicheln. Ihr Tempel in Ephesus an der kleinasiatischen Küste gehörte zu den Sieben Weltwundern der Antike[6].

DER KESSEL

Im Grunde genommen sind der Kessel und der Topf austauschbar. Als Gefäße versinnbildlichen sie beide den Universalschoß der Göttin. Der Topf und der Kessel sind gleichsam eine Vorwegnahme des Grals der Artussage. Der Kessel symbolisiert die zyklische Zeit, die wiederum für den heidnischen linearen Kalender – ein Jahr besteht aus dreizehn Monaten und einem Tag – kennzeichnend ist. Diese Art der Zeitrechnung spielt noch in der Fferyllt (Feenweisheit), bei der Menstruation der Frau und den Gezeiten des Meeres eine Rolle[7].

55. Der große Kessel aus der Bronzezeit, ein Muttergefäß, mit Vögeln und Stieren geschmückt, verspricht Wandlung. Tiryns, Griechenland; ca. 1400 v. Chr.

Shakespeare folgt in seiner Darstellung der drei Hexen, die in ihrem Kessel rühren (Macbeth IV, 1), der alten Tradition, die Kunst der Prophezeiung mit dem Kessel und drei «weisen Frauen» in Verbindung zu bringen. Der Inhalt ihres Kessels mag dem modernen Leser abstoßend erscheinen; es handelt sich aber tatsächlich um die volkstümlichen Namen gewisser Pflanzen. Im altnordischen Mythos ist der Kessel der Göttin – wie die Schüssel der indischen Göttin Kali – mit Blut gefüllt und symbolisiert den Schoß der Wiedergeburt. In der christlichen Religion hat er in Form von Kelch und Taufbecken immer noch eine wichtige Funktion.
Ein Kessel aus Tiryns in Griechenland, der der Bronzezeit (etwa 1400 v. Chr.) zugeordnet wird, ergänzt das Muttergefäß, in dem sich chemische Umwandlungen vollziehen. Topf und Dreifuß sind mit Stierköpfen und Vögeln verziert.

55

1

1. Glockenförmige Gottheit mit Netzmuster auf der Mitte des Körpers sowie langhalsigen Vögeln, doppelten Swastiken und einem Kammsymbol. Böotien, Griechenland; ca. 900–700 v. Chr. (s. Abb. 42).

2. Aus Stein gemeißelte Venus mit vergrößertem Gesäß. Menton, Frankreich; Aurignacien, 40 000–26 000 v. Chr. (s. Abb. 7).

3. Die zu Recht berühmte Venus von Lespugue hat flügelartige Arme; ihre Figur greift in schöner Weise die Eiform auf. Frankreich; ca. 25 000–18 000 v. Chr. (s. Abb. 10 und 11).

4. Nut überspannt den sternenbesetzten Himmel. Grab Ramses' VI., Ägypten; ca. XX. Dynastie, 900 v. Chr. (s. Abb. 22).

5. Figur einer Muttergöttin. Hal Tarxien, Malta; ca. 5000–2500 v. Chr. (s. Abb. 21).

6. Die Taubengöttin aus Kreta, gekrönt mit Vögeln, Konus und Stierhörnern. Kreta; Mittelminoisch III, 1700–1400 v. Chr. (s. Abb. 28).

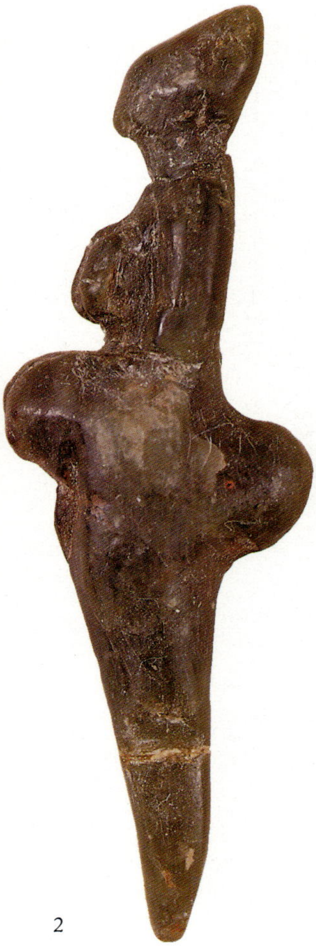

2

3

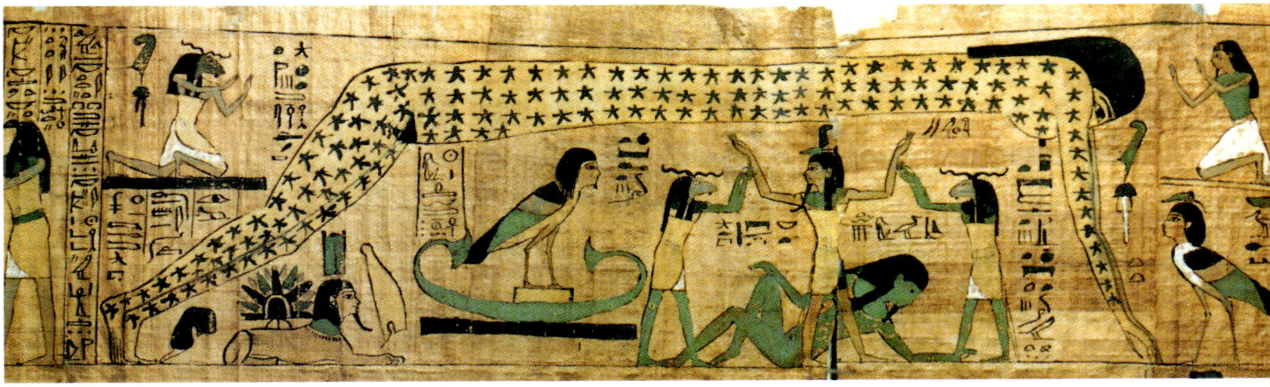

4

6

5

7

7. Steinzeitliche schaftförmige Figur mit Brüsten. Pavlov, Tschechoslowakei; 25 000–20 000 v. Chr. (s. Abb. 45).

8. Die Alabasterstatuette von Astarte als Topfmutter mit Brüsten hält ein Gefäß auf dem Schoß. Turgi, Spanien; 5. Jahrhundert v. Chr. (s. Abb. 53).

9. Die eulenköpfige Gottheit verkörpert den Tod und trägt das neue Leben in den Armen. Zypern; 1450–1225 v. Chr. (s. Abb. 47).

10. Die Tauchvogelmaske von Indianern der pazifischen Nordwestküste symbolisiert die Verbindung des Vogels mit der Unterwelt. Kanada; zeitgenössisch (s. Abb. 43).

8

9

11. Sarkophag zeigt einen Altar, der einer Hohenpriesterin untersteht, und einen Obelisken mit Doppelaxt und Vogel. Kreta; 1500–1300 v. Chr. (s. Abb. 61).

12. Mykenischer Altar symbolisiert die Muttergöttin. Griechenland; 1550–1500 v. Chr. (s. Abb. 78).

12

11

15

13

14

13. Rekonstruktion eines Mammutknochen-Schreins aus den Originalmaterialien. Mezhirich, Sowjetunion; Paläolithikum (s. Abb. 69).

14. Rekonstruierter Schrein in Gestalt des Körpers der Göttin mit Vogelkopf und Schnabel. Vadastra, Rumänien; erste Hälfte des 5. Jahrtausends v. Chr. (s. Abb. 75).

15. Der eine Vogelmaske tragende Schamane, neben ihm ein Stab mit einem Vogel auf der Spitze, liegt ausgestreckt in einem Brunnen. Höhle von Lascaux, Frankreich; 17000–12000 v. Chr. (s. Abb. 58).

16. Eine ägyptische Grabmalerei zeigt eine Baumgöttin, die die Toten aus ihrer heiligen Sykomore füttert. Ägypten; 16.–14. Jahrhundert v. Chr. (s. Abb. 63).

16

# Vogel und Baum

Der Baum nimmt in religiöser und ritueller Hinsicht eine zentrale Stellung ein[1]; er gilt als eine nach oben gerichtete Erweiterung der geachteten Erde. Als göttlich verehrt, birgt der Baum eine nahezu unglaubliche Bedeutungsvielfalt in sich: von Jahwe mitten ins Paradies gepflanzt, wurde er zum Baum der Erkenntnis; in Dodona, wo das Orakel im Hain der Gottheit durch die rauschenden Blätter sprach, wurde er zum Baum des Schicksals. Da die göttliche Energie in seinen Ästen und belaubten Zweigen wohnt, erweckt er die Vorstellung eines Quells vegetativer Kraft. Im Frühjahr, wenn er Blätter und Blüten sprießen läßt, ist der Baum ein Bild der Wiedergeburt.

Als Stange oder Pfahl repräsentiert der Baum die Weltachse; er deutet auf den Polarstern draußen im Weltall. Daher hat man ihn als eine die Große Göttin oder den Baum des Lebens verkörpernde Säule im Zentrum antiker Tempel aufgestellt, wie es sowohl in Kreta als auch in Mykene der Fall ist[2]. Die Koren- oder Karyatidenhalle vor dem Erechtheion der Athener Akropolis ist eines der Beispiele für den Säulenbaum als Körper der Muttergöttin.

Heute sind in Griechenland, in den keltischen Ländern und auch in einem Land wie Japan Bäume, die in der Nähe des Tempels einer Göttin stehen, oft weiß von Stoffstreifen, die man als Votivtücher – stellvertretend für Gebete – an die Zweige gebunden hat. Als materielle Symbole der geheimnisvollen Kräfte der Göttin bieten Bäume mit ihren überhängenden Zweigen Schutz und in Form von Nüssen, Beeren und Früchten auch Nahrung. In früheren Zeiten brauchte der Schamane nur auf einen Baum zu klettern, um ins Paradies zu gelangen[3]. Teils zur Erde und teils zum Himmel gehörend, wurden Bäume mit Salben eingerieben, als ob sie Menschen wären. In Heiligtümern sprachen Orakel mit der raunenden Stimme des Windes. Die Menschen glaubten einst, daß die Gottheit im Baum lebt und daß ihr Feuer im Holz wohnt. Immergrüne Pflanzen versprechen ewiges Leben, und deshalb hängt man in manchen Gegenden Stechpalmenzweige in den Zimmern auf, um die Wintersonnenwende zu feiern. Der heilige Baum wird dann auch zum Baum der Erleuchtung, und man steckt Kerzen auf und entzündet sie. So steht auch der im *Exodus,* dem zweiten Buch Moses, beschriebene siebenarmige Leuchter für den Baum der Erleuchtung, der jedes Jahr stirbt und wiedergeboren wird und die Erneuerung des menschlichen Lebens mit seinen physischen und geistigen «Jahreszeiten» versinnbildlicht[4].

## IM PALÄOLITHIKUM

Die Vorstellung von einem ekstatischen Vogel-Seelen-Flug war in der Epoche des Paläolithikums nichts Ungewöhnliches[5]. In der frühen Höhlenkunst tragen menschliche Wesen Vogelmasken. Wenige Bilder aus dieser Zeit haben zu mehr Diskussionen Anlaß gegeben als der Mann im Brunnen von Lascaux (17000–12000 v. Chr.), dessen geheimnisvolle, eine Vogelmaske tragende Erscheinung sowohl eine naturalistische Erklärung gestattet, als auch auf magische Riten schließen läßt. Ein Mann legt jedenfalls keine Vogelmaske an, wenn er Vögel oder andere Tiere jagen will[6].

56

57

56. Der Brauch, Stofffetzen an Bäume in der Nähe von Tempeln der Göttin zu binden, überbrückt Zeit und Raum. Zeitgenössisch.

57. Die Karyatidenhalle illustriert das Prinzip des Säulenbaums als Körper der Muttergöttin. Akropolis, Erechtheion, Griechenland; 5. Jahrhundert v. Chr.

58. Der eine Vogelmaske tragende Schamane, neben ihm ein Stab mit einem Vogel auf der Spitze, liegt ausgestreckt in einem Brunnen. Höhle von Lascaux, Frankreich; 17000–12000 v. Chr. (s. Tafel 15).

59. Der eine Vogelmaske tragende Schamane erscheint, von oben betrachtet, in aufrechter Haltung. Höhle von Lascaux, Frankreich; 17000–12000 v. Chr.

58

59

Man nimmt an, daß der Mann von Lascaux ein Schamane ist, und photographiert ihn in der Regel so, als läge er ausgestreckt am Boden, einen Stab, der an einem Ende einen Vogel trägt, neben sich. Blickt man aber vom Grundniveau in den Brunnen, so nimmt der Schamane plötzlich eine aufrechte Position ein, eine Haltung, die eine völlig andere Interpretation nahelegt. Er liegt dann nicht mehr in todesähnlicher Trance da, sondern scheint bereit, sich mit gedehnter und geschwellter Brust in die Luft zu erheben. Aus dieser Perspektive sieht es dann so aus, als deute er mit einer seiner dreifingrigen Vogelhände auf den Vogel auf der Stange und mit der anderen auf den verwundeten Bison. Sein ithyphallischer Zustand zeigt ein Stadium höchster Erregung an; seine Konzentration ist völlig nach oben gelenkt, in die Richtung seiner Reise. Die Fehlinterpretation seiner Haltung ist der rationalistischen Sicht zuzuschreiben, die Gegenstände im Raum zur Vertikalen und zur Horizontalen in Beziehung setzt, eine Praxis, an die man sich bei der Höhlenmalerei nicht immer hielt, die man vielmehr oft ignorierte[7]. Als Zauberer läßt sich der Schamane von Lascaux mit dem kreativen Künstler vergleichen, der in der Lage ist, in Sphären vorzudringen, die dem Durchschnittsmenschen unzugänglich sind.

## ASIEN

Die sogenannten «Bergmenschen» oder «Unsterblichen» Chinas, die man als gefiederte Vögel abbildete, reisen auf Tieren hoch durch die Luft. Sie sind die kümmerlichen Überreste früher Vogelkulte und Opferrituale. Selbst heute noch glaubt man, daß die sibirischen Medizinmänner direkt von den Vögeln abstammen, die sie verkörpern. Das jakutische Wort für den Vogelmantel des Schamanen, *tanara,* bedeutet «Himmel»[8]. Die Tungusen, Mongolen im heutigen Zentral- und Ostsibirien, bedienen sich ekstatischer Zustände, um durch den Himmel zu fliegen und um in die Unterwelt hinabzusteigen, von wo sie Seelen zurückholen. Vom Schamanen, der als äußeres Bild der Seele angesehen wird, erwartet man, daß er die Sprache der Vögel spricht. Seine Entrückungen sind den Zuständen der Vögel analog, die sich im Flug hoch in die Luft schwingen.

In den Bildwerken des 1. Jahrtausends v. Chr. fand in China die Symbolik von Stange und Vogel vielfältigen Ausdruck. Eine in einem Grab im nordwestlichen China entdeckte Figur stellt einen Schamanen aus Bronze dar, der in seiner rechten Hand einen langen Stab hält, auf dem ein Vogel sitzt. Eine andere Arbeit, eine Bronze etwa aus dem 4. Jahrhundert v. Chr. (Zeit der Streitenden Reiche), zeigt einen mongolischen Jüngling oder Schamanen, der in jeder Hand einen Stock hält, auf dessen Spitze ein Vogel sitzt. In dieser Kultur wie auch in anderen wird der Vogel auf einer Stange mit dem Baum der Göttin gleichgesetzt.

## ARTEMIS

Als Baumgottheit vereinigt Artemis das Motiv von Vogel und Stange. Von allen griechischen Göttinnen ist Artemis diejenige, die am engsten mit der Göttin als Herrin des Wilden oder Ungezähmten verwandt ist. Bevor ihr berühmter Tempel gebaut wurde, in der frühen ionischen Zeit (8. Jahrhundert v. Chr.), errichtete man in der Nähe des späteren Standortes einen primitiven Baumschrein; er stand auf schützenden Schaffellen, die man zwischen den Armen eines Flüßchens auslegte, um die Erdbebengefahren zu mildern. Die Elfenbeinfigur einer Artemispriesterin, die man in diesem kleinen Schrein fand, trägt auf ihrem Kopf einen Stab, den ein Falke krönt[9]. Amulette mit dem Sonnenfalken, dem Vogel auf der Stange, aus Gold, Elfenbein und Bronze wurden in großer Zahl in den Schreinen der Artemis gefunden.

Die griechische Sonnengöttin Kirke (Circe), deren magisches Inselreich bei Homer gen Sonnenaufgang liegt, hielt man für einen Falken. Wie D'Arcy Thompson anmerkt, bedeutet *kirke,* ein poetischer und mystischer Name für «Falke» *(kirkos),* im Lateinischen «Bussard», «Falke», «Kreis» *(circus)* oder «Sonne».

Im *Rig-Veda* wird die Sonne häufig mit einem in der Luft kreisenden Falken verglichen. Falkenherzen werden oft verzehrt, weil man glaubte, dadurch prophetische Kräfte zu erlangen.

Im Kreta der minoischen Zeit (etwa 2000 v. Chr.) wurde Artemis als die Göttliche Jungfrau angebetet; diese Identität brachte sie mit der Großen Göttin in Verbindung. Im Neolithikum und in der frühen Bronzezeit verehrte man sie als Gottheit der Sonne und des Mondes, als Himmelskönigin, schließlich wurde sie aber zur Göttin des Neumondes.

60

60. Dieser junge Mongole, wahrscheinlich ein Schamane, trägt in jeder Hand einen Stock mit einem Vogel. Mongolei; ca. 4. Jahrhundert v. Chr.

61. Sarkophag (Hagia Triada) zeigt einen Altar, der einer Hohenpriesterin untersteht, und einen Obelisken mit Doppelaxt und Vogel auf der Spitze. Kreta; 1500–1300 v. Chr. (s. Tafel 11).

61

KRETA

In den Palästen und Privathäusern Kretas stießen Archäologen auf höhlenartige, fensterlose Räume mit den Fundamenten nicht mehr vorhandener Holzsäulen; rund um diese Fundamente waren Rinnen gegraben, um die Trankopfer aus den Krügen aufzunehmen, die in der Nähe aufbewahrt waren.

Die Anbetung der Säule als eines Zentrums numinoser Energie setzte bereits mit der Verehrung von Stalaktiten in den Höhlen ein. Man sah Stalaktiten als heilig an, weil sie eine Erweiterung des Höhlenkörpers der Gottheit darstellten, und die ersten Schreine auf der Insel waren Gipfelheiligtümer in der Nähe der Höhlen.

Auf einem bemerkenswert schönen Sarkophag, wahrscheinlich dem eines Prinzen, aus Hagia Triada (1500–1300 v. Chr.) dienen von Vögeln und Doppeläxten gekrönte Obelisken als formalisierte Symbole des Baumes. Auf die Längsseiten des Sarges gemalte Szenen schildern symbolische Totenrituale. Der Beerdigungszug, an dem auch in Stierfelle gekleidete Priesterinnen teilnehmen, ähnelt ägyptischen Zeremonien. Unter einer Zypresse steht der in ein Gewand aus Stierhaut gekleidete Tote am Eingang seines Grabes. Dem ägyptischen *Totenbuch* zufolge ist der Verstorbene immer in das Fell eines Stieres eingehüllt und wird von ähnlich gekleideten Priestern begleitet.

Die Szene setzt sich auf der anderen Seite des Sarkophages fort, wo Priesterinnen die religiöse Zeremonie leiten und durchführen. Eine von ihnen, offenbar die Hohepriesterin, legt eine Opfergabe auf einen mit Spiralen verzierten Opfertisch. Auf jedem Obelisk hat sich über der Doppelaxt ein bunter Vogel niedergelassen[10]. Hinter der Priesterin begleitet ein Flötenspieler mit seiner Musik die Opferung eines auf einem Tisch liegenden Stieres, dessen Lebensblut aus dem Hals in ein darunter stehendes Gefäß fließt. Eine Prozession von Frauen (deren Oberkörper leider durch Feuchtigkeit unkenntlich geworden sind) vervollständigt den Zug[11].

Die Gottheit selbst steht an den beiden Enden des Sarges von Hagia Triada, auf dem ihre Hauptsymbole abgebildet sind. Sie ist in einem von Pferden gezogenen Wagen zur Zeremonie gekommen, und danach fährt sie, den leblosen Mann neben sich, in einem Wagen fort, der von Greifen gezogen wird; diese wohlwollenden und mächtigen Geschöpfe der Unterwelt vereinen in sich die Züge zweier ihrer heiligen Tiere, nämlich des Vogels und des Löwen.

Eine kretische Terrakottafigur aus der späten minoisch-mykenischen Periode (1400–1100 v. Chr.) zeigt die Göttin in der Form eines Baumes, den ihre Vögel fröhlich umflattern. Der Stamm und die ausgestreckten Arme dieser Figur sind in Zeremonialgewänder gehüllt, die mit einem Muster aus breiten Kreuzschraffierungen verziert sind. Sechs Vögel sitzen auf den sieben Ästen des Baumes, während der siebte Vogel, zweifellos eine alternative Erscheinungsform der Gottheit selbst, sich mit weit ausgebreiteten Schwingen auf der Spitze niederläßt. Die meisten der Vögel sind mit drei dunklen Streifen und einem markanten Zickzackmuster bemalt.

62

62. Vogel-Epiphanie einer minoisch-mykenischen Baumgöttin. Kreta; 1400–1100 v. Chr.

63. Eine ägyptische Grabmalerei zeigt eine Baumgöttin, die die Toten aus ihrer heiligen Sykomore füttert. Ägypten; 16.–14. Jahrhundert v. Chr. (s. Tafel 16).

63

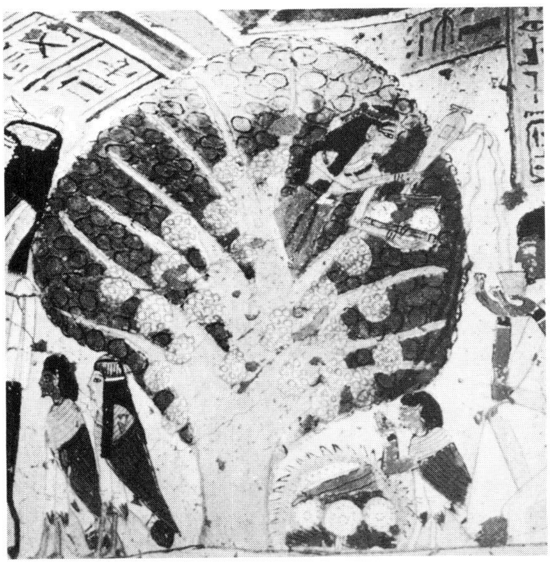

## ÄGYPTEN

Die mythologische Verbindung zwischen Baum und Göttin reicht bis in das älteste Ägypten zurück und bleibt in der gesamten Religion erhalten. Die Sykomore des Südens galt als Körper von Neith, der ältesten Göttin. Die heilige Sykomore ist der Baum des Lebens und der Totenbaum der Unterwelt; die Gottheit in ihren Zweigen spendet den Toten Speise und Trank. Wie im *Totenbuch* geschildert, hält diese Gottheit in der einen Hand eine Vase, um den Betenden das Wasser des Lebens auszugießen[12]; in der anderen Hand trägt sie ein Tablett, auf dem die Nahrung des Lebens aufgehäuft ist. Auf der Erde unter dem Baum vertritt ein Paar Ba-Vögel mit menschlichen Köpfen die Seelen der anbetenden Toten[13].

Die frühen Ägypter wie auch die alten Chinesen glaubten an eine Doppelseele. Sie stellten sich die beiden Seelen als Vögel mit Menschenköpfen vor, die *ka* und *ba* genannt wurden. Der *ka* steht für den Intellekt und die sexuelle Vitalität, der *ba* für den unsterblichen Geist. Der *ba* überdauert den menschlichen Körper. Nach dem Tode verläßt er ihn und schwebt über dem Toten. Er zieht nachts über den Friedhof und wartet darauf, daß er wieder in den toten Körper eindringen kann. Der Glaube an den *ba* reicht weiter zurück als die meisten anderen religiösen Anschauungen und hat in Ägypten auch heute noch Bestand. Der Seelenvogel fliegt gemeinsam mit der Sonne, die in einer besonderen Barke über das Meer der Tiefe fährt und jeden Morgen aufs neue im Osten aufgeht, durch die Unterwelt[14].

65

64

Das hastig auf eine Säule in der Grabkammer von König Thutmosis III. in Theben gemalte Baumritual der Toten rückt das Bild der Göttin Isis in den Mittelpunkt. In ein kurzes, kiltartiges Gewand gekleidet, hält der junge König den menschlichen Arm der Baumgöttin umfaßt und saugt an ihrer Brust. In Gestalt einer Sykomore spendet sie Nahrung; als Familienstammbaum versinnbildlicht sie die Fortpflanzung.

Das Auftreten der Baumgottheit in Ägypten läßt sich bis ins Alte Reich (etwa 2780 v. Chr.) zurückverfolgen. Tatsächlich schlossen die frühen Einwohner, die Steine und Berge anbeteten, auch Bäume in ihre Rituale ein[15].

Das ursprüngliche Haus der Gottheit scheint in Ägypten eher eine zerbrechliche Hütte als ein festes Bauwerk gewesen zu sein. Auf einer Ebenholztafel aus der Zeit der I. Dynastie (3000 v. Chr.) stützen zwei erstaunlich hohe Pfähle eine dieser Hütten. Auf ihnen sind die Hieroglyphen für Neith, die älteste ägyptische Göttin, eingraviert. Diese Pfähle sind der erste Hinweis auf die schlanken Steinnadeln, die Obelisken, die sich aus der alten, weiblichen Säule entwickelten. Der Obelisk spielt bei der vertikalen Ausrichtung der ägyptischen Kunst eine bedeutende Rolle.

Auf der linken Seite von Abb. 65 beginnt die nach oben gerichtete Bewegung mit dem Motiv, das wir bereits aus Lascaux kennen, dem auf der Spitze einer Stange sitzenden Vogel, setzt sich dann nach rechts über die ägyptischen Standarten und den ägyptischen Phönix-Reiher fort und endet mit dem ältesten bisher entdeckten Schrein, dem der Göttin Neith.

64. König Thutmosis III. in seinem Grab, gesäugt von der baumgestaltigen Isis. Theben, Ägypten; 16.–14. Jahrhundert v. Chr.

65. Dieses Schaubild zeigt die Entwicklung der weiblichen Säule zur männlichen Stange. Ägypten; ca. 3000 v. Chr.

66. Terrakotta-Hausurne als Fortentwicklung des paläolithischen Baummotivs. China; 206 v. Chr.–220 n. Chr.

66

67

67. Zwei Gestalten pflücken Feigen vom heiligen Baum. Präkolumbianischer Maya-Kodex, Fejérváry.

68. Navajo-Sandmalerei zeigt die «Wandelfrau» zwischen Kornhalmen. Südwestliches Amerika; zeitgenössisch.

## CHINA

In der chinesischen Han-Periode (206 v.Chr. bis 220 n.Chr.) dienten kleine Keramikurnen, die wie Pavillons gestaltet sind, zur Aufnahme von Opfergaben. Als «Mondhäuser» bekannt, wurden diese Schreine auf Stangen über den Gräbern angebracht; sie beherbergten die Geister der Toten. Auf dem höchsten Punkt des Daches hat sich der Geistvogel niedergelassen. Der Name des Ahnen ist oft in dreifacher Wiederholung auf seinen Kopf geschrieben. Der Vogel mit dem Namen Luan ist die eigentliche Essenz der Seele[16]. Ein Fries aus Rauten verziert die Fundamente dieser Häuser. Jede der Rauten stellt den heiligen Ahnenschoß dar, aus dem der Vorfahre wiedergeboren werden kann.
In China sind diese Geisterhäuser ein Ausdruck der Idee der Erneuerung. 3000 Jahre lang war das Geisterhaus auf der Stange ein Wahrzeichen für den Sitz des Ahnengeistes, eines Mitglieds der Familie, das man jederzeit um Rat fragen konnte[17].

## MEXIKO

Auf der anderen Seite der Erdkugel treffen wir ebenfalls auf die Kombination von Vogel und Stange. Bei den Maya und den Mexikanern ist der Geist ein Vogel, der herniedersteigt, um der Säule Leben zu verleihen. Bei den mexikanischen und amerikanischen Indianern bestehen Kreuze, die man zum Beschwören von Regen benutzte, meist aus einem Baumstamm, der zwei horizontale Äste hat und auf dessen Spitze ein Vogel sitzt.

Bei den Maya wächst der heilige Baum als «*tau*-Kreuz»[18], auf dessen oberer Gabelung ein Quetzalvogel sitzt. Unter den Wurzeln des Baumes regt sich die große Erdschlange, und vom Stamm hängen Feigen, die menschlichen Brüsten ähneln. Es ist eine Besonderheit der Sykomore, daß die Frucht direkt an den verholzten Teilen des Stammes wächst und nicht, wie beim gewöhnlichen Feigenbaum, an den Zweigen. Zwei Gestalten, deren Federkronen einen hohen geistigen Rang anzeigen, blicken sich am Baumstamm vorbei an und strekken die Hände aus, um die Frucht für das Menschengeschlecht zu pflücken.
Eine sakrale Sandmalerei der Navajo zeigt die «Wandelfrau», die nach zwei Maisstengeln greift. Auf jedem dieser baumartigen Halme sitzt ein drosselartiger Vogel *(bluebird)*. Ein durch Fußspuren bezeichneter Pfad führt zur Wölbung des Regenbogens, den Geister oder Schamanen als magischen Weg in die Oberwelt benutzen. Die *bluebirds* sind Symbole der Freude; als Vögel der Morgendämmerung erneuern sie das hoffnungsvolle Versprechen eines jeden Tagesbeginns.

## ORAKELBÄUME

Im Alten Testament findet man viele Anspielungen auf Orakelbäume. Außer dem Baum des Lebens und dem Baum der Erkenntnis in der *Genesis* gibt es den brennenden Busch, der zu Moses spricht, und die Palme von Bethel, von der die Prophetin Deborah instruiert wird. David, der den Herrn fragt, wann er die Philister angreifen soll, er-

68

hält ein Seufzen aus den Kronen der Maulbeerbäume als Antwort. Die Baumgöttin lebt in Aschera fort, und der Baum des Lebens spielt selbst heute noch – etwa an Weihnachten – bei festlichen Feiertagsbräuchen, die in der Baumverehrung ihre Wurzel haben, eine Rolle.
Vogel wie auch Baum sind Mittler zwischen den Welten: der Baum gräbt seine Wurzeln tief in die Erde, während seine Äste in den Himmel streben, der Vogel fliegt dazwischen hin und her. In der Mitte begegnen sich die beiden Welten des Mythos und der Natur; sie verschmelzen miteinander und werden zu einem Ort absoluter Realität, der infolgedessen heilig ist.
In seinem Buch *Die Weiße Göttin* bespricht R. Graves ein altes Baumalphabet[19]. In früheren Zeiten wurden bestimmte Baumarten mit bestimmten Orakelzentren identifiziert, außerdem ging man bei der Wahl der Standorte dieser Orakelzentren alles andere als willkürlich vor. Sie sind nach komplizierten Strukturen angelegt, die entlang der tellurischen Linien verlaufen, die mit der Erde in Beziehung stehen oder von ihr ausgehen, und nach Breiten- und Längengraden sowie geodätischen Strömungen ausgerichtet, die die bekannte Welt überziehen, so auch die chinesische Schang-Hauptstadt Anyang. Zu den Hauptorten, an denen die magische Gabe der Prophezeiung angewendet wurde, gehörten jeweils besondere Bäume.
Dodona beispielsweise, wo der Legende nach das Menschengeschlecht geboren worden ist, war berühmt für seine sprechenden Eichen. Dodona befand sich zwar in einem wilden, für die meisten Griechen völlig abgelegenen Gebiet weit im Nordwesten, doch war der Platz strategisch so gewählt, daß er auf genau demselben Längengrad lag wie Metsamor im fernen Kolchis, dem Aufbewahrungsort des Goldenen Vlieses.
Wie Dodona war auch Kolchis ein Orakelzentrum, zu dessen Ruhm die pythische Priesterin Medea beitrug. Ihr Name bedeutet in Sanskrit «weibliche Weisheit.» Sie war die dem Tempel vorstehende Priesterin, und dank ihrer Beschwörungen konnte Jason das Goldene Vlies gewinnen.
Delphi, das am Parnaß gelegene berühmteste aller Orakel, stand mit dem Lorbeerbaum in Zusammenhang. Das entsprechende Zentrum befand sich bei 38° 30′ Breite in Sardis am Berg Sipylos.
Delos wurde mit der Palme und dem Mond identifiziert, weil Artemis vor ihrem Zwillingsbruder Apollon als Erstgeborene den Vorrang hatte. Es lag auf dem gleichen Breitengrad wie Milet und Didyma am Berg Latmos. Ein verlorenes Glied in dieser Kette, Thera, die heilige Insel nördlich von Kreta, wurde durch einen katastrophalen Vulkanausbruch zerstört; sie hatte ihr Gegenstück in Hierapolis. Ein weiteres verschwundenes Orakelzentrum, Omphalos oder Thenae in der Nähe von Knossos, war mit der Weide verknüpft und fand seine Ergänzung in Latakia. An Aphrodites Geburtsort irgendwo an der Südküste Zyperns wurde ein Orakel verehrt, von dem ihr Baum, die Zypresse, seinen Namen ableitet. Das korrespondierende Zentrum muß Tripoli oder Palmyra gewesen sein. Der Tritonsee (Tritonis) an der Grenze zwischen Libyen und Tunesien ist Athenes Geburtsort. Jeder entsprechende Ort im Libanon stünde selbstverständlich mit der Zeder in Verbindung.[20]

# Schreine

Der Schrein stellt die Wohnstätte der Gottheit dar. Er ist oft abgesondert und durch einen Wandschirm oder einen Schleier vor Blicken geschützt; dadurch wird angezeigt, daß es sich um einen geweihten, der Anbetung der Gottheit vorbehaltenen Bezirk handelt. Die ersten Heiligtümer waren Höhlen, wo der freie, ungestaltete Raum die Muttergöttin verkörperte. Später wurde der heilige Raum der Höhlen durch Kammern oder Schreine abgelöst, die die Form von Rundhütten annahmen. Diese Form entwickelte sich zu einer hufeisenförmigen Anlage weiter. Mit der fortschreitenden Differenzierung der Gesellschaft entstanden Städte, und als die Bauwerke an Größe und Großartigkeit zunahmen, betrachtete man Paläste wie den von Knossos, der viele heilige Räume umfaßte, als Tempel.

## HÖHLEN, HÜTTEN UND HEILIGE RÄUME

Glauben und religiöse Praktiken der Cro-Magnon-Menschen werden in den Kalksteinhöhlen und den Abris von Südwestfrankreich und Nordwestspanien sichtbar. Da das, was heilig ist, geheim und verborgen gehalten wird, glaubte man im Aurignacien und Magdalénien, daß die Höhlen und Grotten den Körper der Erdmutter darstellten. In Niaux in den Pyrenäen liegen die mit Ornamenten geschmückten Höhlen sogar etwa 800 m vom Eingang des unterirdischen Komplexes entfernt. Viele der Höhlenbereiche, in denen Malereien zu finden sind, kann man nur erreichen, wenn man über weite Strecken durch enge Tunnels kriecht oder gelegentlich auch rutscht. In einigen Höhlen wurden rohe Altäre aus dem Felsen herausgehauen. Andere Altäre wiederum entstanden auf natürliche Weise durch Wasser oder Stalagmiten; in der Höhle von La Pasiega im kantabrischen Gebirge in Spanien und im nahe gelegenen Castillo haben die Altäre durch stalagmitische Vorsprünge ihre Form erhalten[1]. In der weichen Erde fest gewordene Fußabdrücke weisen darauf hin, daß dort rituelle Zeremonien stattfanden.

Da die Höhlen als Tempel dienten, wurden sie zu Zentren intellektueller und zeremonieller Aktivitäten. Das Bemalen der Wände selbst war auch eine heilige Zeremonie. Man hat Paletten aus Muschelschalen gefunden, die noch mit farbiger Erde gefüllt waren, der man pflanzliches Öl als Bindemittel zugesetzt hatte. Winzige Steinlampen, die gut in die Hand des Künstlers paßten, wurden ausgehöhlt, mit Öl gefüllt und auf dem Boden verteilt; sie gaben hervorragende Arbeitslampen zur Beleuchtung der Oberflächen ab, die es zu bemalen galt. Ein von Mario Ruspoli in Lascaux durchgeführter Versuch bewies, daß einige wenige dieser Lampen ohne weiteres ausreichten, um eine Höhle mit niedriger Decke zu illuminieren; in hellem Licht erwachten die Malereien vor den Augen der Archäologen zum Leben.

Indizien wie die Größe der Hand- und Fußabdrükke, die man in der paläolithischen Höhle von Pech Merle fand und die mit den Resten von weiblichen Skeletten übereinstimmen, deuten darauf hin, daß die damaligen Künstler Frauen waren. Im neolithischen Çatal Hüyük in Anatolien in der Türkei entdeckte man (unter dem Unterbau und dem Fuß-

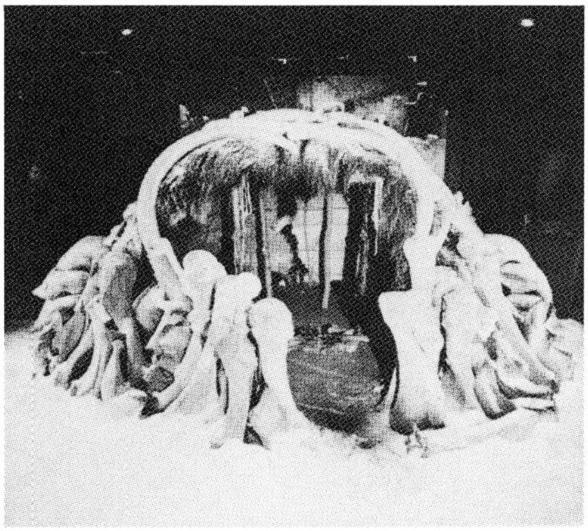

69

69. Rekonstruktion eines Mammutknochen-Schreins aus den Originalmaterialien. Mezhirich, Sowjetunion; Paläolithikum (s. Tafel 13).

boden der Häuser) zwischen den Grabbeigaben für Frauen auch Malerpaletten. Die Paletten trugen noch immer die Spuren von Farben, die man für die Bemalung der Wände in den heiligen Räumen verwendete.

Frauen haben die Höhlen möglicherweise im Zuge der Riten zu Ehren der Gottheit bemalt; vielleicht waren die Malereien auch für Zeremonien bestimmt, denen die Göttin als Herrin und Beschützerin vorstand. Die Annahme liegt nahe, daß die Statuetten aus Knochen und Stein von Männern geschnitzt wurden, die auch den Feuerstein bearbeitet und den Gebrauch von Werkzeugen dominiert und perfektioniert hatten. Da jedoch die weiblichen Elfenbein- und Steinfiguren von Südfrankreich bis Mal'ta in Sibirien zum größten Teil in den Wohnbereichen der Frauen gefunden wurden, ist es wahrscheinlich, daß ebenfalls Frauen die Bildhauer waren.

Während die paläolithischen Männer auf die Jagd und zum Fischfang gingen, sammelten die Frauen Nahrungsmittel und machten die Höhlen wohnlich. In den wärmeren Monaten zogen die Angehörigen der Sippe in ihre Sommerquartiere um. Aller Wahrscheinlichkeit nach wurden diese Behausungen jedes Jahr durch das Winterwetter und durch Raubtiere zerstört, aber über den steinernen Feuerstellen, die die jährlichen Schäden überstanden, errichteten die Frauen erneut die Gebilde aus zusammengenähten und auf Holzrahmen gespannten Häuten.

Rituale entstanden aus dem Versuch, die Gottheiten zu beeinflussen, die wichtige Aspekte des Lebens wie das Wetter und die Versorgung mit Nahrung beherrschten. Das Wollmammut lieferte die eigentliche Rahmenkonstruktion für primitive Schreine in der Ukraine; aufgrund ihrer enormen Größe waren die Mammutskelette besonders zum Bau kleinerer Hütten geeignet, die man mit Moos und Grassoden abdecken konnte. Mehrere paläolithische Behausungen, auf die man im russischen Mezhirich stieß, waren ganz und gar aus den ineinandergreifenden Knochen dieser heiligen Tiere konstruiert, wobei jeder Teil des Skeletts mit peinlicher Sorgfalt genutzt wurde. In diesen Knochenbauten gefundene Ritualgegenstände bestätigen, daß sie als Orte der Götterverehrung dienten; ein eingekerbter und fein verzierter Mammutschädel beispielsweise wurde als Zeremonialtrommel benutzt. Da das Mammut der Göttin besonders heilig war, wurden ihre Statuetten oft aus seinem Elfenbein geschnitzt.

## DIE TEMPEL DES NEOLITHISCHEN EUROPA

In Südosteuropa bildete sich zu der Zeit, als die Gletscher sich zurückzogen und die Höhlen aufgegeben wurden, eine Tradition des Tempelbaus heraus, durch die die kultische Verehrung der Großen Göttin aufrechterhalten wurde. Diese Tradition zeigte ihre Anfänge bereits im 7. Jahrtausend v. Chr. und hielt sich 5000 Jahre lang. Sie umfaßt auch die Zeit der sagenhaften Tempel von Malta und der Paläste von Knossos und Mykene.

Man entdeckte ungefähr 50 Modelle früher Tempel, die so klein sind, daß man sie in der Hand halten kann; die meisten von ihnen stammen aus den

70

heute in Trümmern liegenden Tempeln Rumäniens und Bulgariens. Diese schönen Miniaturschreine, möglicherweise Votivgaben, waren in der Nähe des Altars oder im Tempelhof aufgestellt. Im Verein mit den Heiligtümern selbst gestatten die Modelle wertvolle Einblicke in die Abläufe der Kultpraxis[2].

Rosafarbene Terrakottamodelle von Schreinen aus einer Cucuteni-Tripolje-Siedlung des frühen 4. Jahrtausends wurden im Tal des Bug in der westlichen Ukraine freigelegt. Die Innenwände der Modelle sind mit einem Rautenmuster bemalt, das von den Zickzacklinien der Vogelgöttin flankiert wird. Ein Modell enthält Miniaturfiguren von Frauen, die mit Backen beschäftigt sind[3]; der Backofen symbolisiert möglicherweise den transformierenden Charakter des Schoßes. An den Wänden sind Töpferwaren aufgestellt, und ein kreuzförmiger Opfertisch steht im Hintergrund.

In Schreinen wie diesem wurden zweifellos der Getreidegöttin Opfer dargebracht. Sie war in der Zeit des Neolithikums, als die Einführung des Ackerbaus zu neuen Tätigkeitsbereichen wie dem Anbau, der Speicherung und der Weiterverarbeitung von Getreide führte, eine wichtige Erscheinungsform der Großen Mutter. Wie bereits gesagt, hatten sich die Frauen Wissen über die Boden- und Feuchtigkeitsansprüche jeder Pflanze angeeignet, als sie Wurzeln, Beeren, Rinde und Früchte sammelten, wie sie sich auch Kenntnisse über den Nährwert und den medizinischen Nutzen dieser Nahrungsmittel, die man sammeln konnte, erworben hatten.

Paläolithische Höhlen wurden als der Körper der Göttin betrachtet; daher gestalteten ihre neolithischen Anhänger auch die Tempel in entsprechender Form. Ein bemerkenswertes Tonmodell eines Schreins aus der Starčevo-Kultur (frühes 6. Jahrtausend v. Chr.), das in der Nähe von Bitola in Makedonien gefunden wurde, zeigt einen zylindrischen, in das Dach eingelassenen Schornstein, der von einer Halskette umschlossen ist. Der Schornstein läßt an einen menschlichen Hals denken, auf dem eine Maske der Gottheit angebracht ist; das Haus selbst symbolisiert also ihren Körper, und der Tempel als Ganzes wird zu ihrer Inkarnation[4].

Wie eben erwähnt, sah man die ersten Tempel, die paläolithischen Höhlen, als den Körper der Muttergöttin an; diese Vorstellung hielt sich bis in die Zeit des Neolithikums. Ein Terrakotta-Altarschirm aus Trusesti in der rumänischen Moldova-Landschaft, Entstehungszeit etwa 4300 v. Chr., hat Blätterknäufe in Form der eine Halskette tragenden Vogelgöttin und weist mehrere Öffnungen auf. Ein anderer Schirm aus Cascioarele an der unteren Donau, der aus der Mitte des 5. Jahrtausends v. Chr. stammt, weist ebenfalls Schlupflöcher für die Vögel der Göttin auf und ist oben mit vier kleinen Schreinen verziert, die den Eindruck erwecken, daß sich das architektonische Motiv vom Körper der Vogelgottheit herleitet.

Die Vogelgöttin erscheint wiederholt in der neolithischen Architektur. Ein schematisierter Vogelkopf krönt den Giebel eines eindeutig vogelartigen Gebäudes mit tief eingekerbten Schwingen und Federn. Unmittelbar unter dem Kopf bietet ein rundes Loch, das für den menschlichen Gebrauch zu hoch angebracht und zu klein ist, einen bequemen

71

72

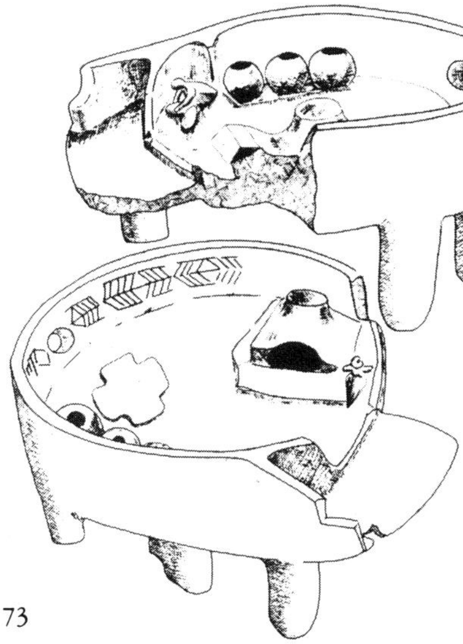

73

74

70. Die Halskette am Modell eines Tempels verweist auf einen rekonstruierten Schornstein mit Maske. Porodin, Makedonien; 6. Jahrtausend v. Chr.

71. Terrakotta-Altarschirm in Form der Vogelgöttin. Trusesti, Moldova, Rumänien; ca. 4300 v. Chr.

72. Tönerner Altaraufsatz mit Schreinen und Schlupflöchern. Cascioarele, untere Donau, Rumänien; Mitte des 5. Jahrtausends v. Chr.

73. Modell eines neolithischen Schreins zeigt Aktivitäten beim Backen. Westliche Ukraine; 4. Jahrtausend v. Chr.

74. Vogelschrein mit rundem Eingang. Turdas, Rumänien; ca. 5200 v. Chr.

75

75. Rekonstruierter Schrein in Gestalt des Körpers der Göttin mit Vogelkopf und Schnabel. Vadastra, Rumänien; erste Hälfte des 5. Jahrtausends v. Chr. (s. Tafel 14).

Zugang für die Göttin in ihrer Vogelgestalt. Der Eingang ist bei diesem Schrein aus Turda in Westrumänien (etwa 5200 v. Chr.) ein Kennzeichen besonderer Heiligkeit[5].

Aus der ersten Hälfte des 5. Jahrtausends v. Chr. stammt ein einzigartiges Tempelmodell aus Vadastra in Rumänien; es hat die Form einer Gottheit, die teils Mensch, teils Vogel ist. Der beschädigte Kopf (auf der Photographie rekonstruiert) weist sowohl einen Vogelschnabel als auch einen menschlichen Mund auf. Die ehrfurchtgebietende Göttin trägt drei heilige Halsketten. Eine hohe, schmale Tür ist unten in die Mitte ihres Körpers geschnitten und dient als Eingang in eine schoßartige Kammer. Ein labyrinthisches Muster aus den Zickzacklinien fließenden Wassers ist in die Oberfläche eingeritzt und mit weißer Paste ausgefüllt. Mäander, die ja mit dem Labyrinth zusammenhängen, haben in den alten Mythen und Märchen immer eine kosmogonische Bedeutung[6].

## KRETA UND ÇATAL HÜYÜK

Während der älteren Palastzeit auf Kreta dienten neben den Heiligtümern in Höhlen und auf Berggipfeln auch Paläste und Häuser als Stätten der Anbetung. Auf der unteren Ebene des Palastes von Knossos entdeckte man einen Schrein, der aus einer Triade heiliger Bätylien zusammengesetzt ist, meteoritischer Steine, die man zu einem Miniaturschrein behauen hatte. Auf der Spitze jedes Steines sitzt eine Taube als Manifestation göttlichen Lebens, und zwischen Taube und Säule liegen zwei runde Zylinder. Der dreifache Schrein wurde als Symbol der Mondaspekte der Gottheit interpretiert: zunehmend, voll und abnehmend[7].

An der Wand eines der Göttin geweihten Schreins in Çatal Hüyük ist als monumentales Relief ein Objekt in Form eines Doppelzylinders dargestellt, das in ein drei Säulen überspannendes Giebelfeld eingelassen ist. Trotz des außergewöhnlichen Inhalts des Schreins ist die Architektur der Sakralräume von Çatal Hüyük doch einfach. Nach dem Vorbild menschlicher Behausungen konzipiert, sind die Räume von oben zu betreten. Zwischen den Kulturen von Çatal Hüyük und Kreta liegen Tausende von Jahren, dennoch weisen sie erstaunliche Parallelen auf, die als Illustration für den tiefgreifenden Konservatismus alter Religionen dienen können.

## EIN GEBÄRSCHREIN IN ÇATAL HÜYÜK

Çatal Hüyük, eine anatolische Stadt von hohem künstlerischem Niveau, deckt eine Periode des Neolithikums ab, die man mittels der Radiokarbonmethode etwa auf die Zeit zwischen 6500 und 5700 v. Chr. datiert hat. Viele Schreine, Wandreliefs und Gemälde weiblicher Gottheiten hat man dort in Stein gemeißelt oder aus Ton geformt. Die Bedeutung einer solchen Stätte liegt neben dem hohen Wert ihrer Kultur in der Tatsache, daß sie in klar definierten Schichten gut dokumentiert ist.

In dem «Die Schöpferin» überschriebenen Kapitel sprachen wir über die Geburt durch die Göttin-Schöpferin. In Çatal Hüyük entdeckte man einen

76. Schrein der Göttin mit drei Doppelzylinder tragenden Säulen. Çatal Hüyük, Türkei; ca. 6000 v. Chr.

77. Kretischer Schrein mit drei Säulen; jede trägt zwei Zylinder und eine Taube. Palast von Knossos, Kreta; ältere Palastzeit, ca. 2000–1700 v. Chr.

78

78. Mykenischer Altar symbolisiert die Muttergöttin. Griechenland; 1550–1500 v. Chr. (s. Tafel 12).

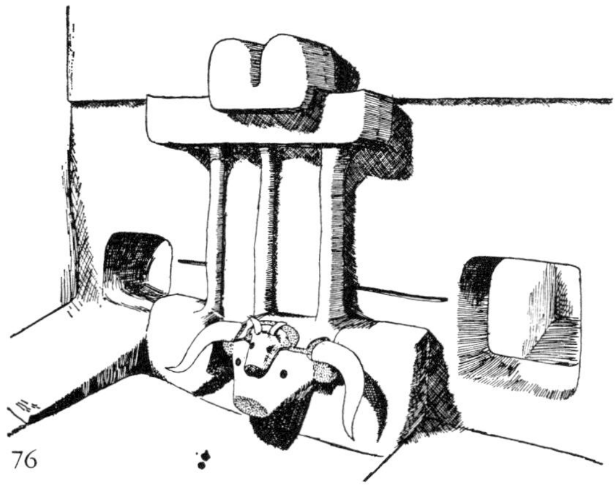
76

77

speziellen Gebärraum, der erstaunliche Erkenntnisse ermöglicht hat. Der Inhalt von Schrein VII.31, der von dem Ausgräber James Mellaart der «Rote Schrein» genannt wurde, ist einzigartig. Eine besonders geheimnisvolle Atmosphäre erfüllt diesen Schrein; die Wände und der Fußboden, die aus rotbrüniertem Kalkmörtel bestehen, sind zweimal angelegt worden und ganz in Rot, in der Farbe des Lebens, angestrichen. Hierher kamen vor 6000 Jahren die Frauen, um ihre Kinder zur Welt zu bringen. Die Geburt eines Kindes war in den frühen Gesellschaften sicherlich ein heiliges Ereignis. In Çatal Hüyük ist diesem Thema ein Reihe von Wandgemälden und Reliefs gewidmet[8].

Seit paläolithischen Zeiten spielte sich die religiöse Verehrung weitgehend zu Hause ab, und daher traf man auch in Privatwohnungen auf die meisten frühen Göttinnenfiguren. Von Höhlen und Berggipfeln und dem Schlangenheiligtum von Gournia abgesehen, fanden sich auf Kreta alle Schreine, die der Verehrung der Göttin vorbehalten waren, in Palästen oder Privatwohnungen.

## MYKENE

Der goldene gehörnte Schrein (1550–1500 v. Chr.) aus Mykene bietet ein doppeltes Bild; das wertvolle Miniaturstück hat, wie ein Bergschrein, ein Fundament aus verbundenen Platten. Man kann es auch als eine subtile Darstellung der Göttin mit zum Segnen erhobenen Armen betrachten. Die Augen der Gottheit blicken unter einem mit Hörnern versehenen Kopfputz hervor; fünf Halsketten bekräf-

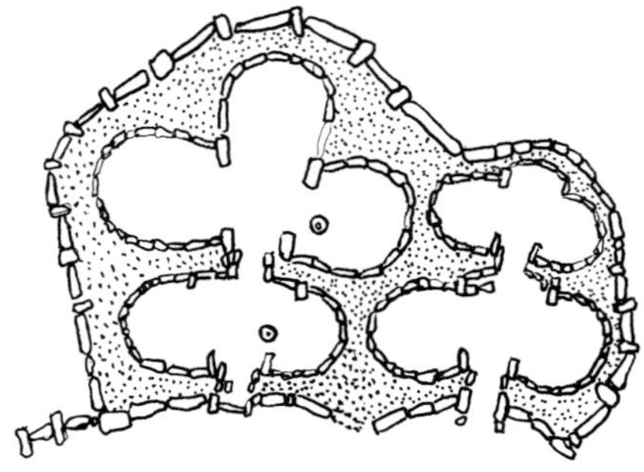

79

tigen ihre Göttlichkeit. Tauben lassen sich auf den Weihehörnern nieder, als wären es ihre Arme. Jedes der drei Paneele, die ihren Körper bilden, enthält die Säule der Gottheit, die sich aus einem Hornpaar erhebt. Zwei dieser Säulen sind dreifach eingerahmt, und die beiden Seitenaltäre stützen die mit Hörnern versehenen Arme der Figur. Dieser Altar verkörpert die Gottheit im wahrsten Sinn des Wortes, so wie das bei den Tempeln auf Malta und bei den bemalten Höhlen der Fall ist. Alle Teile der Tempel, auch die großen Hallen mit ihren Säulenwäldern und die Schreine selbst, sind Orte des Übergangs zwischen den Welten und erinnern auf diese Weise an den Glauben der Ägypter, daß die Seele im nachtodlichen Leben umherwandert.

## MALTA

Malta, die Insel im Zentrum des Mittelmeers, lag weit südlich der üblichen Schiffahrtsrouten; infolgedessen blieb es von seinen Nachbarn abgeschnitten. Zwischen 5000 und 2500 v. Chr. trat dort eine außergewöhnliche Kultur in Erscheinung, die immer noch ein Rätsel ist; dennoch überlebte sie jahrhundertelang als isolierte Nische von Wertvorstellungen, bei denen die Mutterfigur im Mittelpunkt stand. Besäße die Insel nicht ihre rätselhaften Tempel, wäre sie niemandem aufgefallen. Selbst inmitten der mit Monumenten geradezu übersäten Mittelmeerinseln springt die geistige Einzigartigkeit der Tempel von Malta, in denen die Göttin verehrt wurde, ins Auge. Aus gewaltigen Felsblöcken errichtet, innen aber mit den ersten behauenen Steinen ausgekleidet, sind diese Tempel in einer einzigartigen Apsidenanordnung konzipiert, die der Kleeblattform der Göttin selbst ähnelt. Einige Tempel, groß genug, um sie mit Kathedralen zu vergleichen, wurden durch den Anbau von runden Gewölbekammern erweitert. Sie enthielten Altäre, Taufbecken, Backöfen zum Backen heiligen Brotes und viele Figuren der Göttin; die Überreste einer von ihnen sind beinahe 1,80 m hoch. Ein Besuch der maltesischen Baudenkmäler liefert überzeugende Beweise für die Göttinnenverehrung[9].

Diese großen Schreine aus Stein mit aus den Felsen gehauenen Altären stammen ungefähr aus dem 4. und frühen 3. Jahrtausend v. Chr.[10] Aufgrund der Altersbestimmung mit Hilfe der Radiokarbonmethode und des Vergleichs mit den Wachstumsringen der Grannenkiefer[11] wissen wir, daß diese Tempel älter sind als die Pyramiden und die ältesten uns bekannten Steintempel. Auf dem vergleichsweise baumarmen Terrain stehen vier Gruppen dieser neolithischen Tempel, verwittert, aber bemerkenswert intakt; andere liegen in Trümmern. Der ursprüngliche Anstoß zum Bau dieser Tempel ist unbekannt, aber bearbeitete Konusse, die man an einigen der Tempeltore vergraben fand, werden als Beweise für eine Verbindung zwischen den Kulturen von Malta und Mesopotamien gewertet. Niemand scheint die Möglichkeit in Betracht gezogen zu haben, daß diese Auffassung bis zu den fein polierten Stäben und Konussen aus Mammutelfenbein zurückführt, die man aus der Erde des paläolithischen Dolní Věstonice gegraben hat, und daß die Kulturen von Malta und Mesopotamien einen gemeinsamen anderen Ursprung haben könnten.

79. Kleeblattgrundriß eines Tempels der Göttin. Malta; ca. 5000–2500 v. Chr.

80. Torweg zu einem der Tempel von Malta, den ältesten Steintempeln der Welt. Malta; ca. 5000–2500 v. Chr.

80

81. Der Hügel von New Grange vor der Restaurierung. Irland; ca. 3200 v. Chr.

82. Eine große Steinplatte vor dem Portal ist mit riesigen Doppelspiralen verziert. Malta; 5000–2500 v. Chr.

83. Augentempel von Tell Brak. Syrien; 3000 v. Chr.

81

82

## IRLAND

Der Grabhügel von New Grange am Boyne (etwa 3200 v. Chr.) ist eines der berühmtesten Monumente der alten Welt; er mißt etwa 79,5 m im Durchmesser und ist ungefähr 13,5 m hoch. Im Inneren des Tempelgrabes spricht ein großer Steinblock in Form eines Altars dafür, daß es sich bei der Anlage eher um einen Schrein handelt als um das Grab eines Königs. Außen umschließt ein Rand aus Steinplatten den Hügel, wodurch der Eindruck einer Täfelung entsteht; die neu restaurierten weißen Steine glänzen wie Marmor.
Ein einzelner, gigantischer Menhir krönte einst den Hügel, und in der Nähe des Eingangs erhob sich ein Ring von 35 weiteren Menhiren, Figuren der Gottheit. Jetzt sind leider nur noch zwölf davon übrig. Eine große, vor dem Portal aufgestellte Steinplatte ist mit riesigen Doppelspiralen verziert, die auf geradezu frappierende Weise denen ähneln, die über den Altarraum im Tempel der Göttin auf Malta wachen. Diese eindrucksvollen Spiralen versinnbildlichen die Augen der wachenden Göttin und wurden hier wie dort zum Schutz des Eingangs angebracht.

## DIE AUGENGÖTTIN

Als besondere Erscheinungsform von Inanna-Ischtar hat die Augengöttin in Tell Brak in Ostsyrien ihren eigenen Augentempel, der etwa 3000 v. Chr. entstand. Er ist mit zahllosen Bildern der Augengöttin geschmückt. Hoch oben an den Wänden im

83

eindrucksvollen Inneren wechseln große Augengesichter mit Symbolen des Tores ab, das von Inannas Schilfringbündeln bewacht wird. Ihre spezielle Funktion bestand offenbar darin, einen möglichen Angreifer schon am Tor durch Anstarren abzuschrecken.

Die Darstellung ist von Rosetten durchsetzt, Blütenblattwirbeln, die wie Augen mit Wimpern aussehen (oder auch wie die von Haaren umgebene Vagina). Die Darstellung, die drei Symbole mit ähnlicher Bedeutung zeigt, wiederholt sich entlang der Wände. Der Schrein überbordet mit hundertfachen Variationen der Augenfigur; offenbar handelt es sich um Votivbilder. Allein auf einem Altar ist ein enormes, hypnotisch starrendes Augenpaar dargestellt, das verblüffende Ähnlichkeit mit einem Opernglas hat[12].

Die Macht des Auges, Gefahren abzuwehren, erstreckt sich auch auf den Schutz gegen den sogenannten bösen Blick. Das so sehr gefürchtete Auge war sowohl ein Schutzamulett als auch ein todbringender Angreifer. Daher wird die Augengöttin ebenso mit dem Ursprung der Schöpfung wie mit der Göttin des Todes gleichgesetzt. Man glaubte, daß die Macht, mit dem Blick zu bannen, also die Fähigkeit, die schützende Kraft zum Angriff gegen den Gegner zu gebrauchen, eine allen Frauen verliehene Gabe sei. Mehr als 4000 Jahre nach dem Bau des Augentempels lebten die Richter der Inquisition in Furcht und Schrecken vor dem bösen Blick. Ihre Angst, durch einen solchen Blick zu Schaden zu kommen, war so groß, daß sie die der Hexerei angeklagten Frauen rückwärts eintreten ließen.

## DAS ORAKEL VON SMYRNA

Eine neun Meter hohe Kolossalstatue der Bergmutter ist aus dem gewachsenen Felsen des hinter der kleinasiatischen Stadt Smyrna aufragendenen Berges Sipylos herausgehauen[13]. Es handelt sich um ein Orakelzentrum, das auf demselben Breitengrad wie Delphi und der Parnaß liegt. Der altgriechische Geschichtsschreiber Pausanias behauptete, diese Statue sei die älteste Darstellung der Großen Göttin im Nahen Osten[14]. Ihr Ruf, die älteste zu sein, geriet ins Wanken, als man hethitische Hieroglyphen entdeckte, die in der Nische hinter ihrem Kopf eingeritzt waren. Andererseits fand man an dieser Stelle auch viele andere Figuren der Göttin, die mehrere Jahrtausende älter sind als die Hethiter[15]; Archäologen streiten sich immer noch um die Datierung (2000–1200 v. Chr.).

## OSTEUROPA

Inzwischen sollte ein Eindruck davon entstanden sein, welche Macht und welche Kontinuität die Symbole in örtlicher und zeitlicher Hinsicht besitzen. Die Verwirrung bezüglich der Bedeutung von Symbolen setzte in der Bronze- und der Eisenzeit ein. Die patriarchale Machtergreifung brachte auch die Vereinnahmung der Symbole der Göttin für patriarchale Zwecke mit sich.

Eine vogelköpfige Gottheit steht in einem dreirädrigen Gefährt, das von einem Paar Wasservögel gezogen wird. Ein Schwan zieht vor der Gottheit her. Die Darstellung stammt aus der Mitte des 2. Jahr-

84. Wagen mit vogelköpfiger Gottheit, von drei Vögeln gezogen. Dupljaja, Jugoslawien; Mitte des 2. Jahrtausends v. Chr.

85. 9 m hohe Statue der Muttergöttin. Mount Sipylos, Kleinasien; 2000 v. Chr.

85

84

tausends v. Chr. und wurde in Dupljaja in Jugoslawien gefunden[16]. Die Gottheit trägt einen langen, glockenförmigen Rock und hat den kurzschnabeligen, runden Kopf einer Taube; ihre Augen sind durch von einem Kreis umgebene Punkte angedeutet. Ihre Taille und der Rocksaum sind mit Dreiecken verziert; von diesen gehen noch mehr Kreise mit Punkten in der Mitte aus, ein Motiv, das auch auf den Rädern mit den vier Speichen wiederholt wird[17]. (Das Rad mit vier Speichen tritt nicht vor dem 16. Jahrhundert v. Chr. in Erscheinung.) Obwohl unter dem Rock männliche Genitalien angebracht waren, hält die Figur beide Hände mit gespreizten Fingern auf ihren Leib – eine Geste der Göttin. Ein ähnliches Gefährt (zerbrochen) aus derselben Region weist ausschließlich weibliche Charakteristika auf.

## JAPAN

An den Ufern des klaren Isuzu-Flusses, umgeben von einem unheimlichen Urwald, dessen Bäume mitunter 1000 Jahre alt sind, liegt der ehrfurchtgebietende Schrein von Ise. Seit unerdenklichen Zeiten steht er dort in seiner einfachen Schönheit, und man nimmt an, daß er die älteste Weihestätte Japans ist. Der Schrein zu Ise ist der ältesten Gottheit Japans geweiht, der Sonnenschöpferin Amaterasu-Omikami, was «die vom Himmel Leuchtende» bedeutet.

Der Schrein enthält keinerlei Abbildung der Göttin; man geht davon aus, daß die Felsen, die Bäume und das Wasser ihre Göttlichkeit zum Ausdruck bringen. Eine derartige Sensibilität liegt dem Gefühl der Japaner für die Ursprünglichkeit der Natur zugrunde.

Dieses Gefühl wird auch im Bewußtsein der Japaner deutlich, daß hinter der Sonne unergründliche Finsternis liegt; das illustriert die folgende Geschichte: Eines Tages zog sich die Sonnengöttin Amaterasu, weil sie sich beleidigt fühlte, in ihre Höhle zurück und tauchte die Welt in Dunkelheit. Alle Götter versammelten sich draußen und versuchten, sie hervorzulocken, indem sie lachten. Schließlich brachte die Neugier sie dazu hinauszuschauen. Das erste, was sie sah, war ein Spiegel, den die anderen Götter vor dem Eingang aufgestellt hatten. Von ihrem strahlenden Abbild fasziniert, kam sie heraus, und das Licht leuchtete wieder. Aufgrund dieses Ereignisses wurde der Spiegel zu einem heiligen Gegenstand, der als einziger auf dem Shinto-Altar zu finden ist.

# Aphrodite: Liebe und Tod

Aphrodite verrät ihre Abstammung von der alten Vogelgöttin durch ihre vielen Vogel-Epiphanien. Sie wird in das Pantheon des klassischen Griechenlands und Roms aufgenommen und bringt eine Vielfalt von Vogelsymbolen mit. Von allen griechischen Göttinnen ist allein Aphrodite eine dem Wesen nach strahlende Gestalt.

Hesiod, ein Dichter des 8. vorchristlichen Jahrhunderts, der einen Großteil des griechischen Mythos in seinen Werken kodifizierte, beschreibt sie als «golden, Wohlwollen ausstrahlend»[1]. Ihre mit der Sonne vergleichbare, blendende Erscheinung gemahnt an das Licht. Und es gab eine deutliche Verbindung zwischen ihrer Goldenheit und ihrem himmlischen Charakter; diese Verbindung weist auf Vögel als ihre Mittler zwischen den Welten hin.

Das am häufigsten vorkommende Symbol Aphrodites ist die Taube. Statuen der Aphrodite von Paphos zeigen sie in der Regel, wie sie eine Taube hält, und auch auf die Münzen von Salamis auf Zypern, ihrem Geburtsort, ist das Bild einer Taube geprägt.

Von einer im Verlauf des Festes der Amagogia im phönizischen Erys freigelassenen Taubenschar glaubte man, daß sie Aphrodite-Astarte in ihre Heimat, nach Libyen, zurückbegleite. Der Tradition zufolge bildeten die Tauben, wenn die Göttin von ihrem Aufenthalt in Libyen nach Phönizien zurückkehrte, nicht länger eine Schar, sondern eine große weiße Menge, in der eine Taube mit goldenen Federn mitflog: Aphrodite, die Goldene, in der ihr möglicherweise ursprünglich eigenen Vogelgestalt.

## DIE GÖTTIN DER LIEBE UND DER GEBURT

Aphrodites Beiname «die Goldene» bezieht sich sowohl auf Honig als auch auf Gold und läßt an ihr Sexualfluidum denken. Eine tiefschürfende Schilderung ihrer Wesenszüge stammt von Jane Ellen Harrison, die die Göttin in ihrem unvergänglichen Glanz als eigentlich mädchenhafte Gestalt sieht, obwohl sie keine Jungfrau ist. Vielmehr ist sie zugleich ewige Nymphe und Braut, aber Braut im Sinne der alten matrilinearen Ordnung, die die patriarchale Monogamie nicht akzeptiert. Aphrodite ist niemals wirklich eine Ehefrau, und sie duldet auch keine Ehe auf Dauer[2]. Da aber jeder von Aphrodites Liebesaffären ein Kind entsprang, muß man sie wie die sumerische Inanna als eine Erscheinungsform der alten Geburtsgöttin betrachten.

Aphrodites Symbole sind Früchte, Blumen, Nektar und Parfum[3]. Statuetten, die man in der griechischen Kolonie Paestum in Süditalien gefunden hat, zeigen sie mit einer Rose und einer Lilie als Ohrringen. Die Blumen stehen für ihre Fortpflanzungsorgane, und ihre Früchte, die Quitte und der Granatapfel, stellen ihre Nachkommen dar. Als Fruchtbarkeitsgöttin ist Aphrodite der Ursprung des Wassers und der Vegetation, kurz: sie ist die Herrin all dessen, was die Erde hervorbringt.

Das Meer, aus dem Aphrodite, die Gottheit der Geburt, geboren wurde, und ihre Muschelschale müssen als Symbole aufgefaßt werden. Aphrodite, die «Schaumgeborene», die in einer Muschel sitzt (griechische Plastik des 3. Jahrhunderts v. Chr.) ist auch unter dem Beinamen Anadyomene, «die aus den Wellen Aufsteigende», bekannt[4]. «Die See» ist

86

86. Aphrodite in der Muschel sitzend. Griechenland; 3. Jahrhundert v. Chr. (s. Tafel 17).

87. Auf einem Schwan stehende Terrakotta-Aphrodite trägt ein Kästchen. Böotien, Griechenland; 6. Jahrhundert v. Chr.

überall weiblichen Geschlechts und wird mit dem entstehenden Leben in Zusammenhang gebracht; im alten Rom nannte man das Mittelmeer *mare nostrum,* «unser Meer» oder «unsere Mutter». Das sumerische Wort *mar* bedeutet «Schoß», «Bauch», eine Bezeichnung, die von den Astronomen übernommen wurde, die den Mond kartographisch darstellten.

## APHRODITES GLÜCKSVÖGEL: SCHWAN, GANS UND TAUBE

Eine griechische Terrakottafigur aus Böotien (6. Jahrhundert v. Chr.) zeigt Aphrodite, wie sie in düsterer Pracht auf einem riesigen Schwan steht. Sie trägt eine hohe, turmartige Krone und hält ein Kästchen in der Hand, eine Anspielung darauf, daß sie verborgenes Wissen über den Tod und das Geheimnis neuen Lebens besitzt. Auf Vasenmalereien fliegt Aphrodite manchmal auf einem Schwan oder einer Gans durch die Lüfte. Der Schwan, ein großes und kräftiges Tier, ist einer der ersten Vögel in der Kette der Evolution; seine Wirbelsäule enthält zusätzliche Wirbel, und er verfügt über einen oberhalb des Schnabels liegenden Mechanismus, der es ihm ermöglicht, sich an Salz- und Süßwasser anzupassen. Die weiße Farbe des Schwans deutet auf die Reinheit und Würde Aphrodites hin. In der gesamten Bronzezeit ist der Schwan eine ihrer Epiphanien oder Wechselgestalten. Später nimmt sie nicht mehr die Gestalt dieses Vogels an, sondern reitet auf ihm.

87

Auf dem weißen Grund einer attischen Kylix, ei-

88. Aphrodite reitet auf einer Gans. Rhodos; 470–460 v. Chr.

89. Keltische Kachel aus Roussas zeigt Aphrodite auf einem Schwan fliegend. Drôme, Frankreich.

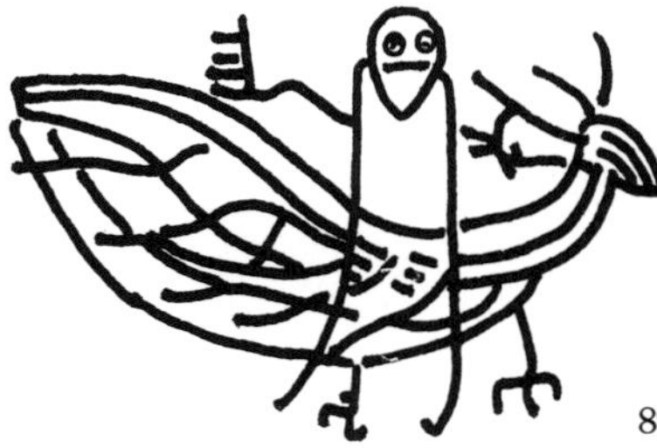

89

88

ner flachen Schale, die auf Rhodos gefunden wurde und 470–460 v. Chr. entstand, hat der griechische Künstler ein vortreffliches Bild der Aphrodite gezeichnet. Die graziöse Kontur stellt die Gottheit dar, die auf einer Gans reitet. Sie bietet einen amüsanten Anblick, denn mit ihrem modischen Gewand und ihrem ruhigen Gesichtsausdruck könnte sie ebensogut in einer Kutsche sitzen.

Ein Druck aus Indien zeigt ein sehr ähnliches Bild einer Göttin, die auf dem Rücken einer Gans sitzt. Auf diesem aus dem 19. Jahrhundert stammenden Bild reitet Devi, die Gottheit der Gottheiten und Erfinderin des Alphabets auf einer Gans.

Die rituelle Funktion des Schwans unterscheidet sich kaum von der der Gans oder der Ente, und es hat den Anschein, als sei der symbolische Charakter der drei Vögel austauschbar gewesen[5]. Auf einer keltischen Kachel aus Roussas in der Drôme in Frankreich ist eine nette Ritzzeichnung Epona-Aphrodites zu sehen, die auf einer riesigen aufgezäumten Gans einherfliegt. Sie sitzt im Damensitz und hält die Zügel ihres gefiederten Reittiers in der Hand; selbst hat sie ebenfalls einen Vogelkopf. Diese Anspielung auf die Pferdegöttin Epona, die Schutzgöttin der Sprache und der Texte, ist ein weiterer Anhaltspunkt dafür, daß der sumerischen Göttin Hidaba die Erfindung der Schrift zu verdanken sei[6].

Das im folgenden wiedergegebene «Omen der Schwäne» *(Omen of the Swans)*, eine schottisch-gälische, von Carmichael in Benbecula aufgezeichnete Fassung, verdeutlicht die Eigenschaften des Schwanensymbols: «Ich hörte die süße Stimme der Schwäne an der Grenze zwischen Tag und Nacht,

90

90. Die indische Gottheit Devi reitet auf ihrer Schwanen-Epiphanie, die eine Halskette trägt. Indien; 19. Jahrhundert n. Chr.

91. Aphrodite auf einem Schwanenthron. Griechenland; 6. Jahrhundert v. Chr.

92. Die keltische Rhiannon mit einem Kopfputz, der zwei Vögel darstellt, ergänzt durch zwei weitere Vögel an ihrem Körper. Irland; ca. 2000 v. Chr.

91

hoch oben rauschten kraftvolle Schwingen im Flug. Sofort stand ich still und bewegte mich nicht. Ich schaute hinauf, um zu sehen, wer den Anfang machte – die Glückskönigin, der weiße Schwan. Das geschah am Freitagabend. Meine Gedanken waren beim Dienstag. Ich verlor meinen Besitz und meine Angehörigen ein Jahr nach diesem Freitag für immer. Solltest du einen Schwan an einem Freitag sehen, früh am glücklichen, freudvollen Morgen, wird dein Besitz sich mehren und auch deine Verwandtschaft, dein Vieh wird nicht immer wieder sterben.»[7]

## DER THRON

Ein feierlich-düsteres Geheimnis umgibt die archaische griechische Terrakottafigur der Aphrodite aus dem 6. Jahrhundert v. Chr. Zwei Schwäne bilden einen Thron, auf dem die rätselhafte Göttin sitzt, eng in ein Himation eingehüllt, einen Vogel an jeder Seite. Thron und Vogel, beides Attribute der Göttin, sind hier im buchstäblichen Sinne Träger ihrer Göttlichkeit.

Der Thron reguliert alle günstigen Beziehungen zwischen Himmel und Erde; durch ihn gehen die geistigen Kräfte auf die Herrscher über, die ihn einnehmen. Auf einem Thron sitzende weibliche Gottheiten sind überall dargestellt, von Alteuropa bis hin zum Fruchtbaren Halbmond[8] und – zeitlich gesehen – vom Neolithikum bis zur Epoche des Römischen Reiches, als der Thron zum Symbol der Jungfrau Maria wurde. Aphrodite nimmt den Sitz der ägyptischen Muttergöttin Isis ein, die am Ur-

92

sprung des vergöttlichten Thrones in Ägypten steht. Man glaubte, dieser Sitz der Macht sei aufgeladen mit geheimnisvollem Wissen, das, von der alten Creatrix herrührend, weitergegeben worden sei. Der Thron bestätigt nicht nur die Legitimität, sondern auch die göttliche Zustimmung, und er stellt die Harmonie zwischen Kosmos und Gesellschaft her[9].

## TEMPEL

Auch Tempel spielen bei der Verehrung der Aphrodite eine bedeutende Rolle. In seiner Arbeit über die Sakralarchitektur Griechenlands untersucht Vincent Scully die Beziehung zwischen den landschaftlichen Gegebenheiten und den jeweiligen Tempelbauten. Für ihn sind Tempel nicht nur Verkörperungen der Götter, sondern er dehnt diese Sichtweise auch auf die Umgebung aus und äußert sich ausführlich zu dem Gedanken, daß die Heiligtümer in ihrer Lage und ihrer Konzeption als Metaphern für die Gottheit aufzufassen sind. Aphrodites Bild ist ganz einfach ein weißer Konus oder eine weiße Pyramide[10]. In Sardis in Kleinasien ist die Kuppel, die sich über dem lydischen Tempel der Aphrodite wölbt, Ausdruck der Macht und verbindet die griechische Artemis mit der asiatischen Aphrodite.
Auf Ägina, einer Insel in der Nähe Athens, krönt der Tempel der Aphaia (ein lokaler Name der Großen Göttin) eine Kuppe zwischen zwei konischen Hügeln; darunter liegt eine Höhle, möglicherweise das ursprüngliche Heiligtum. Und am Löwentor von Mykene ist die Göttin symbolisch als eine zwischen zwei Löwen aufragende Säule dargestellt. Es ist außerdem kein Zufall, daß das Tor den Rahmen für einen sehr schönen Blick auf den Berg Zara und die Höhle von Argos bildet.

## DIE GÖTTIN DES TODES UND DER WIEDERGEBURT

Die Kehrseite der Göttin, die das Leben schenkt, ist die Göttin, die es wieder nimmt, die Todesmutter. Von allen geheimnisvollen und vernichtenden Ereignissen innerhalb des menschlichen Erfahrungsbereiches ist der Tod das unergründlichste. Initiationsmysterien wurden ersonnen, um den Initianden nachempfinden zu lassen, was es bedeutet, tot zu sein. Ein drei Tage andauernder Schlaf versetzte die Lebenden in die Lage, die Erfahrung eines scheinbaren Todes zu machen und sich dank der Zeremonien als Wiedergeborene zu fühlen.
In der keltischen Folklore erwecken die wunderschöne Göttin Rhiannon («die Große Königin») und ihre drei Vögel die Toten aufs neue zum Leben, und sie versetzen die Lebenden in Schlaf. Im *Mabinogion* erzählt das «Lied von Branwen», daß diese Zaubervögel bei einem magischen Fest singen. Wie prophezeit, dauerte das Fest sieben Jahre lang[11]. Rhiannon, eine Erscheinungsform der älteren Aphrodite, verkörpert Leben, Tod und Wiedergeburt. Aphrodite und Persephone stellen zusammen Kore dar, den mädchenhaften Aspekt der Demeter, der Erde; dabei geht eine Gestalt leicht in die andere über[12].

In einem Fragment eines epischen Gedichts, das möglicherweise von Parmenides verfaßt wurde, spricht der Dichter von den kleineren Mysterien der Persephone in den Tiefen des Hades. Der Weg, der zu Persephone führt, ist breit und von den Sterbenden ziemlich ausgetreten. Unter ihm führt ein anderer Pfad, holprig und kaum benutzt, «geheiligt, beschmutzt, doch der beste», zu Aphrodites «lieblichem Hain»[13]. Dies weist auf Aphrodites Verbindung mit der Unterwelt und auf die dunkle Seite der Liebe hin, den Tod. Wie die Vogelgöttin, von der sie abstammt, wurde auch Aphrodite zur Königin der Unterwelt. In Delphi ist die Gottheit als «die von den Gräbern» bekannt. Die Persephone der Unterwelt kann in der Gestalt der Aphrodite erscheinen: die Aphrodite des Himmels, an die man sich als Göttin der Morgendämmerung erinnert, ist wiederum Persephone. Es gibt also zwei «Aphroditen»: eine des Himmels, wo sie als Morgen- und Abendstern herrscht[14], und eine der Unterwelt, wohin sie gegen ihren Willen geschickt wurde. Ursprünglich die Göttin der Wiedergeburt, wurde Aphrodite zur Zeit des klassischen Altertums auf eine Gottheit der Liebe reduziert; diese Rolle impliziert eine Sicht der Lebenserneuerung, die die Verehrer der Vogelgöttin als Gotteslästerung empfunden hätten.

## DIE FRAGMENTIERUNG DER APHRODITE

Die Vorstellung, die man von Aphrodite hatte, änderte sich mit der Invasion Griechenlands durch Eindringlinge aus dem Norden, die mit den titanischen Göttern aufräumten; sie griffen frühere Mythen und Symbole wieder auf und paßten sie der neuen Religion an. Die Große Göttin wurde in eigenständige Gottheiten aufgespalten, und jedes der Fragmente stellte nun einen ihrer verschiedenen Aspekte dar. Wie bereits gesagt, verwies man Aphrodite in das Reich der körperlichen Liebe, ihr umfassenderer Bezug zu Leben und Tod wurde unterdrückt. Die anderen Götter des Olymp blickten auf sie herab, und sie stand bei ihnen im allgemeinen eher in schlechtem Ruf. Auch Homer gibt diese geringschätzige Einstellung wieder und schildert sie lediglich als Gottheit der sexuellen Liebe; diese reduktionistische Sicht hat sich bis auf den heutigen Tag gehalten.

## ADAPTATIONEN DER APHRODITE

Die «Medusa mit goldenen Schwingen»[15] ist auf einem Teller aus Rhodos (7. bis 6. Jahrhundert v. Chr.) als Gorgo mit Doppelflügeln abgebildet. Aus ihrem Mund stehen Reißzähne hervor, und ihre Zunge hängt heraus. Sie wurde von Bauern verehrt, die für ihr Land Wasser brauchten, und die herausgestreckte Zunge bringt eine Bitte um Regen zum Ausdruck[16]. Die doppelten Flügel, die Tätowierungen auf ihrem Körper, die Rosetten, Swastiken, Rauten und Pflanzenmotive verraten, daß sie eine Verkörperung der alten Göttin ist. Die Swastiken auf den Schwingen ihrer schwarzen Schwäne sind – als graphische Zeichen für die Austauschbarkeit von Leben und Tod – sowohl nach rechts als auch nach links ausgerichtet. Ihre Fähig-

93

93. Medusa mit Doppelschwingen hält zwei schwarze Schwäne mit Swastiken; im sie umgebenden Feld finden sich Blattformen, Rauten und Rosetten. Rhodos, Griechenland; 7.–6. Jahrhundert v. Chr.

94. Von zwei großen Eulen flankiert, umklammert Lilith, Göttin des Todes, ihr Reittier, den Löwen, mit Klauenfüßen. Sumer; 2300 v. Chr.

keit zur Ausübung dieser lebensbeherrschenden Macht versetzte sie in die Lage, Menschen in Stein zu verwandeln.

Die große sumerische Kultur gelangte in einer Schwemmlandebene im Norden des persischen Golfes zur Blüte (5000–2900 v. Chr.). Im 4. Jahrtausend v. Chr. entwickelten die Sumerer die Bilderschrift zur Keilschrift weiter. Sie beteten eine Göttin an, die sie «Königin des Himmels und der Erde» nannten und die tatsächlich beides geschaffen hatte.

## LILITH

Die Burney-Plakette aus einer späten Periode der sumerischen Kunst (2300 v. Chr.) zeigt die verführerische Gestalt einer weiteren großen geflügelten Göttin, von Lilith nämlich, einer Vogelfrau. Von heiligen Eulen flankiert, steht sie, abgesehen von einer Hörner-Tiara, die alle großen Gottheiten trugen, nackt da. Sie hält außerdem den Ring und den Stab der Macht in den Händen. Damit gehört sie also zu den Göttern ersten Ranges. Ihre mit Vogelkrallen versehenen Füße ergreifen die Rücken der liegenden Löwen, auf denen sie steht. Die Eulenfüße mit Sporen und Klauen verraten ihre dämonischen Kräfte und sind Zeichen ihrer Weisheit; Eulen betonen den Nachtcharakter der Göttin noch mehr. Im Hebräischen bedeutet Liliths Name «Schleiereule». Die Löwen sind ihre natürlichen Wächter, die angemessenen Beschützer der Königin der Unterwelt. Lilith lebte in der jüdischen Folklore als Dämonin weiter.

94

Auf Keilschrifttafeln wird von der Entthronung Liliths berichtet. Dieses Gedicht ist eine Parabel auf eine viel ältere Göttin, die in die Verbannung geschickt wurde; Medusas Schicksal war sehr ähnlich. Das sumerische Epos von Inanna und ihrem Geliebten Gilgamesch (aus dem 3. Jahrtausend v. Chr.) erzählt die Geschichte der Gottheit und ihres Halub-Baumes, einer der Alten Mutter geweihten Eiche oder Weide. Inanna pflanzte den Baum in ihrem Garten, denn sie beabsichtigte, sein Holz für einen magischen Thron und ein Ruhebett zu verwenden. Als der Baum groß war, wollte sie ihn fällen, aber an seinem Fuß hatte sich eine Schlange, die keiner Beschwörung zugänglich war, ihr Nest gebaut, und in die Krone des Baumes hatte der Anzu-Adler sein Junges gesetzt. In der Mitte des Baumes hatte Lilith, das «Mädchen der Finsternis», ihre Wohnung gebaut. Daher weinte Inanna, die Himmelskönigin. Gilgamesch hörte ihr Schluchzen und erschlug die Schlange am Fuß des Baumes. Die Männer fällten den Baum und brachten ihn Inanna[17]. Lilith, die frühere Himmelskönigin, flog davon.

Lilith ist eine weitaus ältere Gottheit als Inanna. Wie eine Eule errichtet sie ihre Behausung in einen Baum. Liliths Kleiderlosigkeit identifiziert sie mit der Nackten Göttin und deutet auf einen Naturzustand hin. Wie mächtig sie in frühen sumerischen Zeiten auch gewesen sein mag, so hat sie doch im Alten Testament, wo sie als Versucherin und weiblicher Dämon und nicht als große Todesgöttin in Erscheinung tritt, sehr an Bedeutung verloren.

In den Talmud-Texten aus der kabbalistischen Epoche (4. Jahrhundert n. Chr.) besteht Liliths Geschichte lediglich aus einer Aufzählung ihrer verderblichen Eigenschaften. Sie ist bezaubernd, verführerisch und tödlich zerstörerisch. Im Talmud heißt es, daß Lilith vom Herrn als Anwort auf Adams Bitte um eine Gefährtin geschaffen wurde. Den Patriarchen zufolge benutzte Gott Schmutz und Bodensatz, um sie zu formen, und nicht den reinen Staub, den er für Adam genommen hatte[18]. Die Kinder Liliths und Adams waren Dämonen. Nach einer gewissen Zeit weigerte sich Lilith, seinem Wunsch gemäß willfährig unter Adam zu liegen, und als er versuchte, sie gewaltsam dazu zu zwingen, verließ sie ihn. Auf Adams Bitte sandte Gott Engel aus, die sie zurückbringen sollten. Sie fanden sie, die nun in der Nähe des Roten Meeres mit bösen Geistern zusammenlebte und jeden Tag mehr als hundert Dämonen gebar[19]. Sie weigerte sich erneut, zu Adam zurückzukehren, obwohl die Engel ihr sagten, daß sie sterben müsse, wenn sie sich nicht unterwerfe. Sie machte geltend, daß sie unmöglich sterben könne, da sie sich um alle neugeborenen Kinder kümmern müsse. Daher strafte Gott sie, indem er jeden Tag hundert ihrer Kinder tötete.

Unterdrückte Gottheiten besiegen jedoch ihre Besieger; aus der verabscheuten Dämonin Lilith wurde schließlich die Braut Jahwes[20]. In der Folge wurde Lilith zu einem Sukkubus degradiert, der allein schlafende Männer verführte und Säuglinge in den ersten Lebenstagen erwürgte. Die Verleumdungen der patriarchalen Schriftgelehrten verfehlten aber ihren Zweck, und Lilith blieb in der jüdischen Folklore Zentraleuropas bis zum 16. Jahrhundert n. Chr. eine mächtige Göttin[21].

95. Auf dem Deckel eines Sarkophags hält die strahlende Göttin Tinnit ein mit den Emblemen von Leben und Tod verziertes Kästchen. Karthago, Nordafrika; 146 v. Chr. – 698 n. Chr.

95

96

97

96. «Mutter Gans», eine Reminiszenz der Vogelgöttin, reitet auf dem Besen, einer verkümmerten Form des heiligen Baumes. Nordamerika; 19. Jahrhundert n. Chr. (s. Tafel 27).

97. Ein Manuskript zeigt Venus in ihrem von Schwänen gezogenen Fahrzeug, von ihrem Sohn Eros attackiert, während Mönche zuschauen. Frankreich; 14. Jahrhundert n. Chr.

## WEITERE ADAPTATIONEN APHRODITES

Wir wissen nur von wenigen Göttinnen von der Küste Nordafrikas, doch wurde dort jedenfalls eine, die phönizische Tinnit, ein Aspekt der Aphrodite, mindestens seit dem 9. Jahrhundert v. Chr. bis in die römische Zeit verehrt. Das Bild der Tinnit ist in klassischer Manier in den Deckel eines Sarkophags aus der Nekropole von St. Monique in Karthago eingeschnitten. Große, leuchtend blaue Schwingen umschließen sie in einer mimetischen Wiedergabe des Gefieders eines Vogels; hinter ihrem Kopf erhebt sich der Schnabel des Vogels und krönt ihren Kopfputz. Lebendig und ausdrucksvoll in ihrer Erscheinung, trägt sie wie Aphrodite das geschlossene Kästchen in der Hand, das die Symbole des Lebens und des Todes enthält[22].

Die römische Venus war eine weniger komplexe Gottheit als die Aphrodite der Griechen, auch wenn sie mit ihr eng verwandt ist. Sie war jünger, liebreizender, und wurde eher mit den Früchten und Blumen des Gartens als mit den ewigen Wahrheiten in Verbindung gebracht.

Eine Vignette aus dem 14. Jahrhundert n. Chr., die für einen französischen Folianten mit den Tragödien Senecas gemalt wurde, gibt eine heidnische Venus wieder, die in einem von sechs Schwänen gezogenen Wagen über den Himmel fliegt. Auf dem Gipfel eines Berges stehend, zielt ihr unbezähmbarer, blumenbekränzter Sohn Eros mit dem Bogen auf seine Mutter, die Göttin, während Mönche der Szene zuschauen.

Hel, die der Venus entsprechende Göttin des germanischen Pantheon, versinnbildlicht ihre dunkle Seite; als Herrin des nachtodlichen Lebens empfängt Hel die Geister der Toten. Nach der Eroberung Roms durch die Goten verschmolzen Hel und Venus in der Gestalt der Bertha (Bercht). In der altirischen Literatur repräsentieren Schwäne, die goldene Ketten um den Hals tragen, die Verwandlung der Göttinnen.

In den altnordischen Eddas korrespondieren drei junge Mädchen, die Walküren, die das Gewebe des Krieges wirken, mit den griechischen Schicksalsgöttinnen. Sie spinnen am Ufer eines Sees, ihre Schwanengewänder neben sich. Jede behält ein einzelnes Kennzeichen dieses Vogels bei: eine hat eine Schwanenbrust, die zweite trägt Schwanenfedern, und die dritte hat einen weißen Hals. Bei der germanischen Erdgöttin Bertha, manchmal auch Hertha genannt, bleibt nur der Schwanenfuß.

Es wurde schon oft darauf hingewiesen, daß sich in Mythen, Reimen, Märchen und Kinderspielen die Spuren alter Religionen erhalten haben. «Mutter Gans»[23] und ihre Kinderverse entstammen den nordischen Mythen und Riten. Ein Bucheinband aus der Zeit um die Jahrhundertwende verrät den Vogelursprung von *Mother Goose.* Der Buchstabe *M* von «Mother» im Titel geht in ein Paar Gänsefüße über. «Mutter Gans» selbst ist dargestellt, wie sie mit ihrem Vogel durch die Lüfte reitet. Der Besenstiel, auf dem sie sitzt, ist ein verstümmeltes Überbleibsel des heiligen Baumes, des verehrten Bindeglieds zwischen Himmel und Erde. Sie ist vielleicht nicht so anmutig wie Aphrodite, aber wozu auch? Sie ist in eine Welt gestürzt, die sich von der Natur abgewandt hat, in eine Welt, die im 16. und 17. Jahrhundert n. Chr. Feuer und Wasser

98. Die Jungfrau Maria hat manche Symbole mit der Urmutter gemeinsam. Nordamerika; 19. Jahrhundert n. Chr.

99. Die Schwarze Jungfrau, ein Symbol der Weisheit und der Aufhebung der Gegensätze. Salzburg, Österreich; 18. Jahrhundert n. Chr. (s. Tafel 26).

einsetzte, um jegliche Erinnerung an ihre frühere Position und sogar an ihre Existenz auszutilgen.

## DIE JUNGFRAU MARIA

Das Auffälligste an der christlichen Gottesmutter ist die Tatsache, daß sie mit archaischen jungfräulichen Göttinnen wie Aphrodite in einer kontinuierlichen Linie steht. Ihr Titel, «Jungfrau Maria», enthält ein gewisses Werturteil. In früheren Zeiten bedeutete «Jungfrau» nichts anderes als «unverheiratet». Der sogenannte unbefleckte Zustand einer Frau zur Zeit ihrer Verheiratung stellte die Erbfolge der männlichen Linie sicher. Zuvor hatten die Kinder den Namen ihrer Mutter getragen. Der Engel Gabriel «kam über sie» (Lukas 1, 28), lautet die biblische Umschreibung für den sexuellen Verkehr. Gabriels Name bedeutet wörtlich «göttlicher Ehemann».

Seit dem Paläolithikum wird das Bedürfnis der Menschen nach einer schützenden und nährenden Mutterfigur deutlich, die, als Gottheit, Sicherheit bietet. Um die Dominanz der Männer zu fördern, leugnete die Römische Kirche die Göttlichkeit Marias, griff aber das Bild der Jungfrau und Mutter auf; diese beiden Aspekte der Göttin waren am wenigsten bedrohlich. Die französischen Kathedralen wurden im Namen der Jungfrau erbaut. C. G. Jung weist darauf hin, daß das neuere katholische Dogma (1948) von der leiblichen Himmelfahrt der Jungfrau – der Erde –, eigentlich die Anerkennung, ja die Heiligsprechung der Materie bedeutet[24].

Hinter der Gestalt der Jungfrau Maria, die unter

98

99

dem Namen Panaghia Aphroditissa[25] angefleht wird, steht die erste Mutter, die Große Göttin. Der Elfenbeinturm, Marias Emblem in der Lauretanischen Litanei, wird von Aphrodite als Kopfschmuck getragen; beiden, Maria und Aphrodite, sind die Lilie, die Rose und die Taube gemeinsam. Die Taube, der Vogel der Verkündigung, ist Aphrodites Fruchtbarkeitssymbol[26].

Die Verbindung zwischen Spinnen und Gebären ist sehr alt und taucht – beinahe verstohlen – in einer katalanischen Wandmalerei in der aus dem 12. Jahrhundert stammenden Kirche von St. Pere in Barcelona auf. Die von einem goldenen Nimbus umgebene Jungfrau trägt ein Kleid und eine bemerkenswerte Kasackbluse in Zickzackform. Mit einem einfachen Faden spinnt sie das neue Wesen in ihrem Leib. Eine auf sie zufliegende Taube durchdringt den Heiligenschein um ihren Kopf, eine Metapher für das Einpflanzen des Samens und die Befruchtung ihres Leibes mit neuem Leben. Die Jungfrau hält die männliche Spindel in der rechten Hand und den weiblichen Faden in der linken. Der Engel Gabriel weist auf ihren Kopf, und eine Frau hinter einem Vorhang deutet auf ihren bereits schwangeren Bauch.

Raphael Patai stellt fest, daß am Anfang der ältesten Kosmologien eine Urgöttin steht[27]. Anders als bei diesen Gottheiten liegt der Akzent bei Maria, der Mutter Gottes, auf ihrer Jungfräulichkeit. Die Madonna stammt von der Großen Göttin ab, die das Schicksalsgewebe spinnt, wobei Schicksal nun die Erlösung der Welt meint. Weben bedeutet, etwas aus der eigenen Substanz heraus zu schaffen, so wie die Spinne ihr Netz webt. Spinnende Gottheiten sind Mondgöttinnen, Verkörperungen des Schicksals. Der Mond als Herrin der Wandlung webt das Schicksal. Die Mondrhythmen stellen Harmonien her, deren Analogien und Verknüpfungen ein Gewebe ohne Ende schaffen, ein Netz aus unsichtbaren Fäden, das Menschen, Tiere, Pflanzen, Regen und Fruchtbarkeit verbindet und die Welt des Todes und der Wiedergeburt symbolisiert.

## DIE SCHWARZE JUNGFRAU

Das Bild der Schwarzen Jungfrau stand jahrhundertelang im Schatten; es verweist auf Aphrodite zurück. Manche Menschen glauben, daß das Rätsel, das sie umgibt, keineswegs ohne Absicht entstanden sei. Schwarze Jungfrauen tauchen bereits vor dem 9. Jahrhundert auf, und bis zum 16. Jahrhundert gab es allein in Frankreich, von Chartres bis Marseilles, 190 dieser Figuren. Ihr Bild hat sogar den Atlantischen Ozean überquert; in Mexiko ist sie die Schwarze Jungfrau von Guadeloupe. Ean Begg schlägt eine der Theorien vor, die ihr Erscheinen erklären sollen: «Die Rückkehr der Schwarzen Jungfrau in den Vordergrund des kollektiven Bewußtseins fiel mit einem tiefen psychologischen Bedürfnis zusammen, Sexualität und Religion miteinander in Einklang zu bringen.»[28]

Wegen ihrer schwarzen Farbe ist sie mit der furchtbaren indischen Todesgöttin Kali verglichen worden, aber es ist eigentlich unnötig, in so weiter Ferne zu suchen. Sowohl die Königin von Saba als auch Maria Magdalena sind ihre Vorläuferinnen.

Robert Graves deutet ihre schwarze Farbe ganz anders. In seinem Buch *Mammon and the Black Virgin* macht er auf die alte Tradition aufmerksam, nach der die Schwärze mit weiblicher Weisheit assoziiert wird, und er interpretiert sie als Symbol einer neuen Beziehung zwischen den Geschlechtern. Der erste Anblick einer Statue der Schwarzen Jungfrau mag überraschen, aber die weitere Betrachtung kann das Gefühl erwecken, daß man sich in der Gegenwart einer großen Macht befindet, daß man mit dem Mana der uralten Göttin in Berührung kommt[29].

Seit jeher mitfühlend, lebt die vielgeliebte und oft mißverstandene Schwarze Jungfrau als Archetyp des universalen weiblichen Prinzips weiter. In der Geschichte nahmen die Katharer und die frühchristlichen Gnostiker eine Haltung ein, die von wirklicher Akzeptanz gegenüber Frauen und dem weiblichen Prinzip geprägt war. Das Liebesfest der Katharer und die Erhebung von Sophia zur Göttin der Weisheit in der gnostischen Religion belegen diese egalitäre Einstellung.

In Frankreich weist die Schwarze Jungfrau, manchmal *Notre Dame de Trouvée* genannt, einige interessante Verbindungen mit der alten Göttin auf. Ungefähr zu der Zeit, als der Gral seinen Einfluß auf die Kultur ausübte, deuteten die Troubadoure in ihren Minneliedern an, daß man durch die Liebe einer wirklich existierenden, an Verstand, Körper und Geist ausgeglichenen Frau den Himmel erlangen könne. Das Wort *troubadour* hängt mit *trouvé,* «gefunden», zusammen.

Die Verehrung der Aphrodite als Schwarze Jungfrau reicht vom heidnischen Kult der alten Göttin bis in relativ moderne Zeiten. Aphrodites erotischer Stern, der Planet Venus, leuchtet zu bestimmten Zeiten des Jahres am Horizont, wenn die Sonne untergeht. Zu anderen Zeiten ist er ein Morgenstern. Seine seltsam betörende Schönheit am Abendhimmel und bei Tagesanbruch hat etwas Magisches und ruft Aphrodites alte Präsenz als Göttin des Todes und der Wiedergeburt in die Erinnerung zurück. Das Versprechen von Liebe und neuem Leben, das Aphrodite gibt, berührt zutiefst; diese Aussicht dringt tief in die Psyche und verändert unser Leben von Grund auf. Liebe heilt und erregt zugleich. Wenn wir geliebt werden, erscheint uns die Welt frisch und neu; unser Auge, das innere wie das äußere, ist geöffnet. Strahlendes Leuchten erfüllt die Landschaft unseres Lebens, verleiht ihr ein völlig neues Gesicht, kehrt alles um, verändert unsere Situation, wenn körperliche Zärtlichkeit unseren Körper verwandelt und unsere Wahrnehmung verändert. Freude ist nur der Anfang von Aphrodites berauschender Verheißung. Alles ist transformiert, wir fühlen uns neugeboren, selbst wenn wir von Staunen oder vielleicht auch Furcht erfüllt sind.

# Vögel der Wandlung

Da alle Vögel zweimal geboren werden – zunächst als Ei und dann als Küken –, gelten sie als Symbole der Wiedergeburt. Die Aussicht auf ein neues Leben und das Wissen um eine Erneuerung, die sich im zyklischen Wandel der Natur widerspiegeln, trösten die Lebenden über die drohende Auslöschung hinweg und beruhigen die Sterbenden und die trauernden Hinterbliebenen.

## GÖTTIN DES TODES

Die europäische Kultur der Bronzezeit mit ihren von der Großen Mutter inspirierten Megalithskulpturen stellt sie oft als Todesgöttin dar. Die Verbindung von Leben und Tod findet ihren dramatischen Ausdruck in Gestalt einer schönen Frau, der lebenspendenden Mutter.

Als etruskische Aschenurne aus Chiusi in Italien (6. Jahrhundert v. Chr.) nimmt die geflügelte Todesgöttin eine doppelte Funktion wahr. Sie bildet nicht nur das Behältnis für die Asche des Toten, sondern sie posiert auch als Mutter der Wiedergeburt, denn sie hält die Hände ausgebreitet über ihren runden Bauch. Die Ohrringe bekunden ihre Göttlichkeit.

Der Schädelkult, der bis in die Zeit des Sinanthropus Pekinensis, des Pekingmenschen, also bis ins mittlere Pleistozän zurückreicht, erhellt die frühen magischen und religiösen Praktiken ganz erheblich. In der grünen Oase von Jericho, der vielleicht ältesten Stadt der Erde (6850–6770 v. Chr.) fand man unter dem Fußboden eines Hauses vergrabene Schädel. Sie waren sorgfältig und auf bedeutsame Weise angeordnet[1]. Ein Schädel war in einer Ecke plaziert, das Gesicht zum Zeremonialraum gerichtet; andere bildeten einen Kreis. Die Archäologin, die an dieser Fundstätte arbeitete, Kathleen Kenyon, stieß auf drei Schädel, bei denen man über dem Knochen die Gesichtszüge in fein modelliertem, in rosiger Fleischfarbe getöntem Gips geformt hatte. Ein stattlicher Schädel mit einer außergewöhnlich langen Kopfform hat Augen aus Kaurimuscheln, die mit ihren vertikalen Schlitzen einen erstaunlich lebensechten Eindruck vermitteln[2]. Der empfindsame Umgang mit dem Material hat es in ein Kunstwerk verwandelt.

Stuart Piggott beschreibt die Figuren aus dem Zhor Valley in Indien als schädelartig mit hoher, glatter Stirn, starrenden Löchern als Augen, eulenähnlichen Schnäbeln und kleinen, grimmigen Schlitzen als Mündern. Diese grausigen Puppengesichter ähneln grinsenden Schädeln, die die Todesgöttin beschwören sollen[3].

Auf einer Illustration des Anhai-Papyrus (etwa 1100 v. Chr.) wartet der goldgeflügelte Benu, der leuchtende Vogel der Sonne und der Wiedergeburt, am Ufer in der Unterwelt, um die ägyptische Totenbarke zu begrüßen und zu beschützen. Der Benu oder Phönix, das Symbol der Auferstehung, zeigt sich alle 500 Jahre einmal beim Sonnentempel von Heliopolis, um eine eiförmige Kugel abzulegen, die den Körper von Osiris enhält[4].

Für die Völker der Frühzeit ist der Schlaf ein «kleiner Bruder des Todes» und der Überbringer von Träumen, die für erleuchtende Botschaften der Gottheit gehalten wurden. Die rätselhafte kleine Figur aus dem unterirdischen Tempel von Malta

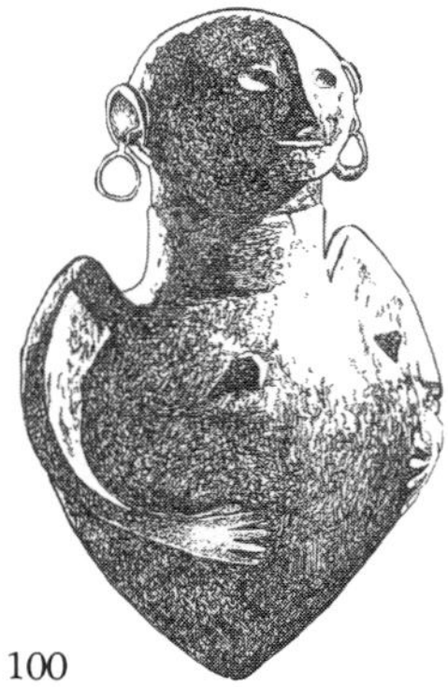

100

100. Diese etruskische Urne enthält die Asche des Toten und die Samen der Wiedergeburt. Italien; 500 v. Chr.

101. Porträtschädel. Jericho; 6850–6770 v. Chr.

102. Das Leben erwacht von neuem; der ägyptische Phönix kehrt für 500 Jahre bis zu seiner Wiedergeburt in die Unterwelt zurück. Ägypten; ca. 1100 v. Chr.

103. Die «schlafende Frau». Malta; ca. 3000 v. Chr.

101

102

103

(etwa 3000 v. Chr.), «schlafende Frau» genannt, beschwört die Praxis herauf, mehrere Nächte in Folge im Tempel zu schlafen, um Orakelträume zu empfangen. Die Figur legt die Vermutung nahe, daß eine Form der Geheimkult-Religion, der Mysterien, in Malta ausgeübt wurde. Die Gläubigen schliefen im Tempel, um das Empfangen einer Botschaft sicherzustellen und Träume der Offenbarung und der Unterweisung zu träumen. Später, im historischen Griechenland, wurden die magischen Eigenschaften des Schlafens und Träumens an einer heiligen Stätte in die Mysterien integriert.

In späteren Religionen wird eine ganz andere Beziehung zum Tod deutlich, und man dachte sich verschiedene Verfahren aus, um den Tod zu überlisten. Die Semiten jagten einen Sündenbock in die Wüste, damit der Tod nicht ihr Dorf heimsuchte. Im alten England warf man anstelle eines Menschenopfers rituell eine Puppe ins Wasser.

Ein aus der östlichen Tschou-Dynastie stammender Altaraufsatz aus lackiertem Holz sollte den Menschen dabei helfen, mit ihrer Angst vor dem Tod fertigzuwerden. Vor über 2000 Jahren schnitzte ein chinesischer Künstler ein Paar Kraniche, Vögel der Wiedergeburt, das aus dem Knäuel zweier kopulierender Giftschlangen aufsteigt – ein Gleichnis des Lebens, das der ewigen Spirale entspricht, die sich aus dem Tod erhebt. Die Körper der Kraniche, die mit untereinander verbundenen Rauten verziert sind, deuten eine Kette der Wiedergeburt an[5]. Jeder, der einmal die freudige Erregtheit des Balztanzes der Kraniche gesehen hat, weiß, welche sexuelle Vitalität diese Vögel zum Ausdruck bringen. In Griechenland wurde dieser wilde Balztanz so legendär, daß er Eingang in den Mythos fand. Um ihr Entkommen aus dem tödlichen Labyrinth zu feiern, ahmten Theseus und seine Männer den Erneuerungstanz der Kraniche nach, als sie während ihrer Heimreise auf einer Insel rasteten.

## INITIATION UND WIEDERGEBURT – DAS EI UND DAS KÜKEN

Seit neolithischen Zeiten spielten junge Vögel und Küken in der Initiationssymbolik eine Rolle. Ein eiförmiges symbolisches Idol aus Troja verbindet Ei und Küken; der Kopf eines jungen Vogels mit einer dreifachen Halskette sitzt auf einem ovalen Körper. Küken und Ei wurden überall in den Mysterien der Zweimalgeborenen verwendet.

Artefakte aus weit auseinanderliegenden Kulturen deuten darauf hin, daß die Vogelmutter und ihr Küken heilig gehalten wurden. Das Motiv des kleineren Vogels, der auf dem Rücken seiner Mutter sitzt, taucht in der Hallstatt-Kultur des eisenzeitlichen Italien und in den heutigen Bauernschnitzereien Mitteleuropas ebenso auf wie in der chinesischen Folklore.

Die Vorstellung von der Wiedergeburt der Sonne findet ihren Ausdruck in einem bronzenen Ritualkultwagen der Han-Dynastie (etwa 206 v. Chr. bis 220 n. Chr.)[6]. Das Mittelstück des Wagens, das wie eine Taube geformt ist, trägt ein Küken auf dem Rücken. Besonders große Speichenräder kennzeichnen den Taubenkarren, und ein aus der Brust der Taube herausragender Metallring erlaubt es,

104. Das Leben in Gestalt zweier Kraniche erhebt sich über einem Paar kopulierender Vipern – dem Tod (und neuem Leben). China, Tschou-Dynastie; Zeit der Streitenden Reiche, nach 480 v. Chr.

105

105. Das eiförmige trojanische Küken mit Halsketten versinnbildlicht Initiation und Wandlung. Türkei; 1600 v. Chr.

106. Eine Taube zwischen den Rädern eines Kultwagens trägt das Küken des neuen Lebens. China, Han-Dynastie; ca. 206 v. Chr.–220 n. Chr.

104

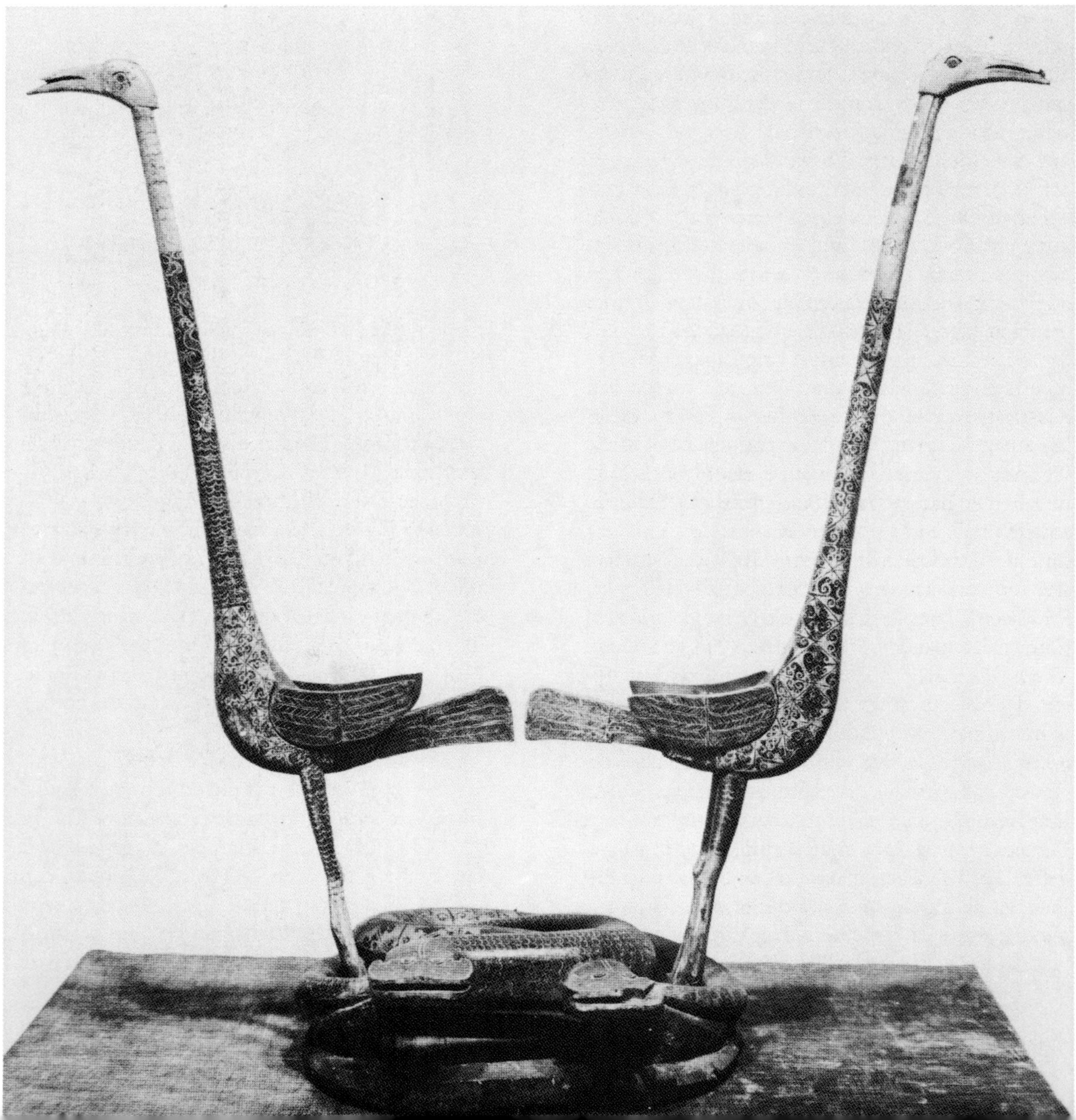

106

107. Eule mit spiralförmigem Schlangenflügel greift das Thema von Tod und Wiedergeburt auf. China; 15.–14. Jahrhundert v. Chr.

das spielzeugartige Fahrzeug zu ziehen. Da der Vogel im Verein mit dem Rad ein doppeltes Sonnenzeichen darstellt, kann man folgern, daß der große und der kleine Vogel miteinander die ewige Wiederkehr der Sonne symbolisieren[7].

Ein chinesisches Gefäß in Eulenform aus dem 15. bis 14. Jahrhundert v. Chr. trägt eine Halskette; eine gehörnte Schlange bildet entlang des Flügelsaums eine Spirale. Als Relikte eines Vogelkultes mit Opferriten, der im alten chinesischen Mythos überliefert ist[8], drücken diese Eulengefäße die Polarität von Vogel und Schlange aus, darüber hinaus den Gegensatz von Yin und Yang, Tag und Nacht, Sommer und Winter.

Als Nachtvogel zeigt sich die Eule häufig am dunklen Abendhimmel, dem Reich des Todes. Dieser Umstand, dazu ihr unheimlicher nächtlicher Schrei und ihr hypnotisierendes Starren haben ihr einen schlechten Ruf eingebracht. Das lateinische Wort für Eule, *strix,* bedeutet «Hexe». Ihre Weisheit hat sie von der Muttergöttin geerbt. In einer der Schichten Trojas legte man eine große Anzahl primitiver Eulengesichter aus Marmor frei, außerdem Vasen, die Eulenköpfe trugen. Einige haben plastisch gestaltete Brüste auf dem Deckel. Die Vasen und Statuetten, allesamt weiblich, sind einer Eulengottheit geweiht. Wie wir wissen, spricht Homer von der «eulenäugigen» Pallas Athene[9], und eine Eule blieb sie auch.

Die japanischen Ainu sprechen die Eule mit «geliebte Gottheit» oder «liebe kleine Gottheit» an[10]. Eule wie auch Schlange symbolisieren als Tiere des Yin die Nacht, den Mond und die Gottheit der Toten. Die Eule steht für den Westen, den Nachthim-

107

108. Ein Wandgemälde in Çatal Hüyük zeigt Geier, die das Fleisch der Toten fressen. Türkei; 6000 v. Chr.

109. Die fliegende Taube auf einer minoischen Vase aus der Nekropole von Kalyira trägt einen Fisch. Kreta; Mittelminoisch III, 1400–1200 v. Chr.

110. Ein Wandgemälde in Çatal Hüyük zeigt Vogelbeine, die wie menschliche Beine abgewinkelt sind und auf als Geier verkleidete Priesterinnen schließen lassen. Türkei; 6000 v. Chr.

108

109

mel und Mond-Erde-Wasser-Nacht-Motive, die mit der Gottheit zu tun haben. Die Gestalt der Schlange spielt auf das Rätsel des Todes und der Auferstehung an.

## DIE TAUBE UND DER FISCH

Die Taube und der Fisch waren der syrischen Atargatis ebenso heilig wie der Aphrodite und ihren Verehrern. In der Höhle zu Phigalia im westlichen Arkadien in Griechenland hielt eine Holzstatue der pferdeköpfigen, prähellenischen Erdgöttin Demeter einen Fisch in der einen Hand und eine Taube in der anderen. In seinen *Metamorphosen* erzählt Ovid, daß Aphrodite und ihr Sohn Eros auf ihrer Flucht vor Typhon in Fische verwandelt wurden. Eine so rapide Verwandlung konnte nur deshalb akzeptiert werden, weil zwischen Aphrodite und dem Fisch bereits eine ältere Beziehung bestand.
Eine minoische Vase (1400–1200 v. Chr.) zeigt eine fliegende Taube, die einen Fisch trägt. Die Taube ist kein Fleischfresser, daher ist der Fisch für sie keine Nahrung. Die Aussage dieser Vase ist klar: die Seele in Gestalt der Taube trägt den Fisch, den Körper, zu seiner Wiedergeburt in die Unterwelt.

## DER GEIER

Aus Gründen, die in alten Zeiten viel offensichtlicher waren als heute, war der Geier das anerkannteste Symbol der Wandlung. Dieser Vogel, eine Er-

110

scheinungsform der Todesgöttin, tötet nicht; er wartet auf den Tod und transformiert ihn. Durch das Fressen der Toten erfüllt er eine wichtige Aufgabe; er nimmt das vergängliche Fleisch wieder in sich selbst zurück und wandelt es für die Wiedergeburt um.

Auf einer Wand in Çatal Hüyük (6000 v. Chr.) sind, unter dem Kopf eines Stieres, menschliche Brüste dargestellt, die über die Schädel von Geiern modelliert wurden; die Schnäbel der Geier treten aus den Brustwarzen hervor[11]. Diese Brüste greifen das Thema wieder auf, daß aus dem Leben der Tod entsteht. Eine angrenzende Wand zeigt stilisierte Geier mit enormen Schwingen, die mit einer wunderbaren Sparsamkeit der Linie und Bewegung in Rot wiedergegeben sind; sie akzentuieren nochmals die Aussage der Brüste.

Die Wand von Schrein VII, 21 in Çatal Hüyük, die von James Mellaart freigelegt wurde, weist in dunklem Rot auf rosa Grund großartige Wandmalereien von Geiern auf. Mit ausgebreiteten Schwingen von 2,70 m Spannweite stoßen diese Geier auf winzige, kopflose Leichname nieder, die zu diesem Zweck auf den Boden gelegt wurden[12]. Die Aussage dieser gewaltigen Malereien, die sich über die Wände rund um den Schrein ziehen, ist von einer Bedeutung, die weit über die Illustration des schauerlichen Brauchs, die Leichen ungeschützt preiszugeben, hinausgeht[13].

An der Nordwand des Schreins zeigt eine ähnliche Wandmalerei mehrere Geier, die mit weit ausgebreiteten Schwingen über den Toten schweben. Dennoch besteht zwischen den beiden Bildern ein Unterschied, denn auf dem zweiten Wandgemälde sind die Beine der Geier wie die von Menschen gebeugt.

Um die Kräfte des Vogels in sich aufzunehmen, führten die Priesterinnen des Heiligtums, als Geier verkleidet, offenbar komplizierte Auferstehungsrituale durch[14]. Die Federn eines Vogels zu tragen bedeutete, sich seine Fähigkeiten anzueignen. In einem alten Schrein in Zawichemi an der Grenze zum nördlichen Irak hatte man einen Haufen Flügelknochen von Geiern, die einst mit Federn bedeckt waren, offenbar zur Seite gelegt, um sie bei rituellen Anlässen als Kostüm zu verwenden[15]. Sogar noch in unserem Jahrhundert waren in Persien die Geier Helfer bei der Wiedergeburt, indem sie auf den «Türmen des Schweigens» die Knochen der Toten sauberpickten. Die Geiergottheit beherrschte das Leben des einzelnen vom Tod bis zur Wiedergeburt.

Der Ursprung der ägyptischen Hieroglyphe für Geier reicht weit in die Prähistorie zurück; das Zeichen bedeutet sowohl «mitleidig» als auch «Mutter». Im Hebräischen bedeutet *R-M-H* «Erbarmen», «Mitgefühl», «Schoß» und auch «Geier»[16]. Daraus ergibt sich die Vermutung, daß beide Völker einst ähnliche Riten praktizierten. Das Ritual, das als «das Wiegen des Herzens» bezeichnet wird und bei dem das Herz des Toten gegen die Feder der Wahrheit in die Waagschale gelegt wird, festigt die Verbindung zwischen der Luft, dem Vogel und dem nachtodlichen Leben. In der ägyptischen Religion hängt das Symbol für Wahrheit mit den Federn zusammen, die Wahrheit und Weissagung versinnbildlichen. Die Hieroglyphen deuten auf einen Zusammenhang zwischen dieser Tatsache und

111. Die Pyramidentexte von Pepi I, Mer-En-Ra, erwähnen zwei Geiergöttinnen, Nechbet und Mut, die den Toten beschützen und ernähren. Ägypten.

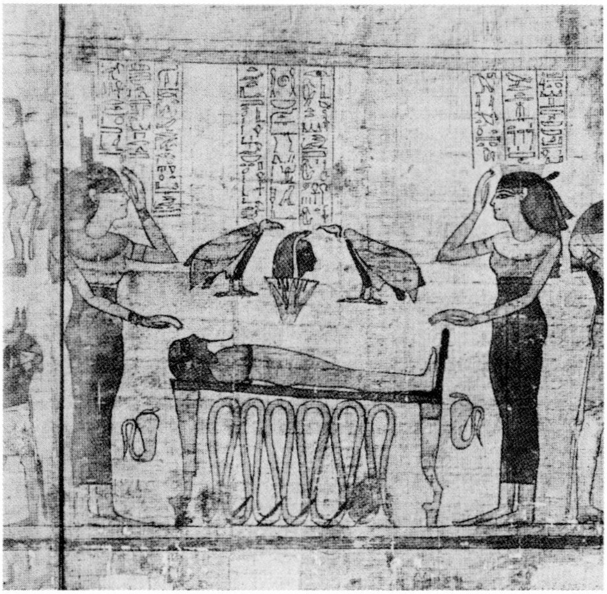

111

der Göttin Mut hin; ihr Name und ihre Funktion verknüpfen sie mit dem Wort «Mutter».
Im ägyptischen Abydos sind die Geiergöttinnen Nechbet und Mut Wächterinnen[17]. In dieser Gestalt schützen sie Osiris. Daher gehören zur Ausstattung seiner Begräbnisbarke auch sechzehn Geierfedern. In den Pyramidentexten von Pepi I. wird Mer-En-Ra (der «Sohn des Mondes») gebeten, zu seinen drei Müttern zu kommen, deren dritte die Katzengöttin Bastet ist. Nechbet und Mut, Geier mit langen Haaren (Federn) und Brüsten, stecken ihre Brustwarzen in seinen Mund und halten für immer treu zu ihm. Nechbet wie auch Mut bewachen in Geiergestalt die Mumie und schützen den Toten.
Die Geiersymbolik war ein Erbe, das von den paläolithischen Nomaden Europas übernommen wurde. Darstellungen von – möglicherweise – Geiern oder anderen Vögeln mit großen Schwingen sind aus europäischen Höhlen des Jungpaläolithikums bekannt (Castillo, Gabillou, La Pileta u. a.). Ein so komplexes Symbol konnte sich nicht ohne eine Geschichte von vielen tausend Jahren entwikkelt haben; das hypnotisierende Auge dieses Vogels, tiefschwarz mit einer weißen Umrandung, wurde zum eindrucksvollsten Kennzeichen des Geiersymbols. Das schreckliche Auge ist auch bei den stilisierten Toten- oder «Gespenster»-Masken aus Toleilat Chassul in Jordanien (etwa 4000 v. Chr.) anzutreffen[18].
In der alten Symbolik steht ein wesentlicher Teil eines Objekts oft für das Ganze, die Hand beispielsweise für eine Person. Während des Neolithikums fanden Beerdigungen in zwei Etappen statt. Der

Brauch erforderte, daß das Fleisch (durch Vögel) von den Knochen entfernt wurde, die man außerhalb der Wohnsiedlungen aufbewahrte. Im Frühjahr wurden sie dann unter dem Boden des Wohnraums oder des Schreins beigesetzt. Unter den 400 Bestattungen in Çatal Hüyük waren nur elf Grabstätten aus rotem Ocker in den Schreinen[19]. Mit dem Übergang vom Neolithikum zum Chalkolithikum begrub man die Knochen der Toten nicht mehr unter dem Fußboden; man legte sie in kleine Lehmhütten, die als Ossuarien (Ossarien) bekannt sind. In vielen Fällen verwendete man bei der Konzeption dieser Ossuarien in irgendeiner Form das Geiermotiv, z. B. den keilförmigen Schwanz für die Rückseite oder den geschnäbelten Kopf für den Sturz über der Eingangstür. Ein Ossuarium im Israel Museum erinnert lebhaft an den Geier[20]. In späteren Gesellschaften besitzt die Große Göttin eine stark ausgeprägte Nase, die dem Geierschnabel ähnelt, außerdem übertrieben dargestellte Augen und den keilförmigen Schwanz, der manchmal als Kopfschmuck getragen wird. Diese deutlichen Geiercharakteristiken tauchen auch an so weit entfernten Orten wie Mohenjo Daro und Harappa im Industal auf, außerdem im ganzen Mittleren Osten, in der Ägäis und in Nordafrika. Es ist wahrscheinlich, daß die Augengöttin ihren hypnotischen Ausdruck diesem Vogel verdankt.

Die rätselhaften Dogon aus dem Tafelland Zentralnigers schnitzten Mutterschaftsstatuen in Form von Geiern mit Frauenköpfen; sie waren dazu bestimmt, die Mütter zu beschützen. Das gleiche Mischwesen findet man bei den sogenannten Nimba-Statuen aus Guinea, deren charakteristische Kennzeichen Hakennasen und geierartige Schädel sind. Bei den ägyptischen Hieroglyphen gibt es einen Zusammenhang zwischen diesem Motiv und dem Geier der Göttin Mut, der Mutter.

Da das Leben dem Tod entspringt, birgt der Tod die Möglichkeit neuen Lebens in sich; die meist als Gegensätze betrachteten Pole werden als die zwei Seiten derselben Medaille erkannt. Der Tod ist in derselben Weise eine Reise hin zur Mutter, wie die Geburt ein Abschied von ihr ist. Wie wir gesehen haben, war in den ältesten Religionen die Göttin des Lebens (die Jungfrau und die Braut) zugleich auch die Göttin des Todes und der Wiedergeburt (das Alte Weib).

# Teil II: Der Löwe

Die Löwin leistet Medusa Geburtshilfe; diese hat sie mit festem Griff am Hals gepackt. Perugia, Italien; 500 v. Chr. (Ausschnitt aus Abb. 125).

Wegen seiner legendären körperlichen Kraft und seiner göttlichen Vitalität kommt dem Löwen die Rolle eines Hüters der Großen Mutter zu. Löwen dienten ihr auch als Reittiere. Die Löwin, sprichwörtlich berühmt für ihre Muttereigenschaften, ist ihre Gehilfin bei der Geburt der Kinder. Der Löwe ist außerdem der Beschützer der Toten; bei den Phöniziern gab es eine Todesgöttin in Löwengestalt. Als königliches Geschöpf von natürlicher Anmut unterstreicht der Löwe die beherrschende Rolle der Gottheit.

Seit alten Zeiten wurden Löwen mit der Sonne in Verbindung gebracht. Die gelbe Mähne ähnelt den Sonnenstrahlen, deren sengende Hitze man mit der Wildheit des Löwen verglich.

## IM PALÄOLITHIKUM

Wenn der Löwe in Europa auch ausgerottet ist, so belegt sein Auftreten in der paläolithischen Kunst dennoch, daß Europa früher zu seinem Lebensraum gehörte. Begegnungen mit Löwen waren bedeutsam genug, so daß sie mit schrecklicher Genauigkeit auf den Höhlenwänden abgebildet wurden. Das Erlegen eines Löwen erfüllte offenbar eine Ritualforderung der Sippe.

Die Höhlenkunst macht deutlich, daß das verbindende Glied zwischen der Skulptur und dem Körper der Mutter die Höhle selbst war[1]. Eine neuere, in der riesigen Höhle von Pech Merle gemachte Entdeckung zeigt eine ungewöhnliche Szene: die eine Krone tragende rote Figur, die man «Löwenkönigin» genannt hat, ist allem unähnlich, was man an anderen Orten gefunden hat[2]. Ein Höhlenheiligtum aus der Zeit des Magdalénien, Les Trois Frères in den Ausläufern der Pyrenäen, umfaßt eine Kammer, die «Kapelle der Löwin» heißt. Auf der Oberfläche eines altarähnlichen Tisches ist eine Löwin mit ihrem Jungen eingraviert. Von ihrem Kopf wurden drei und von ihrem Schwanz zwei Varianten gezeichnet. Abbé Breuil charakterisiert sie als Hüterin der Initiation[3]. Eine weitere, sehr treffend gezeichnete Löwin aus dem Magdalénien, die in die Felswand von Les Trois Frères eingraviert ist, vermittelt den ehrfurchtgebietenden Eindruck ruhigen, unerschütterlichen Mutes. Die brillante Gravierung läßt die Hand eines Meisters der einfühlsamen Linienführung erkennen. Die Wechselwirkung zwischen Kunst und religiösem Empfinden tritt schon in den ersten Anfängen künstlerischen Ausdrucks zutage; ihre vereinte Macht erreicht die verborgenen Tiefen und die elementaren Kräfte der Natur.

## DAS NEOLITHISCHE ANATOLIEN UND MESOPOTAMIEN

Einige Beispiele aus vorneolithischen Zeiten deuten auf eine Verbindung zwischen der Großen Göttin und dem Löwen sowie Geburt und Tod hin. Der Löwe fungiert als ihr besonderer Beschützer, unterstützt sie bei der Geburt der Kinder und wacht über all ihre Unternehmungen. Die gebärende Mutter mit einem zu den Feliden gehörenden Tier, sei es ein Löwe, ein Leopard oder eine Katze, tritt bereit im 6. Jahrtausend v. Chr. auf. Eine der

112. Ritzzeichnung einer Löwin an der Höhlenwand von Les Trois Frères. Dordogne, Frankreich; Magdalénien, 18000–14000 v. Chr.

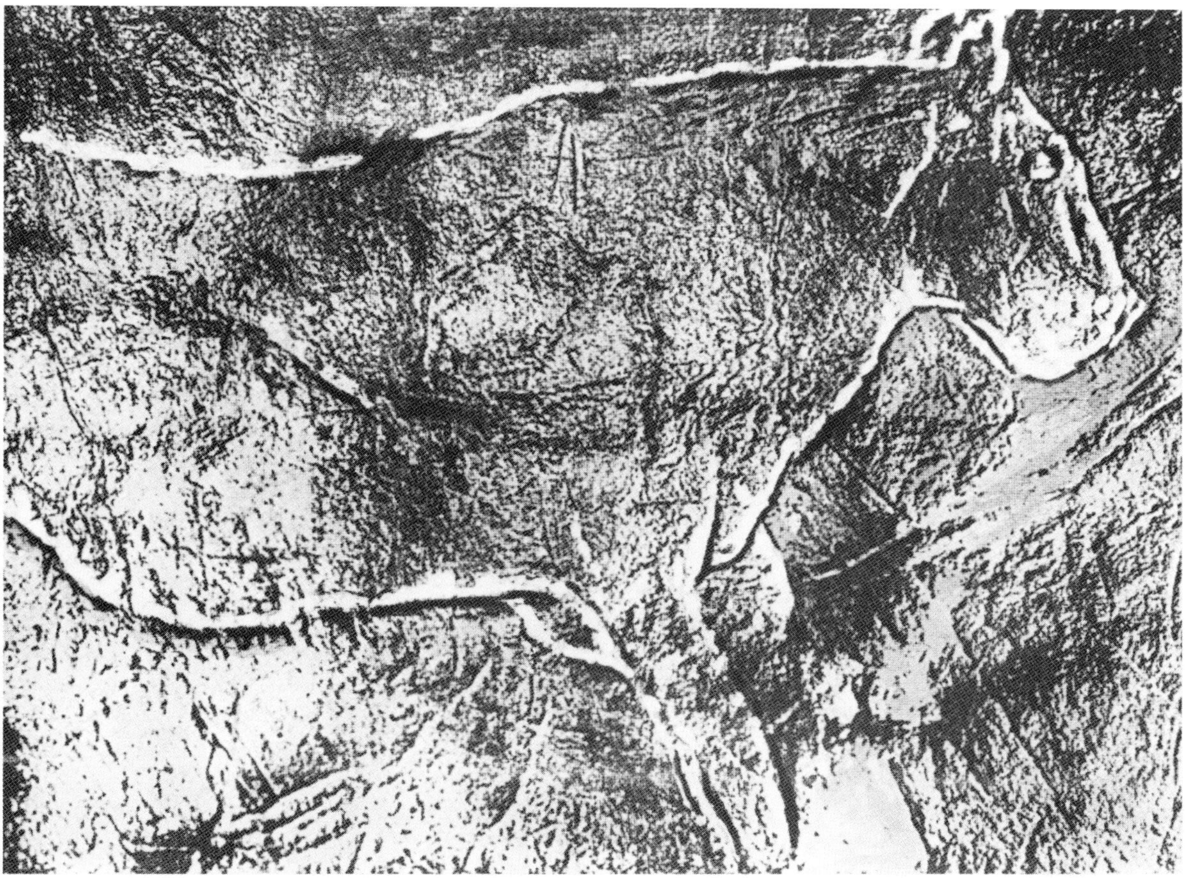

112

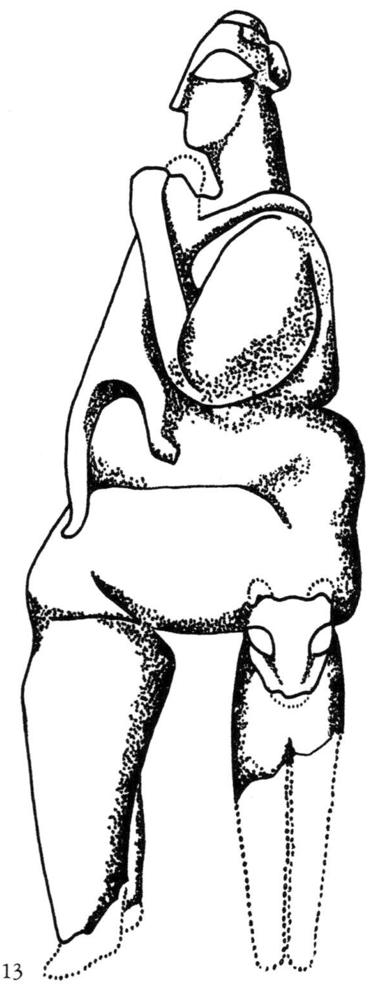

113

114

115

113. Muttergöttin mit Leopardenjungem im Arm sitzt auf dem Leopardenthron. Hacilar, Anatolien, Türkei; 6000 v. Chr.

114. In Leopardenfelle gekleidete Göttin mit ihrem Tier. Çatal Hüyük, Türkei; 7100–6300 v. Chr.

115. Geburtsszene mit der Muttergottheit auf einem Thron, flankiert von Leoparden. Çatal Hüyük, Türkei; 7100–6300 v. Chr. (s. Tafel 28).

116. Löwenköpfige Göttin aus Marmor. Mesopotamien; ca. 3000 v. Chr.

älteststen dreidimensionalen Skulpturen, etwa 7100–6300 v. Chr. entstanden und in Çatal Hüyük gefunden, stellt eine in ein Leopardenfell gekleidete Göttin dar, die sich an einen Leoparden anlehnt oder auf ihm reitet; beide sind gefleckt[4].
Von derselben Fundstelle und aus derselben Zeit stammt eine eindrucksvolle Terrakottafigur, die das wertvolle Getreide in einer Kornkammer bewachte. Es handelt sich um eine außerordentlich deutliche Geburtsszene, bei der eine üppige Muttergöttin auf dem Löwenthron der Geburt sitzt; ihre Hände ruhen auf den Köpfen der sie flankierenden Leoparden, der Kopf des Kindes, das sie gerade zur Welt bringt, erscheint zwischen ihren Schenkeln[5]. Weitere Terrakottafiguren von dieser Fundstelle sind im Architekturmuseum von Ankara zu sehen. Dort ist die Göttin in ihrem ganzen Bedeutungsspektrum repräsentiert, das nicht nur Frauen umfaßt, sondern auch Männer, die in Leopardenfelle gekleidet sind und beim Ritualtanz für die Göttin gezeigt werden.
Im kleinen Nachbarort Hacilar, ungefähr 6000 v. Chr., scheinen ähnliche religiöse Praktiken üblich gewesen zu sein. Eine etwas weniger ausladende Gottheit, die sich durch in die Länge gezogene, allessehende Augen auszeichnet, sitzt, von einem Leoparden bewacht, auf einem Thron. Sie hält ein Leopardenjunges an der Brust und drückt es an sich, als ob es ein Kind wäre[6].
Die einzigartige mythologische Figur einer weiblichen Gottheit mit dem Kopf einer Löwin ist ganz exquisit gearbeitet. Herkunft und Entstehungszeit sind unbekannt, aber man neigt dazu, sie Babylon und der Zeit um 3000 v. Chr. zuzuordnen.

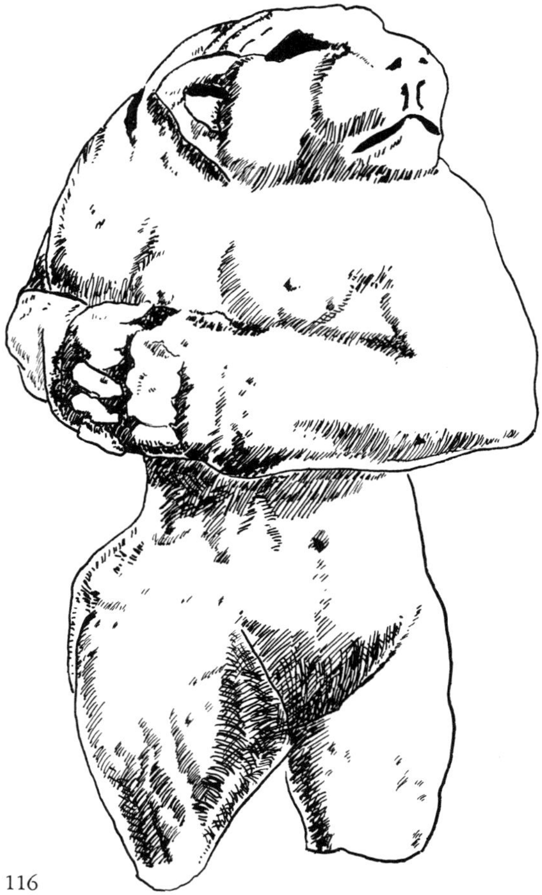

116

117

118

117. Die Große Göttin reitet einen Löwen, der eine Swastika auf der Flanke trägt. Hasanlu, Iran; 1800 v. Chr.

118. Hattusa, die Hauptstadt des Hethiterreiches, feiert die heilige Hochzeit mit dem Gott, der der Göttin, die einen Löwen reitet, entgegengeht. Türkei; vor 1200 v. Chr.

## DIE GOLDENE SCHALE

Neben anderen mythologischen Figuren auf der goldenen Schale von Hasanlu im Iran (1800 v. Chr.) ist die Muttergöttin zweimal in Punztechnik dargestellt. Eine Gottheit, die zwei Halsketten trägt, reitet einen aufgezäumten Löwen, der sich mit geschmeidigen Schritten vorwärtsbewegt. Mit einer Hand hält die Gottheit einen Spiegel (die Sonne) empor, in der anderen trägt sie einen Streitkolben (Donnerkeil). Auf der Flanke des Löwen ist eine Swastika eingraviert.

Früher ein Fruchtbarkeitssymbol und im Zusammenhang mit vielen Göttern und Göttinnen benutzt, ist die Swastika in unserer Zeit als «Hakenkreuz» mißbraucht worden, und es ist sogar so weit gekommen, daß dieses Zeichen das Gegenteil von Glück bedeutet.

Hattusa, die Hauptstadt des Hethiterreiches, lag auf einem Hochplateau in der anatolischen Türkei; Kennzeichen dieser Gegend sind Reihen hoch aufragender, ins Rosa spielender Berge mit Kalksteinauswüchsen. Als die Stadt um 1200 v. Chr. von Eroberern, die von den Ufern des Schwarzen Meeres kamen, zerstört wurde, brachen die Archivaufzeichnungen plötzlich ab[7]. Der etwa drei Kilometer von der Stadt entfernte Tempelkomplex von Yazilikaya entging der Verwüstung nicht; dennoch blieben zwei faszinierende, jenseits einer felsigen Schlucht in der Nähe des Tempels gelegene offene Felskammern auf wunderbare Weise verschont. Im Lauf der Jahrtausende wurden diese Nischen, 180 m über der Schlucht gelegen, von Pflanzen überwuchert; sie bewahrten das Geheimnis ihrer in den Stein geschnittenen Reliefs bis ins 19. Jahrhundert n. Chr., als ein französischer Reisender sie wieder entdeckte[8].

An die 70 Menschen- und Götterfiguren marschieren in dem verborgenen Heiligtum an den Felswänden entlang. Einige der Gestalten sind über 1,80 m hoch und an der ganzen umlaufenden Wand deutlich erkennbar. Im Zentrum der Gruppe vollziehen sieben auf ihren heiligen Tieren reitende Gottheiten ein Mysterienritual, um im Reich für Fruchtbarkeit zu sorgen. Linkerhand nähert sich der Sturm- und Wettergott, der auf den Schultern zweier Gefolgsleute steht, der Großen Göttin, die auf einem Löwen reitet und von ihrem Gefolge begleitet wird. In diesem Zug befindet sich eine kleine männliche Figur, möglicherweise ihr Sohn, der auf einem zweiten Löwen steht. Ihm folgen zwei weibliche Gestalten auf einem riesigen, doppelköpfigen Adler.

Obwohl nur wenige der erhalten gebliebenen Tontafeln, auf denen die hethitische Literatur aufgezeichnet ist, diese Zusammenkunft beschreiben, folgt sie doch dem dramatischen Vorbild des gut dokumentierten sumerisch-babylonischen *Hieros Gamos* (der «heiligen Hochzeit»). Das Ritual diente dazu, das gesamte Reich auf magische Weise fruchtbar zu machen. Diese in den großen Königreichen des prähellenischen Mesopotamien jährlich stattfindenden Rituale verkamen im Lauf der Jahrtausende, bis die Religionen der Göttin schließlich völlig verschwanden.

119. Die auf einem Thron sitzende löwenköpfige Gottheit Sachmet herrscht über die sengende Sonne und die Tafeln des Schicksals. Ägypten; 1350 v. Chr.

120. Die Katzengöttin Bastet, der Inbegriff der Mutter, verkörpert die größeren Aspekte der Sonne. Ägypten; ca. 2. Jahrhundert v. Chr.

121. Bronzestatue Bastets mit einem Sistrum in der einen und einer katzenköpfigen Ägis in der anderen Hand. Sie beschützt vier winzige Kätzchen. Ägypten; nach 600 v. Chr.

## IN ÄGYPTEN

Die löwenköpfige Göttin Sachmet verkörpert die Sonnenhitze, die in einem Wüstenland wie Ägypten glühend heiß und verzehrend ist. Das Sonnenauge brennt und richtet. Die Gottheit Sachmet herrscht über die Tafeln des Schicksals; daher liegt die Zukunft der Menschheit in ihren Händen[9].

Der Kopfputz der schwer vergoldeten Sachmetstatue (1350 v. Chr.) glänzt strahlend wie die Sonne. Ihr goldener Thron ist mit Sonnenscheiben verziert, und ein gepunktetes Netzmuster schmückt ihr enganliegendes Gewand. Zwar wird sie als Fruchtbarkeitsgöttin und als Beschützerin der Jungen und Schwachen dargestellt, doch ist sie eine Göttin des Krieges und der Zerstörung. Als sie eines Tages die Lust überkam, die ganze Menschheit abzuschlachten, tötete sie Tausende von Menschen und trank ihr Blut. Re, der Sonnengott, versuchte, ihr Einhalt zu gebieten. Dies gelang ihm schließlich mit Hilfe einer List; er vermischte nämlich Bier mit Granatapfelsaft, damit es aussah wie Blutlachen. Die rasende Gottheit betrank sich bis zur Besinnungslosigkeit.

Der Kult der Göttin Bastet, die zuerst als Katze in Erscheinung trat, hatte seinen Ursprung im Nildelta; 950 v. Chr. hatte sich der Kult über ganz Ägypten verbreitet. Im Gegensatz zur grimmigen Sachmet (der «erbarmungslosen Sonne») verkörpert sie die sanfteren Aspekte der Katze; sie belebt das Wachsende und steht für die lebenspendende Wärme[10]. Am bekanntesten ist sie als Inbegriff der Mutter. Bronzestatuen zeigen sie als eine edel aussehende, sitzende Katze mit Ohrringen. Die Liebe und die Verehrung, die man der Hauskatze, dem lebenden Symbol der Bastet, entgegenbrachte, waren so groß, daß die Bevölkerung über jeden, der in Ägypten eine Katze tötete, herfiel und ihn zu Tode prügelte[11].

In der im Delta gelegenen Stadt Bubastis wurde das (von Herodot ausführlich beschriebene) Fest der Bastet von Hunderttausenden von Gläubigen gefeiert, die in Booten anreisten, auf Flöten spielten, sangen und Festgelage abhielten. Als Gebieterin über jede Art von Vergnügung und religiöser Ekstase trägt Bastet, die Herrin von Bubastis, das Sistrum, das Symbol freudigen Tanzes und körperlicher Liebe. Eine der Statuetten aus der XX. Dynastie (nach 600 v. Chr.) zeigt die Göttin in ein langes Gewand mit einem Netzmuster in Kreuzschraffierung gekleidet; in einer Händ hält sie ein Sistrum und in der anderen eine katzenköpfige Ägis mit einer Uräusschlange und einer Sonnenscheibe. Vier winzige Kätzchen suchen zu Füßen der grimmig-fürsorglichen Mutter Schutz.

Plutarch nennt einige der Gründe für die Katzenverehrung der Ägypter: die abwechslungsreiche Zeichnung der Katze und ihre nächtlichen Gewohnheiten machen sie zu einem natürlichen Symbol des Mondes. Darüber hinaus scheinen die Augen der Katze mit zunehmendem Mond größer und leuchtender zu werden[12].

## KRETA UND MYKENE

Der Abdruck eines kretischen Siegelrings aus der jüngeren Palastzeit gibt Aufschluß über viele der

119

120

121

122. Die Große Göttin mit vielen ihrer Symbole, darunter die Wächterlöwen. Abdruck eines Siegelrings, Kreta; jüngere Palastzeit, 1700–1400 v. Chr.

123. Löwentor am Eingang zur Akropolis von Mykene. Griechenland; 1250 v. Chr. (s. Tafel 21).

123

122

numinosen Aspekte der Großen Göttin. Lediglich mit ihrem siebenstufigen Rock bekleidet, steht sie auf einem Berg (einem Symbol für den Bauch) und hält in der ausgestreckten Hand einen Stab (den «heiligen Baum»). Mit einer befehlenden Geste wendet sie sich an einen jungen Mann, der in anbetender Haltung vor ihr steht. Hinter der Gottheit trägt ein Schrein mehrere Reihen ihrer Insignien: Stierhörner, die die Säulen einschließen. Zu beiden Seiten der Göttin stehen Löwen als ihre Wächter.
Das bekannte Löwentor, das von enormen megalithischen Mauern umgeben ist, bildet den Eingang zur Akropolis von Mykene (1250 v. Chr.). Als tiefe Reliefs eingeschnitten, erheben sich zwei Löwen, mit den Vorderpranken auf den Altar gestützt, und bewachen eine Mittelsäule, die als Symbol der Göttin aufzufassen ist. Das Kapitell wird von vier Scheiben gekrönt[13].

## KATZENGESTALTEN DER INDIANER

In der Neuen Welt entspricht die Macht der Katze über Leben und Tod den Kräften, über die auch die Gottheiten der Alten Welt verfügten. Die Indianer Zentralamerikas haben viele Rituale aus vorkolumbianischer Zeit beibehalten, bei denen der Jaguar eine Rolle spielt. Sie tragen Jaguarmasken, manchmal ziehen sie sich auch das ganze Fell über, und sie kriechen auf dem Bauch, um das verstohlene Anschleichen des Tieres nachzuahmen.
Das Aussehen einer seltsam ägyptisch anmutenden Katzenstatue, die man in den Gewässern vor Key Marco an der Küste von Florida gefunden hat, ruft

124. Präkolumbianische Figur, die vor der Küste Floridas gefunden wurde; 1200–1500 n. Chr.

124

auch heute noch das Gefühl hervor, es handle sich um ein heiliges Geistwesen. Diese einzigartige, sehr gut erhaltene, aus Holz geschnitzte und bemalte Figur, die vor etwa 600–800 Jahren entstand, wurde wahrscheinlich für zeremonielle Zwecke benutzt.

## CHINA

Seit den frühesten Anfängen der chinesischen Geschichte betrachtete man die Angehörigen der Katzenfamilie als Vorfahren der Menschen[14]. Der *Shih* genannte Löwe ist eines der vier Tiere mit symbolischen Kräften. Er sorgt auf magische Weise für Regen und wacht über die Lebenden und die Toten.

Ein fabelhafter geflügelter Löwe, auf dessen Flanken Pflanzenmotive eingraviert sind, streckt eine extrem lange Zunge mit eingerollter Spitze heraus, um Feuchtigkeit aufzufangen. In China wurde die Zunge ganz besonders stark betont. Auch anderswo bedeutete die heraushängende Zunge eine Bitte um Regen. Das Fallen des Regens und das Erscheinen des Taus waren geheimnisumwobene Vorgänge; man glaubte, daß der Löwe eine wichtige Rolle bei diesen magischen Phänomenen spielte. Heute noch werden in den Chinesenvierteln amerikanischer Städte vor jeder Haustür von Trommeln und Knallfröschen (Donner und Blitz) begleitete zeremonielle Löwentänze aufgeführt, um die Feuchtigkeit für die Erde herbeizurufen.

Mit der Ausrottung des Löwen in China wurden die Pekinger Palasthunde, die man daraufhin gezüchtet hatte, daß sie im Aussehen den Löwen äh-

125

126

125. Die Gorgo Medusa in Gebärhaltung, von zwei Löwinnen unterstützt. Perugia, Italien; 500 v. Chr.

126. Geflügelter Löwe mit zum Auffangen von Feuchtigkeit herausgestreckter Zunge. China.

127. Geflügelte Göttin, umgeben von ihren Tieren. Italien; ca. 570 v. Chr.

neln, zu Tempeltieren. Wenn man sie mit einem Geweih oder Widderhörnern schmückt, erlangen diese Hunde die Macht, Böses abzuwenden[15]. Als Götter verehrt, bewachen sie die Tempelpforten und schützen Saat und Ernte.

## GÖTTINNEN GRIECHISCHEN URSPRUNGS IN ITALIEN

Das Fragment eines etruskischen Bronzereliefs, das einen Wagen aus Perugia in Italien (6. Jahrhundert v. Chr.) schmückt, zeigt die Gorgo Medusa, die den heiligen Geburtsgürtel trägt, in Gebärhaltung. Sie wird von einem Vogel mit langem Hals und einem Seepferd begleitet; zwei Löwinnen, die sich gegen ihre Arme und ihre gespreizten Knie stemmen, helfen ihr. Sie hat die beiden mit festem Griff am Hals gepackt, ein Motiv, das sich bis in vorkretische Zeiten, bis nach Çatal Hüyük, zurückverfolgen läßt.

Ein in der Schweiz gefundenes Bronzegefäß (etwa 570 v. Chr.) weist am Hals ein Ornament auf, das die von vielen ihrer Tiere umgebene Göttin zeigt: von Löwen, Schlangen, einem Vogel und zwei Hasen. Die gebärfreudigen Hasen hat sie fest an den Läufen gepackt. Das Stück ist das Produkt einer Werkstatt aus der Umgebung von Tarent, der einzigen Kolonie Spartas in Süditalien.

127

# Teil III: Der Hund

Grabmalerei, die Anubis und eine Anbetende zeigt. Theben, Ägypten; VIII. Dynastie, ca. 2130 v. Chr. Ausschnitt aus Abb. 131.

Seit dem Neolithikum wurde der Hund in den alten Mythen mit der Göttin in Verbindung gebracht. Sein wildes, aber dennoch zuverlässiges Wesen, seine Neigung zu nächtlichen Aktivitäten und seine Beziehung zum Mond binden ihn in ihren Kult ein.

Weil der Hund Land, Ernte und Herden ungestüm und mutig verteidigt, ist er von unschätzbarem Wert, und seine Treue gegenüber den Angehörigen des Haushalts und seine Angriffslust gegen Fremde machen ihn zu einem natürlichen Verbündeten, einem idealen Wächter. Seine große Intelligenz und Dressierbarkeit machen ihn für besondere Aufgaben, z. B. zum Hüten von Vieh, geeignet und lassen ihn zum natürlichen Jagdgefährten werden. Darüber hinaus schrieben ihm die frühen Menschen wegen seines hochentwickelten Geruchssinns magische Kräfte zu und verliehen ihm den Titel «der Spurenfinder».

Es ist also nicht verwunderlich, daß der Hund in der neolithischen Zeit zum Hüter der Muttergöttin erwählt wurde. Wenn auch der Hund nach der Bronzezeit kaum noch angebetet wurde (seinen Platz als Hüter der Gottheit hatte der Löwe übernommen), so galt er in der alten Welt doch als heiliges Tier.

## EIN LUNARES SYMBOL DES LEBENS

Die Wahl von wertvollem und schwer zu bearbeitendem Material wie Marmor, Bergkristall und Gold für die vielfältigen Hundedarstellungen ist ein Maßstab dafür, welch hohes Ansehen er genoß[1]. Wir wissen nicht, warum es rund um die neolithische Fundstätte von Lepenski Vir in Nordjugoslawien so viele Hundeknochen gab, aber die sorgfältige Anordnung zahlreicher Knochen, etwa ab 6000 v. Chr., weist darauf hin, daß die Tiere nicht gegessen wurden. Die Einwohner, Fischer, setzten Hunde auch nicht zum Hüten ein. Es hat den Anschein, daß man sie wegen ihres besonderen Verhältnisses zum Mond und zur Regeneration als natürliche Opfertiere ansah. Auf einer bemalten Vase aus Valea (Lupului in Rumänien) aus der späten Cucuteni-Kultur (4. Jahrtausend v. Chr.) spielen Hunde mit einer Raupe. Hund wie auch Insekt sind Symbole der Wandlung[2].

Schon früh treten Hunde in verschiedenen Teilen der Welt als wichtigstes Tier der Mondgöttin in Erscheinung. Da sie den Mond anheulten, brachte man sie mit Mondfinsternissen in Verbindung. Bei den Mongolen, den Mbocobis, den Chiquitos und einigen Balkanvölkern gibt es Geschichten über Zusammenhänge zwischen dem Mond und den Hunden. Der Hund schützt außerdem gegen das Böse.

Die enorme Vitalität von Hunden erklärt ihre Beziehung zur Göttin; ihre Dynamik stimuliert deren lebenspendende Funktion und ist der Grund dafür, daß sie bei Opferungen verwendet wurden. An der Fundstätte von Gorni Pasarel in Zentralbulgarien entdeckte man einen Terrakottadeckel in Form eines Hundes, der die menschliche Maske der Mondgöttin trägt[3].

Da Pflanzen nachts wachsen, glaubten die Völker alter Zeiten, daß der Mond ihr Wachstum aktiviere. Durch die Verbindung mit dem Mond setzte die

128

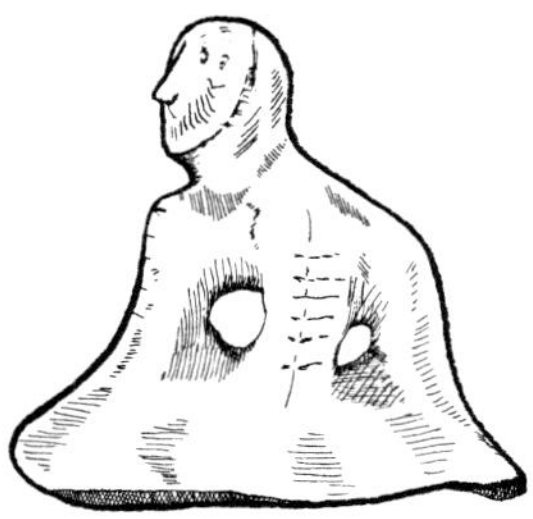
129

128. Eine bemalte Vase zeigt zwei Hunde, die mit einer Raupe spielen. Valea, Lupului, Moldavien, Rumänien; 4. Jahrtausend v. Chr.

129. Ein Hund mit Menschenmaske bildet den Griff eines Terrakottadeckels. Gorni Pasarel, Zentralbulgarien; Mitte des 5. Jahrtausends v. Chr.

grenzenlose Energie des Hundes im Frühling das Wachstum der schlafenden Vegetation in Gang, förderte und belebte es. Aufgrund des Zusammenhangs mit Mond und Raupe, der auf mehreren Cucuteni-Vasen aus dem 4. Jahrtausend v. Chr. angedeutet ist, zählt der Hund zu den Tieren der Erneuerung; er reiht sich damit in die lange Liste der Tiere ein, die als Gehilfen der Gottheit gelten und transformatorischen Charakter haben.

## DER BEGLEITER DES TODES

Die Unterweltgöttin Bau (s. Teil IV, «Die Schlange») scheint ursprünglich eine Hundegöttin gewesen zu sein; sie tritt mit einem Hundekopf auf. In Sumer erscheint sie als Tochter des An, der wiederum durch den Hundsstern Sirius versinnbildlicht wird. Der schakalköpfige Gott Anubis vereinigt sich mit Isis im Stern Sirius, den diese Göttin beherrscht[4].

Der Name der Gottheit Bau entspricht dem Laut des Hundegebells, ähnlich wie das deutsche «Wauwau». Im alten Ägypten gab es ein entsprechendes Wortspiel: Isis, Au Set genannt, herrscht über den Stern Sirius, und der Laut, den Hunde von sich geben, ist «auau».

In Bestattungsriten mit der Göttin der Tiefe vereint, bringt der Hund die Toten in die Unterwelt. Da Geister und Schemen anscheinend für Hunde sichtbar sind, glaubt man allgemein, daß ein heulender Hund der Vorbote des Todes ist. Verschiedene Aspekte der großen babylonischen Gottheit Gula Bau legen eine Identifikation mit Bau nahe;

130

131

130. Die Beziehung des Hundes zum Tod wird durch zwei weitere Todesfiguren untermauert – Pferd und Göttin. Griechenland, hellenistisch.

131. Eine thebanische Grabmalerei zeugt von der Verehrung des Hundes in Ägypten. Theben; VIII. Dynastie, ca. 2130 v. Chr.

132. Der König in Gestalt des Gottes Anubis während seiner Wandlung. Ägypten; ca. 1325 v. Chr. (s. Tafel 19).

132

nach Art der Hekate, der Göttin des «Westlichen Tores», wandelt sie, begleitet von ihren Jagdhunden, auf Erden. Beide Gottheiten suchen nach den Seelen der Verstorbenen, die in der Einöde umherwandern. Die einzelne Seele hat Glück, wenn sie der «Herrin des Weges nach unten» mit ihren Hunden begegnet.
Auf einer hellenistischen Plakette ist die Todesgöttin abgebildet. Sie trägt eine Fackel, die, gesenkt, den Tod ankündigt. Der Jagdhund auf dem Relief bestätigt, daß Hunde ihre Begleiter waren. Die nordische Göttin der Unterwelt, Hel, begleitet die Toten in die nächste Welt, und ihre wolfsähnlichen Hunde nagen das Fleisch von den Knochen der Toten. Überreste dieser Symbolik klingen noch in der alten indischen Sitte nach, den Hunden ein Stück des Leichnams anzubieten. Jagdhunde begleiten und schützen auch Artemis; als Aktaion sie beim Baden überrascht, reißen ihre Hunde ihn daher in Stücke.
Analog betrachtet, sind Hund und Schlange insofern gleichbedeutende Symbole, als sie eher zum Grenzbereich als zur eigentlichen Unterwelt gehören. Griechische Tragödien zeigen deutlich, daß die Erinnyen, halbmenschliche Rachegöttinnen, sowohl durch Hunde als auch durch Schlangen symbolisiert wurden. Der Hund war auch Hekate zugeordnet, der Königin der Schatten[5]. Ihr eigener Hund Kerberos wurde zum Wächter an der Pforte zum Reich des Hades. Der Hund nimmt wechselnde Charakterzüge an, denn er ist zwischen Nacht und Tag oder zwischen Leben und Tod angesiedelt; daher ist seine Funktion der der Schlange sehr ähnlich.

## ÄGYPTEN

Auf einer thebanischen Grabmalerei kniet eine Gestalt vor einer Hundegottheit und bestätigt damit, daß Hunde in Ägypten verehrt wurden. Seit jeher wurde Anubis mit dem Totenkult in Verbindung gebracht; sein Name bedeutet «Zeit». Die erwähnte Wandmalerei stammt aus dem siebten Jahr der Herrschaft des Pharao Echnaton (VIII. Dynastie). Auf einer anderen Darstellung liegt Anubis in der Gestalt eines tiefschwarzen Schakals mit einem goldenen Halsband auf einer goldenen Pylone, die auf einem vergoldeten Schlitten ruht.
Anubis, der die Mumie für ihre Reise vorbereitete, ist der Nachfolger einer älteren Hundegottheit, nämlich von Upuaut, der wohl aus Zentralasien stammt; beide waren unter dem Namen «Wegöffner» bekannt[6] und hatten ihren Ursprung möglicherweise in einer noch älteren, unentdeckten Kultur. Sirius, dessen griechischer Name, *Sothis,* «Hundeauge» bedeutet, war der Stern des Anubis. Er bildet den Mittelpunkt des Sternbildes *Canis Maior,* «des Großen Hundes». Er ist einfach der hellste Stern am Himmel und war für die Ägypter deshalb der wichtigste[7]. Sein Aufsteigen am Firmament fiel mit der jährlichen Nilüberschwemmung zusammen, die für ihre Wirtschaft lebenswichtig war.

## NORDAMERIKA

Die prähistorischen Töpferwaren der Mimbre-Kultur zählen zu den schönsten und lebendigsten Keramiken der Indianer Südwestamerikas. Oft werden der Hund oder seine wilden Verwandten dargestellt. Eine auf einer Schale abgebildete komische Figur trägt einen gestreiften Anzug und eine Maske und tanzt einen munteren, improvisierten Tanz (etwa 900–1150 n. Chr.). Die Experten sind sich nicht einig, um welche Art Tier es sich bei der Maske handelt. Einige sagen, es sei ein Hund, andere meinen, es sei eine Schlange oder ein Widder.

Der Hund ist eines der bevorzugten heiligen Tiere der Indianer an der Nordwestküste. Als Kojote repräsentiert er den «Erztrickster», dessen dämonische Seite ihn mit dem Tod verbindet[8]. In vielen Gegenden hält man Hunde für hellseherisch befähigt und glaubt, daß sie die Präsenz des Todes spüren können.

Die Azteken waren der Auffassung, daß der Hund als Stern auf die Erde niedersteigt. In den Maya-Kodizes steht der Hund in auffälligem Zusammenhang mit dem Gott des Todes, des Sturmes und des Blitzes[9]. Die von den Maya gesehene Verbindung des Hundes mit einem Stern oder Sternbild beruht auf seinem gefleckten Fell. Im mexikanischen Kodex[10] ist er in halb menschlicher Gestalt dargestellt und trägt in jeder Hand eine Fackel für den Gang in die Unterwelt.

## NORDAFRIKA

Bei den Moslems in Marokko gelten Hunde als unrein und müssen wegen des Schlechten, das sie verkörpern und für das sie stehen, gemieden werden. Diese Vorstellung wurzelt möglicherweise in einer tiefen Abneigung der Männer gegen die ursprüngliche, alte Religion der Göttin; die Tiere, die mit der Göttin intim verbunden waren, betrachtete man mit Abscheu. Eine Ausnahme bildet lediglich der Windhund. Man glaubt, daß dieser großartige Jagdhund den Haushalt von bösen Geistern befreit, und man begegnet ihm daher mit Gebeten und Ehrerbietung[11].

## ASIEN

In Indien wurde der Hund von Indra, der für Donner, Blitz und Regen verantwortlichen männlichen Gottheit übernommen. Der Himmelshund Chinas ist in erster Linie eine Sturmgottheit.

## EUROPA

Ein alter irischer Name für den Hund, *madra,* vervollständigt ein etymologisches Bild. *Madra* ist mit dem lateinischen *mater, matron, matrix* und dem sumerischen *mama* verwandt; alle diese Wörter beziehen sich auf die Mutter. In der frühen etruskisch-römischen Geschichte ist die Große Göttin selbst *Lupa,* die Wölfin, die Romulus und Remus, die Gründer Roms, säugt.

133. Mimbre-Keramik, bemalt mit einer tanzenden Figur mit Maske, die vielleicht einen Hund darstellt. Südwestliches Amerika; ca. 900–1150 n. Chr.

133

# Teil IV: Die Schlange

Der Schlangen-Drache der Hesperiden bewacht den Baum mit den Goldenen Äpfeln. Griechenland; 5. Jahrhundert v. Chr. (Ausschnitt aus Abb. 169).

# Die Schlange im Paläolithikum

Als rätselhaftes Wesen schlich sich die Schlange schon sehr früh in die Phantasie des Menschen ein. Bis zum heutigen Tag ist sie eines der ausdrucksstärksten Tiersymbole geblieben. Eleganz und Schönheit, lautlose Schnelligkeit der Bewegung, hypnotische Augen und der oft tödliche Biß – all dies trägt zur geheimnisvollen Aura dieses Tieres bei. Ihre Fähigkeit, die Haut abzustreifen und erneuert daraus hervorzugehen, stellt die Schlange in die vorderste Reihe der Tiere, die mit der Wiedergeburt in Verbindung gebracht werden und sowohl an die lebenspendende Energie der Erde als auch an die Unterwelt, an das Land der Toten, gemahnen.

Als wechselwarmes Tier mied die Schlange das Eiszeitklima Europas. Zwar enthüllen die vielen Darstellungen aus neolithischen Zeiten, daß die Schlange mit der Verehrung der Göttin eng verknüpft war, doch taucht ihr Bild in der frühesten Phase der Höhlenkunst selten auf. In der Höhle von La Baume-Latrone in Südfrankreich (etwa 40000–26000 v. Chr.) findet sich die Zeichnung einer gigantischen Schlange mit großem Kopf, Fangzähnen und gespaltener Zunge als eines der ersten Beispiele für den farbig gemalten Umriß einer Schlange[1]. Der Körper der Schlange ähnelt dem einer Frau. Als Schlange ist das Wesen furchterregend, als Frau erscheint es wohlwollend. In Anbetracht der folgenden Bilder ist das Ganze vielleicht als ein visuelles Spiel aufzufassen, das sich von der Schlange als Frau bis zur Schlange als Göttin fortsetzt. Dieses Spiel der Bilder wird durch die Mammuts belebt, die im buchstäblichen und im übertragenen Sinn die Schlange-Frau-Gottheit stützen; sie wird oft «Unsere Herrin der Mammuts» genannt.

Wie bereits erwähnt, emigrierten Siedler aus den Höhlen Europas ins paläolithische Mal'ta in der Nähe des Baikalsees in Sibirien (etwa 16000–13000 v. Chr.). Man entdeckte ein Versteck, das zwanzig symbolische Gegenstände aus Mammutelfenbein enthielt, die im Zusammenhang mit der zeremoniell nach Osten ausgerichteten Grabstätte eines geliebten Kindes standen. Eines dieser Objekte, ein Anhänger mit einem Loch, in den die in entgegengesetzte Richtungen sich drehenden, punktierten Spiralen der Wiedergeburt eingekerbt sind, wurde als Amulett getragen, um die Wiederbelebung sicherzustellen; es enthüllt die uralte Beziehung zwischen der Schlange und der abstrakten Spirale. Die große Spirale hat einen Zugang von unten, so wie das auch bei anderen Modellen von Bauchspiralen-Bildern der Fall ist. Die Rückseite des Amuletts zeigt drei sich in Wellenbewegungen windende Kobras[2]. Ein in demselben Versteck gefundener sibirischer Fisch weist eine ähnliche Uteruspassage auf.

134. Die Schlange als Göttin, gestützt von Mammuts. Höhle von La Baume-Latrone, Frankreich; Aurignacien, 40000–26000 v. Chr.

135. Amulett, aus Mammutzahn geschnitzt, mit Kobras und Spiralen. Sibirien; Paläolitikum, nach 13000 v. Chr.

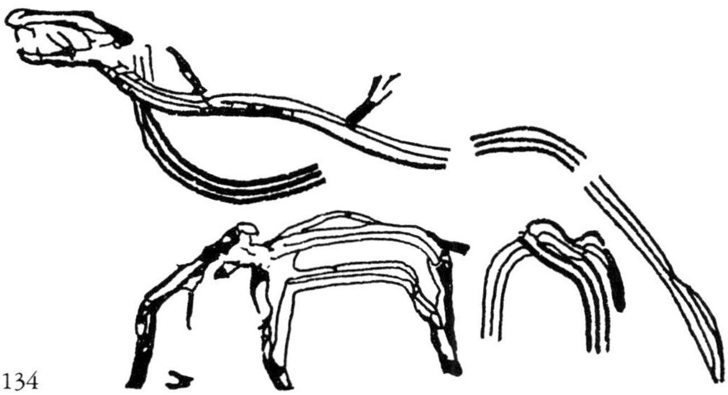

134

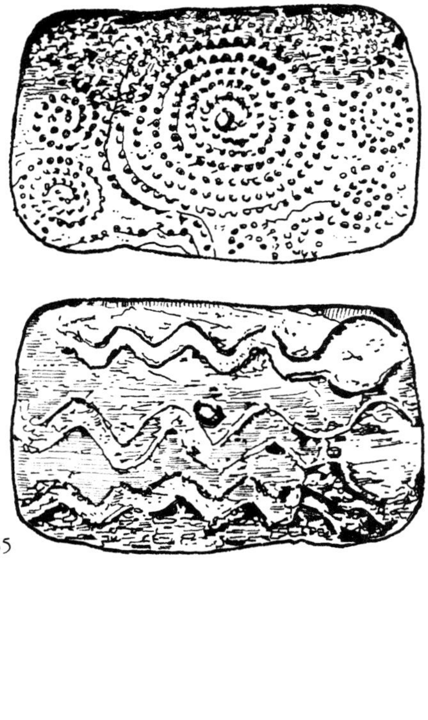

135

# Frühe Schlangengöttinnen

Eine der archaischsten Verbindungen von Schlange und Göttin findet sich bei den Pelasgern, die von klassischen Schriftstellern als die frühen, vorhellenischen Bewohner Griechenlands bezeichnet werden. Ein pelasgischer Schöpfungsmythos berichtet von Eurynome, «der Göttin aller Dinge», die sich aus dem Chaos erhob. Während sie den Himmel vom Wasser scheidet, beginnt sie, auf den aufgewühlten Wogen zu tanzen. Aus dem durch ihren Tanz verursachten Wind formt sie eine große Schlange, der sie den Namen Ophion gibt. Von Eurynomes wilden Bewegungen aufgestachelt, windet sich Ophion um ihre göttlichen Gliedmaßen und paart sich mit ihr. Eurynome nimmt dann die Gestalt einer Taube an, läßt sich auf dem Wasser nieder und legt das Weltenei. Die Göttin befiehlt Ophion, sich um das Ei zu rollen, bis das Junge schlüpft. Aus dem Ei fällt die gesamte Schöpfung: Sonne, Mond, Planeten, Sterne, Erde und alle lebendigen Kreaturen.

Die Schlange und die Göttin umwinden einander, und in Furcht und Entzücken werden sie eins. Ihre symbolische Vereinigung entspricht dem natürlichen Zusammenfügen gemeinsamer Attribute. Beide sind mit Geburt, Tod und Auferstehung verknüpft: die Schlange durch die Fähigkeit, ihre Haut abzustreifen, die Göttin durch lunare Assoziationen mit der Wiedergeburt. In einem komplexen Gewebe symbolischer Fäden haben sie beide mit den Reichen der Erde, des Wassers und der Unterwelt sowie mit dem Sprießen und Vergehen der Vegetation zu tun. Als universelles Symbol fand die Schlange – dank ihrer Form – direkten Zugang zu unseren Emotionen.

Als Symbol des Anfangs ist der Uroboros, die Schlange, die sich in den Schwanz beißt, Ausdruck der ursprünglichen psychischen Situation des männlichen und des weiblichen Elements, die so vereint sind, daß keines von beiden das erste ist. Viele Menschen sehen – in Anlehnung an Freud – in der Schlange ein phallisches, männliches Bild. Andere betrachten sie als ein androgynes Mischwesen aus Männlichem und Weiblichem, und vieles spricht für diese Auffassung. Joseph Campbell schreibt: «Der Gedanke an den Phallus ist naheliegend, und durch das Moment des Verschlingens wird man auch an das weibliche Geschlechtsorgan erinnert; daher entsteht ein duales Bild, das sich implizit auf die Gefühle auswirkt.»[1]

Die überwiegenden Zeugnisse aus frühen Zeiten stellen die Schlange jedenfalls eindeutig als weiblich dar, und die Etymologie untermauert diese Ur-Identifikation. Die afrikanischen Dogon glauben zudem, daß die Schlange die Menschen gelehrt hat, wie man gebiert. Der Schluckrhythmus der Schlange ist mit den konvulsivischen Spasmen bei der Entbindung vergleichbar[2]. Es handelt sich hier um eine erdgebundene, chthonische Unterweltmetapher *par excellence.* Wie die Vogelgottheit ist auch die Schlangengottheit an sich keine Muttergöttin. Die Mutterschaft stellt nur eine ihrer vielen Funktionen dar und ist kein spezifisches Kennzeichen.

## GESTREIFTE SCHLANGENGÖTTINNEN

Die megalithische und neolithische Bildersprache präsentierte der Welt viele Göttinnen in Schlan-

136. Streifen auf dem Körper einer Madonna deuten auf eine Schlangengöttin hin. Sesklo, Griechenland; frühes 5. Jahrtausend v. Chr.

136

gengestalt. Diese Göttinnen sind oft gestreift und haben sehr kleine oder überhaupt keine Brüste. Dennoch erfüllen sie ihre Funktion, für Fruchtbarkeit zu sorgen, und oft werden sie mit Kindern in den Armen gezeigt. Auf der Akropolis von Sesklo in Thessalien in Griechenland (frühes 5. Jahrtausend v. Chr.) wurde die Figur einer Naturgöttin ausgegraben, einer heiter-gelassenen Madonna, die auf einem Thron sitzt und ein Kind in den Armen hält. Über ihren ganzen Körper zieht sich ein gleichmäßiges Bandmuster; selbst die abblätternde, schuppige Farbe des Throns läßt ein Streifenmuster erkennen.

Das prähellenisch-mykenische Idol einer sitzenden Schlangenmutter hält ein Schlangenkind auf dem Schoß. Kind, Gottheit und auch Stuhl sind in der für Schlangengottheiten charakteristischen Weise gestreift.

Eine Schlangen- und Vogelgöttin vom Typ der frühen Cucuteni-Kultur (frühes 5. Jahrtausend v. Chr.), die man in Bernovo-Luka in der Ukraine entdeckte, ist mit Symbolen beider Tiere verziert. Chevrons und Streifen bedecken Hals, Körper und Beine, während der Sexualbereich durch eine Rautenform dargestellt ist. In ihrem vergrößerten Gesäß trägt die Gottheit das kosmische Ei. In den unteren Teil des Torso eingedrückte Samen sind ein Hinweis auf ihre Bedeutung für das vegetative Wachstum.

Eine einzigartige bemalte Vase aus Kamnik in Albanien verewigt eine Schlangengöttin mit winzigen, weit auseinanderstehenden Augen und menschlicher Gestalt. Ihre übertrieben lange, gespaltene Zunge reicht bis über Kinn, Hals und

137

137. Cucuteni-Schlangengöttin mit gepunkteten Linien und einer mit einem Punkt versehenen Raute über dem Schoß. Bernovo-Luka, Ukraine; frühes 5. Jahrtausend v. Chr.

138. Neolithischer Wasserkrug als Torso einer Schlangengottheit. Kamnik, Albanien; Neolithikum.

139. Gestreifte Schlangenmutter mit Schlangenkind. Mykene, prähellenisch; ca. 1300 v. Chr.

140. Sitzende Gottheit, überzogen mit gravierten Bändern. Kato Ierapetra, Kreta; 6000 v. Chr.

Brust hinunter und teilt sich dann; jede Hälfte bildet eine Spirale um eine ihrer kleinen Brüste. Gesicht, Hals und Schultern und die flügelartigen Arme sind mit dem parallel laufenden Zickzackmuster des Wassers versehen, das unter ihren Brüsten aufhört. Ein das kosmische Wasser symbolisierendes Mäandermuster zieht sich über den unteren Teil des Brustkorbs. Der ophidische Krug erzählt von Wasser und Fruchtbarkeit. Die Doppelspirale der gespaltenen Zunge spielt auf Leben, Tod und Erneuerung an.

Die gekrümmte Form der Schlange ähnelt dem bergab fließenden Wasser. Das allzeit heilige Wasser wurde für die vom Ackerbau lebenden neolithischen Gemeinden zu einer Frage von höchster Bedeutung. Die Schlange, ein chthonisches Geschöpf, erinnert an das grüne Kleid der Erde, das ständig vergeht und sich wiederbelebt. Als Herrin des Wassers teilt die Gottheit ihr Reich sowohl mit der Schlange als auch mit dem Vogel und dem Fisch.

Eine polierte Terrakotta-Schlangengöttin aus Kato Ierapetra («Heiliger Stein») an der Südküste Kretas stammt aus dem Jahre 6000 v. Chr. In Arme, Beine, Brüste, Schultern und Rücken sind parallele Linien eingeritzt; sie sitzt im Lotussitz des Yoga und trägt eine keilförmige Krone. Augen, Finger und Fußzehen sind plastisch angedeutet, und ihre Gestalt verjüngt sich dreieckartig nach oben, wobei die Basis eine unverhältnismäßig große Fläche einnimmt. Dadurch entsteht der Eindruck irdischer Macht und Kraft. Der Kontakt zum Erdboden war für die Alten wichtig.

Eine vogelköpfige Madonna aus Mykene (1400

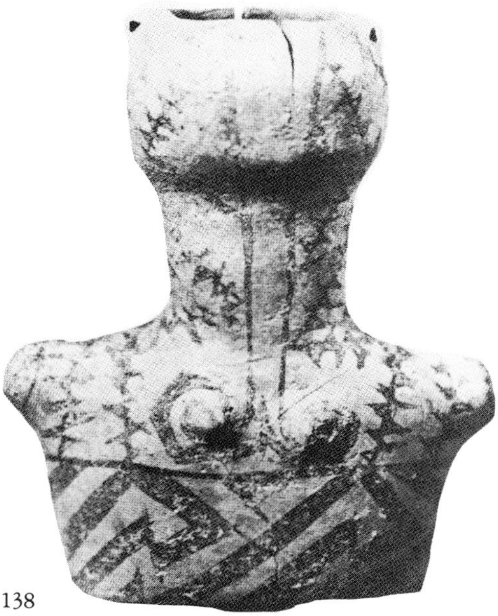

138

139

140

v. Chr.), Späthelladisch III, wiegt ein Schlangenkind in ihren Armen. Sie gehört zu einem wohlbekannten Typus mit schnabelartiger Nase und dreieckigem, bekröntem Kopf. Das kräftige, Henna-auf-Creme-farbene, horizontale Streifenmuster überzieht Mutter und Kind und verleiht ihnen ein schlangenartiges Aussehen. Die Konturen der kleinen Brüste der Mutter zeichnen sich unter ihrem losen, an Flügel erinnnernden Gewand ab, und ihr gebänderter Hals ist mit einer heiligen Halskette geschmückt.

Die Schlange ist eine Metapher für die unergründliche Art und Weise, in der sich unser Leben ändert, wendet und erneuert. Die nächtliche Seite der Göttin symbolisiert unsere zeitweilige Rückkehr an den mütterlichen Busen, den Tod. Andererseits ist die Verbindung von Schlange und Göttin in der alten Kunst ganz buchstäblich zu nehmen. Viele Schlangengöttinnen erscheinen teilweise oder ganz und gar in Schlangengestalt oder werden von Schlangen umschlungen dargestellt; andere halten Schlangenbabys in den Armen. Eine eigentlich recht primitiv wirkende Figur stammt aus der Zeit kurz vor dem Höhepunkt der griechischen Kultur, vom Ende des 6. Jahrhunderts v. Chr. Die Göttin ist in ein Gewand mit deutlichem Streifenmuster gekleidet. Unter dem schlangenartigen Körper des Babys befindet sich eine weitere, gemalte Schlange, die mit der Rosette der Göttin versehen ist. Der Künstler wollte das Motiv betonen, indem er noch eine plastische Darstellung hinzufügte.

Man sollte sich vor Augen halten, daß es in vielen alten Kulturen die irrationale Angst vor Schlangen, wie sie heute vorherrscht, nicht gab. Charles

141

141. Gottheit mit Streifen trägt ein Schlangenkind. Griechenland; spätes 6. Jahrhundert v. Chr.

142

142. Minoische Schlangengottheit mit gebändertem Körper trägt drei Halsketten. Kreta; 1100–1000 v. Chr. (s. Tafel 30).

143

143. Vogelköpfige Gottheit mit diagonalen Streifen hält ein Schlangenkind im Arm. Mykene, Griechenland; 1400 v. Chr. (s. Tafel 24).

F. Herberger schreibt: «Die Minoer wie die Ägypter waren nicht konditioniert, in der Schlange ein Symbol des Bösen zu erblicken... Die minoische Sonnenschlange war eine wohlwollende Schlange – eine Hüterin des Haushalts und eine Heilerin der Kranken...»[3]

Eine faszinierende gestreifte minoische Gottheit aus Archanes auf Kreta (1100–1000 v. Chr.) starrt aus dem Schatten eines schützenden Schreins hervor. Die Streifen auf ihrem Körper bekunden ihre Verbindung mit der Schlange. Die Arme, die sie erhoben hat, um die Lebenskraft aufzunehmen, halten die Seile einer Schaukel. Auch die kleine Krone ist mit vertikalen Bändern bemalt, und sie trägt die charakteristische dreifache Halskette. Der Schrein selbst ist mit einem Wellenmuster bemalt, und zwei Gestalten beugen sich vor, um durch ein Loch im Dach zu lugen[4]. Auf ihren Kleidern wiederholt sich das Muster der neben ihnen liegenden Katze. Zickzackmuster flankieren die Eingangstür. Die ringförmigen Hände legen die Vermutung nahe, daß die Gottheit möglicherweise zum Schaukeln bestimmt war, ein Fruchtbarkeitsritus, der auf manchen griechischen Inseln immer noch praktiziert wird.

## DIE SCHLANGENGÖTTIN UND DIE DOPPELSPIRALE

Die Spirale, eines der auffallendsten Motive der prähistorischen Kunst, bedeckt oft die Brust oder das Geschlecht einer Gottheit. Wie schon gesagt, läßt sie sich bis in die Zeit des sibirischen Aurigna-

145

cien zurückverfolgen und taucht überall in der Welt auf Grab- und Türschwellensteinen auf. Als Doppelspirale weist sie auf Wiedergeburt oder Erneuerung hin. Sie versinnbildlicht die sich verwikkelnde und sich entwirrende Bewegung des Labyrinths, den gewundenen Pfad zum Bewußtsein[5].

Die «Herrin von Sitagroi» aus dem nordöstlichen Griechenland (frühes 6. Jahrtausend v. Chr.) hat eine schmale Taille, aber einen voluminösen Bauch, auf den eine Doppelspirale in Form zweier Schlangen geritzt ist[6]. Vergleichbar mit Pfaden in den Schoß hinein und aus dem Schoß heraus, finden sich solche in Stein gravierte Spiralen auch am Eingang zum Grabhügel von New Grange in Irland und am Eingang zu den Altären der Steintempel von Malta. Wenn diese Kulturen auch zeitlich weit auseinander liegen, so ist die Herrin von Sitagroi doch noch älter.

Die «Herrin von Pazardzik» aus dem Zentralbalkan stammt aus der Mitte des 3. Jahrtausends v. Chr. Sie weist über der Vulva eine ähnliche Doppelspirale auf und trägt eine Raute auf jedem Schenkel und jeder Gesäßhälfte. Ihr Thron und ihre Maske kennzeichnen ihre Substanz; außerdem ist sie schwanger. Ihr großes Gewicht, das die Erde symbolisiert, ruht im unteren Teil des Körpers. Solche gefäßartigen Formen ähneln den späteren Rhytonen, die Öffnungen im Boden hatten, damit Flüssigkeit aus ihnen austreten und auf die Erde fließen konnte, wenn man sie durch die Felder trug. Die Rauten auf dem Gesäß symbolisieren das Wasser, daher auch der schwangere Bauch[7].

Eine andere Göttin aus dem prähistorischen Japan trägt die Doppelspiralen auf ihrem Bauch. Sie ist

144

144. Neolithische Jomonkeramik-Göttin mit vergrößerten Augen und Doppelspiralen auf dem Torso. Japan; 4. Jahrtausend v. Chr.

145. Die Doppelspirale auf dem Bauch der Herrin von Sitagroi bedeutet Geburt und Wiedergeburt. 5. Jahrtausend v. Chr.

146. Die Herrin von Pazardzik auf dem Thron trägt eine Doppelspirale auf der Vulva und Rauten auf den Schenkeln. Bulgarien; Mitte des 3. Jahrtausends v. Chr.

146

charakteristisch für die späteste Periode der Jomon-Keramik, die im 4. Jahrtausend v. Chr. beginnt und sich durch primitive Strenge, Ornamente aus Schnurabdrücken und fliegenartige Augen, die beinahe das gesamte Gesicht bedecken, auszeichnet. In der ganzen Welt des Altertums sind diese enormen Augen ein Hinweis auf das allessehende Auge der Göttin.

# Die großen ägyptischen Gottheiten

Die Schlange wurde überall im alten Ägypten in Ehren gehalten. Sie spielte vor allem bei den Angelegenheiten eine beherrschende Rolle, die mit Fruchtbarkeit, Geburt, Tod und Unterwelt zu tun hatten. Statuen und Bilder der Göttinnen des Himmels, der Sonne, der Erde und der Unterwelt tragen oft Schlangen auf der Stirn. Göttliche Wesen werden ebenfalls oft mit Schlangenköpfen oder -körpern dargestellt; ihre Heilkräfte waren mit diesen Beziehungen zur Unterwelt verknüpft. Der Schutz der Schlange war von solcher Bedeutung, daß kein Tempel ohne ihn auskommen konnte.

Das Wohlergehen der Nation hing von der befruchtenden Wirkung des Schlangensymbols sowie von der Göttin Isis ab, der Regentin des Nilstromes. Zeugnisse vom frühesten Ackerbau in Ägypten wurden in der Nähe des Nils entdeckt; in dieser Wüstengegend war das Pflanzenwachstum auf die zu bestimmten Jahreszeiten stattfindende Überschwemmung der Erde angewiesen.

## NEITH

Die ägyptischen Hieroglyphen geben das Wort «Göttin» durch das Bild einer Kobra wieder[1], und unter den Gottheiten Ägyptens erscheint die verehrungswürdige Göttin Neith als große goldene Kobra. Als frühe Schutzpatronin des Webstuhls wurde Neith in ihrer Schlangengestalt zu einer Lebens- und Schicksalsgöttin. Manchmal wird sie, die Krone Unterägyptens tragend, in menschlicher Gestalt dargestellt; ihr grünes Gesicht und ihre grünen Hände symbolisieren die laubbedeckte Erde.

Neith ist als «die Älteste» bekannt[2], als «Herrin der Magie und des Webens, als ungeborene und von sich selber abstammende Göttin»[3]. Als Verkörperung der «großen, trägen Urwassermasse»[4] ist Neith das «ewige weibliche Lebensprinzip, das autark und selbstexistent war, außerdem geheim, unbekannt und alles durchdringend...»[5]

Neith ist eine sehr alte Göttin, deren Kult schon in der I. Dynastie als alt angesehen wurde. Der Überlieferung zufolge stellen ihre beiden gekreuzten Pfeile und ihre gefleckte Tierhaut die Essenz der «Dreifachen Gemeinschaft» dar. Sie verherrlichte die Kindsgeburt, indem sie den großen Gott Re hervorbrachte; dann nahm sie ihr Weberschiffchen zur Hand, spannte den Himmel auf den Webstuhl und webte die Welt. Mit ihrem Netz fing sie lebendige Geschöpfe aus der Urtiefe und setzte sie aufs Land. Da sie eine Schöpfergottheit war, eine Gebärende, durfte kein Sterblicher ihr verschleiertes Gesicht erblicken. Plutarch gab die Inschrift auf einer ihrer Statuen wieder: «Ich bin alles, was ist oder war oder sein wird, und noch kein Sterblicher hat meinen Schleier gelüftet.»

Neiths Kobra ist ein Hinweis auf ihr hohes Alter, da die Kobra selbst zu den ältesten Geschöpfen der Erde gehört. Die prächtige goldene Schlangenstatue der Neith stammt aus dem Grab Tutanchamuns (etwa 1325 v. Chr.). Ihr Hals ist geweitet, ihr Kopf wachsam erhoben. Das Weberschiffchen, Neiths Symbol, ist auf der Brust ihrer Schlange – als Zeichen der Göttin, die über das Schicksal regiert – immer zuoberst angefügt. Unter dem Weberschiffchen ist ihr Schurz mit dem heiligen Netzmuster verziert. Neith erfand die Webkunst, die

147. Neith als goldene Kobra trägt das Weberschiffchen auf der Brust. Grab Tutanchamuns, Ägypten; ca. 1325 v. Chr. (s. Tafel 23).

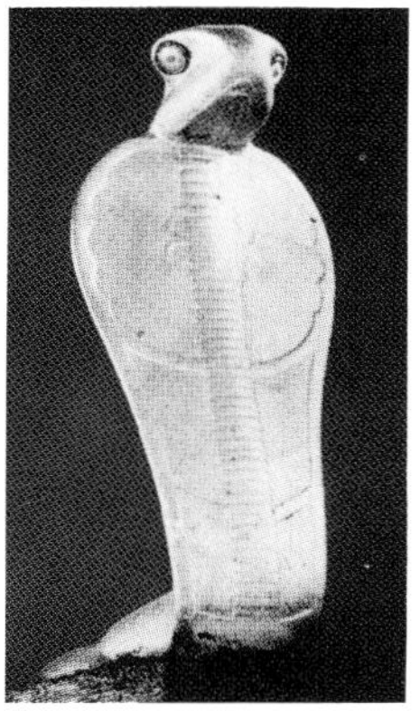

147

148. Pharao Thutmosis III. wird von Renenutet, der Gottheit der Geburt und der Krankenpflege, beschützt. Ägypten; ca. 1500 v. Chr.

traditionelle Beschäftigung aller Schicksalsgottheiten, so etwa der Moiren, der Parzen und der Nornen. Selbst heute noch streichelt bei den Huichol in Mexiko eine Frau, wenn sie sich ans Weben oder Sticken macht, zuerst eine Schlange und streicht dann mit der Hand über ihre Brauen und Augen, um die Kräfte des Tieres in sich aufzunehmen.

148

## RENENUTET UND MERESGER

Renenutet und Meresger, zwei weniger bekannte Schlangengöttinnen, sind in der Liste ägyptischer Gottheiten aufgeführt, die E. A. Wallis Budge auf der Grundlage der Pyramidentexte zusammenstellte. Renenutet, die Herrin von Aat, eine Erntegöttin, ist vor allem als Gottheit der Geburt und der Krankenpflege bekannt; diese Tätigkeiten waren von alters her mit der Schlange in Verbindung gebracht worden[6]. Das Emblem des Ärztestandes, der Caduceus, verknüpft die Schlange immer noch mit der Geburt. Die hier angesprochene, aus Basalt gemeißelte Statue zeigt Renenutet als gekrönte Kobra, wie sie ihren Protégé, den Kindkönig Thutmosis III. aus der XVIII. Dynastie (etwa 1500 v. Chr.), beschützt. Das Weberschiffchen an Renenutets Brust kennzeichnet sie als Schicksalsgottheit.

Meresger, die einen Menschenkopf und einen Schlangenkörper hat, bewacht die thebanische Nekropole. Sie trägt den Namen «die das Schweigen liebt». Ein riesiger heiliger Lotos beschirmt ihren Kopf. Die erhobenen Arme halten die krönende Scheibe – ein Piktogramm des Wortes *ka*, «Essenz» oder «Nahrung». Der ganze Kopfschmuck stellt ein Wortspiel um den Namen der Königin Hatschepsut dar. Es ist wahrscheinlich, daß der große Architekt Senmut der Urheber ist.

149

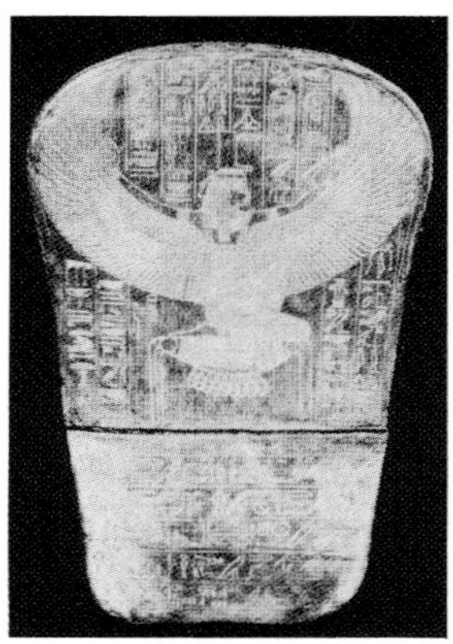

150

149. Meresger steht unter der heiligen Papyrusblüte. Ägypten; Neues Reich, ca. 1500 v. Chr.

150. Geflügelte Isis, die Beschützerin der Götter. Ägypten; nach 1570 v. Chr. (s. Tafel 22).

151. Isis mit Hörnern und Schlangen. Ägypten; nach 1570 v. Chr.

## ISIS

Isis mit den geflügelten Armen, die Göttin der Weisheit, kam erst relativ spät ins ägyptische Pantheon, aber ihr Kult, der zu Beginn des Neuen Reiches (1570 v. Chr.) entstand, wurde im ganzen Niltal schnell beliebt. Sie übernahm von Hathor viele Embleme der Großen Mutter und verschmolz in sich die meisten der verschiedenen lokalen Göttinnen, wenn nicht sogar alle.

Isis ist die erste Tochter der Himmelsgöttin Nut[7], und sie trägt den Titel «die Lebenspenderin». Isis ist eine griechische Transkription ihres ägyptischen Namens Au Set, der «die mit dem Thron» bedeutet und auf ihre Stellung als Königin der Götter hinweist[8]. Sie trägt ein Bild des Thrones, und nur sie kann das Erbe der Königswürde rechtsgültig machen. In feierlichem Ritual thront der neue Pharao auf ihrem Schoß, um sein Reich in Empfang zu nehmen[9]. Die Verheiratung des Königs mit seiner Schwester ist eine weitere Voraussetzung für die Nachfolgerschaft, da der Thron sich seit matrilinearen Zeiten über die weibliche Linie vererbt.

Ein Isiskopf aus Bronze trägt eine kleine Schlangenkrone, aus der sich von Schlangen umwundene Hörner erheben. Zwei Schlangen, deren Körper sich um die gezackten Hörner schlingen, schützen

151

also ihre Stirn. Die Schlange ist überall als Symbol der Isis anzutreffen, kommt aber in ihren Legenden nicht vor, von einer Ausnahme abgesehen: Isis nimmt von dem Speichel, den der Sonnengott Re auf den Boden tropfen ließ, verknetet ihn mit Erde und formt aus diesem Lehm eine Schlange, die sie Re in den Weg legt. Als er durch sein Königreich wandert, beißt ihn die Schlange. Er leidet sehr und bittet Isis um Hilfe. «Nenne mir deinen Namen, göttlicher Vater», fordert Isis kühn. Aber Re lehnt ab. Die Wirkung des Giftes macht sich stärker bemerkbar; Re gibt schließlich nach und enthüllt Isis seinen geheimen Namen. Als Isis den Namen erfährt, wiederholt sie ihn in einer Beschwörungsformel, die Wirkung des Giftes klingt ab, und Re erholt sich[10].

Kraft ihrer Mysterien war Isis in der Lage, die Gabe der Unsterblichkeit zu verleihen. Dieser Umstand erklärt mehr als jeder andere, warum ihre Beliebtheit bei der Bevölkerung einen so schnellen Aufschwung nahm. Zur Zeit des saïtischen Reiches hatte sie sich bereits zum Prototyp aller Göttinnen entwickelt. Als größte aller Göttinnen wird Isis mit ihren vielen Gaben «Herrin der Götter» genannt, «die Vielnamige», «die Herrin des Himmels», «die Gottesmutter», «die Zauberreiche», «die Herrin der Magie», «die Sprecherin der Zauberformeln», «die Gerstespenderin» und «die Lehrerin des Ackerbaus».

# Gottheiten des Nahen Ostens

Im Nahen Osten berühren sich zwei deutlich verschiedene Klimazonen – die üppigen Flußtäler des Tigris und des Euphrat stoßen an die wilden Wüstenregionen. Die Schlange wurde auch wegen ihrer Fähigkeit in Ehren gehalten, sich beiden Lebensräumen anzupassen. Ihre geschmeidige Eleganz und ihre einzigartige äußere Erscheinung trugen erheblich zu der Ehrfurcht bei, die man ihr entgegenbrachte. Die Schlange vermag sich ohne Arme und Beine schnell fortzubewegen und besitzt daher magische Kräfte; sie kann aus ihrer Haut schlüpfen, so daß sie wie neu geboren aussieht, und ihr blitzschnelles Zupacken setzt sie in Beziehung zu kosmischen Phänomenen. Göttinnen und ihre Anhänger hießen die Schlange als Spenderin ärztlicher Hilfe und als Vermittlerin der Weisheit willkommen.

Im Ischtartempel von Assur in Assyrien wurde eine schlanke, nackte Terrakottafigur mit schlangenartigem Kopf entdeckt, die ein schlangenköpfiges Kind säugt. Besonderheiten dieser Gottheit aus der ersten Hälfte des 4. Jahrtausends v. Chr. sind ein hoher Kopfputz aus Bitumen, lange Schlitzaugen, die sich über ihr Gesicht bis zu den Nasenflügeln ziehen, extrem breite Schultern, die ein Ornament aus Tonkügelchen aufweisen, und ein stark betontes Schamdreieck. Solche Göttinnen sind für die mesopotamische Ubaid-Periode charakteristisch. Das Anbieten von Nahrung, die in ihrem Körper entsteht, ein warmblütiger, menschlicher Akt, kennzeichnet sie einerseits als Fruchtbarkeitsgöttin; andererseits weist die Tatsache, daß sie ein kaltblütiges Reptil ist, darauf hin, daß sie auch über die chthonische Welt des Todes Macht hat.

## ANAT

Der Schlange wurde im Nahen Osten ähnlich große Ehrerbietung entgegengebracht wie in Ägypten. Das Goldamulett von Anat (13. Jahrhundert v. Chr.) zeigt die Göttin von Ras Schamra, die auf einem Löwen steht und einen Lotos und sich windende Schlangen in den Händen hält. Der heilige Lotos verband Himmel und Erde; zwar wurzelt er im Schlamm, doch streben seine zarten Blütenblätter zum Himmel. Anats Kopfschmuck in ägyptischem Stil betont die Spirallocken, die ihr Gesicht einrahmen und auf eine enge Verwandtschaft mit der ägyptischen Göttin Hathor hinweisen. Für A. A. Barb besteht eine Analogie zwischen dieser Art von Kopfschmuck und den Spiralen des göttlichen Schoßes. Barbs Analogie wird dadurch untermauert, daß Anats Genitalbereich sehr auffällig hervorgehoben ist[1]; dieser Umstand zeugt von ihren sagenhaften sexuellen Gelüsten, die auf ihren Bruder Baal abzielten. Zu ihren Vorbereitungen auf das erste Zusammensein gehörten auch ein Bad im Morgentau und das Salben ihres Körpers mit Ambra; sie erwiesen sich offenbar als sehr wirkungsvoll, denn es wird berichtet, daß das Paar bei diesem ersten Rendezvous in der Wildnis achtundsiebzigmal den Liebesakt vollzog.

Die Verehrung Anats blühte bis weit in den Norden hinauf, bis Zela und Ascilicena in Anatolien in der heutigen Türkei. Zu ihren bedeutenden Aspekten zählen auch die der Jungfrau, der Mutter und der Kriegerin[2]. Die jungfräuliche Anat wurde wie Athene zu einer Kriegsgöttin; als Verteidigerin der Städte trägt sie Schild und Helm. Ihre Gegner ver-

152

153

152. Goldamulett von Anat, Schlangen in der Hand haltend und auf einem Löwen stehend. Ras Schamra, Syrien; 13. Jahrhundert v. Chr.

153. Schlangenköpfige Madonna aus Ur säugt ihr Kind. Irak; 4. Jahrtausend v. Chr. (s. Tafel 29).

unglimpften sie als die blutrünstige ugaritische Liebesgöttin. Wie viele Göttinnen des Nahen Ostens wurde Anat, die Himmelskönigin, als Morgen- und Abendstern angebetet.
In dem großen epischen Gedicht von Baal und Anat ist sie sowohl die Schwester als auch die Gattin des jungen Gottes Baal; seine Stellung ist die des Sturmgottes und Regenbringers – in einer Agrarregion wie Anatolien eine entscheidende Aufgabe. Die Tafeln, auf denen das Epos aufgezeichnet ist, das ursprünglich um 1400 v. Chr. zusammengestellt wurde, enthalten eine Chronik des Aufstiegs von Baal als Getreidegott. Dieser Aufstieg endet erst, als eine Trockenperiode einsetzt und Baal physisch schwach wird. Mot, der Gott der Dürre und des Todes, macht sich die Schwäche Baals zunutze und tötet ihn. In ihrer Wut stürzt sich Anat auf Mot und spaltet ihn mit einer Ritualsichel in zwei Teile; sie verbrennt ihn, schüttelt ihn durch ein Sieb, dreht ihn durch eine Mühle und streut sein Fleisch über die Erde.
Mots Zerstückelung erinnert an die des ägyptischen Osiris. Beide Götter werden wie geerntetes Getreide behandelt, und ihre Geschichte läßt an die späteren Rituale denken, bei denen der Getreidegeist im geernteten Getreide getötet wird, bevor die unfruchtbare Jahreszeit beginnt[3]. Das Epos von Baal und Anat zeigt, daß Anats Hauptaufgabe darin bestand, den Fortbestand des pflanzlichen Lebens zu sichern. Die Schlangen, die man in ihren Händen sehen kann, stellen die Vegetation der Erde dar, die unaufhörlich vergeht und sich wieder erneuert, und kennzeichnen sie als Schöpferin und Zerstörerin zugleich.

## EINE KANAANÄISCHE SCHLANGENGÖTTIN

Eine Schlangengöttin aus Kanaan (1200 v. Chr.) schwingt zwei Schlangen. Die vergoldete Bronzefigurine mit kleinen, deutlich sichtbaren Brüsten trägt einen glockenförmigen Rock, der von einem feingearbeiteten Muster aus Sonnensymbolen überzogen ist. Der Leib der einen Schlange windet sich um ihre Taille, schlängelt sich über ihren Schoß und hinunter zum Rocksaum. Die andere Schlange schlingt sich an dem erhobenen Arm nach unten und unterhalb ihrer Brust zu dem anderen, nach unten weisenden Arm. Die Positionen der beiden Schlangen, eine ganz im unteren Bereich, die andere oben, symbolisieren die physische und die geistige Ebene; sie stellen dem Reich des Lebens das Reich des Todes gegenüber. Die Figur scheint einen magischen Akt zu vollziehen.
Die frühe Bronzezeit im Nahen Osten bringt uns der ursprünglichen Großen Göttin näher, die in ihrem Heiligtum auftritt, von einer Vielzahl von Tieren umgeben. Die Schlange nimmt dabei häufig den bevorzugten Platz ein. Dies unterstreicht ihre chthonische Seite, den Aspekt der Verbundenheit mit der Erde, mit den niederen Regionen und mit dem Tod, verweist gleichzeitig aber auf das Aufwärtsstreben, das Leben und den Geist.

## DIE HERRIN DER TIERE

Zwei Darstellungen der Göttin – als Herrin der Tiere und als Herrin der Pflanzen – dominieren ein niedriges, fortlaufendes Relief, das in eine aus dem

154

155

154. Herrin der Tiere und der Pflanzen, als Relief von einer Schale abgerollt. Chafadsche, Sumer; 2500 v. Chr.

155. Göttin aus Kanaan, zwei Schlangen haltend. Israel oder Libanon; ca. 1200 v. Chr.

sumerischen Chafadsche stammende Chloritschale aus der spätakkadischen Periode (2500 v. Chr.) geschnitten ist. Die Figuren auf dem Fries tragen mit dem heiligen Netzmuster versehene Röcke. Eine der Gottheiten ergreift mit jeder Hand eine riesige gefleckte Schlange, die sich heftig windet. Sie steht auf einem Altar, der von liegenden Löwinnen bewacht wird, deren Köpfe nach rückwärts ihr zugewandt sind und die die Schwänze hochrecken. Rechts neben ihrem Kopf sind der sichelförmige zunehmende Mond und der sechszackige Stern Ischtars zu sehen; diese Symbole kennzeichnen sie als Göttin höchsten Ranges. Ihre gebogene Nase ist einem Geierschnabel nachgebildet. Auf ihrer rechten Seite befindet sich ein buckliger, von Pflanzen umgebener Stier, links von ihr ist ein Skorpion eingemeißelt, der in Indien, Ägypten und Mesopotamien mit der Göttin in Beziehung steht. Die andere Darstellung zeigt sie als «Göttin der überfließenden Vase», zu deren Tieren Greifvögel, kleine Bären und Leoparden zählen. Die beiden Darstellungen erlauben es, die Vase auf dem Hausaltar sowohl für den Dienst der Herrin der Tiere als auch für den Dienst der Herrin der Pflanzen zu verwenden.

Die religiöse Aussage dieser Arbeit wird durch ähnliche, von anderen Fundstellen stammende ikonographische Kunstwerke verdeutlicht. Kopien von ebendieser Vase wurden in Mari am Oberlauf des Euphrat gefunden, andere an einem so weit entfernt liegenden Ort wie Mohenjo Daro im Industal ausgegraben. In Tepe Jahja in Belutschistan – an einer der Hauptrouten zwischen Mesopotamien und Indien – wurden zur gleichen Zeit Tausende solcher Schalen hergestellt. Andere in der Umgebung gefundene Bilder der Herrin der Tiere stammen aus der Zeit vor und nach der Anfertigung der Schale[4]. Das Motiv der Herrin der Tiere taucht im minoischen Kreta wieder auf (1500 v.Chr.), außerdem auf einer Vase aus der geometrischen Stilperiode der griechischen Kunst (7. Jahrhundert v.Chr.). Wegen ihrer ähnlichen ikonographischen Elemente und trotz ihrer bezeichnenden Symbole haben diese Steinschalen die Gelehrten jahrelang vor Rätsel gestellt. Da die Brüste flach und die Nasen wie Schnäbel dargestellt sind, vermutete man, daß es sich um männliche Figuren handle; keine der bekannten Überlieferungen konnte zu ihrer Identifizierung beitragen.

## ATARGATIS, DEA SYRIA

Eine ähnliche Schlangengöttin gelangte nach Italien; im Rom der frühchristlichen Zeit wurde eine bunte Vielfalt von Religionen gepflegt, die Kaufleute und Sklaven aus den besiegten Ländern mitgebracht hatten. Zu den bekannteren Kulten gehörte die Anbetung der alten syrischen Fruchtbarkeitsgöttin Atargatis, die man der Einfachheit halber *Dea Syria* nannte. Auf dem Janiculum angesiedelt, dem höchsten der sieben Hügel Roms, fand der Kult – dank der römischen Adaptationen der Naturgöttin wie etwa Kybele – viele Anhänger im ganzen Reich.

Die bemerkenswerte Statue aus schwervergoldeter Bronze, die man am Fundament des Tempels der *Dea Syria* ausgrub (3. Jahrhundert n.Chr.), zeigt die Gottheit, mumienartig und siebenfach von einer großen Schlange umwunden. Ihr Kopf schaut aus dem Rachen der Schlange heraus, als ob beide eins wären. Eine genauere Untersuchung ergibt, daß zwischen den Windungen der Schlange und dem Körper der Göttin sieben Eier versteckt sind – eine Anspielung auf den syrischen Mythos, daß sie aus einem Ei geboren wurde, das die heiligen Fische des Euphratflusses fanden und ans Ufer schoben. Lukian berichtet von den heiligen Fischen der Atargatis in Syrien, die in ihren Flossen und Kiemen goldene Kleinodien trugen und im Teich ihres schönsten Tempels in Hierapolis verehrt wurden[5]. Die *Dea Syria* verkörpert den befruchtenden Geist des Wassers, der das Leben hervorbringt und auch erhält.

Plinius beschrieb die Atargatis, deren Abbildungen er sah, als halb Fisch und halb Frau; zweifellos steht Atargatis am Ursprung der Meerjungfrau-Legenden[6]. In Griechenland nahm sie die Gestalt der Göttin Derketo an, deren Schrein sich auf der heiligen Insel Delos befand. Ihr zwischen stillen, fischreichen Teichen gelegener Tempel war von Bäumen voller Tauben umringt, deren leises Gurren die Unterhaltung von Liebenden nachahmt.

Römische Berichte zeigen, daß die Riten der *Dea Syria* sich an das übliche Schema des Kultes der Muttergöttin Asiens hielten. Ihre Verehrung war von ekstatischem Tanz zu der Musik von Trommeln, Tamburinen, Flöten und Zimbeln begleitet und schloß auch die rituelle Prostitution ihrer Priesterinnen ein, die von Herodot detailliert beschrieben wird; hinzu kamen noch die Phallussymbolik und die Entmannung ihrer Priester.

156

156. Goldene Statue der von einer Schlange umwundenen *Dea Syria.* Rom; 3. Jahrhundert n. Chr.

Lukian merkt an, daß Semiramis, die halb menschliche, halb göttliche Tochter der Atargatis, ihrer Mutter in Hierapolis einen Tempel errichten ließ. Dort verzichteten die Menschen darauf, Fische und Tauben zu essen, gemäß dem Verbot der Bewohner Askalons an der Küste Palästinas, wo man Derketo verehrte. Im Zentrum des Heiligtums der Atargatis standen drei goldene Statuen; zwei stellten die Göttin selbst dar, und eine ihren Gemahl Hadad. Prächtige Plastiken der Atargatis tragen Turmkronen, Szepter und Spinnrocken und stehen auf Löwen, die sie bewachen. Diese Statuen zeigen, daß Atargatis nicht nur die Attribute der türkischen Kybele besitzt, sondern auch die von Hera, Athene, Aphrodite, Rhea, Artemis, Nemesis und den Schicksalsgöttinnen. Sie repräsentiert die Muttergöttin, von der alle genannten Göttinnen ihre Eigenschaften herleiteten. Diese Gottheit, gleichzeitig himmlisch, irdisch und chthonisch, regierte mit absoluter Macht bis weit in die patriarchale Zeit hinein.

# Schlangengöttinnen Kretas

Wissenschaftler vermuten, daß die Vorfahren der Minoer irgendwann zwischen 4000 und 3000 v. Chr. aus dem Schwarzmeergebiet über die Kykladen nach Kreta kamen. Sie brachten Kulttotems wie Schlange, Taube, Stierhörner und Doppelaxt mit sich. Die gleichen Symbole, um 6000 v. Chr. entstanden, fand man auch in Çatal Hüyük und auf dem Balkan. Marija Gimbutas zufolge ist die Schlange ein wichtiges Verbindungsglied zwischen Alteuropa und Kreta. Der Balkan, Griechenland und Kreta, weniger Mesopotamien, bildeten den Kern, aus dem die europäische Zivilisation hervorging[1]. Ein Vergleich der Ausstattung des Schreins der kretischen Eileithyia in der Nähe von Gournia mit den Funden im Raum der heiligen Schlangen, der unter dem Palast von Knossos entdeckt wurde, untermauert diese Theorie. Beide Schreine enthielten Gefäße, die mit plastisch modellierten Schlangen verziert sind, die sich an den Seiten emporringeln, als wollten sie trinken. Die Gefäße sind weit älteren Fundstücken nachgebildet, die man auf dem Balkan ausgegraben hat. Bei den Schlangengefäßen und den Bildern der Göttin aus beiden Regionen lassen sich viele Übereinstimmungen feststellen.

## KNOSSOS

Im neolithischen Alteuropa und im bronzezeitlichen Osten tritt die Schlangengöttin in verschiedenen Formen und äußerst häufig auf. Unter diesen vielen Darstellungen ist aber vielleicht keine von so rätselhafter Schönheit wie die beiden, die Arthur Evans im Schrein des Tempelpalastes von Knossos auf Kreta (etwa 16. Jahrhundert v. Chr.) fand. Die größere der beiden Fayencestatuetten stellt möglicherweise eine Gottheit der Ober- und der Unterwelt dar: Schlangen umwinden sie oberhalb und unterhalb ihrer Taille, als verkündeten sie das Leben oder den Tod.

Ihre Allmacht kommt in der dreifachen Tiara zum Ausdruck, die wiederum von einem Schlangenkopf gekrönt ist. Ihr Oberteil, ein geschnürtes Mieder, das ihre üppigen Brüste freiläßt, weist auf ihre nährenden Eigenschaften hin. Der Rock trägt am Saum eine Borte mit dem heiligen Netzmuster und wird teilweise von einem kurzen, doppelten Schurz bedeckt, den das Wellenmuster einsäumt. Am meisten fallen die starr blickenden, schwarzen, hypnotischen Augen der Figur auf. Die Augenbrauen sind als Relief gearbeitet, um den prophetischen Ausdruck zu unterstreichen. Das vorn kurz geschnittene Haar fällt auf dem Rücken bis zur Hüfte. Unverhältnismäßig große Ohren sind ein Charakteristikum, das sich auch bei anderen kretischen Göttinnen dieser Zeit feststellen läßt.

Arthur Evans beschreibt die Schlangen etwa wie folgt: Drei gefleckte Schlangen winden sich um die Göttin; einen der Köpfe hält sie in ihrer Hand. Sie schlängeln sich an ihrem rechten Arm empor bis über die Schultern und an ihrem anderen Arm wieder hinab. Zwei sind in Höhe der Hüfte ineinander verschlungen und bilden einen Gürtel. Der Kopf einer Schlange ruht in dessen Mitte, ihr Körper windet sich über die Vorderseite der Schürze, steigt am Rand ihres Mieders empor und legt den Schwanz um ihr Ohr. Eine dritte Schlange, die mit

157. Oberste Schlangengottheit aus dem Palast von Knossos. Kreta; ca. 16. Jahrhundert v. Chr. (s. Tafel 33).

158. Eine von zwei Geschwistergottheiten (vielleicht auch Mutter und Tochter) aus dem Palast von Knossos schwingt heilige Ottern. Kreta; 16. Jahrhundert v. Chr. (s. Tafel 25).

157

158

dem Tier an der Hüfte verschlungen ist, bewegt sich in die Gegenrichtung. Ihr Schwanzende ist in den Gürtel verwoben, und die Schlange säumt das Mieder auf der linken Seite, reicht über das linke Ohr hinaus und ringelt sich über der Tiara oben auf dem Kopf zusammen[2].

Die Statuette der im mannbaren Alter stehenden kleineren Göttin ist in der gleichen Art gekleidet wie die der gesetzteren Figur. Eine enganliegende Jacke läßt ihre Brüste frei. Ihr glockenförmiger Rock hängt von der Hüfte in sieben Stufen herab, und ihre Schürze weist das Netzmuster in Kreuzschraffierung auf. Wie der der größeren Göttin bedeckt auch der Rock der jüngeren die Füße – ein Zeichen der Göttlichkeit. Auf ihrer Krone aus Rosen sitzt ein kleiner Leopard. Mit ihren ausgestreckten Händen hält sie zwei Schlangen umfaßt, deren Größe und deutlich erkennbare Zeichnung sie als heilige Kreuzottern ausweisen. Zu Wellen- und Punktmustern abstrahiert, erscheinen diese Schlangen auf Ritualgegenständen ihres Kultes und charakterisieren ihre Herrschaft über die Unterwelt. Ihr furchterregender Gesichtsausdruck ist eine Erinnerung an die Vulkanausbrüche, Flutwellen und Erdbeben, die die Tempelpaläste mehr als einmal zerstörten. Der größte jemals bekannt gewordene Ausbruch war der des Vulkans auf der nahegelegenen Insel Thera. Die schreckliche Katastrophe, die sich ungefähr 1450 v. Chr. ereignete, vernichtete die gesamte Insel und hatte wahrscheinlich den Untergang der hochentwickelten minoischen Kultur zur Folge.

Die Ausstattung des Schreins umfaßt auch ein großes, schön poliertes gleichschenkliges Kreuz und enthält außerdem einiges Beweismaterial, das die Rolle der Gottheit erhärtet. Bei den Terrakottafiguren fand man eine große Anzahl von Muschelschalen, außerdem Votivgewänder für die Statuen. Die heiligen Ottern, die die kleinere Göttin gepackt hält, sind keine harmlosen Schlangen. Sie erwecken kaum den Eindruck vertrauenswürdiger Hüter des Hausschatzes, wie es etwa Hunde tun, sondern verbreiten Furcht und schnellen Tod; sie erinnern an die todbringende Seite der Göttin, in deren Mysterienkult man sterben mußte, um wiedergeboren zu werden.

## AUSSERHALB DES PALASTES

Im Hafen, dessen sich Knossos bediente, stieß man auf eine Ganzfigur der Göttin als Schlangenmutter; mit 38,7 cm ist sie die größte bisher entdeckte Figur. (Wo sie sich zur Zeit befindet, ist unbekannt.) Wie die größere der Göttinnen aus dem Palastschrein trägt sie einen dreistufigen Kopfputz und hält eine einzelne Schlange, deren Schwanz auf ähnliche Weise über die Stirn bis hinter die vergrößerten Ohren reicht. Sie hat die Schlange um die Körpermitte und am Hals gefaßt, und ihr Kopf ist dem Tier leicht zugeneigt. Die Schlange blickt zu ihr auf wie zu einer Mutter. Diese Verbundenheit mit dem Tier läßt sie als Schlangenmutter erscheinen. In diesem Fall wird die Schlange nicht wie die Ottern der kleineren Palastgottheit als Symbol infernalischer Macht emporgehoben; bei dieser Schlange, einem Python, kann es sich durchaus um einen zahmen Hausgenossen handeln. Aus feinstem, schön geädertem Marmor gemeißelt, ähneln Stil, Gesichtszüge und Details der Statue so sehr denen einer Figur, die man in der Nähe gefunden hatte, daß Evans, der Ausgräber dieser Fundstätte, glaubt, beide Statuen seien von derselben Hand geschaffen worden.

Die exquisite Statuette einer weiteren Schlangengöttin aus Gold und Elfenbein, die heute im Boston Museum of Fine Arts steht, stammt wahrscheinlich aus einem Reliquienschrein in Knossos. Zwar wurde sie im Museum auf die Zeit um 1600–1500 v. Chr. datiert, doch ist J. D. S. Pendlebury der Auffassung, daß dieses Kunstwerk aus Spätmittelminoisch I (etwa 2200–2100 v. Chr.) stammt, einer Epoche, in der die Palastkunst auf ihrem Höhepunkt stand. Die Göttin trägt eine goldene Krone und einen glockenförmigen Rock mit fünf goldgefaßten Volants, und sie hält die Arme leicht erhoben. Zwei goldene Schlangen schlingen sich in dreifacher Windung um ihre Arme, und beide recken sich mit herausgestreckter Zunge zum nackten Oberkörper der Göttin auf. Ihre rechte Brustwarze ist durch einen goldenen Nagel markiert, der, wie auch die bloßen Brüste, an die wertvolle, nährende Seite der Göttin erinnern soll und darauf schließen läßt, daß sie manchmal die Schlange säugt. («Tenau mit der goldenen Brust», eine keltische Göttin, wurde so genannt, weil eine Schlange so hartnäckig an ihrer Brustwarze festhielt, daß man die Brust abschneiden und durch eine aus Gold ersetzen mußte.)

Ein von Evans im Palast von Knossos ausgegrabener Miniaturschrein aus Spätminoisch III weist eine doppelte, erhöhte Plattform sowie einen mit

159

159. Minoische Schlangengöttin aus Gold und Elfenbein. Kreta; ca. 1600–1500 v. Chr.

160. Kleiner Hausschrein der Göttin mit einer schlangenarmigen Figur im Zentrum; die Vergrößerung zeigt die Schlangen. Palast von Knossos, Kreta; Spätminoisch III, 1400–1100 v. Chr.

160

Kieselsteinen belegten Boden und Putzseitenwände auf. Auf der unteren Ebene, die mit dem Netzmuster versehen ist, steht ein niedriger, dreifußähnlicher Opfertisch, der mit Bechern und Krügen gedeckt ist. Weihehörner schmücken die obere Ebene des Altars; in der Mitte befindet sich ein Schacht oder eine Hülse für die Doppelaxt, die man gegen die Hörner gelehnt vorfand. Doppelaxt wie auch Schmetterling verkörpern die Göttin; man fand sie zusammen in einem anderen Schrein (s. Teil V, «Der Schmetterling»). Seit Evans' Zeit betrachten die Gelehrten die Doppelaxt als Symbol der Göttin.

Die Weihehörner werden von Terrakottafigurinen flankiert, unter ihnen drei glockenförmige Gebilde und zwei kleinere Statuetten, eine männliche und eine weibliche. Der Mann steht links, die kleine Frau in der Mitte. Die größte Figur, offenbar das Kernstück der Gruppe, ist rechts außen plaziert; ihre Hände sind in segnender Geste erhoben. Die Gottheiten tragen ein traditionelles Streifenmuster: in Höhe der Hüfte und darunter ziehen sich Bänder um die Figuren, und die Streifen der größten Gottheit ergeben die magische Siebenzahl. Eine Göttin erhebt ihre Hände zur Brust. Ihre Arme vollziehen eine Schlangenbewegung nach der Art asiatischer Tänzerinnen unserer Zeit; die Hände sind in Wirklichkeit Schlangenköpfe. Die Geste verweist auf die Erneuerungskraft der Schlange.

Jahrtausende später tritt das Bild der saugenden Schlange erneut in Erscheinung und verbindet Leben und Tod. In Shakespeares *Antonius und Cleopatra*[3] sagt die sterbende Cleopatra, die eine Viper an die Brust drückt:

«Still,
Siehst du den Säugling nicht an meiner Brust
In Schlaf die Amme saugen?»

## GEBURT UND TRANSZENDENZ

Ein minoisches Zentrum der Wahrsagekunst gehörte der Schlangengöttin Eileithyia, einer Geburtsgöttin[4]. Ihre mit Honigopfern verbundene Verehrung ist auf Linear-B-Tafeln dokumentiert, die man in einer Höhle am Ufer des kretischen Flusses Amnissos fand, in der Nähe der gleichnamigen Hafenstadt, die bereits Homer erwähnt.

Eileithyias Verknüpfung mit der Prophetie geht aus Fundstücken, die man in der Nähe der kleinen Stadt Gournia im Osten Kretas zutage föderte, auf erstaunlich deutliche Weise hervor. Auf einem Hügel in einiger Entfernung vom Palast entdeckte man einen kleinen Schrein. Genau in der Mitte des Altars stand eine primitive Statuette der minoischen Schlangengöttin. Von der Hüfte aufwärts nackt, ist sie mit dem üblichen glockenförmigen Rock bekleidet; um ihren Körper windet sich eine Schlange. Schlangen lieben die Wärme, und der Schrein enthielt wohl deshalb eine auffällig plazierte Dreifuß-Feuerstelle aus Terrakotta von der Art, wie man sie in den Heiligtümern der Schlangengöttin findet. Neben der Feuerstelle standen drei zylindrische Gefäße mit plastisch dargestellten Schlangen, die an den Seiten emporkriechen, um zu trinken; bei anderen Gefäßen dienen Schlangen als Handgriffe. Wieder andere Gefäße sind mit Weihehörnern und Doppeläxten verziert, die auf ihre

161. Inventar eines Schlangenschreins aus Gournia. Kreta; spätminoisch, 1400–1100 v. Chr.

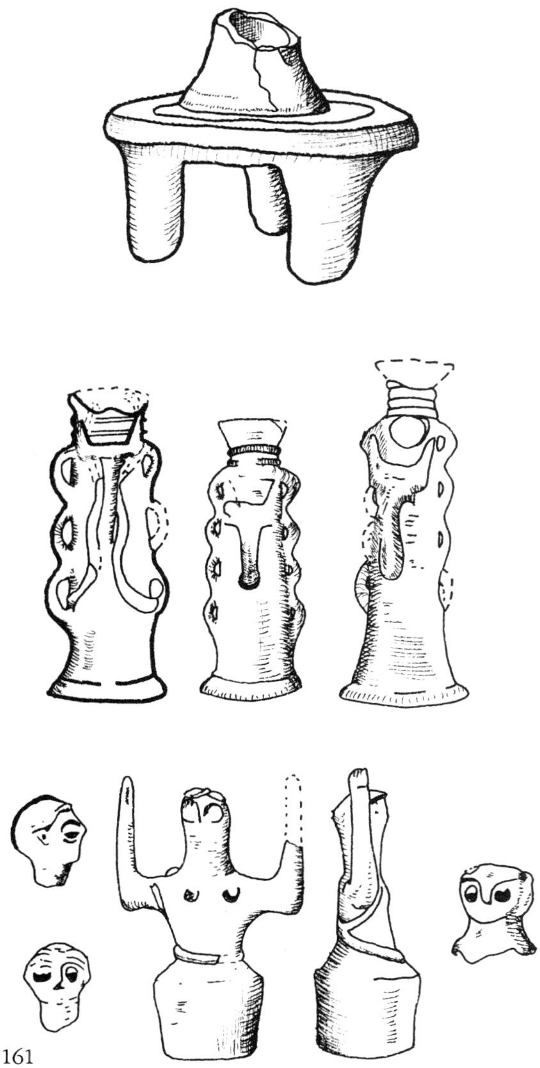

161

sakrale Funktion hinweisen. Die typischen Halsketten an diesen Krügen setzen die Gefäße mit der Gottheit gleich.

Homer wie auch Hesiod erwähnen Eileithyia, die als Tochter oder jüngerer Aspekt Heras deren Rolle als göttliche Hebamme übernahm. Wir wissen, daß diese beiden griechischen Göttinnen ihren Ursprung auf Kreta hatten, denn sie werden auf Linear-B-Tafeln genannt. Eileithyia kümmert sich um Heras Wirkungskreis, wie auch Zeus nach Kreta kommt, um den jungen Gott Zagreus als Sohn und Liebhaber der Göttin zu ersetzen.

Auf einigen Monumenten trägt Eileithyia eine brennende Fackel. Auf einer etruskischen Vase drückt sie die linke Hand auf den Unterleib, und die geöffnete rechte hält sie erhoben. Lewis Richard Farnell merkt an, daß ihre erhobene Hand oder die Fackel bedeuteten, daß die Entbindung ihren Fortgang nehmen könne[5]. Wurde sie gesenkt, war die Geburt unterbrochen; die nach unten gerichtete Fackel signalisierte den Tod. Durch das Senken der Fackel verzögerte Eileithyia die Geburt des Herakles um mehrere Tage. Nur durch eine List wurde sie dazu gebracht, die Fackel zu heben und damit die Geburt des starken Mannes zu gestatten.

Eileithyias Fackel erinnert daran, daß das Feuer, das erste Prinzip, durch die Feuerstelle oder den Herd mit der Frau verbunden ist. Man schrieb ihm magische Eigenschaften zu und glaubte, es sei eine Manifestation der Göttin; der Herd, auf dem man das Feuer anfachte, wurde zum heiligen Mittelpunkt des Haushalts, und der Herdstein diente nun als Altar der Göttin. Die Herdkonstruktion, bei der vertikale Steinsäulen eine horizontale Platte tragen, ist

162

162. Siegelring mit einer Darstellung des Abstiegs der Gottheit. Isopata, Kreta; jüngere Palastzeit (s. Tafel 18).

an sich schon ein Symbol der Gottheit der Erde und des Himmels.

Die kretische Kunst verbindet Hinweise auf die Transzendenz mit höchster Anmut; dies zeigt ein goldener Siegelring aus Isopata in der Nähe von Knossos. Die Bewegung in dieser Szene setzt wie ein Tanz ein, wobei die Göttin eine erhöhte Stellung in der Mitte einnimmt; ihr Kopf ist einer großen Schlange zugeneigt. In spiralförmiger Abwärtsbewegung läßt sie auf der rechten Seite ihres Körpers ein einzelnes heiliges Auge in einer Weise erstrahlen, die an die allessehende Präsenz der Gottheit erinnert. Wegen ihrer schnellen Abwärtsbewegung flattert das Haar hinter ihr her. Von der Hüfte aufwärts ist sie nackt; die Rüschen ihres Rocks öffnen sich wie eine Blume. Irisbüschel – diese Blumen sind besonders heilig – sprießen rund um sie aus der Erde, und zwei Anbeterinnen stehen mit ehrfurchtsvoll erhobenen Armen da. Links fliegt ein Vogel mit langem Hals hernieder, und eine kleine, in der Luft schwebende Gestalt erhebt eine Hand, um anzudeuten, daß sie von einer höheren Ebene kommt. Jedes Element der Zeichnung zielt darauf ab, den Eindruck einer schnellen, wirbelnden Bewegung zu vermitteln. Wenn Besessenheit von diesen Figuren Besitz ergriffen hat, ist der orgiastische Tanz das Mittel der Beschwörung.

## DER OMPHALOS UND DAS ORAKEL

Der berühmte Omphalos von Delphi, konisch geformt und von einem Netzmuster umhüllt, wurde als Nabel oder Mittelpunkt der Welt betrachtet. Er war aus einem Baitylos, einem zur Erde gefallenen Meteoriten, gemeißelt – einem heiligen Stein himmlischer Herkunft. Der Omphalos von Delos ist der Gegenstand des Schreins, dem die größte Verehrung entgegengebracht wird; ihn ziert die Palme von Delos. Die Schlange der Erdmutter schlingt sich schützend um ihn.

Andere Exemplare des Omphalos – in Milet, Babylonien und im großen Amontempel in Ägypten – weisen je nach Ort gewisse Unterschiede auf. Obwohl Delphi gewöhnlich mit Apollon in Verbindung gebracht wird, deuten der konusförmige Omphalos und die ihn bewachende Schlange darauf hin, daß der Schrein ursprünglich der Erdgöttin Gaia oder der Themis geweiht war. Der Konus versinnbildlicht ihren Schoß, den Urquell der Gottheit. Die Yoni im heutigen Indien greift diese Form und ihre Bedeutung auf.

In der Kunst der Antike trifft man die Schlange oft zusammen mit dem Omphalos an; dieser Assoziation liegt ihre prophetische Kraft zugrunde. In Delphi hielt man in den Höhlen des Trophonius Schlangen, die prophetischen Zwecken dienten. Die Haupthöhle in Delphi galt als Eingang zum Land der Toten, und der Klang des dort rauschenden Wassers half bei der Übermittlung von Prophezeiungen[6]. Die Sibylle, allgemein unter dem Namen Pythia bekannt, atmete die aus einer Felsspalte aufsteigenden Dämpfe ein und sprach, auf ihrem Dreifuß sitzend und von ihrem Python umschlungen, rätselhafte Weissagungen aus.

Ein Gemälde aus Pompeji zeigt Apollon, wie er die große Schlange tötet, die sich um den Omphalos gewickelt hat – eine bildhafte Metapher für die

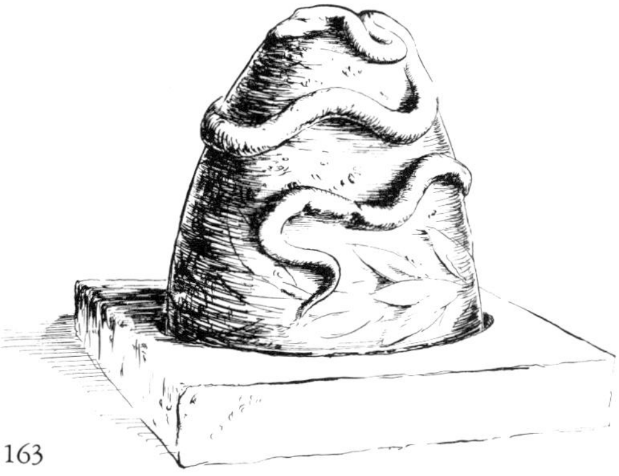

163

163. Der Omphalos von Delphi. Griechenland; 4. Jahrhundert v. Chr.

164. Mit einer Schlange tanzende Frauen. Paleakastro, Kreta; ca. 1400 v. Chr.

Vernichtung der mutterzentrierten Kräfte, die zuvor in Delphi den Ton angegeben hatten, durch den neuen männlichen Gott. J. E. Harrison kommentiert das Ereignis mit leiser Ironie: «Was hatte der strahlend schöne Apollon mit der alten Schlange zu schaffen?»[7] Doch die Schlange überlebte Apollons Versuch, die dunklen Kräfte von Delphi auszurotten, desgleichen die Sibylle, die weiterhin im Zentrum der prophetischen Welt Griechenlands verwurzelt blieb. Delphi war nur eines von vielen antiken Orakeln; man hat Tafeln ausgegraben, auf denen noch ältere Orakel und Orakelstätten beschrieben sind.

164

## DER SCHLANGENTANZ

Tänze vollziehen oft kosmische Prozesse nach. Weltweit wird noch immer der Tanz mit ineinandergehakten Armen praktiziert, ein extrem altes Ritual; man sehe sich beispielsweise den Schlangentanz in New Mexico an, wo die Navajo bei ihrem zweimal jährlich abgehaltenen Regenzauber lebende Schlangen verwenden. Aus Paleakastro auf Kreta stammt eine faszinierende kleine Gruppe von Tänzerinnen (etwa 1400 v. Chr.), die über ihren glockenförmigen Röcken Tierhäute tragen. Eine der Tänzerinnen hat zwei Ketten um den Hals und hantiert, während sich alle in heiligem Reigentanz drehen, mit einer sich lebhaft windenden Schlange. Wenn auch Schlange und Schlangentanz in vielen Kulturen zu finden sind, gibt es doch in der Welt der Antike keinen Ort, wo die Zeugnisse ausgeprägter sind als in Kreta[8].

# Schlangenhaarige Gottheiten

Alte Symbole haben oft mehrere Bedeutungen. Das Haar steht für Energie und Fruchtbarkeit. Das Kopfhaar deutet auf höhere geistige Kräfte hin, das Haar unterhalb der Taille auf befruchtende Kräfte. Wenn Schlangen in der Weise an die Stelle des Haares treten, wie sie die Flechten der Gorgo ersetzen, repräsentieren sie die höheren Schöpfungsmächte.

Sich in Spiralen windende Schlangen schmücken den Kopf der vogelgesichtigen Göttin, die im heutigen Makedonien in dem kürzlich ausgegrabenen Hügel von Sitagroi entdeckt wurde, der zur Karanovo-Kultur (etwa 4500 v. Chr.) gehört. Diese Göttin und zwei andere Köpfe mit schlangenartigen Locken, die in demselben Hügel gefunden wurden, weisen darauf hin, daß die Gorgonenlokken sich mindestens bis ins 5. Jahrtausend v. Chr. zurückverfolgen lassen[1].

Spätminoisch I zugeschrieben, zeigt die Figur im Berliner Museum nach kretischer Art ihre nackten Brüste. Die drei großen, in ihrem Nacken zusammengerollten Schlangen lassen an schwere Haarlocken denken, und ein Knoten ineinander verflochtener Schlangen umschließt ihre Taille. Bei den Schlangen scheint es sich um die in Kreta als heilig geltenden Pythons zu handeln. Eine von ihnen richtet sich wie die ägyptische Uräusschlange – eine aufgerichtete Kobra, das Hieroglyphenzeichen für die Göttin Neith – über ihrem Kopf auf. Obwohl die Gestalt der Berliner Figur etwas plumper ist als die anderer minoischer Gottheiten, ist doch ihre Bekleidung ähnlich, und den Volant ihres Rockes ziert die Vipernzeichnung aus Wellen und Tupfen, die sich mehrfach wiederholt, als sollte dadurch ihre Wichtigkeit unterstrichen werden. Das Muster findet sich auch auf einer geweihten Keramikfeuerstelle aus Voulala, die nicht weniger als zehnmal restauriert worden ist.

## DIE GORGO MEDUSA

Die Medusa, eine archaische Bürgerin der Unterwelt, hat anstelle der Haare zischende Schlangen, und ihre Eckzähne sind die Hauer eines Ebers. Ihre Zunge ist herausgestreckt, um Feuchtigkeit aufzufangen. Einst war sie eine wunderschöne Göttin, die ein Liebesverhältnis mit Poseidon unterhielt und ihm zwei Kinder gebar. Aber sie beleidigte Athene, die Medusas Haar in Schlangen verwandelte und ihr einen Blick verlieh, der die Menschen zu Stein werden ließ. Medusa ist eine der drei Gorgonenschwestern und als Herrin des «westlichen Tores» oder des Todes bekannt, weil ihre Wohnstatt am Eingang zur Unterwelt am Rand des westlichen Ozeans liegt. Sie verkörpert die beunruhigenden Kräfte der Tiefe.

Die Geschichte von Medusa und Perseus beginnt damit, daß er auf die Forderung seines Königs eingeht, Medusa zu töten. Perseus trifft zunächst auf die Graien, ein schicksalhaftes Trio schwanengleicher Wesen, die Schwestern der Gorgonen waren. Die Graien bewachen den Zugang zu Medusas Reich. Als Verkörperungen des Alters haben sie zusammen nur einen einzigen Zahn und ein einziges Auge[2]. In diesem Zahn und in diesem Auge liegt ihre Macht. Perseus schleicht sich an die Graien heran, entreißt ihnen Zahn und Auge und

165

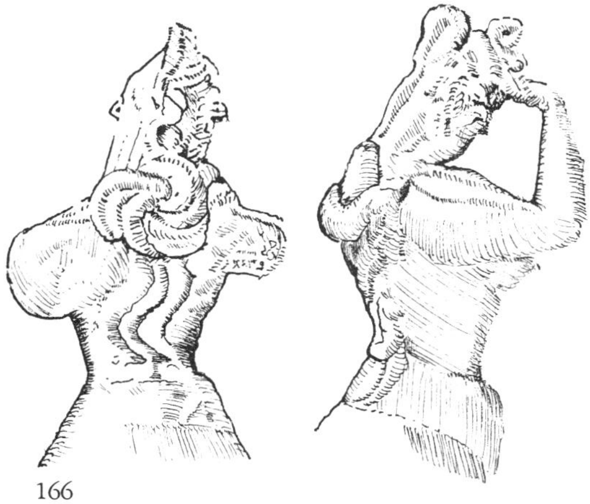

166

167

165. Die Vogel- und Schlangengottheit. Hügel von Sitagroi, Makedonien; ca. 4500 v. Chr.

166. Schlangen ringeln sich wie Haarlocken einer Gottheit; sie streichelt die Schlange, die sich auf ihrem Scheitel erhebt. Kreta; Spätminoisch I, 1400–1100 v. Chr.

167. Die Gorgo Medusa, eine alte Göttin, tötet mit dem Blick ihrer Augen; ihre Macht konzentriert sich in dem von Schlangen umkränzten Kopf. Griechenland; 6. Jahrhundert v. Chr.

168. Der Giebel des Artemis-Tempels zeigt eine Medusa mit schlangenartigem Haar und einem Schlangengürtel. Korfu, Griechenland; 6. Jahrhundert v. Chr.

168

macht die armen Geschöpfe damit hilflos. Dann schließt er mit ihnen einen Handel ab, um Auskünfte zu erlangen, die ihn zu den Nymphen führen. Von den Nymphen holt er den Helm der Unsichtbarkeit, die geflügelten Sandalen und einen Zaubersack. Athene, die darauf bedacht ist, Perseus weiterzuhelfen, schenkt ihm einen spiegelblank polierten Schild. Hermes gibt ihm eine diamantene Sichel. Schließlich ist Perseus bereit, sich den Gorgonen zu nähern. Mit seiner Tarnkappe gewappnet und in den Spiegel schauend, um nicht selbst in Stein verwandelt zu werden, schlägt er Medusa das Haupt ab, stopft es in seinen Sack und entflieht mit Hilfe der geflügelten Sandalen[3]. Perseus überreicht seiner Gönnerin Athene das Haupt, die es als magischen Beutel an ihren Brustpanzer (Ägis) heftet.

In dieser Geschichte ist die Gorgo, deren Name «die Hinterhältige»[4] oder «Herrscherin»[5] bedeutet, zur Personifikation des «bösen Blicks» geworden, zu einem Geschöpf, das mit seinen Hauern und der heraushängenden Zunge schrecklich aussieht; sie «tötet mit dem Auge und schlägt alles in ihren Bann»[6]. Die verfilzten Schlangen ihres Haares, Medusas Kraft, verweisen auf die Unterwelt. Vielleicht ist sie mit der syrischen Göttin Ischtar verwandt, deren Augentempel in Tell Brak ebenfalls mit dem «bösen Blick» zu tun hat. Der Tempel wird so genannt, weil er mit Figuren gefüllt ist, deren Hauptkennzeichen das Auge ist. Die meisten Menschen halten die Gorgo für ein bösartiges Wesen; dieses Mißverständnis ist aber auf den Übergang von der mutterzentrierten Religion zur patriarchalen zurückzuführen.

Robert von Ranke-Graves sieht in den Gorgonen Priesterinnen der Dreifaltigen Mondgöttin, maskierte Hüterinnen der weiblichen Mysterien, und sagt, daß für die Orphiker das Antlitz des Mondes das Gorgonenhaupt war[7]. Einige der antiken Schriftsteller glaubten, daß die Maske der Gorgo den Mond darstelle; andere faßten sie als Doppelgängerin der Athene auf. Sie kann durchaus die dunkle Seite der Athene verkörpert haben, denn Medusa repräsentiert die chthonische Macht der Großen Göttin in der Unterwelt.

Eine andere archaische Medusa am Giebel des großen Artemistempels auf Korfu (6. Jahrhundert v. Chr.) bestätigt ihren frühen Status und ihre Rolle als Symbol für die Verschmelzung von Gegensätzen. Die von ihrem Kopf abstehenden Schlangen verweisen auf die Schöpfermächte und verdeutlichen den Zusammenhang zwischen Schlange und Weisheit.

Wie die mexikanische Mondgöttin und die kretische Palastgottheit trägt die Gorgo den Gürtel aus kopulierenden Vipern. Vipern sind sehr gefährliche Giftschlangen, obwohl sie – wie Artemis – die sprichwörtlichen Beschützerinnen der Frauen im Kindbett sind.

Die Haltung der Medusa auf dem Giebel entspricht einer Swastika, dem Symbol der kosmischen Schöpfung. Die Löwinnen an ihrer Seite erinnern an die Funktion des Löwen als Beschützer der Großen Mutter; dies gilt auch für den 4400 Jahre älteren Löwenthron von Çatal Hüyük (s. Abb. 115). Das Mäandermuster schmückt den Chiton der Göttin und gemahnt an den Zyklus von Tod und neuem Anfang.

# Griechische Schlangengottheiten

Überall in Griechenland stößt man auf Spuren von Schlangengottheiten. Einige stehen in Zusammenhang mit der Geburt, andere mit der Verehrung der Toten. In Delphi hielten die Priesterinnen Schlangen, die sie bei ihren Prophezeiungen unterstützen sollten.
Die Schlange gehörte ursprünglich zu Gaia (oder Themis), die die Erde verkörpert, und erst später beanspruchte Apollon sie für sich. Auch Demeter hatte im Tempel von Eleusis eine Schlange mit Namen Kychreus als Dienerin. Wegen ihrer Weisheit wird die Schlange oft in Verbindung mit Athene, der Göttin der Weisheit, verehrt.

## DIE HESPERIDEN

Die griechischen Sagen erzählen von einem paradiesischen Garten, dem Garten der Hesperiden, der seinen Namen von Hera hatte, die zeitweise zu Hespera wurde, dem Abendstern. Der Garten liegt am Rande des westlichen Ozeans. Drei wunderschöne, süß singende Mädchen, die Töchter Ladons, des niemals schlafenden Drachen, bewachen die goldenen Äpfel der Liebe und der Fruchtbarkeit.
Die jungen Mädchen der Hesperiden versinnbildlichen die Schönheit der von der sinkenden Sonne angestrahlten Wolken. «Ihre Namen beziehen sich auf den Sonnenuntergang, der den Himmel grün, gelb und rot, wie einen Apfelbaum mit seinen Früchten, färbt. Die Sonne, die vom Horizont in einen tiefroten Halbapfel geschnitten wird, findet ihren dramatischen Tod in den westlichen Wellen. Wenn die Sonne verschwunden ist, erscheint Hesperos. Dieser Stern war der Liebesgöttin Aphrodite geweiht… Wird ein Apfel der Breite nach durchschnitten, so erscheint das Kerngehäuse als ein fünfzackiger Stern.»[1]
Der Baum mit den Goldenen Äpfeln ist in diesem ersten Avalon ein Baum des Lebens. Als seine elfte Arbeit erschlägt Herakles, ein Sohn des Zeus, den Drachen Ladon und raubt die goldenen Äpfel.
Das Motiv von Schlange, Frau und Baum illustriert eine griechische Vase, auf der der große Schlangendrache die goldenen Äpfel bewacht und Herakles, auf seine Keule gelehnt, unmittelbar neben dem Baum steht. Vor dem Baum posieren zwei der Hesperiden; eine von ihnen ist mit einem durchsichtigen Chiton bekleidet, die andere erhebt ihre Hände, als ob sie ihre nährenden Brüste entblößen wollte.

## ATHENE, DIE JUNGFRÄULICHE GÖTTIN

In der frühen griechischen Kultur bedeutete das Wort «Jungfrau» einfach nur «unverheiratet». Wenn Athene auch eine Reihe von Sexualpartnern gehabt und vielleicht sogar ein Kind zur Welt gebracht haben mag, bleibt sie doch für immer Jungfrau. Muttergöttinnen waren gleichzeitig Mutter und Jungfrau. Etymologisch hängt das lateinische Wort für Jungfrau, *virgo, virginis,* mit *vir,* «Stärke», und mit *gen,* «Rasse», zusammen. Jungfrauen waren dem Tempel als Kulthetären (heilige Prostituierte) geweiht, so daß die Männer der Göttin durch sexuellen Verkehr huldigen konnten. Das ist ironischerweise die Geschichte dieses Wortes. In den

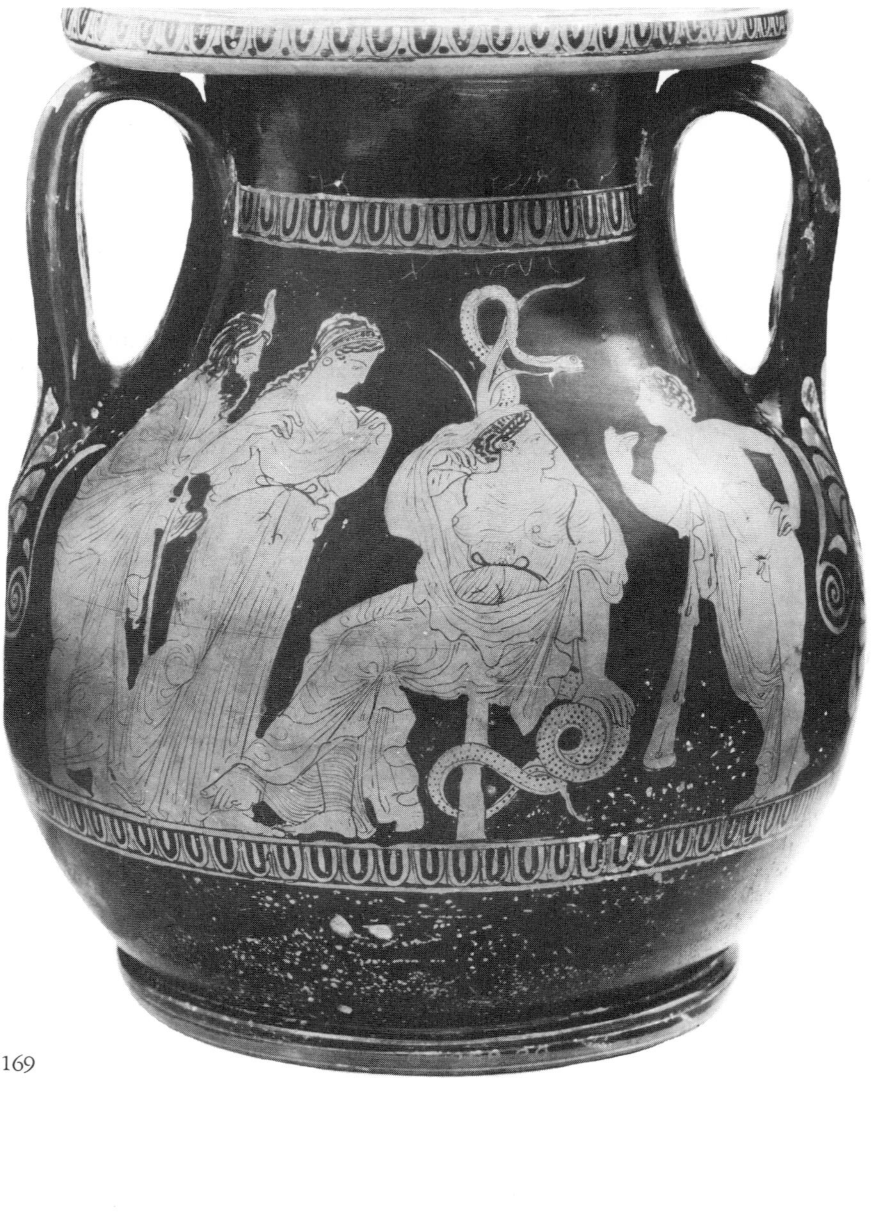

169

169. Auf einer Vase bewacht der Schlangen-Drache der Hesperiden den Baum mit den Goldenen Äpfeln. Griechenland; 5. Jahrhundert v. Chr.

170. Diese Marmorschlange blickt von einem Giebel über Athen. Griechenland; 6. Jahrhundert v. Chr.

170

frühen Kulturstadien wäre es undenkbar gewesen, mit dem Begriff «Jungfräulichkeit» die gleichen Werte zu verbinden, die er heute umfaßt. Es war vielmehr die Fruchtbarkeit der Braut gemeint, auf die es ja bei der Heirat ankam und die geradezu gefordert war. Bis eine Frau ein Kind geboren hatte, war ihre Fruchtbarkeit fraglich.

Eine duale Gestalt – halb Mensch, halb Schlange – kennzeichnet die beiden ersten legendären Könige der Stadt, die Athenes Namen trägt. Kekrops, der erste König von Athen, wurde unter ihrem heiligen Tempel begraben. Seine Schlangentöchter pflegten Athenes mysteriöses Schlangenkind Erichthonios, ein Geschöpf mit dem Körper einer Schlange und dem Kopf eines Menschen. Sobald ihr Sohn geboren war, versteckte man ihn, um Athenes Ruf als Jungfrau aufrechtzuerhalten; in olympischen Zeiten hatte sich die Einstellung zur Jungfräulichkeit also bereits ins Gegenteil verkehrt.

Trotz der späteren Behauptung des Zeus, er habe sie gezeugt, besagt Athenes Name: «Ich bin aus mir selbst entstanden.» Plutarch identifiziert Athene mit der libysch-ägyptischen Göttin Neith, die oft gänzlich in Schlangengestalt abgebildet wird. Neith herrschte als Göttin in einer Zeit, als man der Auffassung war, die Kinder gehörten der Mutter, und der Vaterschaft noch keine besondere Bedeutung beimaß. Die Ehe war noch nicht institutionalisiert; Liebhaber kamen und gingen, und die Frauen standen der Familieneinheit vor, die Mutter und Kinder umfaßte.

In Athen spielt die Schlange eine wichtige Rolle. Der mehrfarbige Kopf einer Marmorschlange (6. Jahrhundert v. Chr.) blickt von einem Giebel aus über Athen. Ein alter Schlangentempel, in dem man eine lebende Schlange hielt, stand einst an der Stelle des gegenwärtigen Erechtheions. Ausgrabungen auf der Akropolis ermöglichten die Rekonstruktion zweier riesiger Schlangenfiguren. Ihre Größe und ihre Pracht müssen höchst beeindrukkend gewesen sein. Eine Rekonstruktionsskizze zeigt, daß sie beinahe zwei Drittel des östlichen Giebels des Hekatompedons einnahmen; Athene, die im Scheitel des Giebels steht, wird auf jeder Seite von einer Schlange flankiert. Am westlichen Giebel bilden zwei Meeresschlangen in der gleichen Position das Gegenstück zu den beiden Landschlangen[2].

Herodot zufolge wurde die Zitadelle von Athen von einer großen Schlange gegründet und verteidigt[3]. Man glaubte, daß die Seele des Königs – von Kekrops bis Theseus – in das heilige Tier übergehe, das als *Agathos Daimon,* «der gute Geist», verehrt wurde. Am Tage seiner Beschwörung wurden die Seelen der Toten aus ihren Grabkrügen befreit, und es folgte ein Fest der ersten Früchte und des neuen Weines. Noch jahrhundertelang hielt sich das Gefühl, die Schlange sei ein heiliges Wesen. Als Athene den Streit mit Poseidon um die Schutzherrschaft über die heilige Stadt gewonnen hatte, vertraute sie ihre Tempelstätte, die Akropolis, dem Schutz ihrer Schlange Erichthonios an, die bis in historische Zeiten die Hüterin der Zitadelle blieb.

Trotz der Verbindung mit der nach ihr benannten Stadt ist Athene eine prä-olympische Göttin. Ihr frühestes Auftreten in der uns vertrauten Gestalt erfolgte auf Kreta, wo sie in gleicher Weise mit der

171. Bronze-Athene trägt einen Peplos mit Fransen aus lebenden Schlangen. Griechenland; 5. Jahrhundert v. Chr.

172

172. Tau- oder Bienengöttin, auf einen minoischen Opfertisch gezeichnet, hat einen Vogelschnabel und Schlangenhaar. Kreta; ca. 1700 v. Chr.

171

Schlange identifiziert wurde. Unter Athenes heiligstem Felsentempel auf der Akropolis fand man mykenische Reste. Dort tritt sie als *Potnia Atana,* «Unsere Herrin von Athen», in Erscheinung, wie auf einer Linear-B-Tafel vermerkt ist, die man in Knossos gefunden hat und die aus der Zeit der mykenischen Besetzung des Palastes (1400–1100 v. Chr.) stammt. Somit wird die prähellenische Felsengöttin aus Kreta also zur Bergmutter der Akropolis; begleitet wird sie von der gleichen Ansammlung von Symbolen, der man später auch in der *Genesis* begegnet: Frau, Baum und Schlange. Athene selbst ist die Göttin der Weisheit, und daher ist es wohl kein bloßer Zufall, daß sich der Zwischenfall im Garten Eden um einen Baum der Erkenntnis rankt.

Bis zum 5. Jahrhundert v. Chr. hatte sich Athen zur mächtigsten und zivilisiertesten Stadt der westlichen Welt entwickelt. Ihre Bürger empfanden eine tiefe Zuneigung zu ihrer Stadtgöttin, und Athener Künstler meißelten und malten sie als ein junges Mädchen, das gerade der Kindheit entwachsen war, voll jugendlicher Lebenskraft wie die Stadt selbst.

Die vergoldete Bronzestatue aus dem 5. Jahrhundert v. Chr. ist ein hervorragendes Beispiel für diesen Überfluß an Energie. Athene trägt einen Peplos mit lebenden Schlangen als Fransen und auf ihrer Brust die Ägis, einen Schild aus Ziegenhaut, den das Gorgonenhaupt als Ornament ziert.

Dem Mythos nach waren Athenes Dienerinnen die beiden (manchmal drei) Töchter des männlichen Schlangenkönigs Kekrops. Ihre Namen waren Herse, «Tau», und Pandrosos, «die völlig mit Tau Benetzte». Für unser Verständnis der Athene als

173

173. Drei Figuren auf einem mittelminoischen Becher; Persephone steigt in die Unterwelt hinab, während sie eine riesige Blume betrachtet. Kreta; ca. 2000–1700 v. Chr.

Vegetationsgöttin ist es sehr wichtig zu wissen, daß ihre Dienerinnen Tau-Mädchen genannt wurden. Tau bringt Feuchtigkeit für das Wachstum, aber sein eigentlicher Ursprung ist rätselhaft. Man glaubte, daß der Mond, der ein Symbol für Reichtum, Fruchtbarkeit und Erneuerung war und daher oft als Quelle der Feuchtigkeit angesehen wurde, für die plötzliche, sanfte und doch magische Erscheinung des Taus verantwortlich sei. Als der olympische Zeus zum Vater der viel älteren Athene wurde, übernahm er ihre Attribute, und der Tau wurde als «Tochter des Zeus» bezeichnet.

Jedes Jahr wählte man mehrere lokrische Mädchen aus, die von Athenes Priesterinnen in ihrem Tempel in der Nähe Trojas rituell zu Tode gebracht wurden. Nach dem Vollzug geheimer Riten in der Dunkelheit der Nacht wurden sie getötet – wahrscheinlich stürzte man sie vom Gipfel des Hügels, auf dem das Heiligtum stand. Ihre zerschmetterten Körper sammelte man dann wieder ein, verbrannte sie und streute die Asche von einem Berg ins Meer[4]. Im 5. Jahrhundert v. Chr. war der Athenekult schließlich von jedem Makel des Menschenopfers gereinigt, und lediglich Zeremonien wie das Baden ihres Standbildes blieben als Zeugnis für ihr hohes Alter erhalten. Bei dieser Zeremonie wurde eine Statue der Athene, gekleidet in Gewänder, die junge Priesterinnen im Laufe des Jahres gewebt hatten, unter großem Frohlocken und mancherlei Lustbarkeiten zum Hafen in Piräus getragen und im Meer gewaschen.

Eine phantastische kleine Figur, die unten auf das Bein eines prächtigen minoischen Opfertisches gezeichnet ist, den man in Phaistos auf Kreta ausgegraben hat, stammt aus der Vorpalastzeit (2000–1700 v. Chr.). Die Figur, die manchmal als Bienengöttin bezeichnet wird, hat die Form eines Tautropfens, was die Vermutung nahelegt, daß es in der minoischen Religion einen Tau- oder Bienenkult gab; sie vereint außerdem mehrere andere Aspekte der Göttin in sich. Der medusenähnliche Kopf ist von fünf schlangenartigen Flechten gekrönt, wodurch diese Figur mit Medusa und Athene in Beziehung gesetzt wird; sie hat zudem den kurzen, stumpfen Schnabel einer Taube. Mit schweren Strichen gemalte Arme, die in fedrigen Fingern oder Krallen auslaufen, kontrastieren mit den dünneren Linien der Füße. Mehrere Zeichnungen, die in Arthur Evans' Buch *The Palace of Knossos* wiedergegeben sind, sowie Arbeiten von Marija Gimbutas untermauern die Annahme, daß die Bienengöttin einen Platz im alten Kreta hatte.

Drei ähnliche Figuren sind auf einem Becher aus dem ersten Palast von Phaistos aus der mittelminoischen Periode (etwa 2000–1700 v. Chr.) zu sehen. Karl Kerényi bezeichnete die größte von ihnen als die früheste Darstellung Persephones[5]. Ihre Begleiterinnen, von denen eine einen Taubenkopf hat, tanzen lebhaft um sie herum, während sie, sich einer großen Blume zuneigend, die in der Nähe ihrer verdeckten Füße aus der Erde sprießt, nach unten steigt. Persephone fehlen die Arme; stattdessen zieht sich zu beiden Seiten ihres Körpers eine Reihe schlangenähnlicher Bögen hin (wie im Schrein der Eileithyia, s. Abb. 161). Gleich der Tautropfenkönigin aus Phaistos hat sie einen Taubenkopf mit Schlangenhaar, ein Hinweis auf ihre Verbindung zur Unterwelt; die Szene erinnert an den archaischen Mythos, die literarische Quelle der Hymne Homers, dem zufolge Hades Persephone entführt. Ihre Begleiterinnen treten oft als Artemis und Athene auf, denen die Schlange geweiht ist. Im Mythos spielen sie mit Persephone und pflücken Blumen mit ihr. Eine Blume, die niemals zuvor auf Erden geschaut wurde, wächst neben ihr aus dem Boden, und sie blickt mit Wohlgefallen auf sie.

## DIE BÄRTIGE SCHLANGE UND DIE WÄCHTERSCHLANGE

Als das Mutterrecht (J. J. Bachofens Terminus für die matriarchale Kultur), das seit dem Paläolithikum existierte, abgeschafft worden war, wurde die Schlange zu einer männlichen Gottheit. Das in Hymettus-Marmor gehauene Relief einer großen, sich ringelnden bärtigen Schlange, des Zeus Meilichios, das auf der Kykladeninsel Keos gefunden wurde, stammt aus dem 4. Jahrhundert v. Chr.

Als ein charakteristisches Zeichen der Männlichkeit wurde der Bart in der neuen patriarchalen Welt als heilig betrachtet und galt als ehrenvolles Merkmal. Besonders auffällig ist dies im glattrasierten Ägypten, wo Priester und hochstehende Beamte als Zeichen ihrer Würde künstliche Bärte trugen. Der Pharao selbst legte bei zeremoniellen Anlässen einen rechtwinklig gestutzten Bart an, und auch die Königin Hatschepsut trug, wie die männlichen Pharaonen, einen falschen Bart, als sie den Thron bestieg. Diese Symbolik ist auch heute noch bei den Moslems lebendig, die «beim Barte des Propheten» schwören.

Man sagt, daß Zeus eigentlich eine chthonische Gottheit sei, ein *Agathos Daimon,* der in früheren Zeiten die Macht verkörperte, die die Erde fruchtbar werden läßt. In einem Mythos schwängert Zeus in Gestalt einer riesigen Schlange seine Tochter Semele, die dann Dionysos zur Welt bringt.

Das Diasia-Fest in Athen, später zu Ehren des Zeus veranstaltet, war ursprünglich einer Unterweltschlange gewidmet, die schon vor Zeus verehrt wurde[6]. Zeus übernahm die Schlange nur, weil sie wegen des Verfalls der Religion der Göttin gleichsam herrenlos war. Zeus wurde niemals ein wirklicher Schlangengott, und die Gepflogenheit der Griechen und Römer, die Schlange mit einem Bart zu versehen, scheint ein Mittel gewesen zu sein, um dieses Tier vollständig von der Göttin loszulösen.

Eine Kolossalstatue der Athene erhob sich einst im Parthenon, ihrem Tempel in der nach ihr benannten Stadt. Die glänzende Spitze ihres goldenen Speers diente als Leuchtturm für die Seeleute auf dem Meer, und an ihrer Seite reckte sich eine enorme Schlange beinahe zur Höhe ihres Standbildes auf. Zur Zeit der persischen Invasion, 480 v. Chr., veranlaßte das Gerücht, die lebende Schlange, die im Tempel gehalten wurde, sei verschwunden, ohne den ihr angebotenen Honigkuchen anzurühren, die Menschen dazu, aus der Stadt zu fliehen.

## HEKATE

Eine Elfenbeinplakette aus dem spartanischen Heiligtum der Artemis Orthia vom Ende des 8. Jahrhunderts v. Chr. zeigt die geflügelte Göttin Hekate

174

174. Marmor-Relief aus Hymettus, das Zeus als sich windende Schlange zeigt. Kykladeninsel Keos; 4. Jahrhundert v. Chr.

175

175. Elfenbeindarstellung Hekates mit einer Schlange. Artemis-Heiligtum, Griechenland; 8. Jahrhundert v. Chr.

mit einer Schlange, die sich nach oben windet, auf ihren ausgestreckten Arm zu. Wie auch bei anderen Göttinnen der Geburt und der Wiedergeburt, so etwa bei Kali, Medusa, Ischtar und Isis, versinnbildlicht das Netzmuster, das ihre Flügel und ihr Gewand bedeckt, den unterweltlichen Aspekt der Hekate. Als Göttin der zyklischen Phasen verkörpert Hekate die heilige Dreizahl: den Himmel, die Erde und die Unterwelt. In Griechenland wurden die Toten dreimal beschworen, man trauerte drei Tage lang, und der Gerichtshof, der von den Gottheiten der Unterwelt überwacht wurde, trat für drei Tage zusammen[7]. Als wichtigstes Geschöpf des Todes und der Wiedergeburt ist die Schlange die natürliche Dienerin der dreifaltigen Hekate.

Nach einem Fragment Hesiods wurde Hekate von einer Jungfrau geboren und kam vollständig entwickelt zur Welt, mächtig im Himmel, auf der Erde und im Meer. Ihr Name bedeutet «die Entfernte» und leitete sich von dem ihrer Mutter Asteria («die Gestirnte») her, einer Schöpfergöttin und Königin des Himmels und der Planetenmächte. Außer ihrem Namen erhielt Hekate von Asteria das gestirnte Firmament.

Man hat Hekate, die oft mit Artemis verwechselt wird, als Verkörperung der dunklen Seite von Artemis' Mond beschrieben[8]. Die beiden Göttinnen sind Jagdgefährtinnen und teilen sich in ihre Hunde und in ihre Liebe zur Jagd. Schlange und Hund sind Symbole für beide, aber die Unterweltschlange gehört vor allem zu Hekate; wie andere Göttinnen, die eine Fackel tragen und deren Emblem eine Schlange ist (beispielsweise Eileithyia), wacht auch Hekate über die Frauen im Kindbett.

Als eine der alten Titaninnen hält Hekate auch im Meer Hof, wo sie viele Liebesverhältnisse mit weniger bedeutenden Meeresgöttern hat. Triton war einer von ihnen, und Zeus selbst liebte und verehrte sie. Er vereinnahmte oder schluckte die prähellenischen Gottheiten eine nach der anderen; als er sich aber in Hekate verliebte, gestattete er ihr, ihren Anteil an den drei Welten zu behalten.

Hekate war einst so mächtig wie ihre Vorläuferin Neith, sie ist die Öffnerin des Weges zum Tod. Es scheint unvermeidlich, daß Hermes, der als Bote die Unterwelt aufsucht, Hekate begegnet und sich in sie verliebt. Zu ihrer Nachkommenschaft zählen einigen Quellen zufolge die drei Grazien oder Chariten und die Göttin Kirke. Der Name von Hermes ist von *herm* abgeleitet, dem griechischen Wort für «Grabstein». Hermes' Begleiter ist, wie der des Anubis, der Hund.

Die dreifaltige Hekate wurde als «Göttin der Dreiwege» dort verehrt, wo drei Straßen zusammentrafen. In mondlosen Nächten saß sie dort, rührte in ihrem Kessel und pfiff nach ihren Jagdhunden. Die Athener besänftigten sie mit Opfergaben, die «Hekates Abendmahl» genannt wurden, und errichteten ihr zu Ehren einen Pfahl, an dem drei Holzmasken aufgehängt wurden, von denen jede in eine andere Richtung blickte. Ihr wurden Hunde, Honig und schwarze Schaflämmer geopfert. In mondhellen Nächten trägt Hekate einen schimmernden Kopfschmuck, der den Mond verkörpert, und als Hexe und Herrin der schwarzen Magie verfügt sie über schier unübertreffliche Zauberkräfte. Auch Hermes gelangte als Zauberer zu einigem Ruhm, und daher war es nur natürlich, daß auch ihre

Tochter Kirke, die Mondgöttin, in der Zauberei sehr bewandert war. Sie wiederum gab ihre Fähigkeiten an ihre Nichte Medea weiter. Hekate spielt in dem bekannten Mythos von Persephone oder Kore eine Rolle; sie hilft Demeter bei der Suche nach ihrer Tochter, nachdem Persephone von Hades entführt worden war.

## MEDEA

Einem der glücklichen Zufälle ist es zu verdanken, die uns so viele archäologische Schätze beschert haben, daß ein Relief, um 50 n. Chr. entstanden, in einer römischen Villa an der Via Appia gefunden wurde. Es zeigt Jason, der das von einem Schlangendrachen bewachte Goldene Vlies raubt. Jason schneidet das Goldene Vlies von der heiligen Eiche, nachdem Medea die Bestie mit Zaubersprüchen eingelullt und schließlich in Schlaf versetzt hat, indem sie ihr aus frisch geschnittenen Wacholderzweigen gewonnene Zaubertropfen auf die Augenlider träufelt. Jason flieht mit Medea, um der Rache ihres Vaters, des Königs Aietes, zu entgehen. Mit seiner Mannschaft, den Argonauten, und Medea segelt er zurück nach Griechenland; dort heiratet er sie aus Dankbarkeit für ihre Hilfe vor dem Altar der Hekate, deren Priesterin Medea war.

## DEMETER

Im Altgriechischen bedeutet *meter* «Mutter», und eine Terrakottadarstellung aus dem 5. Jahrhundert v. Chr. zeigt Demeter, die «Herrin der wilden Geschöpfe», als Kornmutter. Sie hält Weizen und Mohnkapseln in der Hand, Wahrzeichen der Erde und der Tiefe, und Schlangen ringeln sich um sie. Die den Acker bebauenden Menschen erkennen, daß der in die Erde versenkte Same als Pflanze wiedergeboren wird, und sie verstehen diese Tatsache als Allegorie auf das Leben in der Unterwelt. So verschmilzt auch Demeter im Mythos mit ihrer Tochter Persephone, der Herrin des Tartaros, und miteinander agieren sie als Wächterinnen über alle Stadien des vegetativen Wachstums[9].

## HARMONIA UND KADMOS

Eine weitere Geschichte, die über die Bedeutung der Schlange Aufschluß gibt, ist in dem alten griechischen Mythos von Kadmos und Harmonia überliefert. Harmonia war die Tochter der Schlange, die Kadmos erschlug, als er darum kämpfte, sich den Thron zu sichern – eine Variation des uralten Themas von der Ermordung des alten Königs durch den neuen.

Die Königshäuser von Theben und Delphi führen ihre Abstammung auf einen Schlangendrachen zurück, wie James G. Frazer in *The Golden Bough* beschreibt[10]. Dieser Anspruch auf Verwandtschaft beruht auf der überlieferten Annahme, daß König Kadmos und Königin Harmonia in Schlangen verwandelt wurden. Dieser Volksglaube leitet sich von der frühen Vorstellung her, daß die Seelen der verstorbenen Herrscher von Theben in die Körper von Schlangen übergingen.

176

176. Ein Relief aus einer römischen Villa zeigt Jason und Medea, die das Goldene Vlies rauben. Italien; ca. 50 n. Chr.

177

177. Schlangen züngeln um die Gaben Demeters, die Weizen und Mohnkapseln in Händen hält. Griechenland; 5. Jahrhundert v. Chr.

# Mexikanische Göttinnen

Die Kultur der Azteken in Mexiko scheint auf den ersten Blick eine völlig patriarchale zu sein, aber bei näherem Hinsehen entdeckt man eine starke weiblich orientierte Unterströmung, die hauptsächlich durch die Schlange zum Ausdruck kommt, das mächtigste und verbreitetste Symbol dieser Kultur. Mexikanische Mythen schildern die Göttin als ungeheuer stark und immer als Furchtbare Mutter, eine negative Gestalt, die nächtliche Dunkelheit aus der Unterwelt nach oben bringt. Dennoch glaubte man, die Unterwelt sei der Ort, aus dem letztlich alle Nahrung hervorgehe; die Erdmutter war trotz all ihrer Grausamkeit auch die im Frühling blumenbedeckte Erde. Die Azteken legten allem Weiblichen gegenüber eine ambivalente Haltung an den Tag. Die Schlange war für sie sowohl ein Geschöpf der Dunkelheit als auch eine Spenderin von Licht und Weisheit.

## COATLICUE

Coatlicue, die aztekische Göttermutter, verkörpert die Erde. Ihre zwölf Tonnen schwere Statue aus präkolumbianischer Zeit weist ein Gewirr von Hauern, Schuppen und Klauen auf, außerdem einen doppelten Schlangenkopf auf einem menschlichen Oberkörper. Eine der wenigen spezifischen Tatsachen, die man über sie weiß, betrifft ihre Enthauptung, nach der aus ihrem durchtrennten Hals zwei Schlangenköpfe hervorwuchsen[1]. Ihre Hände sind Klauen von Greifvögeln, ihre Füße gleichen denen einer riesigen Schildkröte. Ihre Halskette aus abgehackten Menschenköpfen und aus dem Körper gerissenen Herzen, dazu ihr Schlangenrock machen sie äußerst furchterregend. Coatlicues Gürtel, ein Attribut der Muttergöttin, war ursprünglich mit Gold überzogen und trägt als Schnalle einen Schädel. Oft deutet der Gürtel – trotz der Geburt von Kindern – auf die ewige Jungfräulichkeit der Gottheit und auf ihre sexuelle Macht hin.

In ihrem Äußeren und in ihrem Charakter ähnelt Coatlicue der Hindugöttin Kali, die die Idee veranschaulicht, daß Leben erst zerstört werden muß, damit es wiedergeboren werden kann. Die Aztekenstämme glaubten, daß sie im Westen, wo die Sonne untergeht, aus dem «Todesschoß» hervorgingen. Coatlicue wird «die blumenbedeckte Frühlingserde» genannt und «die, aus der die Sonne jeden Tag wiedergeboren wird». Im unteren Reich nimmt die prä-existente Coatlicue eine herausragende Stellung ein; äonenlang treibt sie in nebligem Chaos dahin und trägt als Schöpferin und Zerstörerin die Saat allen Lebens in sich[2]. Coatlicue ist als Vegetationsgöttin die Herrin der Pflanzen, und man rief sie um Hilfe an, um den üppig wuchernden Dschungel im Zaum zu halten. Sie stand in enger Verbindung mit ihrem Sohn Tlaloc, dem Regengott. In Mexico City steht ihr Haupttempel neben dem Tempel Tlalocs. Es ist nicht verwunderlich, daß die Göttin, die das Volk der Azteken aus Asien mitgebracht hatte, so viele der schöpferischen Charakteristika der Muttergöttin der Alten Welt beibehalten hat.

Weil von dualer Natur, ist Coatlicue sowohl der Ursprung von Krankheit und Tod als auch die Göttin der Heilung und der praktischen Medizin der Frauen. Die Schilderung von Coatlicues

178

178. Statue von Coatlicue, der aztekischen Göttermutter, mit doppeltem Schlangenkopf, menschlichem Torso und einem Schlangenrock. Mexiko; präkolumbianisch (s. Tafel 20).

Schwangerschaften enthüllt, daß ihre ursprünglichen Kräfte dem Sonnengott untergeordnet waren. Nachdem sie den Mond und die Sterne geboren hat, lebt Coatlicue einsam und keusch im Tempel, von ihrem Kopfschmuck aus Adlerdaunen bis hinab zu ihren Schlangenhautsandalen ganz in Weiß gekleidet. Eines Tages, als sie den Tempelhof kehrt, sieht Coatlicue, die Herrin mit dem Schlangenrock, im Staub zu ihren Füßen einen Ball aus Kolibrifedern liegen. Sie bewundert seinen smaragdschillernden Glanz, hebt ihn auf und steckt ihn in ihren Gürtel. Er fühlt sich warm an, als ob er von der Sonne erhitzt wäre. Als sie mit dem Kehren fertig ist, setzt sie sich nieder, um auszuruhen, und sie greift nach dem Federball. Er ist verschwunden. In diesem Moment wird ihr klar, daß sie schwanger ist. Als ihre Kinder, der Mond und die Sterne, davon erfahren, werden sie zornig und beschließen, sie umzubringen. Coatlicue bricht in Tränen aus, aber das Kind in ihrem Leib tröstet sie und gibt ihr zu verstehen, daß es sie gegen alle Widersacher verteidigen wird[3]. In dem Augenblick, da Coatlicues Feinde nahen, um sie zu töten, kommt das Sonnenkind Huitzilopochtli vollständig erwachsen aus ihrem Schoß hervor. Mit Hilfe der Sonnenstrahlen und der Feuerschlange überwindet der jugendliche Sonnengott seine Schwestern und Brüder und schlägt sie in die Flucht.

## COYOLXAUHQUI

Nur durch Zufall wurde die Existenz einer weiteren, majestätischen Schlangengöttin entdeckt. Im Morgengrauen eines Februartages im Jahr 1978 traf ein städtischer Arbeiter, der in der Nähe des Platzes vor der Kathedrale in Mexico City die Straße aufgrub, auf etwas Hartes. Im schwachen Licht beugte er sich nieder und sah, daß er auf eine runde Scheibe aus behauenem Stein gestoßen war. Auf der Scheibe, etwas über 3 m im Durchmesser, ist Coyolxauhqui dargestellt, die aztekische Mondgöttin. Sie lag in ihrer ursprünglichen Position vor dem Großen Tempel, wo sie Jahrhunderte früher (etwa 1428 n. Chr.) der Mittelpunkt religiöser Opferzeremonien gewesen war. Diese Entdeckung führte zur Ausgrabung der Tempelstätte[4].
Der Coyolxauhqui-Mythos berichtet, daß ihr Bruder Huitzilopochtli, der Kriegsgott, sie tötete, zerstückelte und ihren Körper in vierzehn Stücke schnitt, als sie auf dem Schlangenhügel *(coatepec)* mit ihm um die Macht stritt[5]. Die Zahl Vierzehn spielt in Mythologien überall auf der Welt eine Rolle und nimmt Bezug auf den in Solartagen gemessenen Abstand zwischen dem zunehmenden und dem abnehmenden Mond, und analog dazu auf den Zyklus von Geburt und Tod. Wie ihre Mutter Coatlicue trägt auch Coyolxauhqui den Schädel an ihrer Hüfte. Sie ist die dritte präkolumbianische Gottheit, die mit Schlangen auftritt, die sich ineinanderflechten und wie ein Gürtel um ihre Taille winden. Auf ihre abgetrennten Arme und Beine sind zwei verknotete Schlangen eingraviert, und aus ihrer Federkrone lugt – ähnlich wie aus der Krone auf Atargatis' Kopf oder aus der Turmkrone der minoischen Göttin – eine einzelne Schlange hervor. Von dieser Gottheit ging, selbst nachdem sie gestürzt war, große Macht aus.

179. Die 1978 entdeckte Scheibe (Ø ca. 3 m) zeigt die aztekische Mondgöttin Coyolxauhqui, die einen Gürtel aus kopulierenden Vipern trägt. Mexiko; präkolumbianisch.

179

180. Ixchel, die Regenbogengottheit und lunare Schlangengöttin der Maya, fördert die Fruchtbarkeit und hilft den Frauen bei der Entbindung. Mexiko; präkolumbianisch.

181. Diese riesige Steinschlange bewacht die Stufen der Maya-Pyramide in Chichén Itzá. Mexiko; präkolumbianisch.

Ixchel, die Regenbogengottheit und lunare Schlangengöttin der Maya, fördert die Fruchtbarkeit und hilft den Frauen auch bei der Entbindung; zum Gebären gehen sie auf ihre heilige Insel Cozumel. Sie hält den Krug, das Symbol des Schoßes, mit der Öffnung nach unten, damit die Geburt ihren Fortgang nehmen kann. Ihr Gemahl, die Sonne, war rasend eifersüchtig und mißtrauisch, als sie, da sie ja Mondgöttin war, regelmäßig jeden Monat für drei Nächte vom Himmel verschwand. Seiner Anschuldigungen überdrüssig, verließ sie ihn und wanderte über den Nachthimmel; schließlich ging sie mit seinem Bruder, dem Morgenstern, eine Verbindung ein.

## QUETZALCOATL UND CULCULCAN

Der aztekische Gott Quetzalcoatl, die «grüne gefiederte Schlange», entspricht völlig einem Gott der benachbarten Maya, nämlich Culculcan von der Halbinsel Yucatan. Eine weitere Parallele ist im Schlangengott der nordamerikanischen Hopi zu sehen, die sich immer noch lebender Klapperschlangen bedienen, wenn sie ihren jährlichen Regentanz abhalten[6]. Den Göttern der Azteken und der Maya ist das spiralförmige Schneckenhaus gemeinsam, ein weiteres Emblem von Geburt und Auferstehung. Die Wiedergeburt ist ein zentrales Element in den religiösen Anschauungen der Maya, und das Symbol dafür ist immer der Schlangengott.
Die Federschlange steht für eine ungeordnete Vielfalt von mythologischen Bedeutungen und für die Aussöhnung von Gegensätzen. Die Schlange, die zum Wasser und zur Erde gehört, verbindet sich mit dem Vogel, einem Geschöpf des Lichtes und der Luft, und verweist damit auf die Dichotomie von Leben und Tod.
Unter verschiedenen Namen personifiziert Quetzalcoatl das dominante männliche Element im aztekischen Glauben; als Erlösergott ist er in allen zentralamerikanischen Religionen präsent. Er symbolisiert den schöpferischen, lichten Aspekt der Federschlange, die sich durch ein Sühneopfer verwandelt[7]; darin ähnelt er dem wieder auferstandenen Gott des Nahen Ostens, dem Heldenkönig und Kulturbringer, der Eigenschaften und Funktionen besitzt, die früher zur Göttin gehörten. Auch in Mexiko, so scheint es, haben sich patriarchale Kräfte ihres Platzes bemächtigt.
Eine gigantische Steinschlange mit einer Spirale am Kiefergelenk bewacht auf sehr beeindruckende Weise den Treppenaufgang der Maya-Pyramide in Chichén Itzá, einer alten Ruinenstadt in Yucatan in Mexiko. Die dem Schlangenkönig Culculcan geweihte Pyramide ist ein architektonischer Ausdruck des Kalenders der Maya. Die vier Treppen, von denen jede 90 Stufen hat, ergeben zusammen 360 Tage; zu diesen zählte man die fünf heiligen Tage hinzu, die, ähnlich wie im ägyptischen Kalender, das Jahr der Maya vervollständigten. Auf dem Tempel ist das Maya-Datum vermerkt, das dem Jahr 360 n. Chr. entspricht. Bei einem anderen Bauwerk, dem Caracol in Chichén Itzá, wurde die Schlange durch einen Turm mit einer Wendeltreppe dargestellt.
Die Statuen des Culculcan, der gefiederten Schlange, zeigen den Gott oft in Schlangengestalt mit

180

181

menschlichem Kopf. Der Tempeleingang ähnelt den weitgeöffneten Kiefern einer enormen Schlange; in dem Schrein lebten Schlangen, die von eigens damit beauftragten Priestern des Kultes gepflegt wurden. Für die Tolteken von Teotihuacan, die Mexiko 1000 Jahre lang beherrschten, bevor die Azteken an die Macht kamen, symbolisierte eine gefiederte Schlange die Gewässer der Erde und die Erde selbst mit ihrer federnartigen Vegetation.

Obwohl die spätere Weltsicht der Azteken deutlich patriarchal orientiert ist, ergibt doch ihre frühere, mehr im Verborgenen liegende Geschichte ein anderes Bild. Ein durch einen Mann dargestelltes Wesen herrscht Seite an Seite mit dem König und trägt den Namen der Furchtbaren Mutter: die Schlangenfrau. Sie ist die ausschlaggebende höchste Instanz bei den internen Angelegenheiten des Stammes. Es kann kaum noch daran gezweifelt werden, daß eine ursprünglich mutterzentrierte Ordnung durch patriarchale Institutionen überlagert wurde[8].

# Schlangengottheiten Indiens und des Fernen Ostens

Die Schlange oder Varianten der Schlangengestalt sind in der Kunst und der Religion des Fernen Ostens und Indiens seit uralten Zeiten vertreten. In China und Japan trifft man trotz der sie ablösenden patriarchalen Traditionen auf Zeugnisse der Schlangenverehrung. Der Aitareya, ein buddhistisch-brahmanischer Gesang, zitiert Hymnen an die Schlangenkönigin, die über alles herrscht, was lebt. Von einigen Ausnahmen abgesehen, wurden die Attribute der Schlange, die man einst als Symbole der weiblichen Gottheiten verstand, durch die patriarchalen Traditionen usurpiert, und heute betrachtet man sie als Symbole von Göttern.

## JAPAN: UGA-JIN

Man weiß heute nur wenig über den geheimen Fruchtbarkeitskult des Uga-Jin, bildliche Darstellungen sind selten. Aber wie eine der seltenen Bronzestatuen zeigt, hatte der mysteriöse japanische Schlangengott auffallende Ähnlichkeit mit Quetzalcoatl. Er ist ein Erd- und Wassergott und wird mit der Schlange Uga gleichgesetzt, deren Bild den Haarknoten der japanischen Liebesgöttin Ben-ten (Benzai-ten) schmückt, die man manchmal als Aphrodite Japans bezeichnet hat. Uga-Jin war zu barbarisch, als daß die buddhistische Priesterschaft ihn hätte tolerieren können, und die Priester gaben seine Altäre dem Zerfall preis.

Uga-Jins Ähnlichkeit mit Quetzalcoatl ist möglicherweise nicht ganz zufällig, wenn man die Verbindungen zwischen Asien und Amerika in Betracht zieht, die von Archäologen und anderen Wissenschaftlern festgestellt wurden. Die Landbrücke, die in der Eiszeit Asien und Alaska verband, begünstigte die Emigration in die Neue Welt, und bereits um 8000 v. Chr. folgten Reisen zu Wasser. Darüber hinaus legt Uga-Jins Ähnlichkeit mit dem babylonischen Schlangengott die Vermutung nahe, daß es sich um einen Ableger aus derselben Wurzel handelt; auf Frühformen seines Kultes stieß man auch in China, wo Li Tsu alte chinesische Schlangengottheiten mit Menschenköpfen beschreibt.

## CHINA

Weil menschliche Darstellungen im neolithischen China äußerst selten waren, steht ein Terrakottakopf mit einem sternförmigen Kragen praktisch einzigartig da[1]. Die klare Konzeption des Deckelrandes unterscheidet die Vorder- von der Rückseite. Hinten setzt sich die Arbeit aus zwölf Sektoren zusammen, die durch dicke Linien getrennt sind, und jeder dieser Sektoren weist drei um eine vertikale Achse angeordnete Rauten auf; vorn besteht das Muster aus zwölf sich windenden Schlangen, die durch kühne gerade Linien von einander getrennt sind. Die Rauten (der Schoß) und die Schlange (das Wasser) versinnbildlichen die Bedeutung des weiblichen Prinzips für die Landwirtschaft sowie die magischen Kultzeremonien, die man zu seiner Belebung durchführte.

Die hohlen Stummelhörner dienten möglicherweise dazu, zur Zeit der Aussaat Samenkörner aus dem Gefäß in die gepflügten Ackerfurchen zu streuen.

182. Uga-Jin, ein Gott mit Schlangenkörper, wird mit der japanischen Liebesgöttin Ben-ten (Benzai-ten) in Verbindung gesehen. Japan; Neolithikum.

182

183. Von diesem Muttertopf ist nur der Deckel übrig geblieben: ein Kopf mit hohlen Hörnern, aus denen man Samen in die Ackerfurchen streuen kann. China; Neolithikum.

Zwischen den Hörnern ist der plastisch dargestellte Kopf einer Schlange zu sehen, deren Körper über die Rückseite nach unten hängt und sich, wie bei Atargatis, der Schöpfungsgöttin, über die Rauten schlängelt. Die Samenkörner fallen an der Schlange vorbei, die ihnen Fruchtbarkeit verleiht.

Die Beziehung von Schlange und Göttin zum Wasserzyklus taucht im alten China immer wieder als Motiv auf. Die Himmelsschlange ist eines der Zeichen des chinesischen Zodiakus, und sogar noch im 8. Jahrhundert v. Chr. gehörten viele der Schlangengottheiten der chinesischen Mythologie zu einem kosmischen Plan für die sexuelle Befruchtung der Erde. Der Topfdeckel setzt den Kopf und den sternförmigen Rand eindeutig mit dem Nachthimmel gleich, die regenartigen Wellen der Schlange im Verein mit den Wasserrauten der Mutter und dem leuchtenden Mond der vegetativen Kraft entsprechen dem rituellen Zweck eines frühen landwirtschaftlichen Kultes[2].

Aus der Schang-Dynastie (etwa 1350–1027 v. Chr.) stammen verschiedene Relikte weiblicher Schlangengottheiten. Der Regenzyklus setzte sich figurativ aus Drachengöttinnen – Gottheiten von Bächen, Seen und Mooren – zusammen, deren archaische Formen einen schuppigen Schlangen-Unterleib mit dem Oberkörper einer schönen Frau verbanden. Als Regenbringer übten sie eine geheimnisvolle Macht sowohl über den befruchtenden Regen als auch über Nebel, Dunst und Tau aus. Der Schatten der Drachengöttin huscht durch alte Gedichte und Erzählungen und macht sich immer noch in den zarten Drachenfrauen und Shamankas bemerkbar, die sie vertreten sollten.

183

184. Nü Kua formte Menschen aus Ton und schuf zusammen mit ihrem Bruder-Geliebten die Ordnung des Universums. China; T'ang-Dynastie, ca. 618–907 n. Chr.

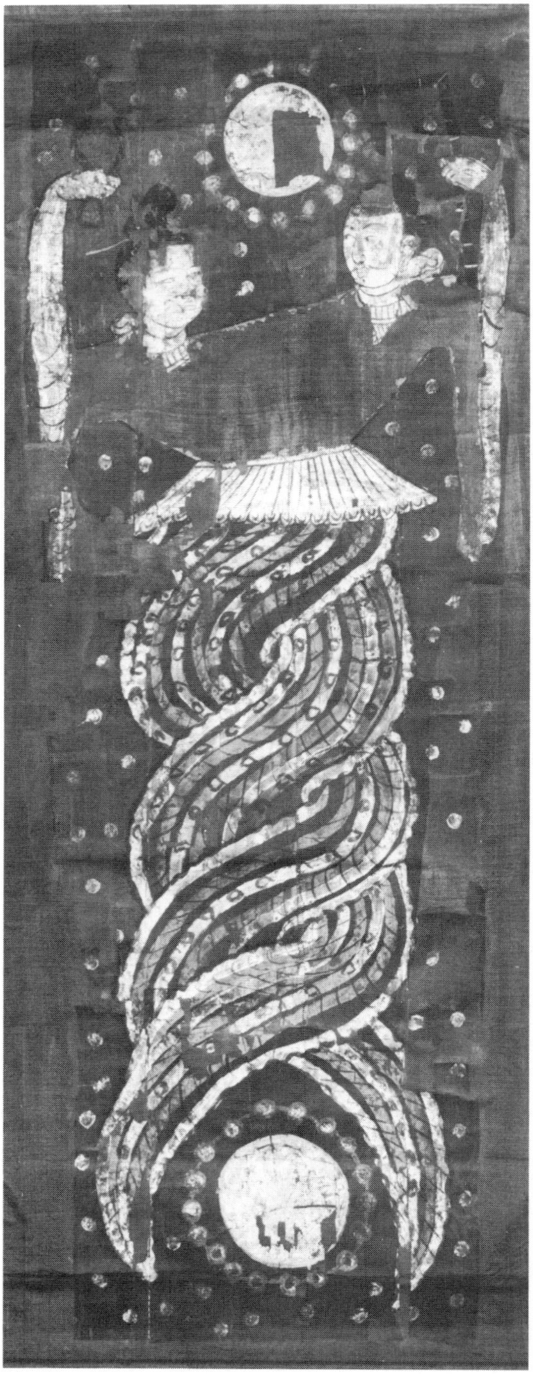

184

In der Endzeit der Tschou-Dynastie (770–221 v. Chr.) und während der Han-Dynastie (202 v. Chr. bis 220 n. Chr.) tauchen Drachenfrauen oder Schamaninnen als letzte Vertreter der Schlangenverehrung auf. Aber zu dieser Zeit wurden die weiblichen Drachen und Schlangen durch den offiziellen, vorwiegend männlichen Kult des Konfuzianismus aus den Legenden verdrängt.

## NÜ KUA

Eine der wenigen archaischen Gottheiten, die diese Säuberungsaktion überdauerten, war Nü Kua, eine mächtige Schöpfergöttin, die Menschen aus Lehm formte und das Universum neu ordnete. Sie wird halb als Schlange, halb als Frau dargestellt. Obwohl Nü Kua aus dem offiziellen Kult verschwand, lebte sie in Dichtung, Kunst und Ikonographie der damaligen Zeit weiter. Ein Stück Stoff aus einem T'ang-Grab (etwa 618–907 n. Chr.) zeigt sie mit ihrem Schlangenbruder Fu Xi. Beide Gestalten heben sich von einem Nachthimmel ab, der mit Sternbildern übersät ist. Als Himmelsgöttin und Schöpfergeist trug Nü Kua Musikinstrumente bei sich[3]. Sie sang und spielte Harmonium, um die Sphärenmusik entstehen zu lassen.
Die Han-Kunst zeigt Fu Xis schlangenartigen Torso verschlungen mit dem Nü Kuas. Die inzestuösen Partner werden als erstes Paar verehrt; der Legende zufolge schuf Nü Kua den Bruder Fu Xi aus ihrem eigenen Körper. Zwischen ihren Köpfen strahlt die Sonnenscheibe; um diese herum kreisen die Konstellationen der zwölf Tierkreiszeichen.

Auf dem Kopf trägt Nü Kua ein Netz, das ihr Geschick als Stoffweberin und ihre Bedeutung als Quelle himmlischer Feuchtigkeit symbolisiert. Sie ist es, die die Welt webt.

Bei allen späteren Dichtern behält Nü Kua ihre frühere Würde als Schöpferin bei. Einer der größten T'ang-Dichter, Li Po, ruft sie – ironisch – als Schöpferin der Menschheit in Erinnerung.

«Nü Kua spielte mit dem gelben Lehm,
Knetete den unwissenden, unbedeutenden
Menschen aus ihm.»[4]

Das Fragment eines Gedichts von Ch'in Tao-yu von Ende des 9. Jahrhunderts n. Chr. schildert, wie sie das tut, was sie am besten kann: sie bessert den blauen Himmel aus, wo immer er zerrissen ist.

«Ausgebreitet über Hsiang und Kiang
Verleiht Nü Kuas hauchdünner, hundert Fuß langer Rock den Hügeln seine Farbe.»[5]

## SHAMANKAS

Die Shamankas (Schamaninnen) spielten in der Gesellschaft des bronzezeitlichen China (etwa 1350–1027 v. Chr.) in spiritueller Hinsicht eine wichtige Rolle. Sie waren Sterbliche, die die Fähigkeit besaßen, in die Welt der Geister zu reisen und den übernatürlichen Wesen Bitten zu übermitteln. Linguistische Forschungen enthüllen ihre enge Verwandtschaft mit der schöpferischen Mutter und der fruchtbaren Erde. Zu Zeiten der Schang- und Tschou-Dynastie wurden Shamankas regelmäßig bei Hof beschäftigt, um den ausgetrockneten ländlichen Gebieten Regen zu bringen, und sie bekleideten offizielle Ämter, in denen sie als Sprachrohre von Orakeln fungierten. Viel später beschäftigte der T'ang-Hof bis zu fünfzehn Shamankas gleichzeitig[6]. Man erwartete, daß ihre Zaubersprüche Wirkungen zeitigten, und wenn das nicht der Fall war, folterte man die Musikantinnen, Tänzerinnen und Seherinnen, indem man sie der sengenden Sonne aussetzte, und manchmal wurden sie sogar zum Feuertod in rituellen Opferhandlungen verurteilt.

## INDISCHE NAGAS

Die Verbindung von Schlange und Feuchtigkeit zieht sich von Europa über Asien bis nach Afrika und ist auch bei den Völkern des amerikanischen Kontinents anzutreffen. Die Nagas, Regen- und Wassergottheiten aus Nordindien, wurden möglicherweise aus einer Gegend importiert, wo die Schlange das Stammeswahrzeichen war. Als Schlangengeister abgebildet, hatten die Nagas von der Taille aufwärts menschliche Gestalt, behielten aber ihre schlangenartigen Extremitäten bei.

Die Schlange und der Regenbogen sind in den Mythologien der ganzen Welt ebenfalls verknüpft. Beim Stamm der Kulu in Nordindien hieß der Regenbogen *Buddhi Nagin,* «alte weibliche Schlange». Hier wird der Regenbogen nicht nur mit einer Schlange in Beziehung gesetzt, sondern mit einer weiblichen Schlangengottheit. Auch Schlangenfrauen treten im Mythos häufig auf. Mächtige, wilde, aber auch wohltätige Schlangenmädchen herrschen über die Meere, deren Perlen und sonstige Schätze ihnen zur Verfügung stehen.

## DEVI UND KALI

Die vedischen Arier, entfernte Verwandte der homerischen Griechen, eroberten Indien ungefähr um die Mitte des 2. Jahrtausends v. Chr. Sie entwikkelten die brahmanische Tradition und versuchten, den Kult der Großen Muttergöttin zu unterdrükken, der aber im Süden unter der dunkelhäutigen drawidischen Bevölkerung weiterhin blühte. Daß Devi zeitlich vor Brahma kam, beweisen viele weibliche Figuren, die man im Gangestal fand (etwa 1500 v. Chr.)[7]. Diese Figuren stellen die Große Mutter dar, die sich im Lauf der Zeiten in Göttinnen wie Durga, Tara und Kali aufspaltete. Analog zu Göttinnen des Nahen Ostens wie Ischtar und Inanna wird die indische Göttin Kali in heiligen Texten mit der obersten Gottheit des Tantra identifiziert.

Weder die folgenden Jahrtausende noch die vielen späteren Religionen des Subkontinents konnten die in den Indern verwurzelte Vorstellung von einer weiblichen Macht als höchster Gottheit auslöschen oder entscheidend schwächen. Mahadevi ist als Kalika bekannt, weil sie ohne Anfang und Ende ist; da sie die alleinige Schöpferin, Erhalterin und Zerstörerin von Millionen von Welten ist, zeigt ihr Körper das alles durchdringende Blauschwarz des Universums.

Kalis Nacktheit, die manchmal als «Himmelsgewand» bezeichnet wird, verweist auf die Schöpfung. Die Göttin hat zwei Seiten. Ihre rechte Seite zeigt sie als transzendente Wohltäterin, die reichlich gefüllte Nahrungsschale mit der goldenen Kelle haltend; ihre dunkle linke Seite verkörpert Leid und Tod. In ihr ist das Göttliche überwältigend, furchteinflößend und schrecklich. Als Herrin mit den Schädeln trägt die gütige Mutter eine Halskette aus Totenschädeln. Als Mutter des Todes setzt sie dem Leben derselben Geschöpfe ein Ende, die sie als Durga zur Welt brachte. Trotz ihrer dunklen, verschlingenden Natur lieben die Inder Kali, denn sie besitzt die entscheidende Macht zur Wandlung.

Die männliche Form von Kali ist Kala; der Name bedeutet «Zeit und Tod.» Shiva wird Mahakala genannt, «große Zeit.» Nach Marie-Louise von Franz manifestiert sich Shivas *Shakti,* seine schöpferische Energie, in der destruktiven Seite Kalis, die als Urseele der Unendlichkeit und Ewigkeit gilt[8].

Auf einem tantrischen Gemälde aus dem 18. Jahrhundert n. Chr. hält die Göttin Kali unter manchen anderen Symbolen ein Schwert und eine Schale mit Blut in der Hand. Schlangen umringen sie von allen Seiten, und sie trägt eine Krone und Girlanden aus Schlangen. Ihr symbolhafter Faden, unter dem Namen «Kalis Schlange» bekannt, steht für die Nabelschnur, die von grundlegender Bedeutung für die Schöpfung ist; zerreißt sie, so bedeutet das den Tod. Die zweimal geborenen Brahmanen werden bei der Initiation mit dem heiligen Faden ausgestattet. Der Faden verbindet Kali mit den drei Parzen, die den Lebensfaden spinnen, weben und abschneiden. Wie bereits erwähnt, tragen viele Schöpfergöttinnen die Schicksalstafeln und haben den Faden oder das Weberschiffchen als Emblem[9]. Kalis Attribute und ihr Charakter zeugen vom hohen Alter der Göttin, wie es auch ihre hervorragende Stellung im Tantrismus bestätigt.

185

186

185. Ein tantrisches Gemälde zeigt Kali, die eine Halskette und einen Schlangengürtel trägt. Indien; 18. Jahrhundert n. Chr. (s. Tafel 31).

186. Die Schlangengöttin Manasa trägt eine Tiara aus Schlangen. Indien; 11. oder 12. Jahrhundert n. Chr.

## KUNDALINI

In der tantrischen Praxis des Kundalini-Yoga symbolisiert die schlafende Göttin Kundalini («die Zusammengerollte») die als Schlange aufgefaßte weibliche Energie im Universum:

«Die göttliche Kraft, Kundalini, leuchtet
wie der Stengel eines jungen Lotos;
wie die Schlange, in sich selbst zusammengerollt,
hält sie ihren Schwanz im Mund,
und halb schlafend liegt sie ruhend
auf dem Grund des Körpers.»[10]

Kundalinis Kraft manifestiert sich in ihrem Aufstieg durch die *chakras,* die sieben Zentren der Wahrnehmung, sie pulsiert dann die Wirbelsäule entlang aufwärts. Über den Scheitel hinausdringend, kommt die Energie in einer Blüte puren Bewußtseins zum Ausbruch[11]. Die Vorstellung von einer Kraft, die aus dem Kopf hervorbricht, scheint für die alte Religion der Göttin spezifisch gewesen zu sein; das ist vielleicht auch der Grund dafür, daß sich in vielen Kulturen Schlangen auf dem Kopf der Gottheit erheben.

## MANASA

Eine Skulptur aus dem 11. oder 12. Jahrhundert n. Chr. zeigt die bevorzugte Gottheit der alten drawidischen Bevölkerung Westbengalens, Manasa, eine sehr beliebte Göttin, auf einem Lotosthron sitzend; sie trägt eine Tiara aus sieben Kobras. Die ihr entgegengebrachte Verehrung ist in diesem von Schlangen wimmelnden Land nicht auf die Angst vor Schlangen zurückzuführen, sondern auf den Glauben, daß die Schlangengottheit eine Urform der Göttin ist[12]. Man schätzt, daß immer noch 98 % der bengalischen Bevölkerung die Muttergöttin entweder in Gestalt einer Steinfigur oder eines Topfes anbeten. In den Wohnungen, in den Schreinen und unter Bäumen singen ihre Anhänger ihr gewidmete Lieder, und sie opfern Ziegen und Tauben als Dank für ihre Wohltaten.

Manasa wird zusammen mit der Göttin Shasthi angebetet, als ob sie eins wären. Im heutigen Ksirahara in Indien gibt es eine vierarmige Shasthi-Darstellung, die manchen Ikonen von Manasa sehr ähnlich ist. Shasthi hält ein Kind auf dem Schoß, ihr rechter Fuß ruht auf einer Katze. In der rechten Hand trägt sie den belaubten Zweig, das Emblem ihrer Beziehung zur Vegetation und zum befruchtenden Wasser. Der Schlangenkult ist auch in den Bergen des unteren Himalaya sehr verbreitet.

In den klassischen indischen Epen ist die Schlange eine Zauberin, die in allen Formen der Magie bewandert ist. Ein Aspekt des vielschichtigen Charakters Manasas, ihre Zauberkraft, kommt in ihren komplizierten Beziehungen zur Geburt zum Ausdruck. Manasa kann die Gabe der Fruchtbarkeit verleihen. Da der Regen, ihr Erkennungszeichen, Schlangen ähnelt, wird manchmal angenommen, daß sie ursprünglich eine Regengöttin war. Manasa wird auch im heutigen Indien noch verehrt, wenn auch viele ihrer öffentlichen Heiligtümer – wie die des Uga-Jin in Japan – verfallen sind; sie werden von der Regierung vernachlässigt, weil die Schlangenverehrung von offizieller Seite als peinlich empfunden wird.

## INDONESIEN

Nach alter indonesischer Sitte dient das erstgeborene weibliche Wesen jeder Generation im heiratsfähigen Alter als Priesterin eines Schlangenkultes. Ihre Mutter, ihre Großmutter und ihre kleine Tochter helfen, sie auf den gefährlichen Ritus des Zeremonialkusses vorzubereiten. Man schmückt ein für Opfergaben bestimmtes Tablett mit Früchten und Blumen und setzt es auf den Kopf der Priesterin; sie macht sich daran, einen langen und engen Pfad hinaufzuschreiten, der in eine steile Felswand gehauen ist und an einer schmalen vertikalen Öffnung im Felsen endet. Die Priesterin stellt das Tablett auf dem Boden ab und stimmt einen Gesang an. Eine riesige Kobra schlüpft aus der Höhle; sich rhythmisch wiegend, richtet sie sich zu voller Größe auf. Die Priesterin verneigt sich, rückt das Tablett näher und springt den Bruchteil einer Sekunde, bevor die Schlange zustößt, zurück. Die Schlange zieht sich langsam zurück und wiederholt ihren Angriff wieder und wieder; die Priesterin provoziert und pariert jede Attacke. Es ist ein furchterregendes Schauspiel. Nach vielen Angriffen wird die große Schlange müde, und ihr Zustoßen erfolgt merklich langsamer. Obwohl das Risiko noch immer groß ist, geht die Priesterin dann auf die große Schlange zu und gibt ihr einen herzhaften Kuß auf den Kopf. Dreimal gibt sie zwischen den Angriffen den Zeremonialkuß auf den Kopf; mit dem dritten Kuß ist das Ritual beendet. Auf diese Weise hielt sich in einem Land bis in die jüngste Vergangenheit die seit unerdenklichen Zeiten bestehende Tradition eines Vegetationskultes.

# Zeugnisse für den Schlangenkult in anderen Kulturen

Die Einbeziehung von Schlangen in religiöse Zusammenhänge geht über die Regionen hinaus, die bereits angesprochen wurden. Zeugnisse für einen Schangenkult findet man auch in den skandinavischen Ländern, in Großbritannien, Nordamerika, Afrika und Australien. Diese weitverbreitete Verehrung der Schlange unterstützt die Annahme, daß die alten Völker glaubten, die Schlange herrsche, weil sie ihre Haut abstreifen kann, über das Mysterium der Wiedergeburt. Daß weit von einander entfernte Kulturen der Schlange ähnliche Bedeutung zumaßen, könnte auch darauf hindeuten, daß die Symbole wanderten. So gibt es bei verschiedenen afrikanischen Stämmen Anhaltspunkte dafür, daß sie durch die imposanten und langlebigen Kulte Ägyptens beeinflußt wurden.

## SKANDINAVIEN

In den Grabhügeln und Mooren Dänemarks wurden viele Schätze aus der Bronzezeit entdeckt. Kleidungsstücke, Opfergaben und menschliche Überreste aus den Mooren waren dank des hohen Anteils an Gerbsäure im Boden bemerkenswert gut erhalten. Fachleute sind der Meinung, daß die meisten Kunstgegenstände, die man den Toten mitgab, religiöse Opfergaben für die Große Mutter waren. Aufgrund der jüngsten Funde stuft man die dänische Schlangengöttin als eine sehr alte Gottheit ein und betrachtet sie nicht mehr einfach als eine Nebenfigur der skandinavischen Mythologie[1].
In den Ländern des Nordens war es üblich, Göttinnen, Prophetinnen und Priesterinnen mit Schlangen in Verbindung zu bringen. Bei einem kunstvoll gearbeiteten Boot, das man auf einem steilen Abhang bei Fårdal über dem Norrear-Tal fand, war eine Schlangengöttin oder -prophetin mit Sicherheit die zentrale Gestalt. Obwohl die verschiedenen Komponenten des Fundstücks verstreut waren, gelang die Rekonstruktion doch, weil man die Gravierung auf einem Rasiermesser und Felseinritzungen aus der Zeit zum Vergleich heranziehen konnte[2]. Im Abhang an der Fundstelle wiederholt sich das Muster bergab fließenden Wassers, das an eine sich windende Schlange erinnert.
Eine Bronzegöttin aus dem 8. Jahrhundert v. Chr. mit glänzenden, allessehenden Augen aus Gold kniet zusammen mit einer großen Schlange in der Mitte des Kultbootes. Sie trägt einen sehr kurzen, aus Schnüren gefertigten Rock, der dem einer jungen Frau ähnelt, die man, in einem dänischen Moor begraben, gefunden hat. Die Statue war von weiblichen Ornamenten und drei Tierköpfen umgeben.
Ein zweites Kultboot, dem ersten ähnlich, wird von zwei gehörnten Göttern mit Streitäxten bewacht; eine Gottheit oder Priesterin mit langen Haaren steht in der Mitte; sie ist mit einem langen Gewand bekleidet und trägt eine große Schlange. Das Boot ist am Bug und am Heck mit Tierköpfen verziert.
Auf einem Bildstein von der schwedischen Insel Gotland (etwa 400 n. Chr.) zeigt eine magische Darstellung sehr anschaulich die Beziehung zwischen Schlange und Frau. Die Szene wird von einer gedrehten Schnur eingerahmt, dem Emblem des Bindens und Verbindens. Innerhalb des Rahmens der Schnur bilden Schlangen einen swastikaähnli-

187. Eine Schlangengöttin aus Bronze kniet in einem Kultboot. Dänemark; 8. Jahrhundert v. Chr.

188. Eine dänische Göttin steht in einem Kultboot und hält eine Schlange. Dänemark; 8. Jahrhundert v. Chr.

189

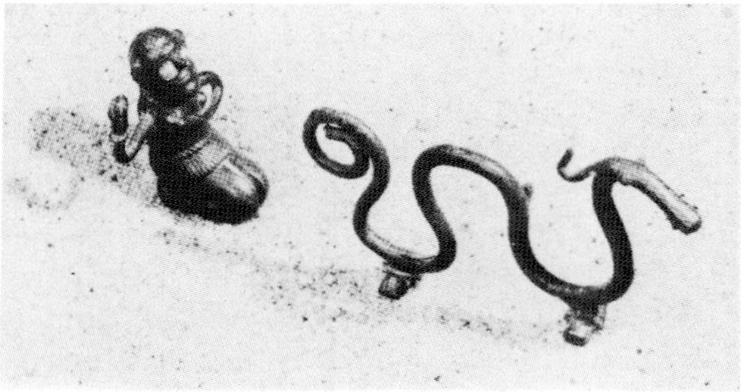
187

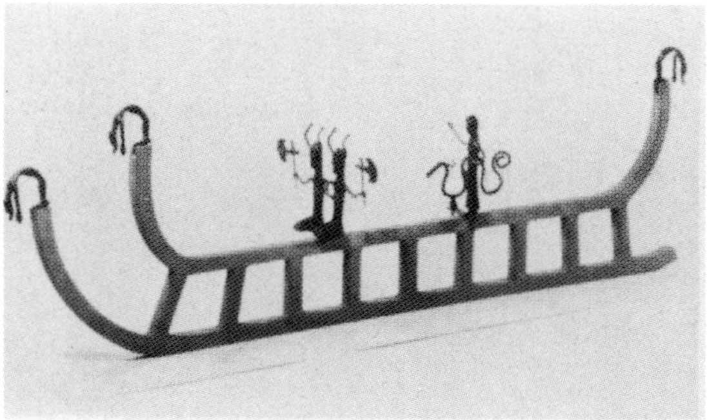
188

chen dreifachen Knoten; er dient als Zauber gegen schädliche Hexenkünste und erinnert an das Unendlichkeitszeichen, die waagerecht liegende Acht. Der Knoten, der im allgemeinen mit Sexualbeziehungen und Ehe zu tun hat («das Band knüpfen»), bezieht sich hier auf die Geburt. Das schrittweise Aufsteigen ins Bewußtsein entspricht dem Aufknüpfen eines Knotens. Darunter sitzt die Gottheit in der Haltung der Gebärenden, eine Wächterschlange in jeder Hand.

## SCHLANGENHÜGEL

In Schottland erstreckt sich eine bemerkenswerte, aus Steinen errichtete Schlange landeinwärts, als ob sie aus den dunklen Fluten des nahegelegenen Loch Nell emportauchte. Zwischen 5 m und 6 m hoch, windet sie sich über eine grasbewachsene Ebene und erreicht eine Länge von etwa 90 m, dabei beschreibt sie eine doppelte S-Kurve. Im Schutz der eingerollten Schwanzspitze stand ein Steinaltar, der im 19. Jahrhundert zerstört wurde[3].

In allen anatomischen Merkmalen sehr schön ausgearbeitet, setzen genau eingepaßte Steine, die symmetrisch so angeordnet sind, daß sie den Regen abweisen, das erhabene Rückgrat in seiner gesamten Länge zusammen. Der lange, schmale, steinerne Fußweg auf dem Grat des Hügels ist wie die Wirbelsäule eines riesigen Tieres geformt, und die beidseits abfallenden Flanken erinnern an Rippen. Mit welcher Sorgfalt der Standort ausgewählt wurde, läßt sich an der Präzision der Ausrichtung ermessen, die deutlich wird, wenn man die Schlange

189. Riesige Steinschlange in der Nähe von Loch Nell, Schottland; Entstehungszeit unbekannt.

190. Eine Gottheit in Gebärhaltung mit Schlangen in der Hand fungiert als Beschützerin der Frauen. Gotland, Schweden; ca. 400 n. Chr.

190

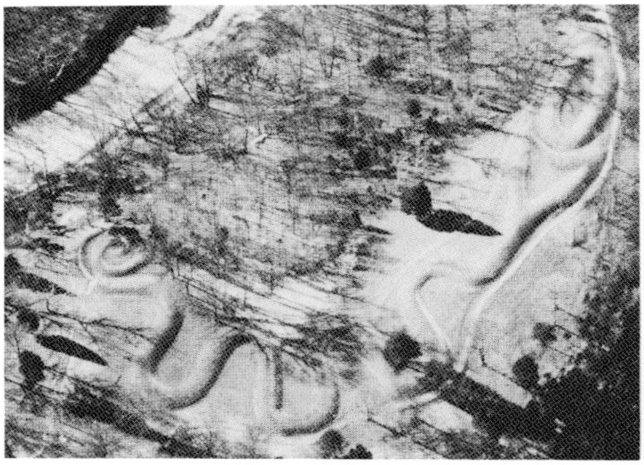

191. Ein großes, 210 m langes Erdwerk in Form einer Schlange windet sich über einen Bergkamm. Locust Grove, Ohio, USA; 1000 v. Chr.–700 n. Chr. (s. Tafel 32).

191

von vorn betrachtet: Wenn man in der Morgendämmerung der Frühlings-Tagundnachtgleiche am Altarplatz steht und die Schlange der Länge nach überblickt, sieht man die Sonne hinter den drei Gipfeln des Ben Gruachan aufgehen.

In Anbetracht seines Standorts und des allgegenwärtigen Glaubens an die mystischen Kräfte der Schlange besteht kaum ein Zweifel, daß es sich bei dem Erdwerk um ein Zermonien- oder Initiationszentrum handelte, das für die bäuerliche Bevölkerung, die es errichtete, von erheblicher religiöser und magischer Bedeutung war.

Auf der anderen Seite der Welt, im Flußsystem des Mississippi, errichtete das Volk der Adena – eine Kultur, deren Verschwinden rätselhaft bleibt – Tausende von Erdaufschüttungen. Eine der bemerkenswertesten dieser Konstruktionen ist der große *Serpent Mound,* dessen Entstehungszeit mit Hilfe der Radiokarbondatierung auf die Zeit zwischen 1000 v. Chr. und 700 n. Chr. festgelegt wurde. Dieses Erdwerk mit etwa 400 m Länge schlängelt sich über einen felsigen Kamm des *Locust Grove* in Ohio. Sieben ausgeprägte Biegungen führen von der eng zusammengerollten Schwanzspitze bis zum Umriß des Kopfes, wo das geöffnete Maul etwas oval Geformtes festhält, das einem Ei ähnelt.

Der Wall zieht sich genau über den Gipfel des Hügels. Der Kopf liegt in der Nähe der höchsten Stelle, und der Körper erstreckt sich dann 210 m weit in einer der Form des Hügels angepaßten Weise zurück. Die Kurven enden in der dreifachen Windung des Schwanzes. Dieser lange Wall ist nach allem, was man heute weiß, die größte Schlangendarstellung der Welt[4]. Von dem Kamm, auf dem das Erdwerk liegt, ragt ein Felsvorsprung von etwa 45 m Höhe, der einem unheimlichen Reptilkopf ähnelt, über den Wasserlauf des *Bush Creek.* Diese natürliche Felsformation hat möglicherweise die prähistorischen Bewohner dazu veranlaßt, das Motiv weiter auszugestalten[5].

## DIE INDIANER NORDAMERIKAS

Die nordamerikanischen Indianer bringen ausnahmslos die Schlange mit der Vegetation in Verbindung. Der Schlangenwächter der Hopi personifiziert das unterweltliche Leben, das den Mais fruchtbar macht. Die Hopi behaupten, daß der Schlangenwall in Ohio von ihren Vorfahren geschaffen wurde. Die Schlange heißt Tokchi'i, «Wächter des Ostens», der den Stamm gegen das, was aus dieser Richtung kommt, beschützt. Der Schlangentanz der Hopi, dessen besonderer Zweck es ist, Regen herbeizurufen, wird jedes Jahr in der Trockenzeit abgehalten. Die Ausführenden tanzen stundenlang und halten dabei lebende Klapperschlangen im Mund. Die Schlangen beißen die Hopi nur sehr selten, und die Hopi wiederum tun ihnen nichts zu Leide. Sie sind Anhänger einer Religion der Geister, deren große Macht sich durch den Tanz in der Schlange konzentriert. Wie die Hopi glauben auch die Pawnee, daß Geister den Regen bringen; sie glauben auch, daß der Donner das Zischen der großen Schlange ist.

Nach der Mythologie der Algonquin entspricht das Zucken des Blitzes dem schnellen Zustoßen einer immensen Schlange. Die Algonquin meinen, daß

der Blitz, vom Schöpfer ausgespieen, schlangenartige Linien und Kerben an den Bäumen zurückläßt, die von ihm getroffen werden[6]. Sie glauben außerdem, daß die Schlange eine Regengottheit ist und über Pflanzen und Ernten herrscht. Ihre Windungen sind ein Symbol des Regens, der für die Ackerbau betreibenden Stämme so wichtig ist.
Die lebenspendende, phallische Bedeutung der Schlange in späteren Religionen liefert die Erklärung für ihre ungebrochene Beziehung zu Fruchtbarkeitsgöttinnen und ihren Priesterinnen. Die Cuna-Indianer von San Blas konnten sich dank der Abgelegenheit ihrer Bergheimat in der Chiriqui-Region im Westen Panamas den Einflüssen des Christentums entziehen, und Angehörige dieses Stammes beten eine Gottheit an, die den Namen «leuchtende riesige blaue Schmetterlingsfrau» trägt; ihr heiliges Tier ist eine große Schlange. Die heutigen Cuna nähen lebhaft gemusterte Patchwork-*molas,* die die Göttin und ihre Schlange in enger und intimer Verbindung zeigen. Die Schlange, ein Vegetationsgeist, der den Baum des Lebens bewacht, hilft der Erdmutter, Pflanzen, Tiere und Menschen zu gebären[7].
Die Riten und Mythen der Göttin erreichten die beiden amerikanischen Kontinente in einer unendlichen Formenvielfalt und auf vielerlei Wegen. Gelegentlich – wie bei den Cuna – blieben die ursprünglichen Vorstellungen in relativ reiner Form erhalten, und dann herrscht die Assoziation von Frau und Schlange vor. Die Nachbarn der Cuna, die Maya, sind der Ansicht, daß die Menschheit aus einem Brei geschaffen wurde, in dem Mais mit dem Körper der Großen Mutter und dem befruchtenden Blut der Schlange vermischt war. Der Gefährte der Erdmutter der Cuna ist ihr Sohn Olowaipipple, der Sonnengott, eine Paarung, die an viele ähnliche Konstellationen in der Alten Welt erinnert. Der Geliebte der Göttin Ischtar war ihr Sohn Tammuz (Dumuzi), der sumerische Hirtengott, und die Rituale dieser beiden Mythen illustrieren das Schauspiel des Vegetationszyklus, die stete Wiederkehr von Tod und Auferstehung.

## AFRIKA

Bis in neuere Zeit verehrte der Stamm der Baga in Guinea Niniganni, eine Göttin in Pythongestalt. Als Gottheit des Lebens erscheint sie schwer faßbar und trügerisch, doch als prophetische Gestalt bestimmt sie über Glück und Reichtum. Große Holzstatuen der Niniganni wurden wegen der Sorgfalt und des Eifers, mit dem die Baga sie hüteten, erst vor kurzem im Westen bekannt. Es ist mehr als wahrscheinlich, daß sie von Bagafrauen versteckt gehalten wurden; ihre lebenspendende Funktion wird offenbar durch ein Rautenmuster auf dem Pythonkörper symbolisiert. Nigannis Statuen sind mit vierzehn vertikal zusammenhängenden Rauten verziert, die der Überlieferung zufolge nicht nur die himmlische Feuchtigkeit und Fruchtbarkeit versinnbildlichen, sondern auch die vierzehn Tage zwischen dem Neumond und dem Vollmond.
Afrika, der dunkle Kontinent, hat seine uralte Weisheit bewahrt; überall werden verschiedene Schlangenarten als Gottheiten angebetet und als

192. Der Stamm der Baga in Guinea betete bis in neuere Zeit die Pythongöttin Niniganni an. Guinea.

192

Stammesembleme verehrt. Am Lauf des Blauen Nil hält man besonders den Python in Ehren. Die Bari, ein Stamm, der einst gezähmte Schlangen in seinen Wohnstätten hielt, bezeichnen den Python Yukanye als Mutter des Stammes. In Afrika werden Schlangen häufig mit Frauen in Zusammenhang gesehen, da man glaubte, letztere würden von ihnen inspiriert. Das ist auch in Benin der Fall, wo die allwissende, allmächtige Schlangengottheit den Frauen des Stammes die Gabe der Weissagung verleiht. Wenn sie mit der Schlange in Berührung kommen, verfallen Benin-Frauen manchmal in Zuckungen; sie werden dann zu Priesterinnen geweiht[8]. Ihre Königin ist eine Regenbogengottheit, eine Schutzpatronin der Gewässer, die in Schlangengestalt unter dem Namen «die alles Hervorbringende» auftritt. Da, ihr Gemahl, ist zu einer Inkarnation des ewigen Wesens, der unendlichen großen Schlange, geworden.
Auf seiner Reise nach Ägypten sammelte Plinius Einzelheiten über altafrikanische Riten. Da Clea, die Oberpriesterin von Delphi, mit Plinius eng befreundet war, vermittelte sie ihm wichtige Kontakte zur ägyptischen Priesterschaft. Die Priester erzählten ihm, daß die westafrikanische Insel Fernando Po ein Beispiel für einen Ritus liefert, bei dem der Große Gott, eine Kobra, getötet wird. Kobras besaßen die Fähigkeit, Reichtum und Glück zu schenken oder aber Tod und Zerstörung zu verbreiten. Jedes Jahr wird der Kobragott getötet und seine Haut in den höchsten Baum in der Mitte des Dorfes gehängt. Kleinkinder stellt man unter seinen Schutz, indem man die Hand des Kindes führt, damit sie die Haut des Tieres berührt.

## AUSTRALIEN

Die prähistorischen Malereien, die man überall auf dem australischen Kontinent finden kann, gehören zu einer lebendigen Tradition. So wie wir sagen, daß wir über ein Thema meditieren, sagen heutige Steinzeit-Aborigines, daß sie die alten Mythen «träumen», was bedeutet, daß sie sie heraufbeschwören.
Die Legende von der Allmutter, der alten Frau der nordaustralischen Mythen, handelt von der Schöpfergöttin, die dem Meer in Schlangengestalt entstieg. Unter den Felsmalereien in Arnhem Land gibt es eine Darstellung der gebärenden Allmutter, die die ersten Menschen zur Welt brachte. Als sie geboren waren, schabte sie sie ab, um ihre Haut aufzuhellen, und erweckte ihre Körper durch Lekken zum Leben.
In Nordkimberley erscheint die Allmutter in einer kosmogonischen Rolle; sie ist, in Gestalt einer großen Schlange am Himmel, die Schöpferin der Milchstraße, und indem sie Wasser auf die Erde schüttete, schuf sie die Meere.
Unter dem Namen Ngaloit, «Regenbogenschlange», gebar sie nicht nur alle Menschen, sondern machte ihnen auch Füße und schnitzte ihnen Finger; sie machte ihnen Augen zum Sehen und Köpfe, gab ihnen Bäuche, Eingeweide und Energie, damit sie sich bewegen konnten. Die Menschen wären allerdings vor Durst gestorben, wenn die Regenbogenschlange nicht Wasser für sie geschaffen hätte, indem sie urinierte. Später zeigte sie ihnen, wie sie nach Nahrung graben und sie zubereiten und essen sollten[9].

# Schlangen im jüdisch-christlichen Bereich

Manche Elemente des Schöpfungsberichts der *Genesis* waren Teil der kollektiven Mythologie, lange bevor die Bücher des Alten Testaments aufgezeichnet wurden. Trotz des jüdischen Verbots von Götzenbildern war unter den Stämmen Israels der Gebrauch der Schlange als religiöses Symbol durchaus üblich.

Die eherne Schlange und das goldene Kalb der Bibel waren die beiden hauptsächlichen Tiertotems eines umherziehenden Volkes, das von anderen Kulturen stark beeinflußt war. Die ugaritische Anat und die babylonische Astarte sind oft mit Schlangen in der Hand dargestellt, und Atargatis tritt mit einer großen Schlange auf, die sich um ihren Körper windet (s. Abb. 156). Die Schlange oder der Drache war ein prä-israelitisches Symbol der Großen Göttin; die Schlange auf einem Pfahl war ein zentrales Bild ihrer Religion, die die Israeliten in späterer Zeit immer wieder auszulöschen versuchten.

Die sprechende Schlange der *Genesis* ist zweifellos ein Überbleibsel des Animismus[1]. Möglicherweise galt die Schlange früher als göttliches Wesen, das erst in einer späteren Periode der jüdischen Tradition mit dem Bösen in Zusammenhang gebracht wurde.

Eine Handschrift des Alten Testaments aus dem München des 12. Jahrhunderts zeigt Moses, der die eherne Schlange emporhebt, um die Leiden seines Volkes zu lindern, das von Schlangen gebissen worden war, weil es gesündigt hatte. Obwohl von den späten Propheten verurteilt, waren Zauberei und Schamanismus bei den frühen Stämmen Israels verbreitet, und nach der Schilderung des Alten Testaments verfügten Moses und Aaron über ausreichende Kräfte, um die Magier des Pharao besiegen zu können[2].

Zur Zeit des Ezechiel glaubte man, die eherne Schlange, ein Emblem der Familie des Moses, sei so alt wie die Arche und möglicherweise als Symbol Jahwes darin aufgestellt gewesen. Die Anbetung einer ehernen Schlange hatte ihren Ursprung in der Verehrung einer lebenden Schlange, und die Substitution wurde schon lange vor Moses' Zeit vorgenommen.

Obwohl das mosaische Gesetz jeder Art von Götzendienst feindlich gegenüberstand, war doch Moses selbst, der seinen Zauberstab in eine Schlange verwandelte, ein Schlangenverehrer[3]. «Die heilige Schlange blieb 500 Jahre lang der Gott Israels im Tempel, und die Kinder Israels zündeten ihr Weihrauch an»[4], schreibt Robert Briffault. Andere Spuren der Göttinverehrung lassen sich in den Gepflogenheiten der levitischen Priester erkennen, die oftmals eine Kopfbedeckung trugen, die die Mondsichel zeigte, und manchmal auch einen weißen Turban, der den Vollmond darstellte[5].

«Hohe Stätte» lautet der Terminus, der im Alten Testament benutzt wird, um Tempel der Göttin zu bezeichnen, die noch nicht beseitigt waren. Archäologische Grabungen haben eine solche kanaanitische Hohe Stätte in Geser im heutigen Israel freigelegt, wo man in einer runden Anlage inmitten zerbrochener Keramikware das Bronzeabbild einer Kobra fand. Diese runden Gebäude beherbergten in der Regel lebende Schlangen[6].

Die zahlreichen überall in Palästina ausgegrabenen weiblichen Figurinen weisen darauf hin, daß die Is-

193. Moses führt eine Beschwörung durch, als er mit den Gesetzestafeln zurückkehrt und eine Schlangenplage vorfindet. Illuminiertes Manuskript. Deutschland; 12. Jahrhundert n. Chr.

194. Bronzeschlange aus der Kirche St. Ambrogio in Mailand, vermutlich aus Konstantinopel stammend; ca. 1000 n. Chr.

193

194

raeliten – sowohl in Palästina als auch in Mesopotamien – ein vom Ackerbau lebendes Volk waren, das ursprünglich die Göttin anbetete und die Schlange wie auch den Stier als Fruchtbarkeitssymbole auffaßte[7].

In dieser Region steht die Schlange in positivem Zusammenhang mit der Frau, wie es in allen mutterzentrierten Gesellschaften der Fall ist. Diese positive Assoziation ist auf die althergebrachte Ehrerbietung für die Schlange in den Religionen der Göttin zurückzuführen. Für die nachfolgenden, patriarchal ausgerichteten Gesellschaften ist die Schlange natürlich ein subtiles Symbol für den Sündenfall.

In Israel hatte die Schlange jedenfalls zunächst als Fruchtbarkeitsemblem der Muttergöttin gedient. E. O. James meint dazu: «Man leugnete nicht, daß Jahwe die Stämme durch seinen mächtigen Arm und seine ausgestreckte Hand aus der ägyptischen Gefangenschaft... in ihr gelobtes Land geführt hatte, aber in Palästina waren die Götter des Landes die beherrschenden Kräfte, und ihre vorgeschriebenen Riten zu vernachlässigen, bedeutete eine ernsthafte Gefahr. Sie waren es, die über die Fruchtbarkeit bestimmten und weniger Jahwe...»[8]

Im Mittelpunkt der alten Kirche von St. Ambrogio in Mailand windet sich auf einer hohen Säule eine prächtige Bronzeschlange, die man mit einem Bart versehen hat, um ihre Männlichkeit zu hervorzuheben. Obwohl man über ihr Alter und ihre Herkunft nichts weiß, sagen Repräsentanten der Kirche, daß die Schlange 1000 n. Chr. aus Konstantinopel kam und eine alttestamentarische Metapher ist.

# Die Schlange und der Baum der Erkenntnis

Der Baum, weithin als ein heiliges Symbol der Göttin verehrt[1], verkörpert die geheimnisvoll-fruchtbaren Kräfte des weiblichen Prinzips. Im alten Griechenland wurde er als Baum der Erkenntnis heilig gehalten; daher war er auch mit der Schlange verwandt, die Weisheit besaß. Das Orakel in Dodona beantwortete die Fragen der Gläubigen mit dem Rauschen der Blätter im Hain der Gottheit. Der beständige Baum, der jedes Jahr erneut Blüten, Blätter und Früchte hervorbringt, bleibt ein universelles Symbol der Erneuerung und der Wiedergeburt[2]. In vielen alten Mythen, so auch in der Schöpfungsgeschichte der Genesis, wird eine Verbindung zwischen Schlangen und Bäumen der Erkenntnis hergestellt.

## GULA-BAU

Die Unterweltgöttin Gula-Bau, eine der Hauptgottheiten des akkadischen und des babylonischen Volkes, lebt in einem Garten im Mittelpunkt der Erde. Ihre Geschichte beleuchtet eine andere Facette des Genesismythos des Mittleren Ostens, der den Aufzeichnungen des Alten Testaments vorausging. Ein chaldäischer Siegelzylinder (etwa 2500 v. Chr.), der an das sogenannte Drama der Versuchung erinnert, zeigt die Schlange, die sich hinter der sitzenden Vegetationsgöttin aufrichtet. Gula-Bau und ihr gehörnter Sohn-Geliebter Dumuzi sitzen rechts und links neben einer Palme, von deren Zweigen ein Büschel Datteln hängt. Jeder streckt eine Hand nach dem Baum aus, der seinen Reichtum denen anbietet, die davon essen wollen. Dumuzi verkörpert einen auferstandenen Erlöser, die sumerische Variante der mythischen Vegetationsgottheit. Obwohl es Ähnlichkeiten gibt, wurde doch von Archäologen bestritten, daß es sich um eine frühe Fassung der Geschichte von Adam und Eva handeln könnte[3].

Gula-Baus Name kommt als der einer Unterweltgottheit, die ursprünglich *Mama* hieß, häufig in Beschwörungsformeln vor. Sie wurde insbesondere als Korngöttin angebetet und war eine Vorläuferin von Demeter und Persephone. Wo Bäume verehrt werden, erscheint häufig auch die Schlange, entweder um den Stamm gewunden oder in dessen Nähe. Wie viele andere Göttinnen jener Zeit galt Gula-Bau als große Ärztin, als Lebenspenderin, die Krankheiten durch Auflegen der Hand heilte und die Toten zu neuem Leben führte. Vormals eine Hundegöttin, wurde sie ursprünglich – nach dem Bellen des Hundes – Bau genannt.

## SMYRNA

Eine griechische Münze aus Myra (238–244 n. Chr.) zeigt einen Baum, der von Schlangen verteidigt wird, die zwischen seinen Wurzeln hervorstoßen und zwei Äxte schwingende Männer attakkieren. Die nackte Göttin im Baum trägt einen archaischen Kopfputz mit Schleier, einen blumigen, lilienförmigen Korb, der unter der Bezeichnung *calathus* bekannt ist, ein Ausdruck, der mit dem griechischen Verb «spinnen» verwandt ist. Der *calathus* hat mit der Vorstellung der Griechen von Jungfräulichkeit und Fruchbarkeit zu tun. Zwar

195. Auf einem Siegelzylinder erhebt sich hinter Gula-Bau, der chaldäischen Gottheit der Vegetation und der Unterwelt, eine Schlange. Irak; ca. 2500 v. Chr.

196. Auf einer griechischen Münze aus Myra erscheint eine Fruchtbarkeitsgottheit in einem von Schlangen bewachten Baum. Türkei; 238–244 n. Chr.

195

196

kann diese Gottheit mit Artemis-Aphrodite in ihrer Eigenschaft als Göttin der Fruchtbarkeit gleichgesetzt werden, doch ist ihre genaue Funktion unklar. Manche beziehen das Bild auf der Münze auf die Legende von der törichten Gattin des Königs Kinyras von Kypros, die prahlt, ihre Tochter Smyrna sei schöner als Aphrodite. Aphrodite rächt diese Beleidigung damit, daß sie Smyrna heftig in ihren eigenen Vater verliebt macht. Eines nachts legt sich Smyrna, nachdem er sich bis zur Besinnungslosigkeit betrunken hat, zu ihm ins Bett. Als er entdeckt, daß er sowohl der Vater als auch der Großvater von Smyrnas ungeborenem Kind ist, ergreift er ein Schwert und jagt sie aus dem Palast. Bevor er sie einholen kann, verwandelt Aphrodite sie in einen Myrrhenbaum, den Kinyras mit seinem Schwert in zwei Hälften spaltet. Aus dem Baum fällt das Kind, der schöne Knabe Adonis[4].

Der heilige Baum, der in der westlichen Welt gemeinhin als der Baum der Erkenntnis von Gut und Böse bekannt ist, wird meist nicht als magischer Baum gesehen, obwohl er alle Eigenschaften eines solchen besitzt. Der Baum und die Schlange stammen von derselben Wurzel ab; die Schlange, die Eva die Frucht anbietet, ist eigentlich ein Baumgeist, und Eva selbst eine Baumgöttin.

Im Alten Testament gibt es mehrere Anspielungen auf Orakelbäume; am eindrucksvollsten sind die Episoden, in denen der Herr aus einem brennenden Busch zu Moses und aus einer Palme zur Prophetin Deborah spricht. Weitere Hinweise darauf, daß dem heiligen Baum göttliches Leben innewohnt, findet man in Zusammenhang mit Orakeln oder Weissagungen. Der lebendige Baum – und ersatzweise der Pfosten und die Stange – besitzt ein einzigartiges Leben, das durch Manifestationen von Göttern gekennzeichnet ist[5].

## EVA UND DIE SCHLANGE

Die meisten Menschen kennen die Schöpfungsgeschichte, wie sie das Alte Testament wiedergibt; nur wenige aber sind sich der Tatsache bewußt, daß es in der *Genesis* zwei deutlich unterscheidbare, wenn nicht sogar widersprüchliche Berichte gibt. Im ersten (*Gen.* 1, 26–31) werden Mann und Frau gleichzeitig geschaffen und in einen lieblichen Garten voller Blumen und singender Vögel gesetzt. Das Paradies ist also eine verzauberte Pflanzen- und Tierwelt, eine Art Plantage, belebt von Gewächsen, die aus der Erde sprießen. Inmitten dieses Hains erfreut sich die Schlange, ein Geschöpf der Erde, ihres natürlichen Lebensraums[6]. Eva ist von Anfang an die Schlüsselfigur des Geschehens – eine Herrin der Pflanzen und der Tiere.

Der zweite Bericht (*Gen.* 2, 4–23) schildert ein ganz anderes Bild. Diese geläufigere Version erzählt, daß zuerst Adam erschaffen wurde und danach all die ihm untergeordneten Tiere. Der Herr erkennt, daß Tiere Adams Bedürfnis nach Gesellschaft nicht gerecht werden können. Um ihm einen Gefallen zu tun und um «darüber hinaus Evas ursprüngliche Göttlichkeit zu verschleiern»[7], wie Robert Graves und Raphael Patai es formulieren, bildet der Herr Eva aus einer Rippe Adams.

Wie lassen sich diese unterschiedlichen Versionen erklären? Die erste ist von spontaner, poetischer

Qualität, wie sie für die frühe Tradition mündlicher Überlieferung aus matrilinearer Zeit charakteristisch ist. In dieser Fassung gibt es nicht nur einen einzigen Gott, sondern ein Pantheon; *elohim* ist im Hebräischen ein Plural. Die Schöpfung der Welt beginnt mit einem wäßrigen Chaos; dann folgen das Land, die Vegetation, anschließend die Fische, die Vögel und die Landtiere. Schließlich werden Mann und Frau zusammen geschaffen. Diese logische Abfolge der Ereignisse stimmt offensichtlich mit den Schöpfungsmythen anderer Kulturen in der ganzen Welt überein. Und es ist eine üppige Schöpfung, ein großzügiges Geschenk der Götter, die keinerlei Bedingungen daran knüpfen.

In der späteren Fassung ist der Hergang der Schöpfung recht seltsam. Das Land kommt zuerst, dann das Wasser, es folgen der Mann, die Tiere und zuletzt die Frau. Man könnte sie als den abschließenden Triumph des göttlichen Experimentators betrachten oder aber als Ausgeburt seines schäbigen und rachsüchtigen Geistes, dessen erste Worte (darauf macht die Schlange aufmerksam) eine Lüge sind: Er sagt Adam, er werde sterben, wenn er von den Früchten des Baumes esse.

In seiner Besprechung dieser Passage weist James Frazer darauf hin, daß der jahwistische Schreiber «kaum versucht, seine tiefe Verachtung für die Frau zu verbergen. Der späte Zeitpunkt und die irreguläre und unwürdige Weise ihrer Erschaffung – hergestellt aus einem Stück ihres Herrn und Meisters, nachdem all die niederen Tiere auf reguläre und anständige Art geschaffen worden waren – sind ein ausreichender Beweis für die geringe Meinung, die er von ihrer Natur hat; und in der Folge nimmt seine Frauenfeindlichkeit, wie wir das gut und gern nennen können, eine noch intensivere Färbung an, wenn er nämlich alles Unglück und alles Leiden der menschlichen Rasse der gutgläubigen Torheit und dem ungezügelten Appetit der ersten Mutter zuschreibt.»[8]

Im Gegensatz dazu ist die Schilderung des idyllischen Gartens in der ersten Erzählung von bezaubernder Naivität, und es wird ein beinahe heiterer Ton angeschlagen, wenn auch ein Schleier des Mysteriums das farbenfrohe Bild eines Lebens in Unschuld überschattet. *The Woman's Bible,* ein von einem Frauenkomitee aus den USA und Europa erarbeiteter Kommentar, der von Elizabeth Cady Stanton zusammengestellt wurde und 1894 erstmals erschien, konstatiert einen sich logisch ergebenden Sachverhalt: «Hier liegt die erste Eigentumsurkunde für diese grüne Erde vor, die den Söhnen und Töchtern Gottes gleichermaßen zugesprochen wurde. Aus diesem ersten Kapitel des Alten Testaments läßt sich auf rechtmäßige Weise keine Lehre von der Unterordnung der Frau ableiten.»[9]

Das Thema der zweiten, jahwistischen Fassung der Schöpfungsgeschichte ist das der Initiation: das geheime Wissen vom Leben, das Eva und die Schlange der Weisheit besitzen. In der Regel gehören zu einer Initiation Riten, denen man sich unterziehen muß, um die Aufnahme in einen Stamm oder eine Religion vorzubereiten oder das Erlangen magischer Kräfte zu fördern. In dieser Geschichte läßt sich das archetypische Szenario verfolgen, das die Einführung in die Mysterien sowie den symbolischen Tod und die Wiedergeburt umfaßt: «In der Mitte des Gartens Eden wuchs der Baum der Erkenntnis von Gut und Böse, und Gott hatte dem Menschen verboten, von seinen Früchten zu essen, und er hatte gesagt: ‹Denn an dem Tag, an dem du davon ißt, mußt du sterben.›»[10]

Der Tod, vor dem Gott warnt, kann als Tod, als Ende des alten Lebens aufgefaßt werden, das der Initiand, der sich auf dem Wege der Erkenntnis einem neuen Leben nähert, erfahren wird. Die Schlange erklärt Eva den symbolischen Tod: «Mitnichten werdet ihr sterben… Die Augen werden euch aufgehen.»[11] Dies ist ein direkter Hinweis auf das geistige Erwachen, das in Mysterienreligionen ein zentrales Element darstellt.

Die Schlange, daran sollte man denken, spricht immer zu Eva, niemals zu Adam. Eva nimmt die Risiken der rituellen Transformation, die Gefahren, die mit dem Ritus des Übergangs verbunden sind, auf sich und akzeptiert die Furcht vor dem Tod als eine Konsequenz ihrer Entscheidung. Indem sie einen gefährlichen Weg einschlägt, der einen wunderbaren Preis verheißt, zeigt Eva Mut und Initiative. Sie ist weder ängstlich und leichtgläubig, noch ist sie leicht zu überreden.

In der patriarchalen Version wird Adam von der schweren Last der Schuld, die auf Eva lastet, freigesprochen. Der Umstand, daß er sich so leicht von Eva hat verleiten lassen, spricht allerdings nicht sehr für ihn. Dennoch hat sich diese Fiktion vom Mann, der wie Wachs in den Händen der Frau ist, bis auf den heutigen Tag erhalten.

Die archetypische Einheit von Frau und Schlange wird durch Jahwe getrennt, der zunächst die Schlange bestraft, dann Eva und schließlich Adam. Seine monotheistische Vergeltung ist höchst

197. Diese Illustration eines Manuskripts zeigt Adam und Eva unter dem Baum, um den sich die Schlange windet. Spanien; 976 n. Chr.

197

bemerkenswert: zum erstenmal in der bekannten Geschichte wird Feindschaft zwischen Schlange und Frau gesät. Jahwe spricht folgendermaßen zur Schlange: «Und ich will Feindschaft setzen zwischen dir und dem Weibe und zwischen deinem Nachwuchs und ihrem Nachwuchs... Und zum Weibe sprach er: Ich will dir viel Beschwerden machen in deiner Schwangerschaft; mit Schmerzen sollst du Kinder gebären!»[12]

Warum fühlt sich der Herr dazu veranlaßt, die Schlange, die Frau und beider Nachkommen auseinanderzubringen? Die Antwort liegt möglicherweise in der Hilfe und dem Trost, den die Schlange der Frau seit ungezählten Generationen bei der Geburt ihrer Kinder gegeben hatte. Der unter den Juden verbreitete Glaube, daß es zu einer leichten Geburt verhelfe, wenn man den Bauch der Frau mit Schlangenhaut bandagiere, und daß ein während der Entbindung getragener Gürtel aus Schlangenhaut Schutz gegen Unglück gewähre, zeigt, wie hartnäckig sich diese Vorstellung gehalten hat[13].

Wie wir bereits gesehen haben, kommt der Schlangengürtel bei Darstellungen der Göttin sehr oft vor. Bei der minoischen Schlangengöttin ist dieses Amulett ebenso augenfällig wie bei der kretischen Göttin Eileithyia, der Göttin der Geburt. Die Medusa von Korfu, die in Gebärhaltung gezeigt wird, trägt einen Gürtel aus kopulierenden Vipern, und die aztekische Mondgöttin Coyolxauhqui hat den Schlangengürtel ebenfalls.

Evas Gleichsetzung mit der Schlange beruht darauf, daß die Schlange die Lebenskraft verkörpert. Eva ist die Nachfolgerin der Großen Mutter, die selbst fähig ist, Schlangengestalt anzunehmen[14]. Zwischen Frau und Schlange besteht aufgrund der gemeinsamen Erfahrung der Wiedergeburt ein enges Band: bei der Frau wegen des Menstruationszyklus, der dem Mondkalender folgt, und bei der Schlange wegen des Abstreifens der Haut, durch das sie sich immer wieder erneuert. Beides stellt einen wesentlichen Aspekt der Großen Mutter dar, nämlich ihre Macht über die Auferstehung.

Die zweite Version der Schöpfungsgeschichte der *Genesis* zeigt, wie die feindselige Einstellung gegenüber natürlichen Symbolen zur Entstehung unnatürlicher Symbole führt. Die pervertierte Vorstellung, daß Eva aus einer Rippe Adams geschaffen wurde (eine unheimliche Parallele zum patriarchalen griechischen Mythos, demzufolge Athene, völlig erwachsen, dem Haupt des Zeus entsprang), steht in scharfem Kontrast zu der natürlichen Symbolik, nach der die Schlange als Führerin und Initiatorin im Zyklus von Tod und Wiedergeburt fungiert. Das unnatürliche Symbol wurde zum «Markenzeichen» des patriarchalen Geistes, aber der dadurch zum Ausdruck gebrachte gewaltsame Impuls hat sich zu einer Strategie entwickelt, die ihrem inneren Sinngehalt nach scheiterte, denn der auf die Mutter hinorientierte Charakter des natürlichen Symbols konnte sich in den Tiefen der Psyche behaupten. Nach außen hin war das Vorgehen allerdings sehr erfolgreich. Den patriarchalen Attacken gelang es schließlich, die Religion der Göttin zu unterdrücken und die Frau in eine dem Mann untergeordnete Stellung zu drängen. R. Graves und R. Patai schreiben: «Ein Hauptthema des griechischen Mythos ist die schrittweise Erniedrigung der Frau von einem heiligen Wesen zur Leibeigenen.

Auf ähnliche Art straft Jehova Eva dafür, daß sie die Ursache für den Sündenfall war... Die Griechen machten die Frau für das unglückliche Los des Mannes verantwortlich, indem sie Hesiods Fabel von der Büchse der Pandora übernahmen, aus der die törichte Frau eines Titanen alle Übel wie Krankheit, Alter und Laster entließ. ‹Pandor› – ‹alle Gaben› – daran sollte man denken, war einst ein Titel der Schöpferin.»[15]

Die Parallele zu Eva ist recht signifikant, und über die Bedeutung ihres Namens haben Wissenschaftler viel diskutiert. Im Hebräischen (*Genesis* 3, 20) ist Eva *Hawwah,* was «Mutter aller Lebenden»[16] bedeutet. Nach W. Robertson Smith hängt der Name mit einem semitischen Wort zusammen, das «Sippe» bedeutet und somit eine «Personifizierung der Idee der Verwandtschaft ist, die, wie man glaubte, auf der Abkunft von einer gemeinsamen Mutter beruhte»[17]. Eine sehr frühe Interpretation, die von modernen Wissenschaftlern immer noch akzeptiert wird, verbindet den Namen *Hawwah* (Eva) mit semitischen Ausdrücken für Schlange, eine Möglichkeit, die im Licht der Tatsache, daß die Hieroglyphe für Frau auch die Hieroglyphe für Schlange war, von besonderem Interesse ist. Dieser Zusammenhang wurde durch die Entdeckung von *Hawwahs* Namen auf einer Devotionaltafel punischen Ursprungs weiter untermauert. An eine Unterweltschlangengöttin gerichtet, beginnt der Text folgendermaßen: «O Herrin HVT [Göttin], Königin...»[18]

Kürzlich an alten gnostischen Texten durchgeführte Studien haben die Natur dieser Schlange-Göttin-Königin etwas näher beleuchtet. In ihrem Buch *The Gnostic Gospels* präsentiert Elaine Pagels eine Fülle von Beispielen für die gnostische Verehrung einer weiblichen Gottheit. «Zusätzlich zum ewigen mystischen Schweigen und zum Heiligen Geist schlagen gewisse Gnostiker eine dritte Charakterisierung der göttlichen Mutter vor: als Weisheit. Hier steht der griechische weibliche Terminus für ‹Weisheit›, *sophia* nämlich, als Übersetzung für einen hebräischen Terminus, *Hokhmah*... Sie wollte aus sich heraus empfangen, ohne ihr männliches Gegenstück; dies gelang ihr, und sie wurde zur ‹großen Schöpferkraft, von der alle Dinge ausgehen› und die oft Eva genannt wird, ‹Mutter aller Lebenden›... Um ihrer Schöpfung Gestalt zu verleihen und sie zu ordnen, brachte Weisheit den Demiurg, den Schöpfergott Israels, als ihren Beauftragten hervor.»[19]

Die Bezugnahme der gnostischen Texte auf die göttliche Mutter als Sophia bestätigt die Omnipräsenz dieses weiblichen Geschöpfs. Allerdings, erläutert E. Pagels, wurden durch sorgfältige Überarbeitung schließlich alle Hinweise auf die weibliche Natur der Gottheit getilgt: «Die geheimen Texte, die gnostische Gruppen in Ehren hielten, wurden aus der kanonischen Sammlung herausgenommen und als häretisch gebrandmarkt. Als der Sichtungsprozeß der verschiedenen Schriften beendet war – wahrscheinlich erst um das Jahr 200 – waren praktisch alle weiblichen Bilder Gottes aus der orthodoxen christlichen Tradition verschwunden.»[20]

Obwohl es den Gnostikern gelang, hinwegzuerklären, daß sie eine weibliche Gottheit eliminiert und durch einen männlichen Gott ersetzt hatten, der sich seiner Eigenständigkeit und seiner Macht rühmt, waren sie doch nie in der Lage, sie vollständig zu vergessen. In denselben Berichten wird der männliche Gott «für seine anmaßende Überheblichkeit gezüchtigt – beinahe immer durch eine überlegene weibliche Macht»[21].

Im Licht dieser Forschungen kann man den männlichen Gott der gnostischen Texte, den Schöpfergott Israels, als Produkt der Mutter betrachten, dessen Aufgabe es war, ihre Weisheit in die Tat umzusetzen und zu verwalten. Der Jahwe der *Genesis* ist ein eifersüchtiger Gott, der versucht, die Weisheit der Mutter zu verschleiern, indem er all denen den Tod androht, die von der Paradiesfrucht essen. Eva ist sich der Rolle der Schlange als Hüterin der Weisheit bewußt und folgt ihrem Rat trotz der Drohungen Jahwes. In den zahlreichen aramäischen Texten gibt es viele verborgene Anspielungen auf die überlegene Weisheit der Schlange, beispielsweise in Form eines Wortspiels, das «die Schlange mit dem Lehrer (‹Schlange›, *hewya;* ‹lehren›, *hawa)* gleichsetzt. Andere gnostische Berichte fügen ein in vier Richtungen wirkendes Wortspiel hinzu, bei dem Eva *(Hawah)* eine Rolle spielt: anstatt Adam zu versuchen, verleiht sie ihm Leben und belehrt ihn.»[22]

Anders ausgedrückt: Der Bericht über Evas Vergehen in der *Genesis* ist lediglich eine Projektion – und eine Vertuschung – der extremen Handlungsweise Jahwes gegenüber seiner Schöpferin *Hawwah* und ihrer heiligen Wächterschlange. Er stiehlt ihre Macht und sogar ihren Namen, wie der Name Jahwe (Yahweh) selbst vermuten läßt.

Am Anbruch der Zeit, in der man des Lesens und Schreibens kundig war, tritt die Schlange also als eine überragende Gestalt in Erscheinung, die den Baum des Lebens und den Baum der Erkenntnis bewacht. Als man sie später degradierte, wurde die Schlange – wie etwa im Alten Testament – zur Abgesandten der negativen, zerstörerischen Kräfte. Eine Spur davon läßt sich noch in der babylonischen Sage von Gilgamesch erkennen, der sich die Pflanze der Unsterblichkeit, die er erlangt hatte, von einer kleinen Schlange stehlen ließ, so daß die Menschheit ihrer beraubt war. Die Muttergöttin, eng mit dem Baum des Lebens verbunden, ist in gewissem Sinn der Baum selbst. Gleichzeitig steht sie aber außerhalb des Baumes und belebt ihn, so daß er Knospen treibt und blüht.

Heute lebt die Schlangengöttin als Äskulapstab (Caduceus) des ärztlichen Berufsstandes weiter; der Stab verkörpert dabei den Baum des Lebens. Ursprünglich ein Stab mit drei Blattknospen, wurde er zum Symbol des Gottes Hermes und im griechischen Mythos zum Emblem von Gesundheit und Glück. Man glaubte, er sei, mit Girlanden geschmückt, in der Lage, den Trancezustand herbeizuführen, und man könne ihn dazu benutzen, die Geister der Toten zu beschwören. Er wurde später auch zum Emblem des Halbgottes Asklepios, des Heilers. Pausanius berichtet, das Schreckliche an der Gorgo seien die Schlangen auf ihrem Kopf. Manchmal wird sie so dargestellt, daß die Schlangen auf ihrer Stirn einen Caduceus bilden. Der Gesichtsausdruck der Medusa war an sich mild und freundlich; wenn man sich das menschliche Gesicht fortdenkt, bleiben das heilige ägyptische Schlangensymbol und der geflügelte Kreis (der griechische Caduceus).

# Teil V: Der Schmetterling

Schreinfigur mit
Schmetterlingsmuster
auf der Brust. Kreta;
Spätminoisch III,
ca. 1400–1100 v. Chr.
(Ausschnitt aus
Abb. 199).

Im Mythos nimmt der menschliche Geist oft die Gestalt eines Schmetterlings an, der, in der Sonne schimmernd, umherflattert. Die Vorstellung von der Seele als Schmetterling ist überall auf der Welt anzutreffen und erscheint als eine Manifestation des Lebensodems.
Im Herbst wird die Raupe, eingesponnen in einen selbstgeschaffenen Kokon, zur Puppe und schläft, bis sie sich im Sommer in einen bunten Falter oder Schmetterling verwandelt. Es ist kaum möglich, diese ehrfurchtgebietende Metamorphose mitzuerleben, ohne darin eine Analogie zur Auferstehung zu sehen. Nach der östlichen Betrachtungsweise bietet die Puppe ein streng hieratisches Bild beschaulicher Kontemplation, eine Verheißung erneuerten Lebens.

## KRETA

Aus dem Palast von Knossos (Spätminoisch III) stammt eine Gottheit mit erhobenen Armen. Die Taube, ein Zeichen des Lebens, sitzt auf ihrem Kopf. Von den magisch übergroßen Händen der Gottheit, die zum Segen erhoben sind, geht Macht aus; die Handflächen sind mit je einem dunklen Streifen bemalt, vielleicht, um die Schöpferkraft in der materiellen Welt zu unterstreichen. Die Bedeutung der Hand ist nicht ganz klar; oft scheint sie allerdings ein Hinweis auf den Fruchtbarkeitsaspekt zu sein. Das Haar der Figur fällt auf den langen Hals hinab; vier Halsketten deuten auf einen hohen Rang hin. Der Schlüssel zu ihrem Charakter liegt in dem transparenten Mieder, das im Rücken geschnürt ist; Muster und Machart ahmen die ausgebreiteten Flügel eines Schmetterlings nach, und die Brüste der Figur erscheinen als die Augen auf seinen Flügeln.
Die großen Hände der Gottheit stellen vielleicht einen Zusammenhang zwischen ihr und den idaischen Daktylen her. Im frühen Kreta personifizierten die idaischen Daktylen das göttliche Werkzeug, die Hand. Die Daktylen waren Schamanen vom Berg Ida, die in geheimen Heiligtümern lebten und Initiations- und Erneuerungsriten durchführten. Als die Mutter Rhea auf Kreta den Zeus gebar, grub sie während der Geburtswehen ihre Finger in die Erde; dies war der Ursprung der Daktylen[1]. Die fünf weiblichen Finger der linken Hand gehören zur Zauberin; die Finger der rechten Hand sind männlich. Das stimmt mit der Tradition überein, nach der die rechte Hand die tätige ist und die weibliche linke die Hand der Weisheit.

## DIE AXT UND DER SCHMETTERLING

Obwohl eines der markantesten Bilder der kretischen Religion, hat sich die Doppelaxt, die einem Schmetterling mit ausgebreiteten Flügeln ähnelt, bisher der Interpretation weitgehend entzogen. Sie ist sicherlich ein Kultgegenstand, denn das Material, aus dem die Äxte hergestellt sind, z.B. Gold, dünnes Bronzeblech, weicher Stein und dergleichen, macht sie ungeeignet für den praktischen Gebrauch. Bei einer kleinen Doppelaxt mit gerader Schneide, die in einer Sakralhöhle gefunden wurde und auf die ein zarter Schmetterling eingraviert ist,

198. Der auf einer Doppelaxt mit gerader Schneide eingravierte Schmetterling ist ein Symbol für Tod und Wiedergeburt. Kreta; Entstehungszeit unbekannt.

199. Schreinfigur, mit einer Taube gekrönt und einem Schmetterlingsmuster auf der Brust. Palast von Knossos, Kreta; Spätminoisch III, ca. 1400–1100 v. Chr.

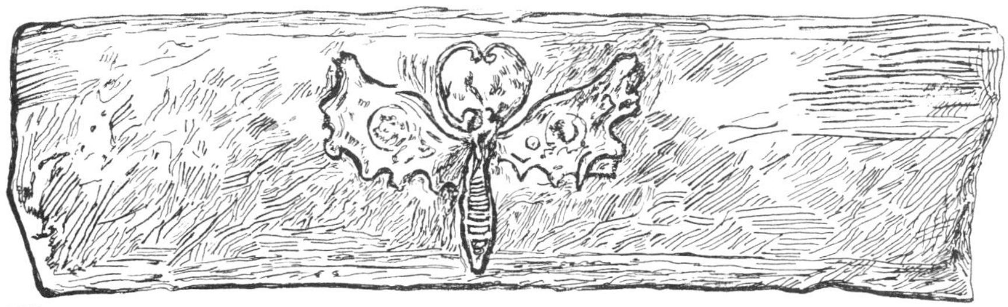

198

199

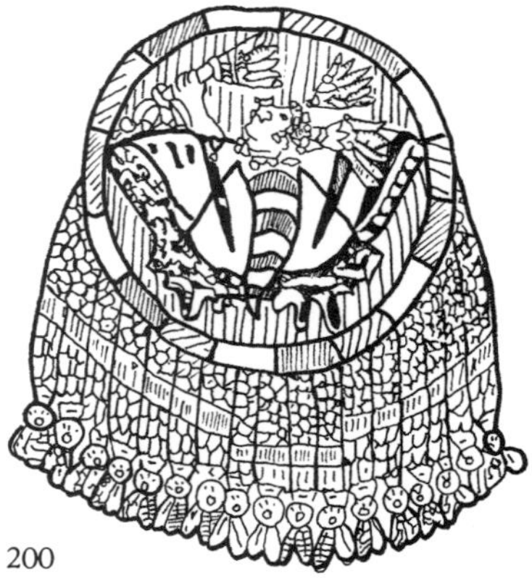
200

200. Ein mexikanischer Kodex zeigt die Liebesgöttin als Schmetterling. Mexiko; präkolumbianisch.

handelt es sich mit Sicherheit um einen Votivgegenstand. Die gerade Kante, die das meist gebogene Ende der Axt ersetzt, hat man möglicherweise gewählt, damit sich die geschwungenen Flügel des Schmetterlings besser abheben. Da er für die neue Geburt steht, ist der Schmetterling das perfekte Ornament für eine Axt, die in zwei Richtungen schneidet. Als Paar gesehen, verweisen die Richtungen auf Tod und Erneuerung.

## SCHOTTLAND

Sowohl in der Alchemie als auch in der Religion bilden Geist und Wasser – mit Feuer, Erde und Luft – einander entgegengesetzte Paare gleich heiliger Elemente. Wenn man den Weg solcher Vorstellungen verfolgt, ist es oft schwierig festzustellen, ob die Symbole spontan aus der menschlichen Psyche auftauchten oder von einem Ort zum anderen wanderten. Sie sind in der ganzen Welt als Grundelemente vertreten.

Im Westen Schottlands fütterte man Schmetterlinge bis weit in unser Jahrhundert hinein mit Honig, um ihrer Heiligkeit Ehre zu erweisen. Bei den Mexikanern und den gälisch sprechenden Schotten finden sich einige gemeinsame Vorstellungen über Schmetterlinge, die in den Details erstaunliche Übereinstimmungen aufweisen. In beiden Ländern ist der Schmetterling ein Bild sowohl für die Gottheit als auch für die menschliche Seele, zudem auch noch für das Feuer. Auf den ersten Blick scheint der Schmetterling überhaupt nichts mit dem Feuer zu tun zu haben, wenn die Verbindung aber erst einmal hergestellt ist, wird die Ähnlichkeit der flakkernden, zuckenden Flammen mit dem pulsierenden, leuchtenden Flügelinsekt bald deutlich[2].

Der Name eines alten schottischen Feuergottes, Daelan-De, der «das Leuchten Gottes» bedeutet, spiegelt seine Funktion wider. Im schottischen Gälisch ist einer der Namen für den Schmetterling *teine-de,* «Feuer Gottes»; der Ausdruck *daelan* bezeichnet die brennende Kohle, den Blitz und die Helle des Sternenhimmels. Gleichzeitig ist *daelan-de* die Bezeichnung für brennendes Reisig, das einem Zeremonialfeuer entnommen wird, um damit eine ausgelöschte Flamme wieder anzuzünden. Man hält die Flamme des Reisigbündels, während man es von Haus zu Haus trägt, durch schnelles Drehen am Leben; dadurch entsteht der Eindruck von Sternen am Nachthimmel[3]. Früher bestand der gleiche Zusammenhang zwischen der Göttin und dem Feuer.

## MEXIKO

Die mexikanischen Kodizes, außerordentlich ehrwürdige religiöse Bilderbücher, wurden von den Spaniern fast vollständig zerstört. Einige wenige der noch erhaltenen Malereien, die dem König von Spanien als Geschenk gebracht wurden, ergänzen die Verbindung zwischen dem Feuer, dem Schmetterling und der Gottheit. Das aussagekräftigste Bild zeigt die Liebesgöttin Xochiquetzal als Falter mit Menschenkopf, der brennende Stöcke emporhält[4].

Das zarte Insekt und das Steinmesser erscheinen

zwar bei oberflächlicher Betrachtung als völlig verschieden, sind aber im magischen Waffenkult Mexikos vereint. Ein alter präkolumbianischer Hymnus gibt eine symbolische Schilderung der Schmetterlingsgöttin Itzpapalotl, deren Flügel Spitzen aus Obsidian haben, einem messerscharfen, schwarzen Glas vulkanischen Ursprungs.

Im Kult der magischen Waffen repräsentiert die Doppelaxt den Schoß des Lebens, der mit frühen Göttinnen in Zusammenhang steht. Diese frühen Gottheiten regieren über den Tod und die Jagd, und ihre Doppeläxte sind Symbole des Schmetterlingsgeistes[5], des göttlichen Schoßes, aus dem Leben und Tod hervorgehen. Die von der Göttin geforderten Opfer brachten ihr den Titel der Todesgöttin ein. Dennoch fand sie unter der neuen heidnischen Religion selbst den Tod, wie der mexikanische Mythos verdeutlicht, in dem die Mondgöttin Coyolxauhqui vom Sonnengott zerstückelt wird. In der mesoamerikanischen Sakralkunst galt die aztekische Göttin Itzpapalotl, die Schmetterlingsgottheit, als dämonisch; sie trug Symbole des Todes auf ihrem Gesicht, dazu hatte sie eine gespaltene Zunge.

In alten Zeiten empfand man keinen Schrecken vor dem Tod. Die Einstellung ähnelte eher der Vertrautheit und humorvollen Kameraderie, mit der die heutigen Mexikaner den Tod sehen, der nichtsdestoweniger ein ehrfurchtgebietendes Rätsel bleibt. Sie wissen, daß man über die Mutter des Todes nicht lachen darf. Wenn sie auch Furcht einflößt, so ist sie dennoch die Mutter, die uns nicht im Stich läßt, denn Leben, Tod und Wiedergeburt entströmen ihrem Schoß.

## DIE CUNA MITTELAMERIKAS

Beim Stamm der Cuna in Mittelamerika gibt es heutzutage noch ähnliche Vorstellungen von der zentralen Figur seiner Religion, der «riesigen blauen Schmetterlingsfrau», die ein uraltes Mysterium bewahrt, das Kernstück ihrer gegenwärtigen Religion[6]. Während die Cuna die Erdmutter in der Gestalt des Morphofalters verehren, dem man in dem immer warmen Klima ihrer Heimat überall begegnet, lehnt sich ihr Glaube doch erstaunlich weitgehend an die Grundlinien der alten Religion an, die in der Eiszeit aus Eurasien über die Landbrücke der Beringstraße gelangte. Die Cuna-Indianer übernahmen den Schmetterling, der in der neuen Umgebung vorkam, und irgendwie blieb ihr Kult vor dem generellen Wechsel zu männlich orientierten Religionen verschont.

# Teil VI: Das Mutterschaf und der Widder

Ein Widder, die Hufe auf dem Altar der Göttin, kaut eine goldene Blüte vom heiligen Zweig. Der Priester, der ihn in der Hand hält, trägt ein Gewand mit dem für die Göttin charakteristischen Netzmuster. Sumer; 2500 v. Chr. (Ausschnitt aus Abb. 203).

Obwohl die prähistorische Sonnengöttin seine Mutter war, wurde der Widdergott, das Symbol starker Sexualität, ein männliches Sonnenemblem. Sein Schicksal illustriert auf hervorragende Weise den Umschwung in der religiösen Symbolik, der ungefähr in der Mitte der Bronzezeit eintrat.

Die ägyptische Hieroglyphe für Widder, als *ur-am* transkribiert, bedeutet «Sonnenhitze». Im Mythos sind Widdergottheiten von Stiergöttern praktisch nicht zu unterscheiden; beide treten als Äquivalent der Sonne auf, aber der zum feuchten Milieu gehörende Stier verkörpert die Abendsonne, die sterbend ihre Kraft verliert. Vor der Bronzezeit, als die Sonne noch zur Göttin gehörte, hatten die Symbole umgekehrte Bedeutung.

## NORDAFRIKA

Im Neolithikum war das erste Haustier, das angebetet wurde, ein weibliches Schaf. Eine hervorragende prähistorische Felsgravierung aus den saharischen Atlasbergen bei Ksour Djabek Bes Seba in Algerien (7000–4500 v. Chr.) zeigt einen Gläubigen, der ehrfurchtsvoll vor einem Mutterschaf steht, dessen Halsband das Zickzackmuster der Göttin aufweist. Das milchspendende Euter kennzeichnet und unterstreicht das Geschlecht des Tieres, und die Sonnenscheibe auf dem Kopf sowie das Halsband bestätigen seine Göttlichkeit. (Die Sonnenscheibe wurde später, im Neolithikum, hinzugefügt[1].) Daneben deutet eine Gestalt mit angewinkelten Ellbogen und erhobenen Händen auf von oben vermittelte Kräfte hin.

Hunderte von Jahren später glaubten die Berber Nordafrikas, der Widder sei eine Verkörperung übernatürlicher Kräfte; noch heute steht das Schaf im Mittelpunkt ihrer Folklore. Eines der größten Feste ihres religiösen Kalenders ist ein Widderopfer. Es gibt viele Geschichten von Menschen, die heilige Widder um Rat bitten. Die Anbetung dieser Tiere scheint aus Kleinasien und Europa eingesickert zu sein; jedenfalls gehören die Felszeichnungen Nordafrikas, in denen der Widder eine Rolle spielt, einer prähistorischen Kultur an, die in mancher Hinsicht bis in die Gegenwart hineinreicht.

## DER «FRUCHTBARE HALBMOND»

Hoch oben an der Wand eines Schreins in Çatal Hüyük (6. Jahrtausend v. Chr.) ist eine Leopardengöttin dargestellt, die einen Widder zur Welt bringt. In einem anderen Schrein dieser Stadt wird in ähnlicher Weise eine Gottheit gezeigt, die einen Stier gebiert (s. Teil XI, «Die Kuh und der Stier»)[2].

Im «Fruchtbaren Halbmond» entsprechen die Schilfringbündel der Göttin Inanna den Spiralhörnern des Widders, von denen man glaubte, sie seien Quellen schöpferischer Energie. Die durch die Spiralen angedeutete Beziehung zwischen Widder und Gottheit wird ferner durch die Verbindung zwischen ihren eine Schlaufe bildenden Schilfbüscheln und dem mit Hörnern versehenen Tor unterstrichen. Auf einem Siegelzylinder aus Sumer (2500 v. Chr.) steht das göttliche Lamm auf einem Altar, den diese Schilfringbündel flankieren. Dane-

201

202

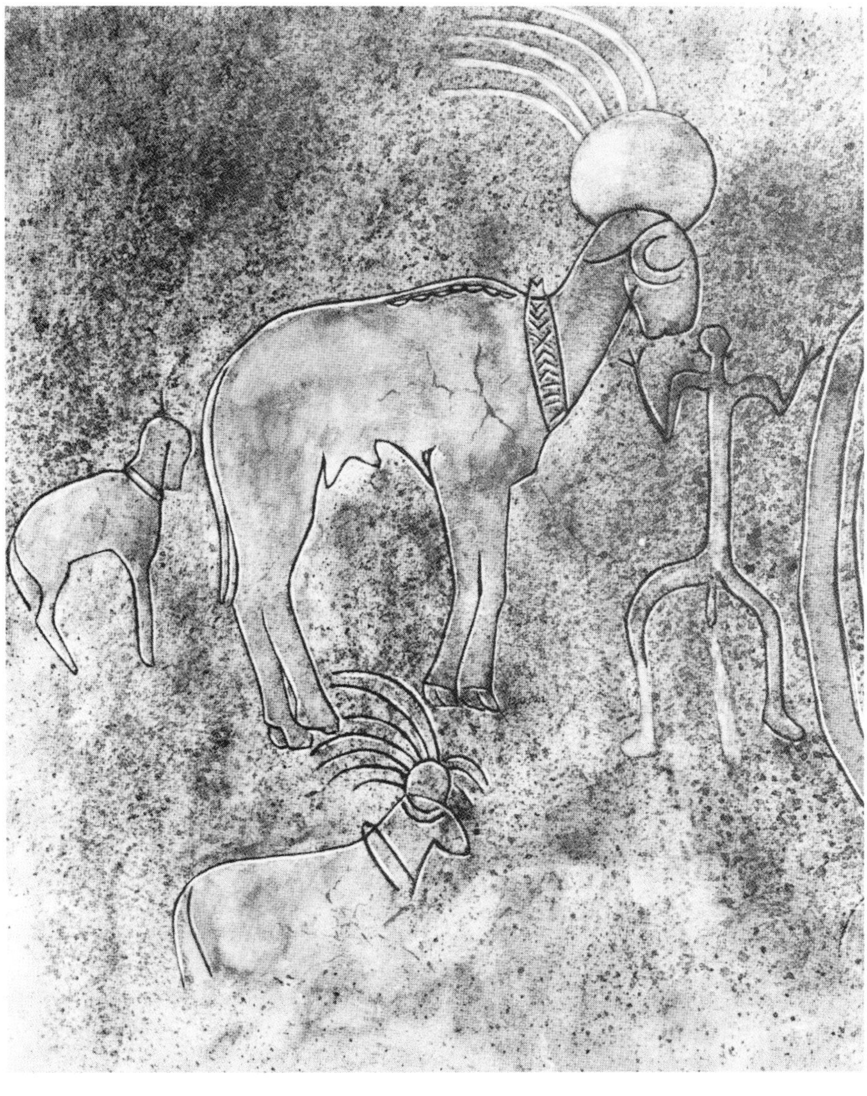

201. Göttin mit Leopardenohren gebiert einen Widder. Çatal Hüyük, Türkei; ca. 6000 v. Chr.

202. Ein Mann verehrt eine Schafgöttin, die die Sonnenscheibe und ein Halsband mit Zickzackmustern trägt. Prähistorische Felsgravierung aus den Atlasbergen, algerische Sahara; 7000–4500 v. Chr.

203. Die heiligen Schilfringbündel der Gottheit beschützen das Lamm auf dem Altar. Sumer; 2500 v. Chr.

203

ben greift Dumuzi nach dem heiligen Baum, der von Widdern beschützt wird; die geometrische Form der ionischen Säulenkapitelle ist durch ihre Hörner inspiriert.

Eine prächtige sumerische Opfergabe aus dem Grab der Königin in Ur (2500 v. Chr.) – einer von zwei großartigen Widdern, die aufgerichtet auf den Hinterbeinen stehen und ihre Hörner zwischen die Zweige eines kleinen blühenden Baumes stoßen, der goldene Blüten, Knospen und Früchte trägt – verspricht neues Leben. Hinter dem Tier erhebt sich ein massiver Goldpfosten, ohne Zweifel eine Stütze für eine Gottheit. Der verschwenderische Gebrauch wertvoller Materialien wie Gold, Elfenbein, Silber und Perlmutt ist signifikant, denn jedes Material hat seine eigene symbolische Bedeutung. Muscheln verweisen auf den Schoß der Gottheit; Lapislazuli, der von Ischtar getragen wird, symbolisiert die Sternennacht. Später wurde der Widder zum Ersatzopfer, das unter dem Messer Abrahams dessen Erstgeborenen vertrat[3].

Eine Herrin der Tiere aus Elfenbein, die man in der alten ugaritischen Stadt Ras Schamra (Syrien, etwa 1400 v. Chr.) fand, hält man für eine mykenische Auftragsarbeit. Der Widder und die Ziege sind beinahe austauschbare Symbole der Gottheit, die auf ihrem Altar steht und Weizenähren emporhält.

## DAS ZEITALTER DES WIDDERS

Die Astrologie, der Versuch einer Kombination von Mythos und Astronomie, ist ein System himmlischen Wissens, das von Priestern und Priesterinnen, die «Mathematici» oder «Gelehrte Mütter» hießen, gegen Ende des mutterzentrierten Zeitalters errichtet wurde. Die Babylonier sammelten und kodifizierten die astronomischen Erkenntnisse der frühen paläolithischen und neolithischen Beobachter. Später, zur Zeit des Königs Nabonassar (797–734 v. Chr.), eröffnete der Beginn des großen Weltalters, des Zeitalters des Widders, die Frühjahrs-Tagundnachtgleiche, und damit setzte eine neue Ära ein[4]. Das erste Zeichen des Zodiakus, das Zeichen des Widders, symbolisiert den Frühling und überwältigt die Mächte der Finsternis und des Winters.

## DIE MYSTERIEN

Als ursprünglich weibliche Rituale fanden die religiösen Geheimkulte Griechenlands und Roms, die Mysterien, im Verborgenen statt, um die Vergeudung magischer Kräfte zu verhindern. Im Szenario der Mysterien stellten Kopf und Hörner des Widders eines der Symbole der Erleuchtung dar. Eine Aschenurne, die auf dem Esquilin-Hügel in Rom gefunden wurde, zeigt eine der Absolutionszeremonien der Mysterien. Der verschleierte Kandidat sitzt inmitten von Symbolen da; zwischen seinen Füßen liegen die Hörner eines Widders, die für das Vlies der Reinigung stehen. Über seinen Kopf wird ein *liknon* gehalten, die Kornschwinge, die den Weizen von der Spreu oder die Seele vom Körper trennt; daneben steht ein Gericht aus Mohnkapseln, das den Schlaf bringt, der ihn auf die Wiedergeburt vorbereitet. Inzwischen schickt man ein

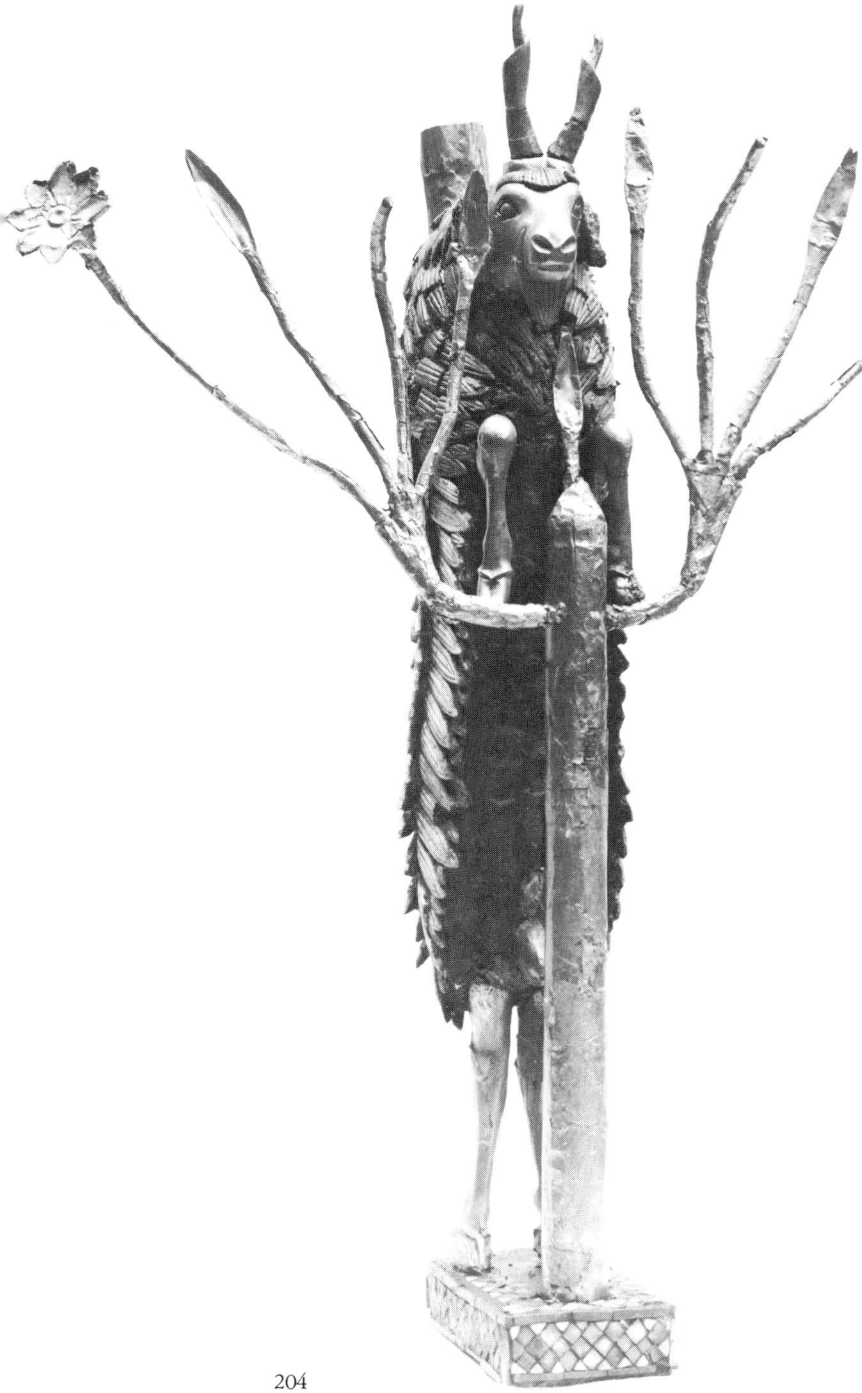

204

204. Mit Juwelen besetzte Opfergabe aus dem Grab der Königin von Ur: ein Widder richtet sich an einem kleinen Baum auf. Irak; 2500 v. Chr. (s. Tafel 44).

205. Auf einer Elfenbein-Pyxis steht die Herrin der Tiere zwischen zwei Ziegen, Verwandten des Widders, auf ihrem Altar. Mykenischer Herkunft, Ras Schamra, Syrien; ca. 1400 v. Chr. (s. Tafel 48).

205

206

Schwein in die Unterwelt, das stellvertretend für ihn geopfert wird[5].

In der brahmanischen Tradition Indiens wird die Person, die den Ritus der Wiedergeburt durchläuft, symbolisch auf einer Widderhaut wiedergeboren. Dieses Ritual geht zumindest bis in das 8. Jahrhundert v. Chr. zurück und beschreibt eine Praxis, in der ähnliche Sinnbilder wie in den Mysterien benutzt werden.

## DAS CRIOBOLIUM

Das Criobolium, die Opferung eines Widders zu Ehren der Großen Mutter und des Attis, entsprach dem Taurobolium, der nur für die Große Mutter bestimmten Opferung eines Stieres. Der Zweck beider Riten war die Reinigung und die Regeneration. Das Criobolium übte einen tiefgehenden Einfluß auf das Christentum aus, denn für seine Gläubigen ist Christus das Lamm, das für sie stirbt. Da es einen solchen Kult früher offenbar noch nicht gegeben hat, scheint die wesentliche Funktion des Criobolium darin bestanden zu haben, dem Aufstieg des Gottes Attis förderlich zu sein. Seine weitverbreitete und gefeierte Doktrin der Absolution und der Auferstehung scheint den Boden für das Christentum vorbereitet zu haben. Die Verbreitung des Criobolium trug dazu bei, die Religion der Muttergöttin auszulöschen, und zerstörte die uralte intime Verbindung zwischen den Menschen und der Göttin[6]; dadurch wurde der Weg für das Lamm frei, das den auferstandenen Christus symbolisiert.

## GRIECHENLAND UND DAS ÖSTLICHE MITTELMEER

Die Gottheit nimmt manchmal die Gestalt eines Mutterschafs an, oder sie steht auf dessen Fell. Ein Bronzemedaillon zeigt Aphrodite Epitragia, nackt auf dem Rücken eines galoppierenden Schafes reitend, umgeben von den wirbelnden Pleiaden; wie Europa umgreift sie ein Horn des Tieres mit einer Hand und hält einen Spiegel in der anderen. Münzen aus Zypern sind mit ähnlichen Motiven geschmückt. Auf dieser Insel, auf der Aphrodite zur Welt kam, wurde ihr jedes Jahr von Gläubigen, die sich in Schaffelle kleideten, um sowohl ihre Verwandtschaft mit dem Opfer als auch mit der Gottheit zu unterstreichen, ein Schaf geopfert[7].

Aphrodite unterhielt eine lang andauernde Liebesbeziehung zu Hermes, dem Zauberer und Herrn der Herden, der oft die Gestalt eines Widders annahm. Der Schöpfer einer Plastik aus dem frühen 5. Jahrhundert v. Chr. (s. Abb. 207) stellte ihn mit einem geflügelten Hut und mit geflügelten Schuhen bekleidet und einen Widder tragend dar. Als esoterischer Meister des Wissens, das über den Tod hinausreicht, führt Hermes die Seelen der Toten in den Hades.

Widdergöttinnen kommen in den antiken Kulturen des Nahen Ostens sehr häufig vor; in Kanaan und Palästina wurde die Göttin als das Mutterschaf Astarte verehrt. Schafe sind geeignete Tiere für trockene Steppengebiete; die Bevölkerung der reichlich mit Wasser versorgten phönizischen Berge hingegen, in denen auch Rinder leben konnten, beteten eine Kuhgöttin an. Diese hybriden Göttin-

206. Von den Pleiaden umgebene nackte Aphrodite reitet auf einem Schaf. Griechenland; 6. Jahrhundert v. Chr.

207. Der Zauberer Hermes mit einem geflügelten Hut und geflügelten Stiefeln trägt ein Lamm. Möglicherweise griechischer Herkunft; 5. Jahrhundert v. Chr.

207

nen sind Repräsentantinnen einer alten Ritualform, bei der die Zelebranten ihre Verwandtschaft mit der Gottheit deutlich machen, indem sie das heilige Tier opfern[8]. Die Vereinigung von Tier, Mensch und Göttin wird vollzogen, indem man das Fleisch des Tieres verzehrt und sein Blut trinkt. Die Panathenäen, ein Fest, das der Verehrung des Athene-Standbildes diente, wurden jedes Jahr im Parthenon auf der Akropolis abgehalten. Man opferte dabei einen Widder und legte dem Athene-Standbild sein Fell um. Dieses Ritual macht deutlich, daß man zunächst das Tier als lebendige Gottheit betrachtete; später erst wurde es durch einen Gott in Menschengestalt repräsentiert.

## DAS GOLDENE VLIES

Teile der Sage vom Goldenen Vlies (s. Kapitel «Griechische Schlangengottheiten») stammen aus dem viel älteren Mythos von Athamas, der König von Böotien war. Seinen von Nephele («Wolke») geborenen Kindern gelingt es, der Opferung durch ihre Stiefmutter Ino zu entgehen, und sie reiten auf einem magischen goldenen Widder davon, der ins Meer taucht. Helle stürzt ab und ertrinkt im Hellespont, der nach ihr benannt ist[9]. Phrixos wird nach Kolchis am Schwarzen Meer gebracht, wo er den Widder opfert und dem König Aiëtes zum Geschenk macht. Ein Orakelspruch verkündet, daß des Königs Leben von der sicheren Verwahrung des Goldenen Vlieses abhängt; Aiëtes hängt es daher an einen Baum und setzt einen Drachen als Wächter ein.

208

208. Phrixos reitet auf dem Goldenen Widder. Griechenland; 6. Jahrhundert v. Chr.

209. Jason raubt das Goldene Vlies. Syrien; 4.–6. Jahrhundert n. Chr.

210. Die Zauberin Medea verjüngt den Widder in ihrem Zauberkessel. Griechenland; 6. Jahrhundert v. Chr.

209

210

Die Ereignisse der Argonautensage, die sich – teils Mysterium, teils Historie – im 13. Jahrhundert v. Chr. abspielten, wurden erst 1000 Jahre später, im 3. Jahrhundert v. Chr. niedergeschrieben. Mit den größten Helden Griechenlands als Besatzung sticht das Schiff Argo unter dem Kapitän Jason, dem Sohn des Königs von Thessalien, in See; man will das Goldene Vlies erobern. Die Argonauten erreichen Kolchis, eine alte ägyptische Kolonie[10]. Jason begegnet dem König, der ihm schreckliche Prüfungen auferlegt, durch die er sich das Goldene Vlies verdienen soll, doch der König enthält es ihm immer wieder vor. Jason macht sich schließlich auf die Suche und findet das Vlies an einer Eiche befestigt. Mit der Hilfe Medeas, der Tochter des Königs (und zauberkundigen Nichte Kirkes), wird die Wächterschlange mit Zauberkräutern betäubt. Jason ergreift das Vlies und entflieht mit Medea, die sich in ihn verliebt hat. Dann kehren alle nach Griechenland zurück. Für Jason ist die Bewährungsprobe, die die Eroberung des Goldenen Vlieses darstellt, eine Art Initiationsprüfung.

Die faszinierende Handlung ist eng mit dem Schicksal Medeas verwoben; es ist eigentlich ihre Geschichte. Auf einer attischen Amphore aus dem 6. Jahrhundert v. Chr. ist links die Zauberin abgebildet, wie sie ihre magische Kunst praktiziert. Jasons Vater, der alte, von seinen Töchtern begleitete König, schaut ihr dabei genau zu. Eine der Töchter hebt vor Erstaunen die Hände empor, als sie einen lebenden Widder in einem riesigen Kessel kochen sieht. Anstatt zu sterben, springt der Widder, durch Medeas Zauber verjüngt und mit neuer Jugend und Energie ausgestattet, aus dem Topf.

Das Goldene Vlies versinnbildlicht die geistige Schöpferkraft des Widders, dessen Natur im Grunde aggressiv ist, blind gegen alles, nur seinem eigenen ungestümen Willen gehorchend. Das Fell des Widders wird in der *Ilias* als Ägis mit goldenen Quasten beschrieben[11]. Der Ägis oder dem Vlies wohnten so gewaltige Zauberkräfte inne, daß Zeus und Athene sie nur schütteln mußten, um ihre Feinde in Angst und Schrecken zu versetzen und in die Flucht zu schlagen. Athene trug sie auf ihrer Brust oder hüllte sich darin ein. Die frühen Gottheiten schüttelten Wettervliese, um Regen zu erzeugen, und Zeus benutzte das Goldene Vlies, um Penelopes Freier durch einen gewaltigen Sturm zu erschrecken.

# Teil VII: Die Spinne

Die Augen und der Schoß der «Spinnenfrau» dominieren auf einem Muschel-Halsbandanhänger ein Muster, das von ihren Symbolen umrahmt wird. Great Indian Mound, Tennessee, USA (s. Abb. 212).

Die Spinne webt ihr Netz in der Luft und wird damit zur Mittlerin zwischen den Tieren der Erde und den Geschöpfen des Himmels[1]. Als Schicksalsgöttin bringt sie ihre Wohnung aus dem eigenen Körper hervor und spinnt den Lebensfaden. Das englische *spider* und das deutsche *Spinne* kommen vom altenglischen *spinan* oder vom althochdeutschen *spinnan*, «spinnen». Das moderne englische Wort *spinster,* «unverheiratete Frau», leitet sich aus der alten Vorstellung her, daß die Spinnerinnen des Schicksals jungfräuliche Göttinnen waren, die nicht nur den menschlichen Lebensfaden, sondern das Geschick der Welt webten. Im Sanskrit heißt «nähen» *siv,* es hat den gleichen Wortstamm wie «Faden». Es hat sich im lateinischen *suo* und im englischen *to sew,* «nähen», erhalten. Eine andere Sanskritwurzel ist *nah;* daher kommen das lateinische *neo* und *necto,* «Spinne», wörtlich «die Wollspinnerin». Das griechische *rak* hängt mit dem Wort zusammen, das «zusammenheften» oder «weben» bedeutet; daher kommt der Name Arachnes, einer guten Weberin im griechischen Mythos[2].
Die weiblichen Attribute von Fruchtbarkeit, Magie und Hexenkunst setzen die Frauen mit der Spinne gleich, und diese Identifikation kommt in vielen Verrichtungen zum Ausdruck, die beiden gemeinsam sind. Als eine die Zauberkunst beherrschende Schöpferin kann die Spinne Glück oder Unglück bringen. Als Freundin der Menschheit stellt sie Netze her, die Schutz gegen stechende Insekten bieten, und verkörpert Geduld und Fleiß.
Negativ gesehen, ist die Spinne jedoch ein Ungeheuer, ihr Gewebe dunkel und düster. Für manche Menschen verkörpert sie eine mythische Menschenfresserin, ein unersättliches Wesen, den Gefahren vergleichbar, denen man im Labyrinth oder auf der nächtlichen Seereise in die Unterwelt begegnet[3]. Ananse, die männliche Spinne, ist ein Trickster, der an der Elfenbeinküste und in ganz Afrika als hinterlistig und bösartig bekannt ist[4].

## GRIECHENLAND

Die Beziehung von Athene, der Spinnerin des Schicksalsfadens, zur Spinne reicht bis in alte Zeiten zurück, als Athene «die Spinne» hieß. Im Mythos von der Jungfrau Arachne lehrt Athene die lydische Prinzessin das Weben. Später beneidet sie ihre Schülerin um deren gefeierte Geschicklichkeit und verwandelt Arachne durch einen Schlag auf die Stirne in eine Spinne; daher stammt das Wort *Arachnide*[5]. Dieser Mythos ist möglicherweise ein späterer Versuch, Athenes althergebrachte Beziehung zur Spinne zu erklären.
In Homers *Odyssee* wird Penelope – wie die Spinne – zu einem durchtriebenen Wesen, einem Trickster. Jede Nacht trennt sie das am Tage Gewebte wieder auf. Penelope zerstört ihr Netz am Abend und webt es jeden Morgen neu; so kommt sie niemals voran und bleibt ihrem Ehemann und ihrem Schicksal treu. Das Morgenrot wie auch die Abendröte werden mit der Spinne und ihrem Netz verglichen; in der Nacht bereitet die Abendröte die Morgendämmerung des nächsten Tages vor. Wenn die Sonne im Westen ohne Wolken stirbt und die schimmernde Spinne sich am Himmel zeigt, so bedeutet das gutes Wetter für den nächsten Tag.

211

211. Auf einem Siegelzylinder schützt eine riesige Spinne den Kornspeicher der Göttin Inanna vor Insekten. Uruk, Irak; 3000 v. Chr.

MESOPOTAMIEN

Das Detail einer Glyphe aus Uruk, die aus der Dschemdet Nasr-Zeit (etwa 3000 v. Chr.) stammt, stellt die Verehrung einer großen Spinne durch zwei Frauen mit geflochtenem Haar dar, die auf niedrigen Ruhebetten sitzen. Eine von ihnen streckt die Arme nach der Spinne aus, die andere nach einem dreieckigen Gegenstand, der auf jeder Seite eine Kugel aufweist und Inannas sumerischen Tempelgetreidespeicher oder -viehstall darstellt[6]. Die insektenfressende Spinne bewacht das Lagerhaus der Gottheit.

INDIEN

Im *Rig-Veda* heißt es, daß die Morgenröte während der Nacht gewebt wird und daß *Raka,* der Vollmond, der Spinne manchmal beim Weben hilft[7]. In der Hindumythologie symbolisiert die Spinne Maya, den Mutteraspekt der dreifaltigen Göttin, die das Netz des Schicksals webt[8].

Die Spinne spielt auch in den Initiationsriten der Bewohner des Andamanen-Archipels in der Bucht von Bengalen eine Rolle. Diesen kleinwüchsigen, egalitär lebenden Menschen ist es gelungen, bis ins 20. Jahrhundert ihre steinzeitliche Lebensweise beizubehalten. Jeden Tag tanzen sie, wenn sie ihre Pflichten erledigt haben, ihre heiligen Legenden. Sie leben in der Angst vor den schrecklichen Monsunen, den heftigen Regenfällen, die in ihrem Teil der Welt so häufig sind, und eine ihrer Mythen handelt vom Nordwestmonsun. Ihre Spinnenahnin war eine mächtige Schöpferin, eine weibliche Spinne namens Biliku. Ihrer Mythologie zufolge lehrte die gütige Biliku die Menschen einst, als die Welt in Dunkel getaucht war, wie sie das Tageslicht nach dem dunklen Monsun mit Feuer, Gesang und Tanz wieder zurückbringen konnten[9].

Im ostindischen *Mahabharata*-Epos spinnen und weben zwei Frauen auf dem Webstuhl des Jahres aus schwarzem und weißem Garn die Tage und Nächte. In der fünften Geschichte des zweiten Bandes der von Afanasiew gesammelten russischen Märchen, die das Vergehen der Zeit thematisiert, webt die Spinne ihr Netz, um Fliegen, Stechmükken und Wespen zu fangen. Eine ins Netz gegangene Wespe bittet wegen der vielen Kinder, die sie zurückläßt, um ihre Freilassung. Die gutgläubige Spinne läßt sie frei; die Wespe warnt daraufhin alle Fliegen und Stechmücken, so daß sie das Netz meiden. Als die verhungernde Spinne dann Grille, Motte und Wanze – alles Nachtinsekten – um Hilfe bittet, verbreiten sie das Gerücht, die Spinne sei tot und habe ihren Geist am Galgen aufgegeben (was besagt, daß das Abendrot im Dunkel der Nacht verschwunden ist). Die Fliegen, Stechmücken und Wespen kommen heraus und fallen in das Spinnennetz (die Morgenröte)[10].

NORDAMERIKANISCHE INDIANER

Für die Hopi ist die Spinnenfrau eine frühe weibliche Schöpfergestalt. Dem Mythos zufolge blickte sie auf die leere, stille Erde, und weil sie Freude auf die Welt bringen wollte, nahm sie Erde und Was-

212. Der Schoß der «Spinnenfrau» dominiert auf einem Muschel-Halsbandanhänger ein Muster, das von ihren Symbolen umrahmt wird. Great Indian Mound, Tennessee, USA.

213. Diese Mimbre-Keramik zeigt einen spinnenähnlichen Vinegaroon mit Dreiecken. Südwestliches Amerika; ca. 900–1150 n. Chr.

212

213
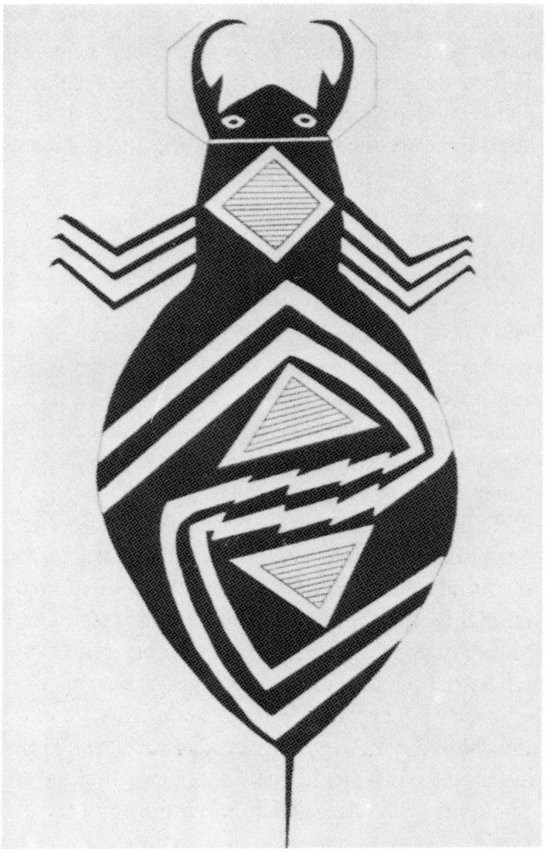

ser (Speichel) aus ihrem Mund, um die ersten Geschöpfe zu formen. Sie bedeckte sie mit einem weißen Umhang, der aus Weisheit, Wissen und Liebe gewoben war, und sang über ihnen, bis sie als zwei männliche Zwillingspaare zum Leben erwachten. Sie lehrte sie, die Erde so zu bearbeiten, daß Menschen darauf wohnen konnten, und sie froh, schön und reich an Liedern und anderen Tönen zu machen. In ihrer Schöpferweisheit sammelte sie Lehm in vier verschiedene Farben und machte vier weibliche Wesen, die sich mit den Zwillingen verbinden sollten. Das war der Anfang des Menschengeschlechts[11].

Auf dem Rand eines schönen Halsbandanhängers, der im Great Indian Mound in der Nähe von Moccassin Bend (Hamilton County, Tennessee) gefunden wurde, sind einige der Embleme der Großen Mutter eingeritzt: heilige Zickzackbänder, Netzmuster und konzentrische Kreise. Unten ist der Randstreifen durch den Unterleib der Spinne unterbrochen; grimmig blickende kleine Augen gukken oberhalb der Kreisform hervor, und angewinkelte Beine umgeben die zentrale uterusähnliche Form der Spinnenfrau. Die Hilfe, die sie den Menschen, dem indianischen Mythos zufolge, immer wieder angedeihen ließ, hat ihr große Zuneigung eingebracht. Obwohl die Hopi einige der Erdwerke *(mounds)* für sich beanspruchen, ist doch der Name des alten Stammes, von dem der Anhänger stammt, nicht bekannt.

Im Südwesten der Vereinigten Staaten ist die Spinne ein Sinnbild der Erdmutter. Besonders erstaunlich ist die Keramik (etwa 900–1150 n. Chr.) eines alten Indianerstammes, der Mimbre. Ihre irdenen

Platten und Schüsseln verdanken die Originalität und Frische zum Teil dem großen Humor und der liebevollen Haltung, mit denen die Indianer ihre üblichen Motive, Tiere nämlich, darstellten. Der spinnenähnliche Vinegaroon-Skorpion (eine mit den Arachniden verwandte Spezies) trägt ein sich wiederholendes Dreiecksmotiv und eine Raute auf dem Rücken.

Da bei den Mimbre die gesamte Töpferware von Frauen hergestellt wurde und wohl auch die meisten der Zeichnungen oder Malereien von Frauen stammten, ist dieses Bild (Abb. 213) höchstwahrscheinlich das Werk weiblicher Hände.

Bei den Navajo-Indianern unterweisen der Spinnenmann und die Spinnenfrau die Erdenmenschen in der Kunst des Webens. Im Taos-Pueblo in New Mexico spielt die Spinnengroßmutter, eine positive Figur, in den Volksüberlieferungen ihre angestammte Rolle, nämlich die einer einfallsreichen Helferin[12].

Eine der Tätigkeiten, die sehr oft dem Mond zugeschrieben werden, ist die des Spinnens und Webens. Ein recht seltsamer Mythos der Irokesen schildert eine alte, mit der Fähigkeit des Weissagens begabte Frau, die im zunehmenden Mond sitzt und an einem Stirnband webt. Jeden Monat trennt die Katze, die neben ihr hockt, ihre Arbeit jedoch wieder auf, so daß sie bis ans Ende aller Zeiten fortfahren und unablässig an dem niemals vollendeten Gewebe weiterarbeiten muß. In verschiedenen Gegenden der Welt lassen sich ähnliche Beziehungen zwischen dem Mond, der Tätigkeit des Spinnens, der Magie, der Fruchtbarkeit und der Hexerei feststellen.

## DIE SÜDSEE

In den Riten von Malekula wird die Spinne als das Ungeheuer Le-hev-hev dargestellt, eine negative weibliche Macht, eine Art alles verschlingende Menschenfresserin. Nach John Layards Interpretation der malekulischen Anschauungen ähnelt Le-hev-hev der Todesmutter. In der Unterwelt trifft man sie oft als in der Mitte ihres Netzes sitzende Spinne an[13].

## DIE SPINNE UND DER MOND

In Borneo macht sich die Mondgottheit daran, die Welt zu schaffen, indem sie die Gestalt einer Spinne annimmt. Auf Nias in Indonesien erscheint die Seele des Mondes, wenn er stirbt, als eine Spinne, die ein Netz webt[14]. Die Paressi aus Zentralbrasilien identifizieren den Mond vielleicht wegen seines netzartigen Wachstums mit einer Spinne, und bei den Huitoto gehört der oberste Himmel einer Spinne. Auf den Loyalty-Inseln steht die Spinne für die Macht, die den Regen schickt, denn das ist die Aufgabe des Mondes. Dieser Mythos enthält Spuren alter Opferriten: das Töten einer Spinne soll Regen bringen[15].

Mit ihrem fortwährenden Weben und Töten symbolisieren Spinnen den unaufhörlichen Wechsel der Kräfte, auf dem die Stabilität des Kosmos beruht[16]. Aus diesem Grund sieht C. G. Jung die Spinne als Symbol des Selbst, desjenigen Teils der Persönlichkeit, der das Bewußte und auch das Unbewußte umfaßt[17].

# Teil VIII: Der Hirsch

Als Mondgöttin ist Artemis mit dem Hirsch verbunden. Etruskisch, Italien; 600–500 v. Chr. (Ausschnitt aus Abb. 221).

Geschmeidig, voller Spannkraft und unglaublich flink, verkörpert der Hirsch den Geist des Wilden. Als uraltes Emblem der lebenspendenden Göttin gehört er sowohl dem Mond als auch dem Wasser an. Andererseits steht das sich verzweigende Geweih mit den Sonnenstrahlen in Verbindung. Der englische Ausdruck für Hirsch, *deer,* bedeutet «leuchtendes Feuer», denn wenn die Sonne durch das Geweih scheint, wird man geblendet. Hörnern und den Tieren, die sie tragen, schreibt man große Macht zu. Wegen ihres vielfältigen Nutzens und wegen ihrer sexuellen und kultischen Bedeutung üben Geweihe eine eigenartige Faszination auf den Menschen aus. Da die zeugungsfreudigsten Tiere sie tragen, betrachtete man die Hörner als greifbare Auswüchse überschäumender Zeugungskraft und benutzte sie als Werkzeuge zur Bearbeitung und gleichzeitigen Befruchtung des Bodens. Um es – wie in den Anfängen des menschlichen Denkens – in Form einer Analogie auszudrücken: Hörner waren ein Zeichen der Weisheit. Daher stattete man auch später den Luzifer des Christentums damit aus. Nach den frühen Vorstellungen waren Hörner ihrer Größe entsprechend Leiter vitaler Energie; Bandbreite und Umfang ihrer übernatürlichen Kräfte wurden durch ihre Dimensionen bestimmt.

Die Kunst der paläolithischen Höhlen, besonders der von Lascaux, erweckt ein Gefühl außerordentlicher Intensität. Hier vermittelt ein kraftvoller, gehetzter Hirsch mit prächtigem Geweih und nach vorn gerecktem Hals den Eindruck tatsächlicher Präsenz und Bewegung des Wildtieres.

An der alten, postglazialen Fundstätte im Teich vor dem Stellmoorhügel bei Hamburg wurden zu bestimmten Jahreszeiten rituelle Opferungen von jungen weiblichen Tieren und von Böcken vollzogen. Die megalithischen Gläubigen versenkten zweijährige Hirschkühe in heiligen Teichen; die Teiche verschlammten im Lauf der Jahrhunderte, und die Überreste der Tiere wurden im gerbsäurehaltigen Boden konserviert. In einem Teich entdeckten Archäologen einen kompletten Rentierschädel mit ausladendem Geweih, den man auf einer 2,10 m hohen Ritualstange befestigt hatte. Ursprünglich am Ufer über einem Opferteich aufgestellt, fielen Stange und Schädel offenbar in die Schlammablagerungen und blieben bis ins 20. Jahrhundert dort begraben[1]. Alexander Marshack merkte an, daß es sich um den Schädel eines 16jährigen weiblichen Tieres handelte, möglicherweise die Anführerin des Rudels, denn bei den Wiederkäuern ist immer eine erfahrene Kuh das Leittier. Und genau diesen Typ einer alten, geweihtragenden Hirschkuh hielten die alten Stämme heilig[2].

Die Phantasie wird von einem weiteren Hirschschädel beflügelt, in dessen Stirn man Augen gebohrt hatte, so daß er von Menschen als Maske benutzt werden konnte. Er ist ziemlich abgenutzt und ist wohl bei vielen zeremoniellen Anlässen getragen worden, sonst wäre er wahrscheinlich nicht so ramponiert. Diese Rituale, bei denen in der Regel getanzt wurde, waren möglicherweise die Vorläufer der dionysischen Orgien; die Höhlenwände scheinen durch die springenden Gestalten zum Leben zu erwachen, die diejenigen Menschen darstellen, deren Fußabdrücke in dem weichen Boden abgelegener Räume noch immer erhalten sind.

5000 Jahre bevor der Mond mit Artemis assoziiert

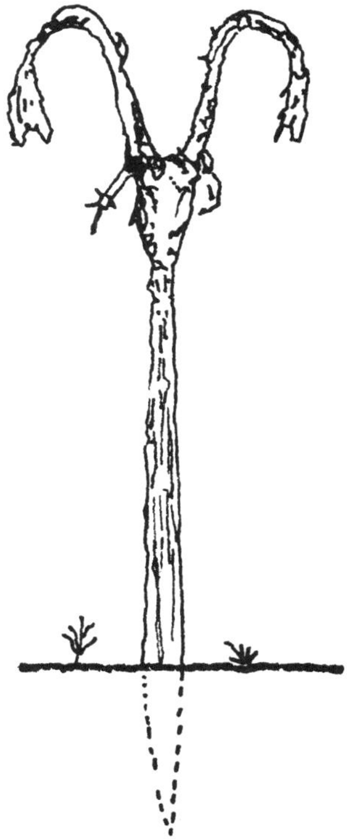

214

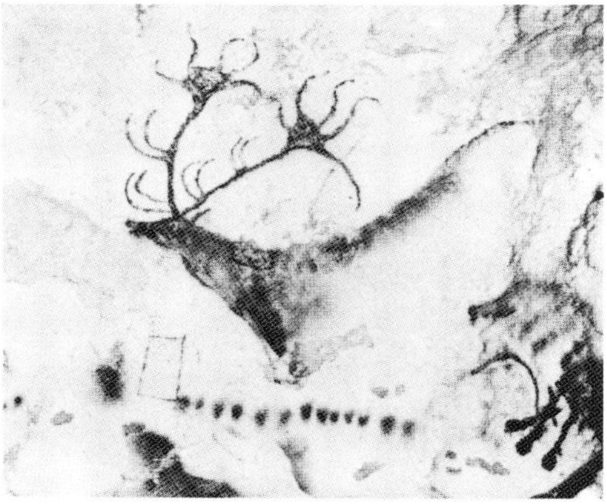

215

216

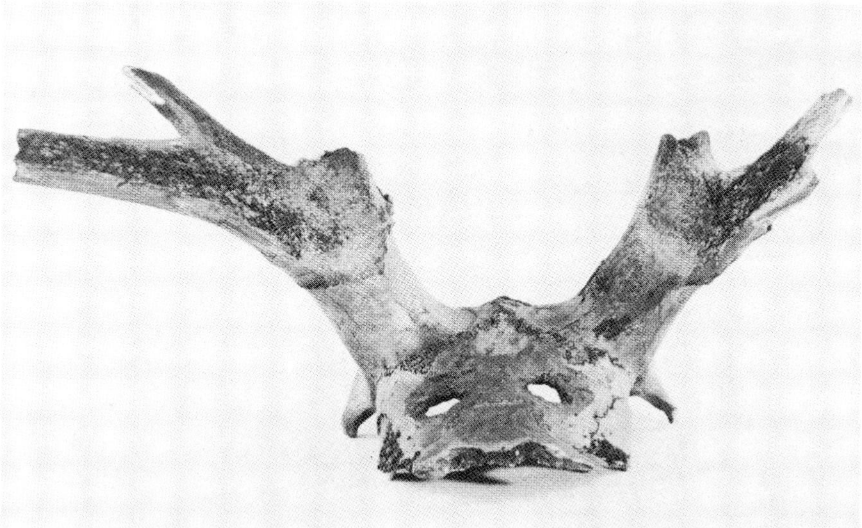

214. Schädel und Geweih eines weiblichen Rentiers auf einer Stange, die neben einem Opferteich aufgestellt war. Stellmoor, Deutschland; spätes Magdalénien.

215. Darstellung eines in die Enge getriebenen Rentiers in der Höhle von Lascaux, Frankreich; Magdalénien (s. Tafel 40).

216. Hirschschädel, der als Ritualmaske benutzt wurde, mit abgebrochenem Geweih. Prähistorisch.

217. Wassergefäß in Form eines Hirsches, mit Mondsicheln verziert. Bulgarien; 6000 v. Chr.

218. Auf eine Bronzeschale eingravierte Schamaninnen mit Geweih tanzen ihre Ritualtänze. China; Tschou-Periode.

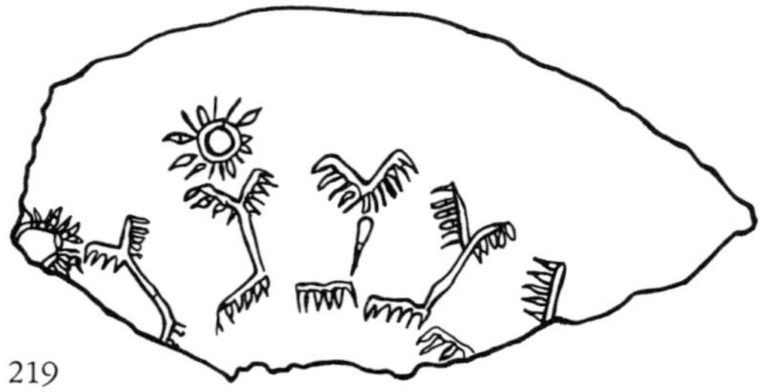

219

217

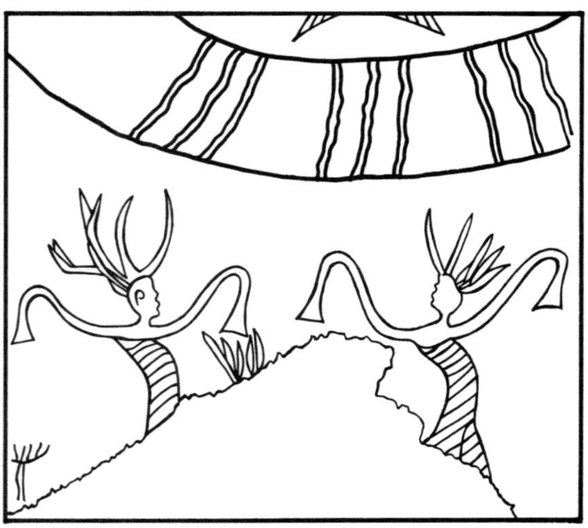

218

wurde, kennzeichnete man die Hirschkuh mit Mondsicheln, die dann zu der Metapher Hirsch – Mond – Erneuerung führten[3]. Die Einordnung des Hirsches als Tier der Wiedergeburt ist weitgehend auf den erstaunlichen, alljährlichen Verlust seines Geweihs und dessen Wiederwachsen zurückzuführen. Ein Wassergefäß in Form einer Hirschkuh (etwa 6000 v. Chr.) reckt den Hals hoch, als ob es in der Luft Witterung aufnehmen wollte. In der Schnauze befindet sich ein kleines Loch zum Gießen.

Das Fragment eines Kupfergefäßes, das man in Las Carolinas bei Madrid fand, zeigt ein unter einer strahlenden Sonne stehendes Hirschrudel. Die Hörner greifen das Strahlenmotiv in einer Weise wieder auf, die die Beziehung des Geweihs zur Sonne hervorragend illustriert. Die Benutzung von Kupfer läßt sich mindestens bis zum Jahr 4500 v. Chr. zurückverfolgen; das Gefäß kann daher ohne weiteres aus dem Neolithikum stammen.

Das Symbol von Ninhursanga, der sumerischen Göttin der Geburt und Wiedergeburt, war eine Hirschkuh[4]. Eine enorme Kupferplakette über dem Tempeltor von Al-Ubaid am Euphrat in der Nähe von Ur stellt eine ähnliche Verbindung zwischen der Göttin und dem Hirschen her. Dieses Relief zeigt zwei Hirsche, die das göttliche Wesen Imdugud, den Löwen-Vogel der Erde und des Himmels, bewachen[5].

Im China der späten Tschou-Zeit tanzten geschmeidige Schamaninnen, die unter anderem magischem Zubehör auch Geweihe trugen[6], ihre Ritualtänze in enganliegenden, langärmeligen Gewändern, die an einen Flug denken lassen. Die Sze-

219. Sonnenstrahlen und Hirschgeweihe auf dem Fragment eines Kupfergefäßes. Spanien; 4000–3000 v. Chr.

220. Imdugud, der Löwen-Vogel, der über Chaos und Sturm regiert, bewacht von Hirschen des Tempels der Ninhursanga, der Göttin der Geburt. Al-Ubaid, Sumer; 3. Jahrtausend v. Chr.

220

221

222

221. Artemis ergreift mit der einen Hand einen Hirschen und mit der anderen einen Löwen. Etruskisch, Italien; 600–500 v. Chr.

222. Die anderen Figuren überragend, steht die Göttin in der Mitte eines Wagens; an den Enden stehen Hirsche mit enormen Geweihen. Griechische Arbeit, Österreich; 7. Jahrhundert v. Chr.

223. Hirsch und tanzende Priesterinnen aus der Industal-Kultur sind im Ritual mit Sonnensymbolen und Rosetten verknüpft. Harappa, Indien; 2500–1500 v. Chr.

223

ne ist auf dem Fragment einer sakralen Bronzeschale eingraviert. Der Hirsch, ein Symbol für Würde und Adel, ist das einzige Tier, das den Pilz der Unsterblichkeit finden kann.

Von Bali bis Mexiko hat der alte Hirschtanz in volkstümlichen Ritualen überlebt, bei denen gehörnte Masken oder ein gehörnter Kopfputz getragen werden. In allen Fällen versinnbildlicht der Hirsch die Unterwelt.

Die Kultur des Industals mit ihren Hauptfundstellen in Harappa und in Mohenjo Daro ist die älteste bisher in Indien entdeckte Kultur. Auch hier brachte man den Hirsch mit dem nachtodlichen Leben in Verbindung. Auf einer Tonscherbe sind tanzende Priesterinnen zu sehen; das lange Haar der Frauen flattert im Wind, und sogar der Hirsch, den Symbole des Lebens zieren, hat vor dem Wind die Augen zusammengekniffen. Am Rand der Scherbe zieht sich eine Darstellung der Mondphasen entlang[7].

Lange vor der Homerschen Schilderung der Artemis im 8. Jahrhundert v. Chr. war sie mit dem Wasser, den Bäumen und dem Leben im Wald verbunden. Als Mondgöttin aber hat sie eine Beziehung zum Hirschen. Eine geflügelte Artemis auf einer etruskischen Vase (6. Jahrhundert v. Chr.) ergreift mit einer Hand einen Hirschen und mit der anderen einen Löwen. Es ist kaum anzunehmen, daß ein männliches Tier zum Symbol einer weiblichen Gottheit hätte werden können; in der traditionellen Symbolik kommen keine derartigen Diskrepanzen vor.

Das gesamte Gewebe der Zivilisation, das von einer stabilen Mutterkultur getragen wurde, bildete ein festes, in sich stimmiges Netz, bis es von den berittenen Hirten aus der Schwarzmeergegend gewaltsam zerrissen wurde. Der logische Widersinn, einen männlichen Rothirsch zum Symbol der Artemis (der Geburtsgöttin) zu machen, ist ein Beispiel für diese Verwirrung der Geschlechter. Das Rentier vor allem kann als Hinweis auf die ursprüngliche Symbolik dienen, denn es gehört zu den wenigen Hirscharten, bei denen das weibliche Tier ein Geweih trägt.

Ein aus der Hallstatt-Kultur stammender Prozessionswagen aus Bronze, der in einem Grab in Strettweg in Österreich gefunden wurde, spiegelt eine weitaus frühere Zeremonie wider. Die steifen, im geometrischen Stil (frühes 7. Jahrhundert v. Chr.) dargestellten Figuren sind paarweise arrangiert; in der Mitte erhebt sich eine schlanke Göttin mit kleinen Brüsten, die beinahe doppelt so groß ist wie die anderen Figuren. Auf dem Kopf trägt sie einen großen, aber flachen Kelch, der auf einem kleinen Kissen ruht; dadurch wird sie als Göttin gekennzeichnet. Zwei berittene Krieger mit Lanzen bilden die Vor- und Nachhut der Gottheit, während zwischen ihnen mit Äxten bewaffnete, ithyphallische Männer stehen. Hinten und vorn stehen die großen, geweihtragenden Hirsche der Gottheit; sie werden von Jungfrauen flankiert, die die Geweihe der Tiere ergriffen haben. Die vier Ekken des Wagens sind mit Köpfen von Hirschkühen verziert. Alle Figuren außer der Göttin, die mit einem Gürtel bekleidet ist, sind nackt. Gegenstand und Stil vermitteln einen seltsam numinosen Eindruck; das Stück ist zweifellos eine griechische Arbeit.

# Teil IX: Der Fisch

Die Mutter der Mysterien mit einem Fisch auf dem Rock symbolisiert die drei Welten. Böotien, Griechenland; 7. Jahrhundert v. Chr. (Ausschnitt aus Abb. 242).

# Der Fisch im Paläolithikum

Als Bewohner des Wassers und erster Vertreter tierischen Lebens symbolisiert der Fisch schöpferische Kräfte und Kräfte der Wiedergeburt. Er hält neben dem Baum der Erkenntnis Wache, und sein sprichwörtlicher Scharfsinn ist eine Metapher für die Weisheit der Frauen. Die weiblichen Gottheiten, die als Fische dem Meer entstiegen, waren die ersten Kulturbringer; sie gingen den ersten männlichen Gottheiten, die Fischform annahmen, voraus. Nach der irischen Überlieferung schenkt der Lachs Wissen und Fülle; so ist es auch bei den finno-ugrischen Völkern und den Indianern Nordamerikas.

Die Yoni, wie die Inder den Venusberg nennen, wird durch eine Raute, eine Diamantform, eine Glyphe oder einen Rhombus symbolisiert. In heidnischen Religionen wie auch in der christlichen verwendet, bringt die *vesica piscis* («Gefäß des Fisches») die Vorstellung vom Gefäßcharakter des Weiblichen zum Ausdruck. Bei heidnischen Völkern entsprach der Verzehr von Fisch an einem bestimmten Tag der Vergöttlichung der Yoni.

In der frühen Kunst und im Mythos verherrlicht der Fisch die Große Mutter und ihren Schoß. Seine gelegentliche Darstellung als Phallus kündigt bereits die Ersetzung der Göttinnen durch männliche Gottheiten an. Das heutige italienische Wort für Fisch, *pesce,* ist zugleich ein Slangausdruck für «Penis», und die Raute oder der Rhombus ist noch immer das visuelle Symbol für die Vagina. Das Wort «Rhombus» leitet sich vom griechischen Wort für «Spinnen» her; das griechische Verb bedeutet «umherrollen». Der Fisch wird auch als bisexuelles Symbol betrachtet; sein gespaltener Schwanz setzt ihn mit dem weiblichen Prinzip gleich, während die Form von Kopf und Rumpf an das männliche Geschlechtsorgan denken läßt.

## DER FISCH UND DER SCHOSS

Ein ungewöhnlicher, in Stein gehauener Fisch aus dem Paläolithikum wurde von den Russen im sibirischen Mal'ta entdeckt. Das Zentrum seines Körpers ist mit einem in den Stein gemeißelten, spiraligen Labyrinthmuster verziert, das den Schoß mit dem Zugang zur Gebärmutter nachahmt. Diese Darstellung ist ein klarer Beweis für die Verbindung von Fisch und Schoß. Nicht weniger als 20 weibliche Figurinen wurden in den Behausungen von Mal'ta gefunden, aber ausschließlich in den Wohnbereichen der Frauen. Da die Statuetten als Sakralgegenstände angesehen wurden, ist es wahrscheinlich, daß der Fisch, den man bei ihnen fand, ebenfalls als heilig galt.

## DER FISCH UND DIE RAUTE

Das Schnitzen von Geweihen und deren Gebrauch waren für die Menschen des späten Magdalénien Akte ritueller Magie. Ein gravierter Fries, auf dem Lachse, Rentiere und Rauten abgebildet sind, zieht sich um die Vertikalachse eines Rentiergeweihs, das in Lorthet in den Pyrenäenausläufern entdeckt wurde. Die Gravierung zeigt zwei Lachse, die nach den Geschlechtsteilen eines Rentieres springen. Über dem rückwärts gewandten Kopf eines anderen Rentieres sind zwei Rauten zu sehen, schemati-

224. Auf eine Geweihsprosse eingravierte Rentiere mit Fischen zwischen den Beinen und Rauten. Lorthet, Frankreich; Magdalénien.

225. Ein von Immigranten aus französischen Höhlen in Stein gehauener Fisch ist mit dem Zeichen des Schoßes versehen. Mal'ta, Sibirien; Paläolithikum.

224

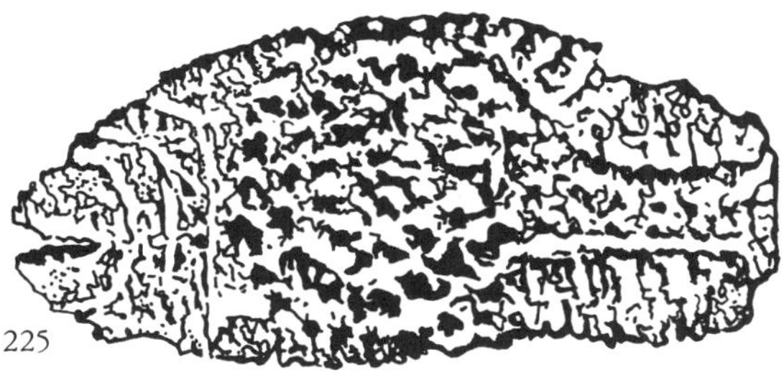
225

226. Eine Tonscherbe aus Tiryns zeigt einen Fisch, der nach den Genitalien eines Pferdes springt, daneben eine Raute. Griechenland; 1400 v. Chr.

226

sierte Vulvazeichen, die in der Mitte augenartige Tupfen aufweisen. Wegen der kreisförmigen Komposition erscheinen die Rauten auch unter den Füßen des Rentiers wieder. Dies ist die erste bekannte Darstellung der Raute. Glyphen und Fische, Symbole der Fruchtbarkeit, lassen den Wunsch der paläolithischen Jäger nach reicher Nachkommenschaft der Rentiere erkennen. Der Ruf des Lachses, stark und viril zu sein, leitet sich aus seiner alljährlichen Reise stromaufwärts her, wenn er, immer wieder springend, hohe Wasserfälle überwindet und Stromschnellen durchquert, um seine Laichgewässer zu erreichen. Die exquisite Linienführung bei Rentieren und Fischen mit ihren bis ins Detail ausgeführten Fellen und Schuppen zeugt von einer präzisen Hand und bemerkenswertem Wahrnehmungsvermögen.

Carl Hentze unterstützt die Auffassung, daß die Raute als Symbol der Vulva diente[1]. In der symbolträchtigen Kombination von Fisch, Raute und Hirsch steht der Hirsch für die Muttergottheit. Diese Verknüpfung von Symbolen legt die Vermutung nahe, daß die Menschen des Magdalénien sich des Zusammenhangs zwischen Geschlechtsverkehr und Fortpflanzung durchaus bewußt waren. Mit einer Schädelkapazität, die der des zeitgenössischen Menschen ebenbürtig war, besaßen sie hohe Intelligenz und scharfe Beobachtungsgabe.

## FISCH, PFERD UND RAUTE

Auch viele tausend Jahre nach dem Paläolithikum ist die Vitalität der Raute im antiken Griechenland ungebrochen. Sie ist auf einer Tonscherbe aus Tiryns, der Stadt der Herakles, zu sehen, wo ein berühmter Tempelritus unter anderem der Beschwörung der Fruchtbarkeit dient; dieses Ritual deckt sich mit dem Motiv der Gravierung von Lorthet. Der Vergleich läßt auf die Formbeständigkeit der Fruchtbarkeitszeremonien im allgemeinen schließen. Die Scherbe stammt etwa aus dem Jahr 1400 v. Chr.; zu dieser Zeit waren die Fruchtbarkeitsattribute von Fisch und Raute offenbar auf das Pferd übergegangen. Gezähmt und gezäumt, konnte das Pferd seinem Herrn Freiheit und Macht bieten; daher war seine Vermehrung sehr erwünscht und inspirierte viele Szenen, auf denen ein Pferd zusammen mit einem Fisch dargestellt ist, der nach seinem Phallus springt, daneben eine Raute. Gleichzeitig verleiht der gegabelte Schwanz des Fischs, als ein weiteres Sinnbild der Vulva, dem Symbol bisexuelle Bedeutung.

Auf einer anderen griechischen Tonscherbe (aus der Mitte des 8. Jahrhunderts v. Chr.) springt ein Fisch zwischen die Beine des Pferdes. Die Vignette ist von abstrakten Symbolen umgeben; zwei Reihen von Rauten laufen rund um den Deckel, eine Reihe Punkte verziert das Gefäß unterhalb der Figuren.

Eine schöne argivische Vase (1400 v. Chr.) zeigt als zentrale Szene zwei Lachse, die auf die Phalli zweier Pferde zuspringen. Reihen von Rauten ziehen sich oben und unten um das Gefäß. Links neben dem Fisch sieht man zwei weitere Rauten. Die Kombination von Fisch und Raute hat keine erotische Aussage, sondern symbolisiert vielmehr die starke Zeugungskraft[2].

227

228

227. Der Ausschnitt zeigt die zentrale magische Szene von einer argivischen Vase: Lachse springen nach den Genitalien von Pferden. Die Vase als ganzes stellt Pferd und Fisch dar, die durch zwei Rautenbänder, Symbole der Fruchtbarkeit, vereint sind. Griechenland; ca. 1400 v. Chr.

228. Pferd und Fisch werden durch zwei Rautenbänder vereint, die sich um den Dekkel des Gefäßes ziehen. Griechenland; Mitte des 8. Jahrhunderts v. Chr.

229. Die Position der in eine Rentierschaufel gravierten Delphine betont den gegabelten Schwanz. Frankreich; Magdalénien.

230. Ein Knochenfragment aus La Vache mit dem Kopf einer Hirschkuh und zwei Fischen. Ariège, Frankreich; Magdalénien, 18000–14000 v. Chr.

230

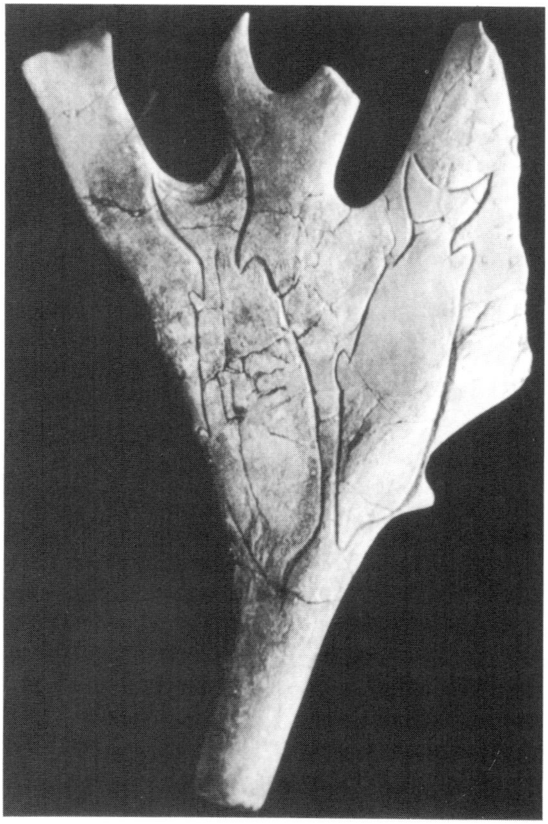

229

FISCH UND HIRSCH

Die Verbindung von Fisch und Rentier in der eiszeitlichen Religion des nördlichen Europa ist so augenfällig, daß sie eine detaillierte Untersuchung erfordert. Beispielsweise sind zwei in eine Geweihschaufel eingeritzte Delphine so geschickt als visuelles Spiel angeordnet, daß einer der gegabelten Delphinschwänze genau in eine Gabelung einer Geweihschaufel paßt. Jede der Gabelungen verstärkt die numinose Qualität der anderen, denn der Delphin wie auch das Geweih waren heilig.

Der Bauch des Delphins, seine Weisheit und sein Mitempfinden für die Menschen verbinden ihn mit der Großen Mutter; später wird der Bezug auf Aphrodite und Tinnit übertragen. Im alten Griechenland steht das Wort «Delphin» in engem Zusammenhang mit der Göttin; lange vor dem Erscheinen Apollons als Nabel der Welt und Zentrum der griechischen Religion bekannt, leitet Delphi seinen Namen von «Delphin» ab; dieses Wort geht wiederum auf *delphe,* das griechische Wort für «Bauch» oder «Schoß», zurück[3].

Die Fisch-Hirsch-Verbindung taucht oft in der Höhlenkunst des jüngeren Magdalénien auf. Aus La Vache in Frankreich stammt das Fragment eines Knochens, auf dem die Skizze des Kopfes einer Hirschkuh, gefolgt von zwei Fischen, zu sehen ist. Die Spitzen zweier Ohren und die Nackenlinie deuten auf ein weiteres Tier hin, das der Hirschkuh vorausgeht. An den Fischen, die sowohl das männliche als auch das weibliche Geschlecht des Tieres versinnbildlichen, zeigt sich, daß beide Geschlechter die Fruchtbarkeit darstellen können[4].

# Spätere Fisch- und Rautenformen

Symbole haben keinen genau festgelegten Sinngehalt. Man kann sie nicht exakt bestimmen oder definieren, vielmehr schlagen sie im Unbewußten Saiten des Wiedererkennens an und umgehen die eher rationalen Prozesse des Bewußtseins. Die Rautenform beschwört die Vorstellung von Fruchtbarkeit und Wasser herauf. Sie entsteht, indem man die offenen Seiten zweier Winkel aneinanderfügt. Die Raute vereint die beiden Geschlechter als Ausdruck der Fruchtbarkeit; das nach unten weisende Dreieck ist das weibliche, das nach oben weisende das männliche Element. Wenn die Raute in Verbindung mit dem Bild des Fisches gebraucht wird, verstärkt sie dessen bisexuelle Symbolik.

## LEPENSKI VIR

Lepenski Vir im Nordwesten Jugoslawiens war eine frühe Stätte der Götterverehrung; es liegt auf einem Felsvorsprung über der dramatischsten und wildesten Schlucht des Donaulaufs. Dort fand man eine neolithische Monumentalskulptur, die aus Stein gehauen ist und etwa 6000 v. Chr. entstand. Auch sie verbindet Fisch- und Rautenmotive.
Nach Dragoslav Srejović scheint die Religion von Lepenski Vir ein Ahnenkult der Großen Göttin gewesen zu sein, bei dem Herd und Feuer im Mittelpunkt standen. Rentier und Fisch, universelle Sonnensymbole, wurden wegen ihrer bedeutenden Rolle im Schöpfungsmythos verehrt[1].
Lepenski Vir lebte in kultureller Isolation, ohne Beziehung zu den benachbarten Dörfern. Seine sechseckigen Gebäude mit ihren Steinwänden enthielten 54 eiförmige Sandsteinskulpturen. Eine davon stellt eine Fischgöttin dar, aus deren Augen aus Rauten bestehende Säulen fließen, Sinnbilder der Lebenskraft. Die Wasserchevrons der Vogelgöttin, die auf einen besonderen Zusammenhang zwischen Fisch und Vogel hinweisen, zeigen auf ihrer linken Wange nach unten; auf ihrer rechten Wange sind die Symbole umgekehrt.

## ISCHTAR UND ANZU

Schon in frühen Zeiten wurde die Raute auch mit Ischtar gleichgesetzt. Sie ist eine der Hauptgestalten des assyrischen Pantheons und tritt zuerst als Göttin der Liebe und der Schöpferkraft auf. Später wird sie – Dr. Edith Porada zufolge – als destruktives Ungeheuer des Chaos dargestellt, das wahrscheinlich Anzu genannt wurde.
Auf einem assyrischen Siegelzylinder (etwa 1000 v. Chr.) wird Anzu von einem Fisch und einer Raute begleitet. Die beiden Symbole sind auf Siegelzylindern dieser Zeit oft gemeinsam dargestellt, um die Fruchtbarkeitsfunktion der Göttin zu unterstreichen.
Das Siegel zeigt den Gott Ninurta unter seinem Emblem, der geflügelten Sonnenscheibe. Er zielt mit seinem sternbesetzten Bogen auf den Mund seiner Mutter, des Chaosungeheuers, deren Körper er teilt, um Erde und Wasser zu bilden. Die Göttin Anzu ist ebenfalls von ihren Symbolen umgeben. Über ihrem Kopf hängt der Sichelmond mit dem siebenzackigen Stern; unter ihren Klauen wächst der heilige Baum; vor ihr schwimmen Fisch und

231

231. Neolithische Skulptur einer Fischgöttin mit Lebenssäulen im Gesicht. Lepenski Vir, Jugoslawien; ca. 6000 v. Chr. (s. Tafel 36).

Raute. In dieser Kultur nimmt die Raute eine weichere, der Vagina ähnlichere Form an.
Aus Ischtars geteiltem Körper wurden das Firmament und die Erde geboren und alle lebenden Wesen geformt. Als Ausdruck des Hervorgehens des Universums aus dem Chaos beschreibt dieser Mythos auch die an die Jahreszeiten gebundene Fruchtbarkeit des Landes, in dem das Wasser der Frühjahrsüberschwemmungen (Ischtar) von der Sonne und den Winden verteilt wird. Man kann ihn auch als Metapher für die Zerstörung der alten Ordnung verstehen.
Wenn es auch schwierig sein mag, die schöne Göttin Ischtar in diesem Ungeheuer zu erkennen, so stellen dieses Monster Anzu und sie doch denselben Charakter dar. Die göttliche Anzu verdeutlicht das Wesen der Göttin und schält eine Schöpferin-Zerstörerin heraus. Anzu mag ein Geschöpf des Chaos und der Finsternis sein, aber ihr Chaos geht der Ordnung der Welt voraus. Sie ist das Urwasser, die Erde und die Schöpferin aller Samen, und sie zerstört das Leben, damit es erneut geboren werden kann[2]. Einem anderen Namen Ischtars, Tiamat, liegt das semitische Wort *tehom* zugrunde, das «die Tiefe des Ozeans» bezeichnet; dadurch wird sie mit dem Fisch in Verbindung gebracht[3].

## DIE HALOA-FEIER

Die Haloa-Feier war im alten Griechenland Teil des rituellen Erntefestes, das unter der Bezeichnung «Thesmophorien» bekannt war, und umfaßte auch einen Festschmaus, eine Prozession und rituelle Tänze. Nur Frauen war es erlaubt, daran teilzunehmen, denn sie allein kannten und verstanden die Prozesse der Befruchtung und der Reifung der Saat. Bei der Prozession trugen die Frauen enorme Kammuscheln, Embleme der Vulva, um Demeter, die Göttin des Getreides, zu ehren, außerdem riesige Phalli, um Dionysos zu feiern, den Gott des Weinstocks. Die Frauen streichelten wie die Muscheln und die Phalli geformte Sakralkuchen und verzehrten sie. Oft wurden derbe sexuelle Witze mimisch dargestellt, wie man auf zwei rotfigurigen attischen Vasen aus dem 5. Jahrhundert v. Chr. sehen kann. Zwei Frauen tanzen um einen gigantischen Phallus. Eine der Frauen zielt spielerisch mit dem Fuß nach dem Geschlechtsteil der anderen, jüngeren Frau. Die zweite Abbildung zeigt ein visuelles Spiel: Fisch gleich Phallus. Von einer Frau in der Prozession mühelos getragen, greift der riesige Fisch mit seinem schlagenden Schwanz und seinen exquisit gezeichneten Augen das Doppelbild auf. Das ganze Fest hatte die Aufgabe, erotische Gefühle zu erregen. Zu diesem Zweck gingen die Priesterinnen zwischen den Frauen hin und her und flüsterten ihnen «Worte, die man nicht laut sagen konnte»[4], ins Ohr. Am Ende der Feier versammelten sich Männer und Frauen auf den Feldern, um die Fruchtbarkeit der Erde dadurch anzuregen, daß sie auf dem Boden den Koitus vollzogen.

## VISHNU

Gänzlich anders geartet als die Belustigungen der griechischen Frauen mit dem Phallusfisch ist die

232. Ein Siegelzylinder zeigt Ninurta, der auf die Göttin Anzu zielt. Assyrisch; ca. 1000 v. Chr.

233. Zum Haloa-Erntefest gehörten erotische Riten, bei denen Frauen um einen gigantischen Phallus tanzten. Athen; 5. Jahrhundert v. Chr.

234. Bei der Haloa-Prozession trägt eine Frau einen enormen Fisch-Phallus durch die Straßen. Athen; 5. Jahrhundert v. Chr.

232

233

234

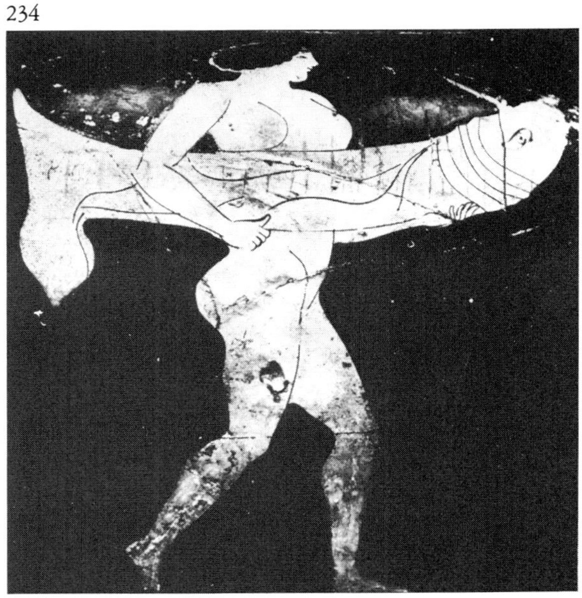

235

236

mystische Anbetung des Hindugottes Vishnu in Indien. Aus dem westlichen Himalaya stammt eine fein gemeißelte und gut proportionierte Steindarstellung von Vishnu (9. Jahrhundert n. Chr.) in seiner ersten Inkarnation als Fisch. Die schön ziselierte Säule direkt hinter der Figur symbolisiert die Gottheit als kosmischen Baum. Als Fisch wird Vishnu insbesondere mit dem weiblichen Mond, der Herrscherin über die Regenzeit, gleichgesetzt, und in seiner Gestalt als Fisch spielt er auch eine zentrale Rolle in dem Sintflutmythos des *Satapatha Brahamana.*

In diesem Text wird Vishnu als kleiner goldener Fisch geschildert, um den sich der weise Manu kümmert, der aber nicht weiß, daß das Fischlein eine Manifestation der Gottheit ist. Als Dank für die geduldige Pflege erscheint Vishnu dem Manu und warnt ihn vor der bevorstehenden Flut. Er befiehlt ihm, ein Boot zu bauen und Samen von allen Gewächsen, ein Paar von jeder Tierart und sieben Weise darin aufzunehmen[5]. Für die Dauer der Flut führt Vishnu das Boot in Sicherheit. Immer noch hält man in Indien heilige Fische in Teichen, und man betet Vishnu in Fischgestalt an.

Der indische Mythos ähnelt der viel jüngeren biblischen Geschichte von Noah sehr. Die große Flut ist eine weitverbreitete mythische Tradition, denn sie verweist auf die Urquelle des Kosmos, das wäßrige Chaos, und auf die Wiedergeburt. In Sintflutmythen ist die Vorstellung von Zeit und Raum, die dem Wesen nach zyklisch sind, enthalten. Die Flut bewirkt die augenblickliche Auflösung; Wasser, das verschlingende Urprinzip – die Mutter –, nimmt seine Kinder wieder in sich auf[6].

237

235. Vishnu in seiner Fisch-Inkarnation steht vor der Gottheit in Form der kosmischen Säule. Indien; 9. Jahrhundert n. Chr.

236. Auf einem Ziegel aus einem chinesischen Grab deuten sowohl Fisch als auch Raute auf die Wiedergeburt hin. China, Han-Dynastie; 202 v. Chr.–221 n. Chr.

237. Auf dem Mosaik-Rautenmuster aus der Beth-Alpha-Synagoge ist auch der Fisch zu sehen. Israel; 6. Jahrhundert v. Chr.

## CHINA

Ein chinesischer grauer Lehmziegel aus der Han-Zeit, der zum Zierfries eines Grabes (202 v. Chr. bis 221 n. Chr.) gehört, verbindet in einem Muster Fische und Rauten und tönt das Thema der Auferstehung an. Die gesamte untere Hälfte des Ziegels ist diesem Motiv gewidmet; die obere und die untere Abteilung sind durch eine waagerechte Reihe von Drachen verbunden, deren lose gewundene, spiralige Schwänze das Thema variieren. Im oberen Feld balanciert auf der Spitze eines Baumes der große Feuervogel, die Sonne; unter dem Baum des Lebens steigt ein Reiter eben von seinem Pferd ab.

## JÜDISCH-CHRISTLICHE TRADITION

Die aus dem 6. Jahrhundert n. Chr. stammenden Mosaike in der Beth-Alpha-Synagoge in Galiläa entpuppten sich als ungewöhnliche archäologische Entdeckung. Ihr Muster setzt sich aus drei miteinander verbundenen Rauten zusammen; in den oberen Feldern zwischen den großen Rauten befinden sich kleinere Rauten, und die Felder darunter enthalten Bilder des Überflusses und der Fülle. Das Feld unten rechts zeigt einen Weinstock, an dem schwere Trauben hängen, links streckt ein Fisch seine rote Zunge aus, um Regen anzuziehen. In der großen Raute in der Mitte führt ein fruchtbares Rebhuhn vier Küken an. In der linken Raute hängen drei Granatäpfel an einem Baum; Granatäpfel waren die heiligen Früchte der Gottheit, und ihr Samenreichtum ist an der äußeren Schale der bauchigen Früchte angedeutet. Der Wunsch nach Überfluß wird in dem Mosaik durch einen pickenden Vogel, der in der dritten großen Raute eingeschlossen ist, sowie durch das Traubenbüschel weitergeführt. Alle diese Bilder scheinen Opfergaben an das höhere Wesen darzustellen, das für Zeugung und Regeneration verantwortlich ist.

In einer christlichen Kirche am See Genezareth vereint ein außergewöhnliches Mosaik aus dem späten 5. Jahrhundert n. Chr. Fisch und Raute mit einem Korb voll Brot. Die Kirche liegt in Zabgha, wo Christus auf wunderbare Weise die Menge mit fünf Laiben Gerstenbrot und zwei Fischen speiste.

In der jüdischen Tradition repräsentiert der Fisch den Messias. Als die Anhänger Christi ihn als ihren Heiland akzeptierten, begannen sie, den Fisch als sein Symbol zu verwenden. In beiden Religionen war Fisch ein sakramentales Nahrungsmittel, und die Gläubigen wurden «Fischlein» genannt. Die wunderbare Speisung der Fünftausend bringt den Gedanken zum Ausdruck, daß den Gläubigen geistige Nahrung zuteil werden wird. Als christliches Symbol steht der Fisch für Glauben und Reinheit, denn er kann durch Salzwasser schwimmen und trotzdem frisch und unberührt bleiben[7].

Die Funktion der Frau als Spenderin und Verwandlerin der Nahrung wird von Christus übernommen, der nach James G. Frazer ein Getreidegott ist[8]. Das Brotbacken war eines der Urmysterien, die früher in der Hand der getreidesammelnden Frauen lagen. Dementsprechend war in den griechischen Demeter-Mysterien die Anbetung eines auf dramatische Weise offenbarten Weizenschößlings ein zentrales rituelles Element[9].

Eine viel spätere Illustration des Wunders der Brotlaibe und der Fische ist mit einfachem Charme in die Basis eines keltischen Steinkreuzes eingemeißelt, das nicht genau zu datieren ist und in Castledermot im irischen Kildare steht. Der stehende Christus hält einen der fünf runden Brotlaibe, unter denen die beiden Fische liegen. Oben wird ein Muster aus verschlungenen Spiralen, Zeichen des Werdens, durch zwischen ihnen schwebende Rauten ergänzt.

Als Symbol Christi wurde der Fisch zum Sinnbild des mystischen Gottesleibes, den die Gläubigen verzehren. In der Eucharistiefeier stellen Brot und Wein den Leib und das Blut des Heilandes dar; dieses Bild, das in den Katakomben Roms häufig zu sehen ist, spielt auf die Speisung der Fünftausend an.

Das christliche Symbol des Fisches ist also offensichtlich mit älteren Symbolen der Muttergöttin verwandt. Ihre über allem schwebende Präsenz, die durch die Verbindung von Fisch und Raute von Fruchtbarkeit zeugt, wird trotz des patriarchalen Charakters der jüdisch-christlichen Tradition auch in dieser späteren Symbolik deutlich.

## SWASTIKA, FISCH UND WIEDERGEBURT

Das Symbol der Swastika war seit uralten Zeiten ein Zeichen für die Lebenskraft. Ihre vier Arme weisen auf die vier Urelemente hin: Erde, Luft, Feuer und Wasser. Die Swastika hat eine doppelte Bedeutung, die bis in paläolithische Zeiten zurückreicht: sie stellt den heiligen Schoß und das neue

238

238. Das Mosaik aus einer christlichen Kirche am See Genezareth stellt eine Parallele zwischen der Raute und dem Wunder der Brotlaibe und der Fische her. Israel; 5. Jahrhundert n. Chr.

239

239. Eine andere Darstellung des Wunders ist als Relief in die Basis eines keltischen Kreuzes eingemeißelt. Irland; Entstehungszeit unbekannt.

Leben dar. Die früheste bekannte Swastika, die in Mal'ta in Sibirien gefunden wurde, ist in die Unterseite der Flügel eines fliegenden Vogels aus Mammutelfenbein graviert[10].

Eine Bleigöttin aus Troja, von Heinrich Schliemann ausgegraben, weist zusätzlich zu fünf sakralen Halsketten noch eine auffällige Swastika auf. Ihre Position auf dem Schamdreieck ist eigentlich ein überzeugender Beweis für den Sinn der Swastika. Den Kopf der Göttin zieren Widderhörner, Zeichen für eine ausgeprägte Sexualität.

Zu den künstlerisch gestalteten Schmuckstücken des heidnischen Frankreich zählt eine goldene Gürtelschnalle mit einer Figur, deren schädelartiges Gesicht auf die Göttin des Todes anspielt. Das beeindruckendste Merkmal des Ornaments ist der große, auf den Körper der Figur gravierte Fisch. Das Motiv ähnelt in erstaunlichem Maße dem einer griechischen Terrakottavase, auf der Artemis abgebildet ist (s. Abb. 242).

## ARTEMIS UND DIE WIEDERGEBURT

Artemis ist eine Gottheit der Seen, Sümpfe und Bäche[11], und daher erscheint der heilige Fisch, der Bewohner der Unterwasserwelt, auf ihrer Ritualschürze. Die Szene auf einer Bestattungsamphore aus Böotien in Griechenland (7. Jahrhundert v. Chr.) weist durch die abgebildeten Wahrzeichen und Symbole auf einen Abstieg in die Unterwelt und auf die danach stattfindende Wiedergeburt hin.

Von vertrauten Emblemen umgeben, erscheint die Göttin als Mutter der Mysterien; ihre Kennzeichen sind ein blattförmiges Gesicht, wasserartiges Haar und von ihrer Taille herabströmende Lebensbäche. Die weiblichen Dreiecke auf ihrem Mieder sind Zeichen ihrer generativen Kraft. Mit ihren ausgestreckten, zur traditionellen Segensgeste erhobenen Armen trennt sie die oberen Gefielde von den unteren. Vogel, gehörnte Kuh und Fisch symbolisieren die Welten von Luft, Erde und Wasser. Die Löwen als Hüter der Lebenspenderin stehen ihr rechts und links zur Seite, die Tatzen sind nach ihr ausgestreckt. Der Schwanz des Löwen zu ihrer Linken ist in einer Spirale nach unten gerichtet, während der des Löwen zu ihrer Rechten in einer ähnlichen Spirale nach oben weist.

Unter dem schützenden linken Arm der Göttin liegt der Pfad zur Unterwelt; er ist durch das Bein bezeichnet, das Gilgamesch dem Himmelsstier ausriß und zwischen die Sternbilder schleuderte. Der abwärts gerichtete Spiralschwanz des Löwen zu ihrer Linken verweist auf den Abstieg in die Tiefe, aus der Blattformen sprießen. Der Pfad erscheint zwischen dem Weltenberg und dem Löwen, dessen erhobener Schwanz zum Weberschiffchen des Schicksals führt. Über dem Löwen unter dem rechten Arm der Göttin zeigt sich der Kopf einer nährenden Kuh mit Hörnern in Form des Sichelmondes. Die Vase veranschaulicht das uralte Initiationsschema, die schwierige Reise nämlich, die Tod und Wiedergeburt nachvollzieht.

Beinahe 3000 Jahre später schildert Paul Klee (1879–1940) in einem Gemälde ein Unterweltabenteuer und präsentiert damit eine zeitgenössischere Version des Gedankens, daß man stirbt, um

240

240. Göttin aus Troja mit vielen Halsketten und einer Swastika auf dem Schamdreieck. Türkei; 3. Jahrtausend v. Chr.

241. Die auf einer goldenen Gürtelschnalle abgebildete Todesgöttin trägt einen Fisch auf ihrem Körper. Frankreich; 530–753 n. Chr.

242. Artemis als Göttin der Mysterien regiert über die drei Welten. Böotien, Griechenland; 7. Jahrhundert v. Chr.

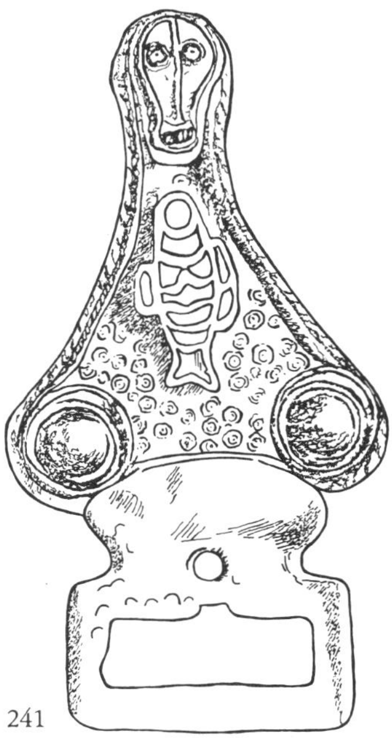

241

242

243

243. Tod und Erneuerung, dargestellt in einem Werk von Paul Klee mit dem Titel *Um den Fisch.* Schweiz; 1926 (s. Tafel 38).

wiedergeboren zu werden. Klee setzt sein fundiertes Verständnis alter Symbole in seinem Bild *Um den Fisch* mit großer Finesse ein. Durch das Nebeneinanderstellen von maskulinen und femininen Elementen kommt es zu einer symbolischen Verschmelzung von Gegensätzen. Die Sichel erinnert an den zyklischen Einfluß von Sonne und Mond. Aus den beiden Fischen, den Verkörperungen entgegengesetzter Prinzipien, kommt ein Pfeil, der durch ein Ausrufezeichen betont wird, eine Kombination, die auf den Beginn einer transformativen Reise in die Unterwelt hindeutet. Der Pfeil zeigt auf den Kandidaten, in dessen Hals die gegabelte Flamme des männlich-weiblichen Prinzips eingebettet ist, die Trisula (bretonisch: Triskell). Die Zinken des Dreizacks, emblematisch für die drei Welten, stellen den Beginn, die Mitte und das Ende oder Geburt, Tod und Erneuerung dar.

Eine Linie, die den Abstieg des Initianden andeutet, führt in die Unterwelt hinunter, in einen transparenten Zylinder, den eine rote Flagge als Zeichen für Gefahr markiert. Dort trifft der Neophyt auf den Apfel mit fünf Kernen, der – wie der fünfzackige Stern der Ischtar – für die Muttergöttin steht. Der Apfel, der Aphrodite geweiht ist und den Eva im Garten Eden ißt, symbolisiert Bewußtsein oder Weisheit, denn er ist die Frucht vom Baum der Erkenntnis von Gut und Böse. In Skandinavien ist der Apfel auch das Sinnbild der Wiedergeburt[12].

Der Novize trifft dann auf die vierseitige archetypische Darstellung des Schoßes, die Raute. Neben dieser Glyphe liegt das Trifolium oder die Lilie *(fleur de lis),* die Blume des Lichts, die ein Bild der Trinität ist. Klees Initiand muß sich, wie es einst in der Antike der Fall war, seinen Weg durch die roten, labyrinthähnlichen Gänge ins Zentrum suchen, wo er den Samen des Lebens und die Trisula findet, das Zeichen der Schöpferkraft.

Der Wagemutige, der nun den keimenden Samen trägt, betritt dann eine lange Passage, deren Zugang schwieriger ist; von hier führt ein aufwärts gerichteter Weg in die Oberwelt. Wenn er ihn zurückgelegt hat, erkennt er, daß die Trisula gewachsen und mit dem Trifolium («Klee-Blatt») verschmolzen ist, um die psychischen Kräfte zu verdreifachen[13]. Auch das Samenkorn und das Kreuz sind vorhanden. Wie der Eintritt des Initianden in das fadenartige Labyrinth einen symbolischen Tod anzeigt, so bedeutet sein Auftauchen eine Wiedergeburt.

# Auferstehung, Wasser und Fisch

Im Anfang erhob sich die Erde aus dem Meer; daß das Wasser alles Leben hervorbringt, ist eine sehr alte und auch eine moderne Erkenntnis. *Mari* bedeutet im Sumerischen sowohl «Schoß» als auch «Meer».

Bezeichnenderweise schuf Aphrodite-Mari, die Göttin, die in Hierapolis «unser aller Mutter» hieß, alle Dinge aus dem nassen Element, so wie sie selbst auch aus dem Meer geboren wurde. Daher ist es verständlich, daß eine Fischlegende zu ihrem Mythos gehört, der eine Verbindung zwischen Aphrodite-Mari und Jonas herstellt. Jonas' Wiedergeburt aus dem Bauch des Wals ist eine Vorwegnahme der Auferstehung Christi. Jonas' Name bedeutet «Taube» – und sie ist Aphrodites heiligster Vogel.

Es gibt eine ganze Reihe von Gottheiten, die mit Wasser und Auferstehung in Verbindung gebracht werden; außer Aphrodite sind Tiamat, Atargatis, Themis, Kali und auch die Jungfrau Maria zu nennen.

## DIE GRIECHEN – APHRODITE

Der Ausdruck «Liebesgöttin» bedeutet im Sanskrit «diejenige, deren Emblem ein Fisch ist»; als Aphrodite Pandemos, eine ihrer frühen griechischen Erscheinungsformen, steht sie auf einem Delphin. Die frühen Griechen hielten dieses Tier für einen Fisch, doch da der Delphin auch einen Schoß und Brüste besitzt, wurde er zu einem der besonderen Symbole Aphrodites. Eine Terrakottaplastik aus dem östlichen Griechenland (6. Jahrhundert v. Chr.) bietet weniger das Bild einer sanften, schaumgeborenen Gottheit, sondern eher das einer Göttin, die über das herrscht, was man das unwiderstehliche und qualvolle Reich der Liebe genannt hat[1]. Sie ist eine verlockende und verführerische Gestalt, die einen verhängnisvollen Zauber ausübt und andere ins Verderben führt[2].

Ort und Anlage von Tempeln bringen oft den Charakter der Gottheiten zum Ausdruck, denen sie geweiht sind; viele Tempel und Schreine Aphrodites wurden als unheimlich und schrecklich beschrieben, als Manifestationen eines Wesens, das unkontrollierbar und dem Verstand nicht zugänglich zu sein scheint[3].

Aphrodite, eine weit kraftvollere Persönlichkeit, als die klassische Tradition ihr zugestehen mag, hat einige der mächtigsten Aspekte der frühen Muttergöttin geerbt, und sie hat vieles mit der «Herrin der wilden Geschöpfe» gemeinsam; dies ist daran zu erkennen, daß sie sich die fruchtbarsten Tiere jeden Reiches angeeignet hat: die Taube, das Schwein und den Fisch.

In Griechenland ist sie als Urania Aphrodite, die Himmlische, mit der Luft viel enger verbunden als mit dem Wasser oder der Erde; dieser Umstand rückt sie in die Nähe der syrischen Himmelsgöttin Astarte. Ursprünglich eine kretische Göttin, wurde Aphrodite erst recht spät ins olympische Pantheon aufgenommen. Dort wurden ihre vielen Stärken allerdings auf eine einzige Funktion reduziert, nämlich die Herrschaft über die menschliche Leidenschaft[4].

Aphrodite wurde als Fischgöttin Atargatis in dem syrischen Tempel in Askalon verehrt, dem ältesten

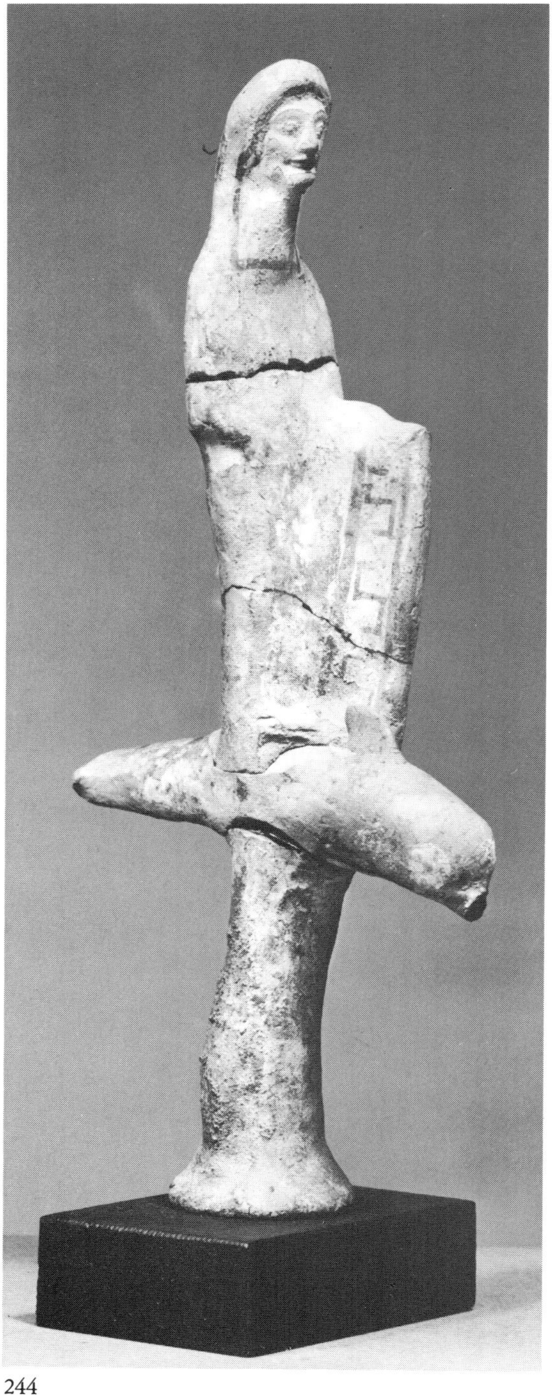

244

244. Aphrodite, auf einem Delphin reitend, trägt ein Kästchen, das Leben, Tod und Wiedergeburt versinnbildlicht. Griechenland; 6. Jahrhundert v. Chr.

ihrer bisher entdeckten Schreine. Herodot nennt dieses Heiligtum den Tempel der «himmlischen Venus». In Hierapolis war der Fischkult der Atargatis recht prunkvoll: ihr fischschwänziges Standbild war mit Edelsteinen und Gold bedeckt, und die heiligen Fische im Tempelteich trugen Juwelen in den Flossen, Lippen und Kiemen. Ein anderer Tempel im äußersten Norden Syriens liegt in der Nähe von Ninive – der Name der Stadt bedeutet «Haus der Fische» –, wo die Fischgottheit viele Anhänger zählte.

Wenn auch der Delphin zum Symbol des neuen Sonnengottes wurde, so war er doch ursprünglich ein Tier der Mondgöttin. Prähellenischen Anschauungen zufolge trugen der Mond und der Delphin die Seelen der Toten in die Unterwelt. Aphrodite, die mit dem Mond und dem Delphin identifiziert wurde, übernahm manchmal die Rolle des *Psychopompos,* des Führers der Seelen in die Unterwelt.

Dem Fisch wird nicht nur eine besondere Verbindung mit dem Schoß zugeschrieben, sondern er repräsentiert die Muttergöttin selbst und fungiert oft als ihr Reittier. Die Tiergestalt, auf der die verwandelte Gottheit reitet, ist nicht nur ein Transportmittel, sondern tatsächlich eine andere Erscheinungsform der Gottheit, eine Epiphanie. Die frühesten Darstellungen zeigten die Gottheit meist in Tierform und erst später in anthropomorpher Gestalt. Manchmal wurde der Verwandlungsprozeß selbst festgehalten; auf antiken Tafeln aus dem Nahen Osten wird die Göttin als halb Fisch, halb Jungfrau beschrieben – das Bild der legendären Meerjungfrau neuerer Zeit.

245. Kwannon steht auf einem riesigen Karpfen. Japan; 17. Jahrhundert n. Chr.

## JAPAN UND CHINA

In der japanischen Mythologie war ein riesiger Karpfen für die Erschaffung der japanischen Inseln verantwortlich. Als dieses große Wesen, das tief unten im Meer schlief, aus seinem Schlummer erwachte, schlug es so wild um sich, daß es eine große Flutwelle verursachte, aus der die Inseln auftauchten[5].

Der Karpfen läßt sich als Sinnbild der Fruchtbarkeit – wie der Lachs – bis in die Steinzeit zurückverfolgen (s. Abb. 224). Der Glaube an die virilen Eigenschaften dieses Fisches ist noch im heutigen Japan zu beobachten, wo die Jungen am Tag des Knabenfestes Papierkarpfen als Banner tragen, um der Hoffnung Ausdruck zu verleihen, daß die Mütter männliche Kinder zur Welt bringen.

Auf einem japanischen Druck aus dem 17. Jahrhundert schmückt ein emblematisches Rautenmuster den Kimono, in den Kwannon, ein beliebter weiblicher Bodhisattva (zukünftiger Buddha) der Barmherzigkeit und der Fruchtbarkeit, gehüllt ist; sie steht aufrecht auf einem riesigen Karpfen. Als Göttin der Barmherzigkeit entspricht Kwannon der Jungfrau Maria, die sich wiederum mit der chinesischen Guan-yin, einem Bodhisattva, vergleichen läßt. Der Fisch nimmt einen hervorragenden Platz in den Mythologien ein, die diese Gestalten umranken.

In China gilt der Fisch im allgemeinen als Talisman gegen das Böse. Einst war der weibliche Bodhisattva Guan-yin das mächtigste Wesen im chinesischen Pantheon. Sie war eine in jedem Heim verehrte Beschützerin der Frauen, und ihre Macht

245

246

246. Die himmlische Tinnit, der der Fisch, insbesondere der Delphin, geweiht ist. Nordafrika; punische Zeit, 264–146 v. Chr.

umfaßte auch die Fähigkeit, sterilen Frauen zur Schwangerschaft zu verhelfen (anfänglich war sie ein männliches Wesen). Guan-yin hört den Hilfeschrei der Welt und opfert ihre Buddhaschaft zum Wohl der leidenden Menschheit[6]. Ihre Verwandlung aus einer männlichen in eine weibliche Gottheit ist ungewöhnlich – in den meisten Fälle waren die männlichen Götter zunächst Göttinnen.

## NORDAFRIKA UND DER MITTLERE OSTEN

Die Semiten Nordafrikas identifizierten Tinnit mit Astarte und Aphrodite[7]. Sie reiste mit den Seeleuten aus dem Nahen Osten an Bord der Schiffe mit. Es bestehen auffallende Ähnlichkeiten zwischen Tinnit, Hera und Aphrodite, denn alle drei haben die Taube, den Delphin und die heilige Säule gemeinsam. Dazu kommt, daß Tinnits geometrisches Emblem dem ägyptischen Lebenszeichen ähnelt, dem Henkelkreuz (Ankh), das seinerseits an den heiligen Knoten der kretischen Göttin und an das Schilfringbündel der sumerischen Gottheit Inanna erinnert; alle diese Zeichen und Gegenstände sind Symbole für den Schoß.
Die große phönizische Göttin Tinnit, als «himmlische Jungfrau» bekannt, hat nicht nur den Vogel als Emblem, sondern auch den Fisch. Tinnit ist eine androgyne Gestalt und die parthenogenetische Mutter der Götter[8]. Punische Inschriften, die etwa aus dem 3. bis 2. Jahrhundert v. Chr. stammen, bezeugen ihre Präsenz an der nordafrikanischen Küste, und Steinmonumente stellen sie als stilisierte Gottheit mit dreieckigem Körper und zum Ausstreuen der Lebenskraft erhobenen Armen dar. An einem Giebel spielen eine geometrisch gezeichnete Sonne und ein Mond auf kosmische Intentionen an. Die schützende Hand zur Rechten Tinnits bedeutet Gnade, während das alte Zeichen des Caduceus, zwei einander umwindende Schlangen, auf punischen Stelen verwendet wurde, um Fruchtbarkeit zu gewährleisten.
Eine Betrachtung der Göttin, deren heiliges Tier der Fisch war, wirft Licht auf die alte sassanidische Sitte, den Pferden einen Fisch, ihr Emblem, an die Stirn zu hängen. Wenn ein Pferd starb, wurde sein goldener Fisch mit ihm begraben. Im heutigen Griechenland kann man immer noch ornamentale Fische als Schmuck von Pferdestirnen baumeln sehen, zusammen mit den allgegenwärtigen blauen Perlen, die die Augen der Göttin symbolisieren. Beides wird im Nahen Osten benutzt, um Böses abzuwenden.
Für das Reitervolk der Skythen waren die Reittiere der wertvollste Besitz, der unter dem direkten Schutz der persischen Anahita stand. Sie wurde «die Makellose» genannt und galt als Brunnen niemals versiegenden, von den Sternen herabfließenden Wassers und Samens. Sie tritt als eine späte weibliche Gottheit in Erscheinung, der der Sonnenball anvertraut ist. Anahita wird als mit prächtigen goldenen Kleidern und glänzenden Biberfellen angetan beschrieben. Ihre Statuen waren mit goldbestickten Gewändern und langen, goldenen Umhängen bekleidet, die sie ganz einhüllten[9].

17

18

19

20

21

17. Aphrodite in der Muschel sitzend. Griechenland; 3. Jahrhundert v. Chr. (s. Abb. 86).

18. Siegelring mit der Darstellung des Abstiegs der Gottheit. Isopata, Kreta; jüngere Palastzeit (s. Abb. 162).

19. Der König in Gestalt des Gottes Anubis während seiner Wandlung. Ägypten; ca. 1325 v. Chr. (s. Abb. 132).

20. Statue von Coatlicue, der aztekischen Göttermutter, mit doppeltem Schlangenkopf, menschlichem Torso und einem Schlangenrock. Mexiko; präkolumbianisch (s. Abb. 178).

21. Löwentor am Eingang zur Akropolis von Mykene. Griechenland; 1250 v. Chr. (s. Abb. 123).

22. Geflügelte Isis, die Beschützerin der Götter. Ägypten; nach 1570 v. Chr. (s. Abb. 150).

22

23

23. Neith als goldene Kobra trägt das Weberschiffchen auf der Brust. Grab Tutanchamuns, Ägypten; ca. 1325 v. Chr. (s. Abb. 147).

24. Vogelköpfige Gottheit mit diagonalen Streifen hält ein Schlangenkind im Arm. Mykene, Griechenland; 1400 v. Chr. (s. Abb. 143).

25. Eine von zwei Geschwistergottheiten (vielleicht auch Mutter und Tochter) aus dem Palast von Knossos schwingt heilige Ottern. Kreta; 16. Jahrhundert v. Chr. (s. Abb. 158).

26. Die «schwarze Jungfrau», ein Symbol der Weisheit und der Aufhebung der Gegensätze. Salzburg, Österreich; 18. Jahrhundert n. Chr. (s. Abb. 99).

27. «Mutter Gans» *(Mother Goose)*, eine moderne Reminiszenz der Vogelgöttin, reitet auf dem Besen, einer verkümmerten Form des heiligen Baumes. Nordamerika; 19. Jahrhundert n. Chr. (s. Abb. 96).

25

26

24

27

29

30

28

28. Geburtsszene mit der Muttergottheit auf einem Thron, flankiert von Leoparden. Çatal Hüyük, Türkei; 7100–6300 v. Chr. (s. Abb. 115).

29. Schlangenköpfige Madonna aus Ur säugt ihr Kind. Irak; 4. Jahrtausend v. Chr. (s. Abb. 153).

30. Minoische Schlangengottheit mit gebändertem Körper trägt drei Halsketten. Kreta; 1100–1000 v. Chr. (s. Abb. 142).

31. Ein tantrisches Gemälde zeigt Kali, die eine Halskette und einen Schlangengürtel trägt. Indien; 18. Jahrhundert n. Chr. (s. Abb. 185).

31

32

33

32. Ein großes, 210 m langes Erdwerk in Form einer Schlange windet sich über einen Bergkamm. Locust Grove, Ohio, USA; 1000 v. Chr.–700 n. Chr. (s. Abb. 191).

33. Oberste Schlangengottheit aus dem Palast von Knossos. Kreta; ca. 16. Jahrhundert v. Chr. (s. Abb. 157).

# Fischzeremonien

Riten und Zeremonien entwickelten sich zu Mythen und Sagen. Es ist schwierig, Beispiele zu finden, in denen aus Mythen Rituale entstanden sind. Die Menschen erfinden Mythen, um ihr Verhalten zu erklären. Der zeremonielle Umgang mit dem Fisch läßt sich vielfach nachweisen; die Ankunft des ersten Fisches der Saison ist bei Stämmen, die weitgehend von Fisch leben, Anlaß für große Festlichkeiten. So veranstalten die Tlingit in Alaska beispielsweise ein großes Fest, wenn der erste Heilbutt erscheint.

## DIE GÖTTIN MIT DER ÜBERFLIESSENDEN VASE

Die Wiedergeburt aus dem Wasser ist in den frühen Religionen des Nahen Ostens ein häufig wiederkehrendes Thema. Der Glaube hatte seinen Ursprung nicht, wie man früher annahm, im Tal des Euphrat, einer wichtigen Region der Fischverehrung; seine Wurzel, aus der sowohl die ägyptischen als auch die mesopotamischen Vorstellungen erwuchsen, lag möglicherweise in Alteuropa.
Die neueren Funde in Lepenski Vir (s. Kapitel «Spätere Fisch- und Rautenformen») verweisen auf eine frühe neolithische Zeit, und paläolithisches Material legt die Vermutung nahe, daß diese Vorstellungen sogar noch älter sind. In Mari im Iran wurde im Zentrum des Thronsaales des Königs Zimri-Lim eine großartige Kalksteinstatue entdeckt, die aus dem 18. Jahrhundert v. Chr. stammt und als «Göttin mit der überfließenden Vase» bekannt ist. Mit sechs Halsketten und einer gehörnten Krone geschmückt, stellt sie eine Gottheit von hohem Rang dar. Sie hält eine Vase, aus der durch eine im Inneren verborgene Leitung Wasser über die Vorderseite ihres Gewandes strömte. Kleine, auf der ganzen Länge ihres Kleides eingravierte Fische erwecken den Eindruck, als ob sie stromaufwärts schwämmen. Eingeätzte Rauten bedecken den Bereich der Brüste. Es könnte sich um eine entfernte Vorfahrin der keltischen «Herrin des Brunnens» handeln, von der in der Handschrift des *Mabinogion* aus dem 10. Jahrhundert n. Chr. die Rede ist. Wiedergeburtsrituale entspringen den frühen Vorstellungen, nach denen die Frau das Gefäß der Saat ist, das Behältnis, die Schale für geweihtes Wasser und der mit Pollen gefüllte Eimer; sie verkörpert das lebenspendende Wasser[1].
Die Folge davon, daß sich die Verehrung von der Göttin auf den Gott verlagert, wird etwa ein Jahrtausend später sichtbar. In dem großen assyrischen Tempel von Assur in Guzana (frühes 7. Jahrhundert v. Chr.) stand ein großes, steinernes Ritualbekken, das dem Gott Oannes geweiht war, der die Wasserriten der Göttin übernommen hatte. Die Außenseite des Beckens ziert ein stattlicher Fries, in dessen Mitte ein Gott dargestellt ist, der ein gehörntes Diadem trägt und eine Vase in der Hand hält, aus der Wasser fließt. Er hat sich tatsächlich den Titel der Göttin angeeignet und ist zum «Gott mit der überfließenden Vase» geworden, flankiert von vier in Fischgewändern steckenden Priestern, die Situlen (Eimer) tragen, die mit Pollen zum Befruchten von Pflanzen gefüllt sind. Die Riten, die an diesem Becken durchgeführt wurden, dienten möglicherweise der Weihe oder Reinigung, ähn-

247

247. Die den Thronsaal eines iranischen Königs beherrschende «Göttin mit der überfließenden Vase» trägt sechs Halsketten. Mari, Iran; 18. Jahrhundert v. Chr.

248. Die Szene auf einem Taufbecken zeigt den «Gott mit der überfließenden Vase», der sich der Rolle der Göttin bemächtigt; er hält eine Vase, aus der Wasser fließt. Assyrien; 7. Jahrhundert v. Chr.

248

249. In Fischgewänder gekleidete Priester ersetzen in den Totenriten die Mutter. Assyrien; 7. Jahrhundert v. Chr.

250. Auf einem Bronzespiegel umgeben eingravierte Fische und Spiralen die Sonne. Kykladeninsel Naxos; 2400–2200 v. Chr.

lich wie die des minoischen Kreta. Die Legende, die die Geschichte dieses Gottes erzählt, ist gänzlich von der Göttin übernommen; sie hat den Wechsel nicht überlebt, denn nun tritt er als Schöpfer der Menschheit und Quell des Wissens vom Ackerbau auf.

Der Fisch spielt häufig für die Toten die Rolle eines Seelenführers; auf einer Darstellung ersetzen bei den Totenriten mit einem Fischgewand bekleidete Priester die Mutter. In Ägypten wird die Beziehung zwischen dem Ursprung des Gottes und den Sonnenmythen in der Reise der Sonne durch das Nacht-Meer deutlich; hier kommt der Glaube zum Ausdruck, daß die Sonne, wenn sie im Meer versinkt, in den Schoß der Mutter zurückkehrt[2].

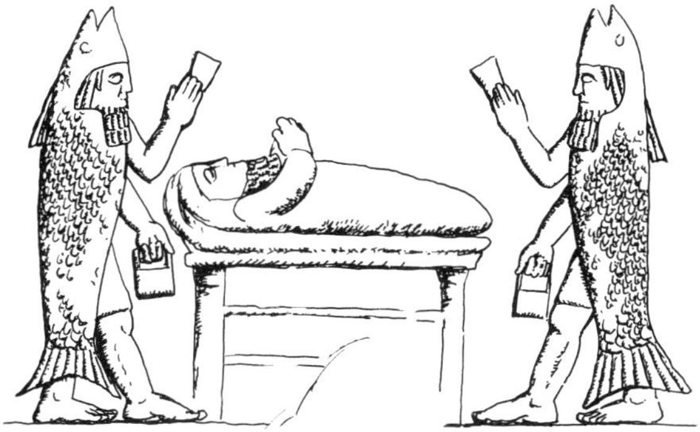

249

250

FISCH UND SONNE

Der Spiegel, ein Emblem der Sonne, symbolisiert Vision und Wahrheit. Er entspricht auch dem Wasser als Reflektor des Universums. In einen Bronzezeit-Spiegel (2400–2200 v. Chr.) von der Kykladeninsel Naxos eingeritzt, umgeben Fische und Spiralen die Sonne; der Zusammenhang von Fisch und Sonne, Leben und Tod, wird damit graphisch skizziert. Die Griechen glaubten, die Sonne durchquere auf ihrer nächtlichen Reise die Fluten unter der Erde, durch «die Pforten des Helios und das Land der Träume», wie Homer sagte. Diese Fluten bilden Okeanos, den Ursprung der Götter und Menschen, der in unaufhörlicher Ebbe und Flut pulsiert[3]. Die runde Fläche des polierten Bronzespiegels ist eine Nachahmung der Sonnenscheibe, denn die Sonnenstrahlen werden von seinem glatten Antlitz reflektiert. Spiegel finden sich häufig unter den magischen Beigaben in Königsgräbern. In Ägypten beispielsweise war unter den heiligen Gegenständen im Grab Tutanchamuns ein Spiegelfutteral in Form eines Henkelkreuzes (Ankh), des weiblichen Zeichens des ewigen Lebens[4].

In der alten Kosmologie wurde das Firmament in Erde, Meer und Himmel unterteilt. In Ägypten überquert die Sonne den Himmel entweder als Göttin in der Sonnenbarke oder als Fisch. Der Fisch führte die Toten durch die Unterwelt, wie er die Sonne begleitete, die in einem fischförmigen Gefährt über das Meer der Unterwelt reiste.

Der durch die engen Beziehungen der Sonnengottheiten zum Fisch veranschaulichte Mythos der Wiedergeburt ist kein Zufallsprodukt. Er entwickelte sich vielmehr aus den Ritualen der Göttin und wurde dann auf die Sonnengötter Ea, Osiris und Christus übertragen, die alle eine Wiedergeburt durch das Wasser erlebten[5].

## ASTROLOGISCHE ZUSAMMENHÄNGE

Das «große Weltenjahr» ist ein kosmologischer Begriff, eine Unterteilung von Äonen in Perioden von rund 2000 Jahren. Nach Rupert Gleadow, einem britischen Experten, trat der Punkt der Frühjahrs-Tagundnachtgleiche der nördlichen Hemisphäre im Jahr 4139 v. Chr. in das Sternbild des Stieres (Taurus) ein und verließ es 1953 v. Chr. wieder, um in das Zeichen des Widders (Aries) einzutreten. Zu diesem Zeitpunkt erlebte der Kult des Widdergottes Ammon in Ägypten einen Aufschwung. Wir haben gerade das große Weltenjahr der Fische durchlaufen, in dem Christus durch den Fisch verkörpert wurde[6].

Da die Astrologie keine exakte Wissenschaft ist, sondern nur die Anfänge der Kodifizierung des Wissens repräsentiert, gehen die Meinungen über den Beginn des großen Weltenjahres der Fische (Pisces) etwas auseinander. Einige setzen ihn mit der Geburt Christi, andere etwa um 220 n. Chr. an. Obwohl wir das Ende des Zeitalters der Fische erreicht haben, bestehen unterschiedliche Auffassungen darüber, wann genau wir in das Zeitalter des Wassermanns eintreten, das eine Versöhnung der Gegensätze verspricht.

Das hohe Alter der Tierkreiszeichen wird durch die steinzeitlichen Felsmalereien in Cueva de Arce in Spanien belegt. Aber erst die frühen akkadischen Astronomen des Königs Sargon von Agade (2750 v. Chr.), systematisierten das, was man damals unter Astronomie und Astrologie verstand, in Form des Zodiakus, wie wir ihn kennen. In Mesopotamien und Babylonien kodifiziert, gelangte der Tierkreis nach Europa, Afrika und Asien und schließlich auf den amerikanischen Kontinent, ohne daß er sich wesentlich veränderte. Wo auch immer der Zodiakus übernommen wurde, galt er als heilig und wurde schließlich in die Religion integriert.

Die Astrologie sieht sich häufig dem Vorwurf der Unwissenschaftlichkeit ausgesetzt, da die alten Astrologen die Progression der Tagundnachtgleichen nicht richtig verstanden; die gegenwärtige Einteilung des Jahres in zwölf astrologische Zei-

251. Fisch von einem farbigen Glasfenster der Kathedrale von Chartres. Frankreich; 13. Jahrhundert n. Chr. (s. Tafel 37).

251

chen führt wegen des Übergangs von einem Mondkalender mit dreizehn Monaten zu einem Sonnenkalender infolge dieser Progression zu einer Diskrepanz von einem Monat. Man sollte jedoch nicht vom wissenschaftlichen Standpunkt aus urteilen. In vielen Kulturen – so auch in Indien, wo es immer noch üblich ist, die Horoskope der Paare vor der Heirat vergleichen zu lassen – ist dieses völlig intuitive und bemerkenswert sensible System ein zentrales Element lebendiger Glaubensvorstellungen geblieben.
Auf Sternkarten wird das Sternbild der Fische durch die Darstellung zweier in entgegengesetzte Richtungen schauender Fische wiedergegeben. Der südliche Fisch war das Himmelszeichen für den syrischen Gott Dagan, der die Gestalt eines Fischmenschen hatte, und für den Oxyrhynchos, einen der größten Nilfische, der in Ägypten verehrt wurde[7]. Nach einer anderen Auffassung sind die Fische des Tierkreises ein männlich-weibliches Zwillingspaar, nämlich die Nachkommen von Aphrodite und ihrem Sohn Eros[8].
In der nahezu magisch wirkenden, im 13. Jahrhundert errichteten Kathedrale von Chartres – sie ist der Jungfrau geweiht, deren Sohn das Sternbild Pisces verkörpert – ist das Zeichen der Fische in einem der farbigen Glasfenster dargestellt[9]. Die Geburt Christi fand unter der Konjunktion von Jupiter und Saturn statt. Ein astrologischer Aspekt der Geburt Christi wird bereits von Matthäus angesprochen: «Die magoi, Magier, aus dem Osten, sind Sterndeuter, welche aus einer auffallenden Konstellation auf eine ebenso außerordentliche Geburt schlossen. Diese Anekdote beweist, daß Christus möglicherweise schon zu apostolischer Zeit entweder unter dem astrologischen Gesichtswinkel betrachtet oder wenigstens mit astrologischen Mythen in Zusammenhang gebracht wurde.»[10]

## WASSER

Die alten Peruaner bezeichneten sich selbst als Kinder des Wassers und verehrten Quellen und Seen[11]. Sie errichteten ihre Altäre in Hainen in der Nähe von Brunnen oder Teichen, wo ihre Opfergaben vom Hohenpriester dargebracht wurden. Er tauchte tief ins Wasser, um sie der dort wohnenden Göttin zu überbringen. Für die Peruaner wurde eine Vase oder ein Wasserbehälter zum religiösen Symbol.

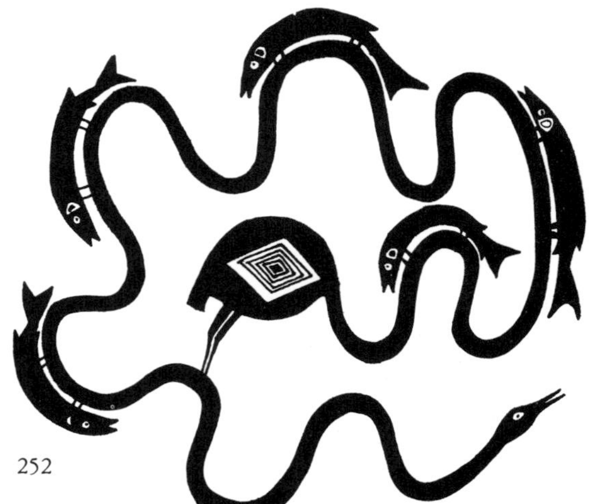

252

253

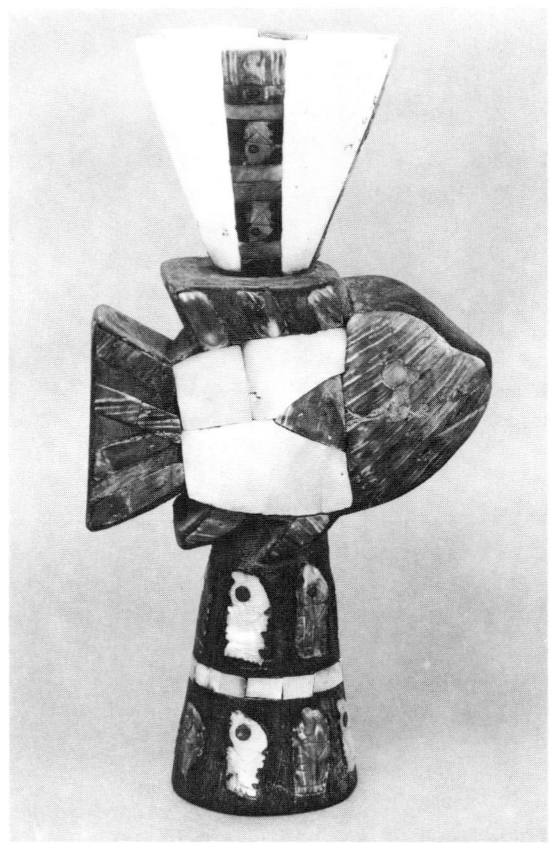

Aus einem peruanischen Grab der Vorinkazeit stammt ein Kelch aus dunklem Holz. Der fischförmige Teil des Kelches ist aus Holz geschnitzt und mit farbigen Muschelschalen eingelegt. Für diese Muschelintarsien wurde Orange, die in Peru heilige Farbe, benutzt. Die alten Peruaner glaubten – wie viele andere primitive Völker –, daß ihre Vorfahren unter dem den Toten eigenen Durst litten. Man brachte daher Trankopfer für die Toten dar, um ihren Durst zu stillen; gleichzeitig dienten diese Opfer der Läuterung der Verstorbenen. Die Reinigung durch das Wasser verbindet die Peruaner mit alten europäischen Kulten.

## NORDAMERIKANISCHE INDIANER

Das prähistorische Volk aus dem Südwesten der Vereinigten Staaten, das unter dem Namen Mimbre bekannt ist, bleibt weiterhin rätselhaft, aber seine Terrakottaschalen sind witzig und reizend. Eine Schale zeigt einen Kranich, der ineinandergeschachtelte Rauten auf dem Bauch trägt; auf seinem wellenförmig verlängerten Hals liegen fünf Fische. In China und Japan ist der Kranich eine Mutterfigur, und in sibirischen Mythen vertritt er die Dreifaltige Göttin.

## DIE KELTEN

Die keltische Anbetung von Brunnen hängt mit der verbreiteten Verehrung des Fisches und des Wassers zusammen. Keltische Entsprechungen der

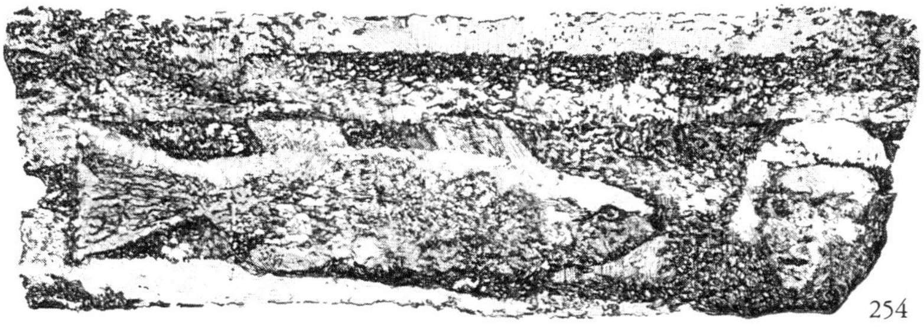

254

252. Auf einem Keramikstück der eingeborenen amerikanischen Mimbre-Kultur ist ein Kranich mit einer Raute zu sehen, der fünf Fische auf seinem sehr langen Hals trägt. Südwestliches Amerika; ca. 900–1150 n. Chr.

253. Fischförmiger Zeremonialkelch. Peru; Prä-Inkazeit.

254. Auf einem Altar ist der Lachs der Weisheit und der Weissagung dargestellt, der einem Helden Ratschläge erteilt. Galloromanisch.

griechischen Nymphenquelle wurden zu heiligen Brunnen geweiht. St. Columba segnete in Britannien mehr als 300 Quellen und trieb Dämonen aus den Wassern aus. Der Fluß Dee – der Name bedeutet «Gottheit» –, den die Kelten als Göttin Aerfon anbeteten, wurde auch Dyfridwy, «Wasser der Gottheit», genannt.

Die Heiligkeit des Fisches wird weiterhin bei galloromanischen Altären sichtbar; dort deutet sein Erscheinen auf seine Weisheit und seine prophetischen Gaben hin. Ein Altar zeigt einen Fisch, der offenbar einem menschlichen Kopf ohne Körper etwas ins Ohr sagt. Nach Anne Ross stellt das Steinrelief einen keltischen Helden, Finn MacCool, und seinen «Lachs der Weisheit» dar[12]. Der Lachs verfügt über Wissen aus der jenseitigen Welt, das für einen Helden höchst nützlich ist, und er beschützt ihn. Der Held erweist dem Fisch Ehre, indem er ihn auf sein Banner erhebt; der Lachs kann ihm also während der Schlacht seine Ratschläge ins Ohr flüstern.

Nach der irischen Überlieferung erschafft eine mächtige Göttin namens Boann, «die mit den weißen Kühen», den Fluß Boyne und gibt ihm ihren Namen. Der Bach, der anfänglich ein Brunnen war, wird von neun magischen Haselnußbäumen beschattet; in ihm lebt der göttliche Lachs des Wissens, der die magischen Haselnüsse verschluckte und dadurch zum weisesten Geschöpf der Welt wurde[13].

# Totenriten

Nach der assyrischen Überlieferung tauchen die einzelnen Seelen in das Wasser des heiligen Fischteichs der Göttin; diese Taufe stellt die Wiedergeburt in Aussicht. Der Fisch hat die Funktion, die Seelen durch das dunkle Wasser zu tragen, und diese Rolle spielt er in Bestattungsriten überall auf der Welt. In vielen Traditionen wird immer wieder der Zusammenhang zwischen Tod und Initiation betont; man muß in einem rituellen Prozeß einen Verlust erleiden, bevor man Weisheit erlangen kann. Dies ist eine zyklische Vorstellung; der Same muß erst in die Erde sinken, um wiedergeboren zu werden.

## DER ÄGYPTISCHE THRON ALS SCHOSS DER GÖTTIN

In Ägypten gehörte die Fischgöttin zur Unterwelt; die fleischgewordene Isis war der «große Fisch der Tiefe». Die eindrucksvolle Bronzestatue einer auf einem Thron sitzenden Fischgöttin, Hatmehit (von der die Katze Mehitibel ihren Namen herleitet), stammt aus dem Neuen Reich (1580–1100 v. Chr.). Sie hat einen großen Fisch auf dem Haupt und trägt Hathors Symbole: Hörner und die Sonnenscheibe. Die sitzende Gottheit hält das Kind Horus auf dem Schoß und dient dem jungen Gott damit als Thron. Sie bietet Horus nach Art von Hathor oder Isis die Brust.

Obwohl es nur ikonographische Zeugnisse für eine wirklich mutterbezogene Gesellschaft in Ägypten gibt, war die Königswürde doch matrilinear durch die Heirat mit der Schwester bestimmt. Wortableitungen liefern weitere Hinweise. In seiner ältesten ägyptischen Form Ast oder Au-Set bedeutet Isis' Name «Sitz» oder «Thron»[1]. Der Schoß der Göttin ist von größter Bedeutung, denn der Venusberg bildet den ursprünglichen Thron. In Ägypten war eine Krönung nicht gültig, bevor der König nicht tatsächlich den Thron bestiegen und auf dem Schoß der Göttin gesessen hatte. Die mütterlichen Qualitäten der Frau liegen nicht nur in ihren Fortpflanzungsorganen begründet, sondern auch in ihrem Schoß, auf dem ihr neugeborenes Kind sitzt, beschützt und sein Königreich überwachend. Der Schoß als Verlängerung des Schenkels steht in Zusammenhang mit den Schamlippen und Lippen und daher auch mit der Mündung des mütterlichen Gefäßes, des Flusses und der Öffnung des Bauches («Gebärmuttermund»). In Indien sitzt der König feierlich auf einem Thron, der den Schoß oder Bauch repräsentiert. In Sizilien spielen Throne beim Totenkult eine Rolle.

## ISIS UND OSIRIS

Die Sage von der Zerstückelung des ägyptischen Gottes Osiris durch seinen Bruder Seth ist die Geschichte eines rituellen Kampfes zwischen entgegengesetzten Kräften, die im Mythos der frühen landwirtschaftlichen Epoche wurzelt. Nachdem der Gott zerstückelt ist, sammelt Isis, seine Frau und Zwillingsschwester (es war ihm noch im Leib der Mutter vom Schicksal vorherbestimmt worden, sich in sie zu verlieben und sie zu heiraten), alle Teile seines verstreuten Körpers aus dem Wasser,

255

255. Bronzeskulptur Hatmehits, die einen Fisch auf ihrer Lotuskrone trägt und Horus auf ihrem Schoß hält. Ägypten; Neues Reich, 1580–1100 v. Chr.

außer dem Phallus, den ein Fisch verschluckt hat. Sie bindet die Stücke zusammen und formt einen goldenen Phallus; dann legt sie sich auf den wiederhergestellten Körper ihres Gatten, und dank ihrer göttlichen Zauberkünste empfängt sie das Kind Horus. Danach wird Osiris der Auferstandene genannt, obwohl er als Gott der Unterwelt in den Regionen der Tiefe bleibt. Plutarch berichtet, daß der Teil, den Isis nicht wiederfand, der Phallus, bei festlichen Prozessionen umhergetragen wurde, die den griechischen Phallephorien und dem Haloa-Fest (s. Abb. 234) ähnelten[2].

Das Fischsymbol hat sowohl positive als auch negative Seiten. In Ägypten wird es zum Emblem Seths, des Bruders und Mörders von Osiris. Es kann aber auch ein Emblem des Triumphes sein, wenn der Fisch, der die Göttin krönt, vom Sieg über den Tod kündet.

Die doppelten Zwillinge Isis und Osiris sowie Nephthys und Seth symbolisieren die für die Gottheiten kosmischer Fruchtbarkeit typische Androgynie. Die beiden Zwillingspaare, die ursprünglich als Einheit gesehen wurden, stellen eine dunkle und eine helle Seite dar, die schließlich durch die geschlechtliche Liebe wiedervereinigt werden[3].

In der Geschichte von Osiris wiederholt sich das Motiv des Gottes, der geopfert wird, um neues Leben zu schaffen, der wie das Korn dazu verurteilt ist, immer wieder zu sterben und aufzuerstehen. In gleicher Weise sterben auch die Sohn-Geliebten der Großen Göttin – in Nachahmung des Vegetationszyklus – alle sieben Jahre. In der Stadt Abydos, wo Isis den Gott auferstehen ließ und die daher die älteste Stätte seiner Verehrung ist, hielt man My-

256

sterienspiele ab, bei denen Leiden, Tod und Auferstehung des Osiris dargestellt wurden. Der Schrein des Osiris beherbergte eine prächtig geschmückte Statue der Gottheit, die jeden Monat aufs neue für die Neu- und Vollmondfeiern eingekleidet wurde.
In Abydos entdeckte man bei einem Grab am Nil im Oberflächenschutt einen Fischschrein. Gegenstand der Verehrung war der Oxyrhynchos, und die Embleme auf seinem Kopf zeigen, daß der Fisch mit Hathor identifiziert wurde; als mit dem «Fisch der Tiefe» austauschbare Gottheit symbolisiert sie die Auferstehung. Der Name Abydos leitet sich von der griechischen Schreibweise der ägyptischen Hieroglyphe für Fisch, *abtu,* her.

## ÄGYPTISCHE BESTATTUNGSRITEN

Ein ägyptisches Grabfresko (etwa 1304–1237 v. Chr.) stellt Anubis dar, den Führer der Toten, den Initiator und «Öffner des Weges»[4], der eine fischförmige Mumie einbalsamiert. Er wird von winzigen Wächterfiguren flankiert und von der Göttin Isis und ihrer dunklen Zwillingsschwester Nephthys, die beide auf Lotosknospen sitzen.
Christine Desroches-Noblecourt vom Louvre vermutet, daß die Mumie der Abjou ist, einer der größten Nilfische. Er kann etwa die Größe eines Menschen erreichen und wurde deshalb als geeigneter Stellvertreter der Toten betrachtet, die ihren Weg durch die Wasser der Unterwelt suchen mußten. Dieser Fisch ist einer von vieren, die in den verschiedenen Phasen des Rituals in Erscheinung treten; jeder von ihnen stellt die Seele in einem anderen Stadium ihrer Reise zu neuem Leben dar. Da der Verstorbene als einer der Fische gezeigt wird, in denen seine Seele reist, ist anzunehmen, daß die rituelle Fahrt durch die Unterwelt begonnen hat. Wenn man die symbolische Fisch-Schoß-Verbindung einen Schritt weiter führt, liegt die Betonung klar auf Fisch, Schoß und Grab[5].
Die Beobachtung der täglichen Bewegungen der Sonne führte zu Bestattungsriten, die das Rätsel des Sonnenuntergangs im Westen und ihres Aufgangs im Osten lösen sollten. Da die Ägypter glaubten, die Sonne durchquere jede Nacht das Meer der Unterwelt, nahmen sie an, daß die Seele des Pharao, des Sohnes der Sonne, den gleichen Weg zur eigenen Auferstehung beschritt. Nach und nach wurden die Riten demokratisiert, und man mußte nicht König, Adliger oder Priester sein, um die durch das Nachtmeer führende Reise des Pharao zu neuem Leben nachvollziehen zu können.
Auf einem ägyptischen Sarkophag aus der hellenistischen Periode (330–323 v. Chr.) nimmt der Fisch den Platz des Seelenvogels ein, der gewöhnlich schützend über der auf dem Löwenruhebett ausgestreckten Mumie schwebt. Die Seele schwimmt in der Gestalt des Oxyrhynchos zu ihrer Wiedergeburt über die Wasser der Unterwelt und besucht Pilgerstätten an den Ufern des Nil, die mit den Stadien der Initiation korrespondieren. Wie der Oxyrhynchos galt auch der Phargus-Aal als Inkarnation des Gottes. Er war daher tabu und durfte in diesen Städten nicht gegessen werden.
In Ägypten und im Nahen Osten waren der Garten und der Teich Sinnbilder für transzendentale Elemente. Glücklich ist der, vor dessen Grab sich ein

256. Der heilige Oxyrhynchos-Fisch mit Hathors Symbolen auf der Krone. Ägypten; 1580–1100 v. Chr.

257. Fischmumie, von Anubis geführt. Ägypten; ca. 1304–1237 v. Chr.

257

258. Dieses steinzeitliche Grab in Form eines Hais bietet dem Geist des malekulischen Mannes, der es erbaute, Schutz. Insel Vao; zeitgenössisch.

259. In Ägypten versorgt die Baumgöttin die Verstorbenen am Gartenteich des Grabes mit Speise und Trank. Ägypten; Neues Reich, 1580–1100 v. Chr.

258

259

Garten und ein Teich befinden, die kühlenden Schatten, Fische, Vögel, Früchte und Blumen bieten. Alte Texte beschreiben die Verstorbenen, wie sie sich dort ergehen, die Seelen getröstet, den Hunger gestillt und den Durst gelöscht. Auf einem ägyptischen Wandbild betont die Präsenz der Baumgöttin die religiöse Bedeutung einer ruhigen Garten- und Teichszenerie[6]. Die Fische in den Tempelteichen der alten syrischen Göttin Atargatis, der die Fische geweiht waren, trugen Edelsteine in ihren Kiemen und Flossen.

## MALEKULISCHE RITEN

Da der Fisch vielen alten Überlieferungen zufolge die Seele nach dem Tod durch die Unterwelt trägt, ist dieses Tier weltweit ein Element der Bestattungsriten. Obwohl es sehr primitiv wirkt, wurde das Fischgrab auf der Malekula-Insel Vao im Pazifischen Ozean erst in diesem Jahrhundert angelegt. Der Erbauer lebte, obwohl er, chronologisch gesehen, unser Zeitgenosse ist, in einer steinzeitlichen Kultur. Der Sarkophag aus Feldsteinen ist etwa 1,80 m hoch und etwa 9 m lang; phantastische monolithische Steinplatten dienen als Flossen und Schwanz. Das Hai-Grab ist ein Emblem der Mutter des Lebens und des Todes. Vom dynastischen Ägypten sowohl zeitlich als auch räumlich zwar weit entfernt, behielt der Fisch hier doch seine Bedeutung als ein Gefäß der Erneuerung bei.
Der Hai, das unersättliche Hauptungeheuer in dieser Gegend des Pazifik, vertritt den malekulischen Schutzgeist. John Layard beschreibt diesen Schutzgeist namens Le-hev-hev als ein Wesen ungewissen Geschlechts, das in einer Höhle im Totenreich wohnt[7]. Es gibt allerdings Anhaltspunkte dafür, daß dieses vermeintliche Neutrum von der Bevölkerung tatsächlich als weiblich angesehen wird.
Die symbolischen Initiationsriten von Malekula ahmen eine Rückkehr in den Schoß nach. Diese Rituale schreiben vor, daß man sich in den dreidimensional dargestellten Leib der Erdmutter begibt, der manchmal auch die Form eines nachgebildeten Meeresungeheuers haben kann. Die Funktion dieses symbolischen Leibes entspricht der der Initiationshütten in anderen Kulturen.
Die symbolische Rückkehr in den Schoß bringt die Vorstellung zum Ausdruck, daß man durch die Vaginalzähne der Erdmutter in Stücke gerissen oder von einer Bestie verschlungen wird. Man kann den Niederschlag der Symbole der Göttin auch in den Ritualen von Neuguinea beobachten, das in der Nähe Malekulas liegt. Bei einem Ritual begibt sich der Novize ins Innere eines künstlichen Meeresmonsters. Wenn auch Schrecken und Risiko das Ritual prägen, so liegt die Betonung doch eher auf dem Mysteriencharakter als auf der Gefährlichkeit. Der Initiand durchlebt auf seiner Suche nach den heiligen und geheimnisvollen Kräften der Erneuerung einen rituellen Tod[8].

## DAS PYRAMIDENGRAB DER MAYA

Wenn auch den ägyptischen in der Struktur erstaunlich ähnlich, waren die Pyramiden von Mexiko doch nicht als Gräber gedacht. Die Mayapyra-

260. Der fischförmige Sarkophag in einem der seltenen Pyramidengräber wurde für einen Priesterkönig entworfen, der in ein Jadegewand gekleidet war. Palenque, Mexiko; präkolumbianisch.

261. Die Türen eines chinesischen Grabes weisen Tiersymbole der drei Welten auf: Vogel, Tiger und Fisch. China, Han-Periode; 226 v. Chr.–221 n. Chr.

mide von Palenque allerdings birgt – im Gegensatz zu allen anderen zentralamerikanischen Pyramiden – ein wirkliches Grab. Vor einigen Jahrzehnten gab der «Tempel der Inschriften» in Palenque eine geschickt versteckte Treppe frei, die zu einem prächtigen Grab führte, einer geheimen Krypta, die aus dem 7. Jahrhundert n. Chr. stammt. Die Ausgräber stießen auf reiche Grabbeigaben aus Edelsteinen, die man in Abständen auf der ins Grab hinunterführenden Treppe niedergelegt hatte.

Die Wände der Gruft waren in leuchtendem Zinnoberrot bemalt, und in der Mitte des Grabes stand ein großer Sarkophag. Als man die tief eingeschnittene Deckplatte entfernte, fand man einen glattpolierten Innendeckel vor, in den eine Öffnung in Form eines Fisches geschnitten ist. Ein Ende des Deckels ist nach außen gezogen wie ein Fischschwanz; das andere weist runde Öffnungen auf, die wie Augen plaziert sind und die als Löcher zum Hochheben dienen. Wenn der Fisch auf dem Innendeckel die Wiedergeburt versinnbildlicht, dann ist das mexikanische Grab durch dieselbe Symbolik gekennzeichnet wie die Gräber der Pharaonen und das malekulische Hai-Grab.

Im Inneren des Sarkophags lag ein Priesterkönig, der mit wunderbarem Jadeschmuck bedeckt war, und zwar so, daß man einen Eindruck vom Volumen und von den Konturen des Körpers bekam, auf dem er ruhte. Über seinem Gesicht lag eine großartige Maske aus grüner Jade, der heiligen Farbe, mit Augen aus weißen Muschelschalen und dunklem Obsidian. Diese schimmernde grüne Maske kontrastierte mit dem herrlichen roten Okkerstaub, der den Boden des Grabes bedeckte. Die

260

261

Verwendung von rotem Ocker bei Begräbnissen läßt sich bis ins paläolithische Europa – etwa 35 000 v. Chr. – zurückverfolgen. Wie schon gesagt, wurden im Verlauf der gesamten Geschichte Bilder der Göttin, ihrer Anhänger und viele ihrer heiligen Objekte rot bemalt, um das Blut und seine lebenspendenden Eigenschaften zu symbolisieren. Jedenfalls läßt das Grab auf ein dem ägyptischen ähnliches theokratisches System schließen, in dem der König auch Hoherpriester ist und zu Lebzeiten wie auch nach seinem Tod als Gott gilt. Auf dem Stein, der das Grab bedeckt, sind Sterne eingraviert, die in den großartigen Worten von Luis Ruz, dem Ausgräber der geheimen Krypta, «die makellosen Rhythmen der Zeit kennzeichnen»[9]. Über dem Leichnam ist ein kreuzförmiges Motiv zu sehen, das in Ägypten ein Zeichen für Sterne ist, für nach dem Tod wiedergeborenes Leben.

## CHINESISCHE RITUALE

In China entdeckte Gräber lassen erkennen, welche Ähnlichkeiten zwischen den Riten und der Kunst Chinas und denen Zentralamerikas bestehen. Ein Grab befindet sich in Man-ch'eng in der Provinz Hopei. Im Inneren des Grabes lag ein hochgestellter Mann, der in einen Anzug aus Jade gekleidet war und dessen Gesichtszüge hinter einer Jademaske verborgen waren.

Vor kurzem stieß man auf das prächtige Grab einer adeligen Frau aus der Han-Dynastie; sie war ähnlich gekleidet. In einer Reihe von Särgen vorbereitet, hatte man ihre Leiche schließlich in ein Zinnoberbad gelegt, das immer noch flüssig war, als man es fand.

In die Steintüren der aus der Han-Periode (226 v. Chr. bis 221 n. Chr.) stammenden Grabkammer in der Provinz Honan ist eine Triade von Tieren eingemeißelt, die die drei Welten des traditionellen chinesischen Denkens veranschaulicht. Jede Tür ist in drei Felder eingeteilt. Oben befindet sich ein Vogel (vielleicht ein Fasan), der ein Zeichen für den Himmel ist, im mittleren Feld sieht man eine Tigermaske, die für die Erde steht, und unten ist ein Fisch dargestellt, der das Wasser repräsentiert. Durch die hier symbolisierte Pforte scheiden die Toten aus dem Leben, um wiedergeboren zu werden[10].

Obwohl China in der Periode, die der Einführung des Buddhismus vorausging, äußeren Einflüssen kaum ausgesetzt war, scheint doch die Vorstellung von den drei Welten der Dreifaltigen Göttin – eine universelle und dem zyklischen Muster menschlicher Erfahrung entsprechende Idee – etwa zur gleichen Zeit in weit auseinanderliegenden Kulturen aufgekommen zu sein. Der dreizackige Hut der Tigermaske erinnert an die burjätischen Schamanen in Sibirien; weitere Beispiele wurden in Lackin in Schottland und im bulgarischen Piska gefunden, wo eine Figur, die einen solchen Hut trägt, zwischen zwei Schlangen steht.

# Der Fisch im christlichen Ritual

Der Fisch ist, wie schon in alten Zeiten, ein Symbol Christi. Das berühmte Akrostichon – die Anfangsbuchstaben der griechischen Worte für Jesus (I) Christus (CH), Gottes (TH) Sohn (Y), der Heiland (S) ergeben das griechische *ichthys*, «Fisch» – vertiefte die Bedeutung des Fischsymbols. Vom 2. bis zum 4. Jahrhundert tauchte das Fischsymbol häufig auf Amuletten und Ringen, Steinen und Sarkophagen auf. Weil seine Anhänger verfolgt wurden, war das frühe Christentum ein Glaube, der im Verborgenen lebte; die Taufe und das Abendmahl waren wohlgehütete Geheimnisse. Gegen Ende des 2. Jahrhunderts ließ einer der frühen Christen, Abercius, der vormalige Bischof von Hierapolis (im kleinasiatischen Phrygien), auf seinen Grabstein eine Inschrift meißeln, deren symbolisch verschlüsselte Sprache nur ein Christ verstehen konnte. Ein Auszug davon lautet: «Ich heiße Abercius... Der Glaube war mein Führer und gab mir überall den Ichthys aus der Quelle zur Nahrung, den großen, den reinen, den die unbefleckte Jungfrau fing und den Freunden immerdar als Speise vorsetzt...»[1]

Seit Urzeiten war das Wasser, ein weibliches Element, ein Medium der Regeneration. Während der Jahre, in denen das Christentum als Untergrundreligion blühte, wurde der Fisch unter den Christen als Erkennungszeichen benutzt. Die ersten Christen, die ja Juden waren, haben das Fischsymbol des Messias möglicherweise direkt von den Assyrern oder Ägyptern übernommen.

Die Feier des Letzten Abendmahles durch Christus und seine Jünger war eigentlich die Einhaltung eines Passah-Seder. Die Kommunion wie auch das Passahfest sind Dankesfeiern, und das griechische Wort *eucharist* bedeutet «Danksagung». Nach Saloman Reinach wurden in der Eucharistiefeier Fische durch Brot und Wein ersetzt[2].

In Mesopotamien spielten Fische bei Fruchtbarkeits- und Bestattungsritualen eine Rolle, und zugleich versinnbildlichten sie den verzehrten Gott. Als Vegetationsgott bildet Christus eine Parallele zu den als Opfer dargebrachten Göttern vieler vorchristlicher Kulturen; die Körper dieser Götter wurden – wie der von Osiris – zerstückelt und über die Felder verstreut, um das erneute Wachstum der Saat sicherzustellen. Die Feier der Kommunion leitet sich von frühen heidnischen Riten her, bei denen das Fleisch und das Blut von Menschen als Sakrament verzehrt wurden.

Wenn diese kultischen Handlungen von der heutigen Religion sehr weit entfernt zu sein scheinen, so deshalb, weil sie durch die gefälligeren Rituale von heute verdunkelt und überlagert wurden. Nach der Doktrin der Wandlung (Transsubstantiation), wie sie die römisch-katholische und die orthodoxe Kirche vertreten, werden Brot und Wein beim Abendmahl wirklich und wahrhaftig in Leib und Blut Christi verwandelt; dadurch kommt es zu einer weniger kannibalischen Variante der ursprünglichen religiösen Praxis[3].

Das Kreuz Christi und der Fisch sind vereint auf einem südfranzösischen Bronzeamulett zu sehen, das aus frühchristlicher Zeit (300 n. Chr.) stammt. Der Ursprung des Kreuzes als eines christlichen Symbols liegt im dunkeln; allerdings findet man überall auf der Welt vorchristliche Kreuze in verschiedenen Formen. Das Kreuz veranschaulicht zwei entgegengesetzte Prinzipien, das geistige (vertikale) und das materielle (horizontale)[4]; möglicherweise symbolisiert es auch die vier Himmelsrichtungen. Es greift die Form des mütterlichen Baumes auf, der als Instrument von Tod und Auferstehung gilt, und ruft damit den Mythos der ewigen Wiederkehr in Erinnerung.

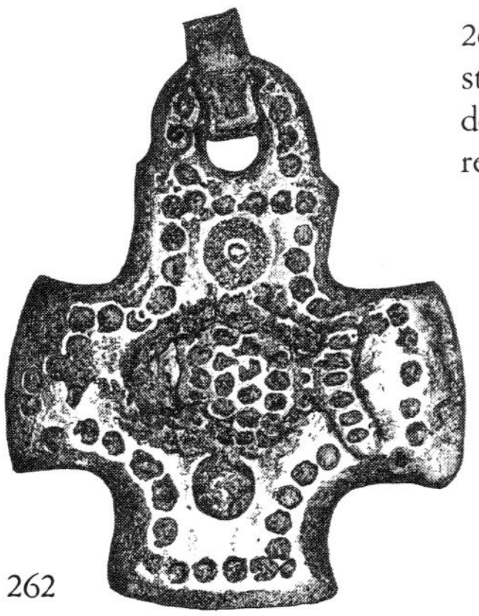

262

262. Das Kreuz Christi in Verbindung mit dem Fisch. Südfrankreich; 300 n. Chr.

72
7-1
47

# Teil X: Das Schwein

Die auf einem Lotusthron sitzende, eberköpfige Muttergöttin repräsentiert die wechselnden Phasen des Mondes, der ständig stirbt, um wiedergeboren zu werden. Indien; 7. Jahrhundert n. Chr. (s. Abb. 267).

## IM NEOLITHIKUM

In der frühen neolithischen Keramik erscheint die Erdgöttin in Gestalt einer Sau. Solange die Frauen den Ackerbau allein in der Hand hatten, also bis zur Erfindung des Pfluges, wurde das Schwein verehrt. Die Gewohnheit des Schweins, mit dem Rüssel in der Erde zu wühlen, deutete auf eine natürliche Verbindung mit dem Säen und Ernten und führte dazu, daß es angebetet wurde. Seine Heiligkeit beruht auch auf der Tatsache, daß es schnell wächst und sich stark vermehrt. Bereits im 7. Jahrtausend v. Chr. wurde die Sau in Vegetationszeremonien integriert[1]. Im Neolithikum gab es Robert Graves zufolge ein Sauorakel; darauf geht die Beziehung dieses Tieres zu Weisheit und Weissagung zurück[2].

Das Schwein dient und diente in der ganzen Welt als Opfertier. Die Sau als Todesgöttin behielt ihre Funktion als Mittlerin zwischen Lebenden und Toten, und man benutzte sie, um das Mysterium des Sterbens, das zur Wiedergeburt führt, darzustellen. Bis heute verehrt der mächtige Stamm der Rajputen in Nordindien die Kornmutter Gauri («Fülle») in Gestalt des Wildschweins; dies läßt auf ein sehr frühes Entstehungsdatum dieser Zeremonien schließen.

Das Schwein hat offenbar den gleichen Symbolwert wie der Eber. In Çatal Hüyük (Schrein E VI 8) bringen Reihen von Brüsten, die über die Kiefer und Hauer von Ebern modelliert sind, die Vorstellung zum Ausdruck, daß das Leben aus dem Tod entsteht.

Neolithische Skulpturen aus Alteuropa zeigen Frauen, die, Saumasken tragend, die Göttin repräsentieren. Manchmal ist auch das ganze Tier erhalten; bei Schweinefiguren hat man Getreidekörner in den Körper eingedrückt, so daß das Schwein mit dem lebenerhaltenden Getreide eins wird[3].

Ein sehr gelungener Terrakottakopf aus Leskavica in Makedonien (Mitte des 5. Jahrtausends v. Chr.) bringt die augenzwinkernde Fröhlichkeit eines Schweinegesichts zum Ausdruck und stellt zugleich die Muttergöttin dar. Um die Beziehung weiter zu verdeutlichen, schmücken oft Kupferohrringe oder eine Halskette die Gottheit; in diesem Fall sind beide Ohren genau da abgebrochen, wo sie durchbohrt gewesen wären. Die mit Juwelen besetzten Ohrringe, die in den Flossen und Lippen der heiligen Fische der Atargatis, der *Dea Syria,* hingen, spiegeln 4000 Jahre später eine ähnliche religiöse Intention wider.

## KRETA

Da es weniger aufwendig war, Schweine zu füttern und zu halten als Stiere, dienten sie bei Vegetationsfeiern als geringerwertige Opfertiere. Nach der Opferung wurden sie dann von den Gläubigen verzehrt, die sich auf diese Weise die Essenz der Gottheit einverleibten.

Auf Kreta war das Schwein im Gipfelheiligtum der Jouchtasberge und in anderen auf Berggipfeln gelegenen Schreinen, die der Herrin der Tiere geweiht waren, ein beliebtes Opfertier. Das Alte Weib als Göttin der Weisheit nimmt auf Kreta die Gestalt einer Sau an.

263. Bei einer neolithischen Terrakottaplastik steht der Kopf einer Sau für die Muttergöttin. Leskavica, Südostjugoslawien; Mitte des 5. Jahrtausends v. Chr.

## GRIECHENLAND

Eine Sage trägt dazu bei, das seltsame Ritual der Thesmophorien, eines der Demeter gewidmeten, drei Tage dauernden Erntefestes, zu erklären, das ausschließlich von Frauen gefeiert wurde. Zu der Zeit, als Hades Demeters Tochter Persephone entführte, hütete in der Nähe ein Schweinehirt seine Tiere. Als sich die Erde auftat, wurde der Mann mit seiner Herde von dem Abgrund verschlungen, in dem Hades und Persephone verschwunden waren. Dieser Vorfall fand, im Anschluß an das Hauptereignis, Eingang in das Ritual der Thesmophorien: Ferkel und phallische Symbole wurden in eine natürliche Erdspalte geworfen, die die Vagina der Erdmutter symbolisierte[4].
Die Saugöttin gewann durch den Kult der Demeter-Persephone an Bedeutung; der Demeter-Kult entwickelte sich aus Vegetationsriten, bei denen in Europa das heilige Schwein verwendet wurde. Vieles vom Geist dieser Religion mit ihrer Mischung aus Wildheit und spirituellem Streben war in den Thesmophorien erhalten geblieben. Nach Abschluß der Feierlichkeiten gingen die Frauen mit den Männern davon, und sie liebten sich in den Akkerfurchen, um den Erfolg der Ernte sicherzustellen. Dieses Ritual stellt einen direkten Zusammenhang zwischen der menschlichen Sexualität und der Fruchtbarkeit des Ackerbodens her.
Die Saugöttin ist eine Epiphanie der Herrin der Pflanzen. Demeter trägt oft eine Fackel und unter dem Arm ein kleines Terrakottaschwein; damit wird ihre Verbindung zur Unterwelt verdeutlicht. Auf den Münzen aus Eleusis steht ein Schwein auf

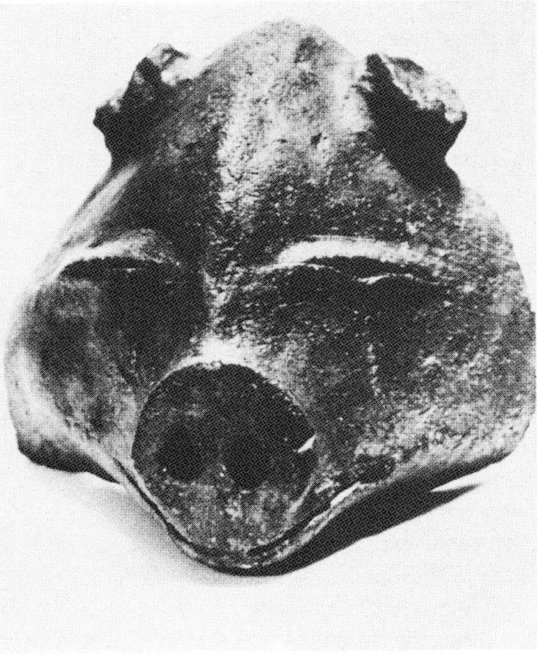

263

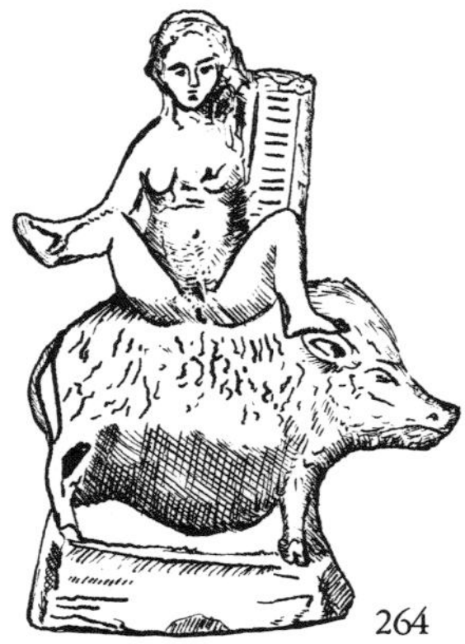

264

264. Auf einem Schwein, dem Symbol der Fruchtbarkeit, sitzende Frau in Gebärhaltung. Süditalien, hellenistisch.

einer Fackel, was nur eine Anspielung auf Demeters Eleusinische Mysterien sein kann[5].

Lewis Carrolls Erzählung *Alices Abenteuer im Wunderland* ist eine Allegorie auf das Mysteriendrama. Sie schildert Alices Abstieg durch einen Kaninchenbau in das Erdinnere. Dort begegnet sie all den Tieren, die sich um sie versammeln, darauf erpicht, einen Preis zu bekommen. Alice trifft dann die strenge Herzogin, die ein Baby im Arm hält. Sie gibt Alice das Baby, damit sie sich darum kümmert, und es verwandelt sich in ein Schwein. Auf diese Weise wird Alice zu Demeter-Persephone, zur Königin der Unterwelt. Das Kleiner- und Größerwerden ist eine das Leben verändernde Erfahrung. Das Baby veranschaulicht das neue Leben nach einer schweren Prüfung. Wenn man aufmerksam liest, wird die Erzählung zur Geschichte einer Transformation.

Eine hellenistische Statuette aus Süditalien rückt die Fruchtbarkeitsattribute des Schweins in den Vordergrund. Eine archetypische, nackte Frau sitzt seitwärts auf dem Rücken eines Ebers; sie hält die transzendente Leiter und nimmt mit weit gespreizten Beinen die Gebärhaltung ein. Die Figur spiegelt Riten früherer Zeiten wider, als Fruchtbarkeit, Tod und Auferstehung noch eng miteinander verwoben waren.

Auch die Saat folgt dem jahreszeitlichen Drama der Vegetation; sie muß – wie Demeters geliebte Tochter, die von Hades in die Unterwelt getragen wurde – unter die Erde kommen. Dieses frühlingsgleiche Kind, Persephone, repräsentiert die blühende Seite der Natur, den jugendlichen Aspekt Demeters selbst, der Erntegöttin, die aufgrund ihrer Weisheit zum Alten Weib wurde. Traditionell Demeter zustehende Opfergaben, meist natürliche Produkte der Erde wie ungekochtes Getreide, Honigwaben und ungesponnene Wolle, füllten die Altäre Persephones. Das Schwein aber, das Mutter und Tochter zugleich geweihte Tier, stellte das große Opfer dar, denn sein Blut war mit einem Teil ihrer Göttlichkeit «aufgeladen»[6].

Reinigungsriten, bei denen das Schwein eine zentrale Rolle spielte, hatten die wichtige Aufgabe, das Böse auszutreiben. Das Schwein, das die geistige Kraft des Weiblichen symbolisierte, war bei den Griechen sehr beliebt, um sowohl den Körper als auch den Geist zu reinigen. Seine speziellen kathartischen Eigenschaften wurden durch die Kräfte der Unterwelt gesteigert, denen in den Geschichten von Demeter und Persephone eine große Bedeutung zukommt.

Bei den Thesmophorien nahm das Böse, das man austrieb, manchmal die Gestalt von Dämonen an, und die Zweige und das Reisig bestimmter stark riechender Bäume, etwa Lorbeer und Weidenruten, wurden von den attischen Frauen zur Reinigung benutzt. Erst schlugen sie sich selbst mit den Zweigen, dann rieben sie sich mit Schweineblut ein. Um sich von einer größeren Sünde zu reinigen, bedurfte es größerer Anstrengungen und weiterer Zeremonien, so auch im Fall Apollons, der in Delphi den Python tötete. Eine Vasenmalerei zeigt Apollon, der selbst bei Orestes die Reinigungsriten vollzieht und ein bluttriefendes Schwein über dessen Kopf hält.

Phorkys wurde zum Vater der Hesperiden, die ihre prophetische Weisheit von älteren Sauorakeln

265

265. Auf diesem Fragment eines Faltenwurfs trägt links unten eine tanzende Figur hufähnliche Sandalen und eine Schweinemaske. Griechenland, hellenistisch.

geerbt hatten[7]. Der Glaube an die divinatorischen Fähigkeiten des Schweins breitete sich aus; die Einwohner des nördlichen Celebes glaubten, man könne durch das Trinken von Schweineblut die Kraft der Weissagung erlangen.

In Athen hielt sich die Erinnerung an die Verehrung des Schweins. Sogar noch im 2. Jahrhundert n. Chr. tanzten Priesterinnen, die Ritualmasken und gespaltene Hufe trugen, als Schweine. In dem der Despoina, der Kore (Kore ist ein anderer Name der Persephone), geweihten Tempel in Lycosura zeigt ein Stück Faltenwurf aus Marmor tanzende Figuren, die am Saum entlang eingemeißelt sind; eine von ihnen trägt eine Schweinemaske und hufartige Sandalen, die den eigentlichen Ritus früherer Zeiten widerspiegeln.

## ÄGYPTEN

Der Gott Seth spielt als Eber die Rolle einer todbringenden Bestie, die seinen Bruder Osiris umbringt, den Vegetationsgott Ägyptens, den Geliebten seiner Schwester Isis. Grainne, der irischen Göttin, widerfährt mit ihrem Geliebten Diarmid die gleiche Tragödie, und das Schema wiederholt sich beim syrischen Tammuz (Dumuzi) und anderen Gottheiten.

In Ägypten war das Schwein tabu; es galt als unrein, und man verachtete selbst die Schweinehirten. Einmal im Jahr aß man jedoch bei Vollmond Schweinefleisch; Osiris wurde mit den bei diesen Mondritualen geopferten Schweinen in Verbindung gebracht. Gleichzeitig war die Sau weiterhin

266

266. Auf Malekula, einer Insel mit heute noch steinzeitlicher Kultur, bezeichnet ein labyrinthisches Rautenmuster den Pfad zur Wiedergeburt. Neue Hebriden, zeitgenössisch.

ein heiliges Tier der Himmelgöttin Nut. Ein von Henri Frankfort zitierter dramatischer Text bringt einen weiteren Aspekt der Sau zum Ausdruck, denn er beschreibt die Göttin Nut, die in der Morgendämmerung die Sterne verschlingt, um sie in der Abenddämmerung aufs neue zu gebären. Daher wird Nut «die Sau, die ihre Ferkel frißt» genannt und als Mutterschwein dargestellt[8].

PALÄSTINA

Für die Griechen war es schwierig zu verstehen, warum die Israeliten, die Moslems und auch die Ägypter das Schwein verabscheuten. Sich selbst überlassen, ist das Schwein so sauber wie jedes andere Tier auch. Ist das Schwein wegen seiner «Unreinlichkeit» oder wegen seiner Heiligkeit verboten? Das jüdische Schweinefleisch-Tabu war mit Sicherheit keine vernünftige und bewußte Hygienemaßnahme, um eine Ansteckung mit Trichinose zu vermeiden, wie das moderne Bemühen um rationale Erklärungen uns glauben machen will. Saloman Reinach schreibt: «In der ganzen Bibel gibt es keinen einzigen Fall einer Epidemie oder Krankheit, der dem Verzehr unreinen Fleisches zugeschrieben wird... Der fromme Jude ißt kein Schweinefleisch, weil seine Urahnen 5000 oder 6000 Jahre vor unserer Zeit das Wildschwein als Totem hatten.»[9]
Wenn es auch einige jüdische Sekten heimlich im Rahmen eines religiösen Ritus verzehrten, liegen doch nicht wenige Hinweise dafür vor, daß Schweinefleisch in Palästina deshalb nicht gegessen wurde, weil es als göttlich galt[10]. Diese ambivalente Einstellung gegenüber Schweinen hat sich lange Zeit gehalten; in den meisten Kulturen hat dieses Tier sowohl positive als auch negative Konnotationen.

INDIEN

Wenn auch unterdrückt, lebt die Schweinegöttin doch weiter. Ein Hochrelief aus Nordindien (7. Jahrhundert n. Chr.) zeigt eine eberköpfige Muttergöttin mit großen Brüsten, die auf einem heiligen Lotusthron sitzt und ein kleines Kind auf dem Schoß hält[11]. Später, als das Jagen zum Sport geworden war, wurde die Saugöttin Phorcis zu Phorkys vermännlicht.

OZEANIEN

Vorbilder für die griechischen und ägyptischen Vegetationsmysterien, die das heilige Drama von Tod und Wiedergeburt nachvollzogen, waren steinzeitliche Initiationsriten. Die Totenriten des griechischen Festes der Thesmophorien sind mit denen des heutigen Malekula (das zu den Neuen Hebriden vor Neuguinea gehört) vergleichbar, wo im Zuge der Bestattungszeremonien ein lebendes Schwein ins Grab geworfen wird, um den Schutzgeist Le-hev-hev zu versöhnen. Die Malekulaner betrachten das Schwein als heiligstes aller Tiere. «Jeder Eingeborene, wie arm er auch sei, besitzt ein Schwein, das dazu bestimmt ist, am Tag seines To-

267. Eberköpfige Muttergöttin mit einem Kind auf dem Schoß sitzt auf einem Lotusthron. Indien; 7. Jahrhundert n. Chr.

des geopfert und gegessen zu werden.»[12] Ein Ritual kann also weiterleben, auch wenn seine ursprüngliche Bedeutung verlorenging.

Rituale dieser Steinzeitkultur der Gegenwart sind in einer Art und Weise auf das Labyrinth und das alles verschlingende Ungeheuer bezogen, die an die Mythen Griechenlands und des Nahen Ostens der Antike erinnert. Ein komplizierter malekulischer Tanz, bei dem die Teilnehmer sich durch Reihen von Tänzern einen Weg suchen, «entspricht dem Pfad, dem der Tote folgen muß; er führt durch ein irrgartenähnliches Muster, das von dem Schutzgeist in den Sand gezeichnet wurde»[13]. Die von Frauen angefertigten rituellen Sandzeichnungen bilden ein komplexes, labyrinthisches Netz, dessen zentrales Symbol, häufig eine Raute, das Grab darstellt.

In manchen Gegenden Schottlands und Nordenglands zeichnen Frauen noch heute verschlungene Fadenmuster auf Türschwellen und Herdplatten, um Hexen und böse Einflüsse fernzuhalten. Labyrinthstrukturen sind überall in Europa und Asien in Fülle zu finden.

Auf den Neuen Hebriden, der Inselgruppe, zu der Malekula gehört, wird das Schwein oft durch eine Kaurischnecke dargestellt; Kaurischnecken bringen das Schwein in der Regel mit der göttlichen Vulva in Verbindung, durch die Geburt und Wiedergeburt erfolgen. Die Römer nannten die Kauri sowohl «kleine Sau» als auch *Alma Mater* («nahrungspendende Mutter»). Kauris werden in primitiven Kulturen immer noch häufig (auch als Muschelgeld) verwendet, und man mißt ihnen einen hohen Wert bei[14].

267

# Teil XI: Die Kuh und der Stier

Vierblättriges Kleeblatt und Winkelsymbole der Göttin auf dem Gesicht eines Stieres. Kreta; 1600 v. Chr. (s. Abb. 292).

# Die Kuhgöttin

In einigen alten Mythologien ist die kosmische Kuh – die All-Mutter – die Schöpferin des Universums. Mit einem Schütteln ihres Euters erschafft die gehörnte Mondkuh den Sternenhimmel; ihr entströmt die Milchstraße in üppigem, niemals endendem Strom. Täglich gebiert sie die lebenspendende Sonne.

Die Sanskritsilbe *gau* und das ägyptische *kau* – beides bedeutet «Kuh» – erscheinen in den Namen von Göttinnen wie der Gauri und Kuri der Hindus; sie beziehen sich auch auf die Kaurischnecke, ein universelles Symbol des Schoßes[1].

Im Altertum wurde überall da, wo man Rinder züchtete, eine Kuhgottheit zusammen mit einer Muttergöttin verehrt. In diesem Kontext war ihr Symbol das Schilfringbündel, das über jedem Kuhstall des «Fruchtbaren Halbmondes» hing und Wohlergehen und Gesundheit der Rinder sicherstellen sollte. Im heutigen Indien ist die Verehrung der Kuh lebendige Glaubenspraxis geblieben, die sich durch das angrenzende Mesopotamien bis ins vordynastische Ägypten zurückverfolgen läßt, wo Hathor in ihrer Kuhgestalt angebetet wurde.

In den Mythen Indiens gewinnt das Universum, das aus der Milch der Göttin geboren wurde, dadurch feste Gestalt, daß der Milchozean gequirlt wird. Die himmlische Milch strömt aus der Kuh Surabhi hervor und ist nicht nur das Rohmaterial für das trockene Land, sondern außerdem auch der Nektar der Götter, die Surabhi auf diese Weise ernährt. Surabhi ist der Grund dafür, daß in Indien die Kuh bis auf den heutigen Tag als heilig gilt und bei ihren Wanderungen in Stadt und Land nicht gestört werden darf[2]. Die im ägyptischen Bewußtsein allgegenwärtige Identifizierung Hathors mit der Kuh spiegelt sich in der Kunst Ägyptens und auch Spaniens wider.

Von Japan bis Nordeuropa haben sich Mythen erhalten, die von der Verehrung der Kuh handeln. Sie sind weniger spektakulär als die Stiermythen, weil sie viel älter sind und aus Zeiten stammen, in denen die Schrift noch nicht bekannt war; außerdem sind sie von den nachfolgenden Religionen beinahe bis zur Unkenntlichkeit entstellt worden.

## DAS WILDRIND DER HÖHLENMALEREIEN

Die Höhlenmalereien des paläolithischen Zeitalters zeigen Rinder und Pferde oft dicht beieinander, obwohl beide Spezies in der Natur getrennt bleiben. Besonders in Lascaux läßt sich immer wieder die Gruppierung von Kuh, Stier und Pferd beobachten. Die berühmte Kuh mit perspektivisch verkürzten Beinen (eine zu dieser frühen Zeit erstaunliche technische Leistung, die erst wieder in der Renaissance aufgegriffen wird) ist abgebildet, wie sie über eine Reihe von Pferde springt.

Annette Laming schlägt eine mögliche Erklärung für das bemerkenswerte gemeinsame Auftreten von Kühen und Pferden vor. Sie ist der Ansicht, daß die prähistorischen Bilder als gezielte Kompositionen aufzufassen sind, nicht als zufällige Einzelfiguren. In der Vorstellung der frühen Menschen, so meint sie, waren Rinder weibliche, Pferde männliche Symbole[3]. Deshalb könnte die paarweise Darstellung der Geschlechter der Grund für das unnatürliche Nebeneinander dieser Tiere sein.

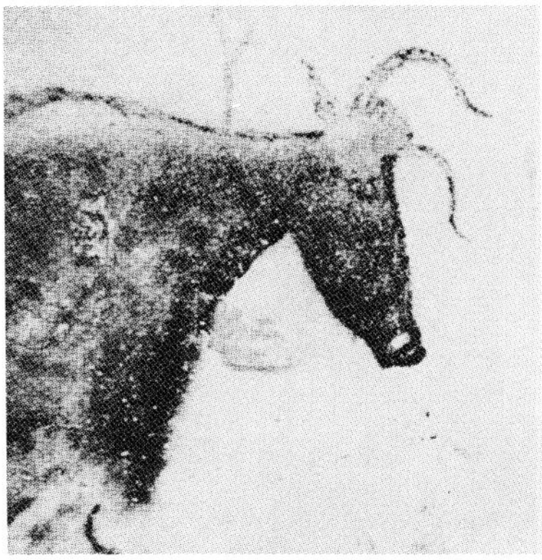

268

268. Die Kuh als Symbol des Weiblichen. Lascaux, Frankreich; ca. 17000–12000 v. Chr. (s. Tafel 43).

269. Paläolithische Kuh springt über eine Reihe von Pferden. Lascaux, Frankreich; ca. 17000–12000 v. Chr.

269

270

270. Proto-elamitische Kuhgottheit. Iran; ca. 2900 v. Chr. (s. Tafel 42).

## DIE KUH IM MITTLEREN OSTEN

Eine Plastik aus dem Iran (ca. 2900 v. Chr.) zeigt die mesopotamische Muttergöttin kniend und in menschlicher Gestalt; sie hat Kopf und Hufe einer Kuh. Das Gefäß, das sie darbietet, ist die Verkörperung ihrer selbst.

Im Südirak unserer Tage werden immer noch 9 m bis 12 m lange Schilfhütten errichtet und von den bessergestellten Familien der Araber, die im Sumpfland leben, als Wohnungen benutzt. Im 4. Jahrtausend v. Chr. dienten solche aus Schilf gebauten Hütten und Ställe zur Unterbringung der heiligen Herden Inannas. Als Heiligtümer der Gottheit, und gekennzeichnet mit ihren Schilfringbündeln, waren sie Eigentum der Göttin. Diese Bündel ähneln dem 2000 Jahre jüngeren geknoteten Sakralschal der kretischen Göttin und fanden auch in deren Tempel Verwendung. Inanna und die Augengöttin haben die Symbole der Taube, der Schlange und der Doppelaxt gemeinsam. Joseph Campbell meint, daß das Ausmaß der Übereinstimmungen in der Symbolik der Göttinnen darauf hindeutet, daß entweder frühe Wanderungen von Sumer nach Kreta stattgefunden haben oder daß sie, was wahrscheinlicher ist, auf einen gemeinsamen Usprung zurückgehen.

Von Sumer bis Babylonien trifft man im östlichen Mittelmeerraum auf geschnitzte Reliefdarstellungen, die «das kleine Kalb mit dem Milchmund» genannt werden und ein heiliges Motiv wiedergeben. Da die Fruchtbarkeit ein Hauptanliegen der neolithischen Religion und Kunst war, kam eine Kuh, die ihr Junges säugt und leckt, bei den rinderzüchtenden Kulturen häufig als entsprechendes Symbol vor.

Obwohl der Stier in hohem Ansehen stand, trat er offenbar nicht als Sexualpartner der Großen Göttin in Erscheinung. Ihre Fähigkeiten zur Fortpflanzung waren vermutlich parthenogenetischer Art. Trotz seiner Männlichkeit symbolisierte der Stier die Göttin selbst. Weil sein Kopf den weiblichen Fortpflanzungsorganen so ähnlich sieht, schreibt D. O. Cameron, war er vielmehr eine Metapher für Schoß und Geburt[4].

Moderne medizinische Abbildungen zeigen die Form des Uterus und der Eileiter; die rosettenartigen Öffnungen der Eileiter können nach oben oder nach unten weisen. Um 6000 v. Chr. gab es noch keine medizinischen Lehrbücher, aber die Einwohner von Çatal Hüyük scheinen mit der weiblichen Anatomie durchaus vertraut gewesen zu sein. Eine Gelegenheit, dieses Wissen zu erwerben, ergab sich, wenn sie der Sitte der Sekundärbestattung folgten. Wenn die Geier an den Leichen fraßen, wurden die inneren Organe sichtbar. Ein Wandgemälde aus Çatal Hüyük zeigt eine Frau, die die Vögel verjagt, vielleicht weil sie den Aufbau der teilweise zerlegten Körper studieren will[5].

## ÄGYPTEN

Eine rätselhafte Schminkpalette aus Schiefer, aus der Amratian-Kultur des prähistorischen Ägypten, zeigt ein faszinierendes Doppelbild: In einer Ansicht erscheint es als himmlische, rinderköpfige Gottheit, deren Hörner und Ohren in Sternen aus-

271. Eine ein Kalb säugende Kuh fungiert als Fruchtbarkeitssymbol. Iran.

272. Inannas Schilfringbündel ähnelt dem heiligen geknoteten Schal der Göttin, der 2000 Jahre später auf Kreta erscheint. Irak und Kreta.

273. Der mit Rauten überzogene gehörnte Stierkopf aus Çatal Hüyük ähnelt einer medizinischen Darstellung des Uterus und der Eileiter. Türkei; 6500–5700 v. Chr.

271

272

273

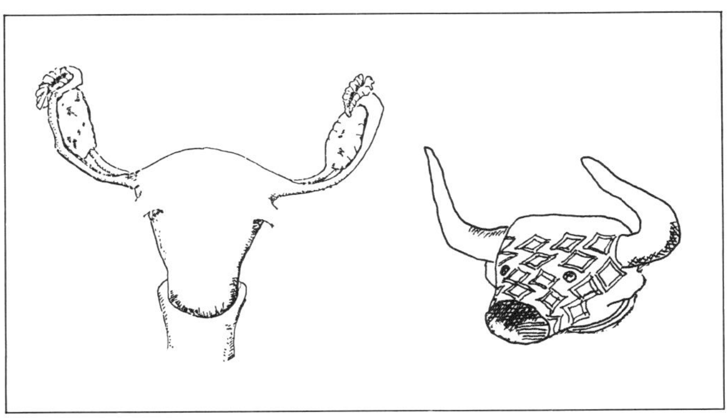

274. Die auf einer Schieferpalette dargestellte sternenköpfige Frau mit erhobenen Armen kann man auch als ochsenköpfige Gottheit sehen. Ägypten; Amratian, vor 3100 v. Chr.

275. Hathor in Kuhgestalt tritt an einem Abhang unter Papyrusblüten hervor. *Totenbuch,* Ägypten; 1320–1200 v. Chr. (s. Tafel 39).

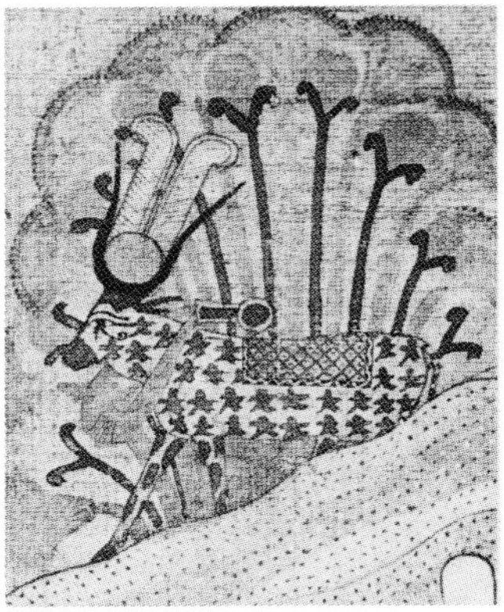

275

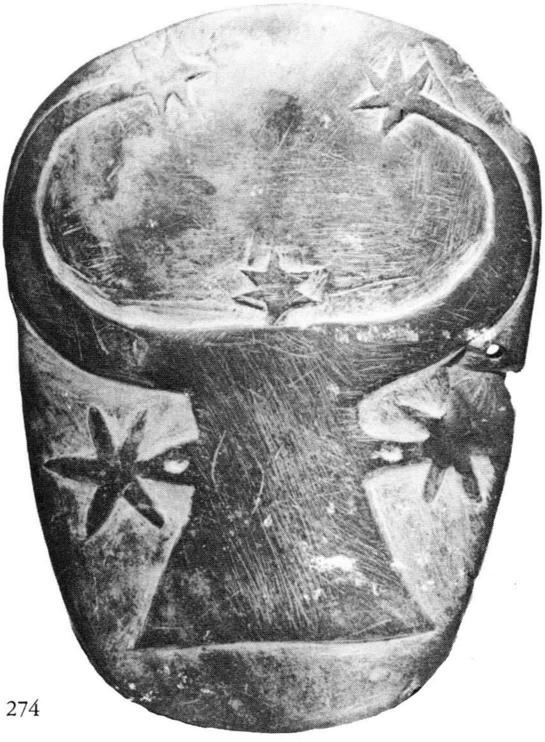

274

laufen[6], doch kann man das Bild auch als weibliche Gestalt mit sternförmigem Kopf ansehen, deren erhobene Arme in sternartigen, blumenähnlichen Händen enden und um deren Taille Sterne kreisen. Zwischen diesem Doppelbild und demjenigen, das in den Magourata-Höhlen in Bulgarien (etwa 1850 v. Chr.) entdeckt und von Emmanuel Anati «Herrin der Höhle» betitelt wurde, besteht eine bemerkenswerte Verwandtschaft.

## HATHOR, ISIS UND NUT

In der ägyptischen Kunst tritt Hathor in einer Vielfalt unterschiedlicher Erscheinungsformen auf, am häufigsten aber ganz in Kuhgestalt. Hathor ist das Antlitz des Himmels, die Tiefe und die Gottheit, die in einem Hain am Ende der Welt wohnt. Einer ihrer Namen war «Herrin der Sykomore», und dieser Baum wurde als ihr lebendiger Leib angesehen. Hathors Frucht lieferte den Samen der Erneuerung. Jenseits des Grabes säugte sie als Kuh die gerade Gestorbenen. «Suche die Kuhmutter», lautet die Inschrift, die man an die Wände der Gräber der frühen Könige schrieb.
In einer Illustration der irdischen Freuden taucht die mit Sternen bedeckte Göttin aus den Papyrusblüten der Westlichen Berge auf, dem Ort der Toten. Sie ist mit einem Kragen geschmückt, trägt eine mit dem Netzmuster verzierte Satteldecke, und zwischen ihren lyraförmigen Hörnern sind Straußenfedern zu erkennen.
So weit wir wissen, ist Hathor die erste uns überlieferte Gottheit, die in der ägyptischen Kunst darge-

276. Hathors kuhohriger Kopf erscheint unter dem Kopfschmuck auf einem Sistrum. Ägypten; Saïten-Dynastie, 663–525 v. Chr.

277. Hathors Kopf mit Kuhohren und -hörnern beherrscht die Grabpalette des ersten dynastischen Königs Narmer. Ägypten; ca. 3100 v. Chr.

276

277

stellt wurde[7]. Ihr kuhköpfiges Abbild beherrscht die prädynastische Grabpalette des Königs Narmer (etwa 3100 v. Chr.), möglicherweise eine Erinnerung daran, daß der Thron über die weibliche Linie vererbt wurde. Eine ähnliche Darstellung ihres Gesichts erscheint auf den großen Säulenkapitellen ihres Tempels in Dendera, wo ihre heiligen Kühe besondere Verehrung genossen.

Mit einem beschädigten Sistrum gekrönt, zeigt die Kuhgöttin Hathor aus der Saïten-Dynastie (663–525 v. Chr.) ein merkwürdiges, aber doch edles Gesicht, das durch Kuhohren gekennzeichnet ist. Aus der Mitte ihres Kopfputzes erhebt sich Neith in Gestalt einer Kobra, bereit zuzustoßen. Entlang der Basis des Sistrums bewacht eine Reihe von zwölf Uräusschlangen die Stirn. Die Musik des Sistrums, einer Rassel, begleitete die Tänze, die zu Ehren Hathors aufgeführt wurden. Das Instrument, das «Erwecker der Fruchtbarkeit» genannt wurde, symbolisierte die Gottheit. Nilaufwärts, in Nubien, kann man immer noch den Klang dieser Musik hören; dort wird die Rassel weiterhin bei lokalen Fruchtbarkeitsriten benutzt.

Ein in einem Text aus Dschebelein enthaltener Mythos beschreibt die erste Schöpfung:

«Meine Majestät schreitet mir als Ihy,
der Sohn Hathors, voraus...
Ich glitt aus dem Ausfluß zwischen ihren
Schenkeln hervor, mit diesem meinem Namen:
Schakal des Lichtes.
Ich brach aus dem Ei hervor,
ich sickerte aus ihrer Essenz,
Ich entkam in ihrem Blut.

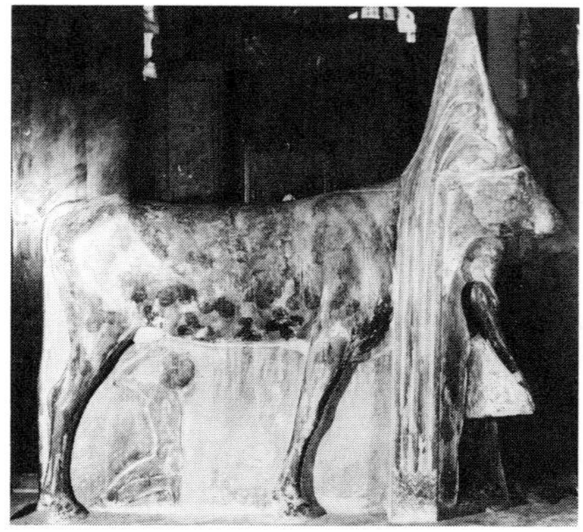

278

278. König Amenophis II. steht, von Hathor beschützt, unter ihrem Kopf und trinkt gleichzeitig kniend an ihrem Euter. Ägypten; ca. 1450–1425 v. Chr. (s. Tafel 46).

Ich bin der Meister der Röte.
Ich bin der Stier der Verwirrung,
meine Mutter Isis erschuf mich...
[dies geschah]..., bevor die Scheibe
an den Hörnern befestigt war,
bevor das Antlitz des Sistrums geformt war –
Die Flut war es, die mich emporhob,
während die Wasser mich freigaben...
Ich baute ein Haus (in Punt),
dort auf dem Hügel,
wo meine Mutter unter ihren Sykomoren wohnt.»[8]

Bis Isis, eine spätere Göttin der ägyptischen Religion, in Erscheinung trat, hatte Hathor die alleinige Herrschaft inne. In einer Geschichte schneidet Isis' Sohn Horus, dessen Name «Haus der Hathor» bedeutet, seiner Mutter den Kopf ab und ersetzt ihn durch den Kopf einer Kuh.
Eine Statue stellt die heilige Kuhgöttin Hathor mit einem goldenen Körper dar, bedeckt mit drei- und vierblättrigen Kleeblättern, die Myriaden von Sternen ähneln. Zwischen ihren Hörnern trägt sie die Sonnenscheibe; umkränzt von emporstrebenden, blumenähnlichen Federn, schreitet sie durch ein Papyrusdickicht. Sie beschützt König Amenophis II. (etwa 1450–1425 v. Chr.), der unter ihrem Kopf steht. Gleichzeitig zeigt eine Seitenansicht den jungen König, wie er niederkniet, um an ihrem Euter zu trinken. Die von ihr stammende Nahrung, die den Weg zur Königswürde öffnet, enthält auch die Substanz, die ihn auf seiner Reise in die nächste Welt beschützt, wo die Göttin allein regiert. Ihre mütterliche Fürsorge verleiht den Königen ewige Göttlichkeit. Der Stierschwanz, der vom Gürtel der Pharaonen hing, war eine Erinnerung an das, was sie Hathor verdankten, und gehörte mehr als 3000 Jahre lang zum Zeremonialgewand der ägyptischen Könige.
Hathors hellere Seite, die in ihrer Rolle als Göttin der Sinnlichkeit – Kunst, freudiger Gesang, Musik, die Lust des Tanzes und die Wonnen der Liebe – zum Ausdruck kommt, umfaßt alle Freuden der physischen Berührung[9]. Es ist wahrscheinlich, daß sich die Priesterinnen ihres Tempels Fremden hingaben; dieser Brauch war in Kleinasien, wo die sexuelle Vereinigung als Form der Verehrung der Gottheit galt, recht verbreitet.
Andere Göttinnen, so auch Neith und Isis, wurden in Ägypten ebenfalls in Gestalt einer Kuh angebetet. Nut, die Göttin des Todes, die das Universum erschuf und über den Himmel herrschte, trat als große Kuh mit gestirntem Bauch auf. Sie gebar am östlichen Himmel jeden Tag die Sonne; der Himmelsstier schwängerte sie jeden Morgen, und die aufsteigende Sonne war ihr Kalb. Der Stier des Morgens starb jeden Abend mit dem Sonnenuntergang, doch wurde er jeden Tag wiedergeboren. Diese intime Beziehung ist ein weiterer Grund dafür, warum Nuts Bild die Gräber und Särge der Könige schmückt, denn es drückt die Hoffnung auf ein erneuertes Leben aus.

## DAS HEILIGE HORN – GRIECHENLAND UND KRETA

Die heiligen Hochzeitsriten der Mondpriesterinnen mit den Kuhhörnern und der Stiermasken tragenden Sonnenkönige der alten kretischen Dynastien symbolisierten die Vereinigung von Sonne und Mond. Der Mythos der Mondgöttin Pasiphae («die allen Leuchtende») berichtet, wie ihr der Baumeister Dädalus eine hohle hölzerne Kuh baut. Er überzieht die Konstruktion mit einer Kuhhaut und erklärt Pasiphae, wie sie hineinschlüpfen und die Aufmerksamkeit des strahlend weißen Sonnenstieres auf sich ziehen könne. Aus dieser seltsamen Paarung ging der Minotaurus hervor[10].

Die Entführung der Mondgöttin Europa («der Vollmond», «die mit dem breiten Gesicht») erinnert an die Geschichte von Pasiphae und beschreibt die Vereinigung kosmischer Kräfte. Zeus, der sich in einen sanften Stier verwandelt hat, wirbt erfolgreich um Europa und, sie auf dem Rücken tragend, durcheilt er das Meer von Phönizien nach Knossos. Als Stammutter des Geschlechts bringt sie auf Kreta den Minos zur Welt. Auf der Metope eines griechischen Tempels in Sizilien ist Europa die zentrale Figur des Entführungsdramas. Mit der linken Hand hält sie das Horn des Stieres umfaßt und offenbart damit, daß sie über seine magischen Kräfte herrscht. Die Reise, die in ihrem Geburtsland Phönizien beginnt, läßt sich als initiatorische Seereise interpretieren; der Stier als *Psychopompos* (Seelenträger) trägt sie durch die Wassertiefen, um ihre Wiedergeburt herbeizuführen.

Hera, die mächtige Mond- und Erdgöttin, in Homers *Ilias* stets als «kuhäugig» bezeichnet, wurde in Argos als Göttin des Jochs verehrt; dort entdeckte man viele Votivbilder von Kühen, die alle der Göttin geweiht waren, in deren Tempel (Heraion) heilige Herden gehalten wurden. Sie ist das Gegenstück der Mondkuh Io, von der die Ionier ihren Namen herleiteten. Herodot berichtet, daß die griechische Kuhgöttin – Hera, Io oder Latona (Leto) – das Äquivalent der ägyptischen Gottheit Buto ist. In der heiligen Stadt Buto, in der der Tempel dieser Göttin stand, befand sich der älteste und angesehenste Orakelschrein Ägyptens. Außerdem wird Hera noch mit der ägytischen Hathor und mit der mesopotamischen Ischtar-Astarte gleichgesetzt. Zuerst in Babylonien und dann in Persien angebetet, wurde Anahita mit Opfergaben, die aus weißen Färsen und grünen Zweigen bestanden, geehrt. Alle diese kosmischen Gottheiten haben die fruchtbaren Attribute der Kuh gemeinsam.

279

279. Die Metope eines griechischen Tempels auf Sizilien zeigt Europa, die auf dem stiergestaltigen Zeus reitet und sich an seinem Horn festhält. Sizilien; ca. 600 v. Chr. (s. Tafel 41).

# Fruchtbarkeit

Zwar haben Kuh und Stier viele Symbole gemeinsam, doch sind die beiden Tiere grundlegend verschieden. Da die Kuh eine Epiphanie der Göttin selbst ist, wird auch der Stier in der neuen Religion zu einer Gottheit erhoben. Im Lauf der Zeit verbinden die Alten das Bild des Stieres sowohl mit Göttinnen als auch mit Göttern. Mit einer Lebenskraft, die so stark ist, daß sie sich in Form von Hörnern Ausdruck verschafft, versinnbildlicht der heilige Stier das Mysterium der Geburt. Später übernimmt der Stier als großer Befruchter der Natur und als Inkarnation des Korngeistes eine wichtige rituelle Funktion als Symbol der phallischen Kraft (wenn auch nicht als Sexualpartner der parthenogenetischen Göttin). In Griechenland verkörpert er die feuchte Sonne, die für das pflanzliche Leben so wohltuend ist. Wie die Kuh ist der Stier so heilig, daß er diese seine Eigenschaft auf andere übertragen kann; er wird «der Heiliger» genannt.

Die symbolische Verbindung von Hörnern und Mond ist für ein Volk charakteristisch, das ständig den Himmel beobachtete. Für die Menschen, die den Stier verehren, sind die an den Mond erinnernden Hörner ein Kultobjekt, das den Einfluß des Mondes auf das Wachstum und die Macht der Göttin über die Natur veranschaulicht[1]. Als Frauen sich beim Pflanzen nach dem Mondkalender richteten, wurde der Stier vor allen anderen Tieren verehrt.

Der Glaube, daß die Frauen und die Erde gleichermaßen mannbar seien, hielt sich noch lange, nachdem sich der primitive Gartenbau zu differenzierteren Sä- und Erntetechniken fortentwickelt hatte. Nur Frauen nahmen als ergebene Anhängerinnen der weiblichen Gottheiten des Ackerbodens an den späteren Vegetationsfesten im klassischen Griechenland teil.

Bis vor kurzem gab es keinen bekannten Zusammenhang zwischen der Verbindung von Stier und Göttin, wie sie zur Zeit des Paläolithikums bestand, und der 1000 Jahre späteren Blütezeit dieser Konstellation in neolithischen Kulten. Die Funde M. Gimbutas' in Alteuropa und die im anatolischen Çatal Hüyük erbrachten den Nachweis einer religiösen Kontinuität zwischen der europäischen Kunst des späten Paläolithikums und den Fruchtbarkeitskulten auf Kreta und im Nahen Osten.

Als der Einfluß der mutterzentrierten Anschauungen nachließ, wuchs die Macht des Sohn-Geliebten der Göttin, bis er schließlich die Königswürde erlangte. In früheren Fruchtbarkeitsriten wurde die königliche Macht durch die Hochzeit mit einer Mondkönigin in Rindergestalt oder mit einer Priesterin der Göttin besiegelt. Wie schon erwähnt, bedurfte es in Ägypten der Kuhköniginnen, um die Königswürde zu erneuern; das göttliche Recht wurde in weiblicher Erbfolge weitergegeben.

## KULTWAGEN UND FRUCHTBARKEIT IN GRIECHENLAND

Sobald das Rad erfunden war, wurde der von Ochsen gezogene Wagen zum Emblem der Vegetationsgottheit. Mitunter lenkt sie einen von Stieren gezogenen Wagen, manchmal steht ihr Bild in einem Sakralwagen. Patriarchale Kulte entwickelten sich, als die auf die Göttin ausgerichteten Riten

280. Dieses Rhyton diente dazu, die Felder fruchtbar zu machen, indem man Blut auf die Äcker spritzte. Kreta; 1100–1000 v. Chr.

in männlichen Ritualen aufgingen. In den Anfangsphasen des griechischen Dionysoskults (etwa 5. Jahrhundert v. Chr.) werden die neuen Rituale ganz offensichtlich der bestehenden Ordnung der Religion der Göttin aufgepfropft. Mit dem neuen Mondgott der Vegetation, den der heilige Stier repräsentiert, wird die Rolle des Männlichen als Samenspender betont. Zur Sommersonnenwende wurde sein Kultwagen über die Felder gezogen, damit er das Land nach Art der alten Fruchtbarkeitsgöttin vergangener Jahrtausende segne.
Ein kleines Terrakotta-Rhyton aus dem bronzezeitlichen Kreta (1100–1000 v. Chr.) in Form eines Fahrzeuges, das vorn drei Stierköpfe aufweist und von einem Kutscher gelenkt wird, illustriert die zeremonielle Verwendung eines Kultgefäßes zur Ertragsverbesserung der Ackerkrume. Durch den siebartigen Boden des Gefäßes kann das Opferblut hindurchtropfen und die Erde anregen. Das Fahrzeug war möglicherweise als dreistufiger Altar gedacht.

## KULTWAGEN UND FRUCHTBARKEIT IN SKANDINAVIEN

Auch in Skandinavien besteht der Zusammenhang zwischen Fruchtbarkeit, dem Wagen und der Göttin, hier in Verbindung mit den Gottheiten Nerthus und Freyja. Nach einem detaillierten römischen Bericht aus dem 1. Jahrhundert n. Chr. über die heiligen Riten der Nerthus, der nordischen Erdmutter, fahren Dorfbewohner ihr Standbild auf einem von Kühen gezogenen Wagen durch die

280

Städte. Diese Besuche der Göttin werden mit Festtagen und Feierlichkeiten begangen, die mit Menschenopfern enden[2]. Die Funde aus den Torfmooren im Norden legen Zeugnis von der dunklen Seite der magischen Weissagungen der *Volva* (Priesterinnen) ab. Hunderte außerordentlich gut erhaltener Körper wurden aus den sumpfigen Torfmooren Dänemarks und anderer Regionen Nordeuropas ausgegraben. Die meisten der Mumien stammen aus der dänischen Eisenzeit (100 v. Chr. bis 500 n. Chr.); einzelnen Funde sind sogar über 5000 Jahre alt.

Nerthus blieb bis in die zweite Hälfte der Bronzezeit an der Macht. Die in den Moorgräbern entdeckten Opfer lassen viele Kennzeichen ihres Kults erkennen, zu dem die Opferung von Menschen mit strickartigen Sakralhalsringen aus Gold oder Eisen gehörte; auch fand man geopferte Zugtiere und vergrabene Wagen. Die Anbetung Freyjas, einer Fruchtbarkeits- und Todesgottheit, war der Nerthus-Verehrung nachempfunden; auch Freyja und ihre Priesterinnen wurden in einem heiligen Wagen durchs Land gezogen.

Man schrieb Freyja die Einführung der Hexenkunst zu, doch praktizierte sie eine Form der Wahrsagerei, die als *seior* bekannt war und eigentlich mehr mit den Kräften des Yoga zu tun hatte als mit der Zauberei. Diese Art Magie befähigte Frauen mit besonderen seherischen Gaben, die Zukunft neugeborener Kinder, das eheliche Schicksal junger Menschen und Erfolg oder Mißerfolg der nächsten Ernte vorauszusagen. Die Schamaninnen reisten in ihren Karren oder Wagen, allein oder in Gruppen, von Dorf zu Dorf und von Fest zu Fest; ihr unstetes Leben war eine Imitation der Wanderungen des Mondes. Anscheinend traten sie als Priesterinnen der Vanir auf, einer Gruppe matriarchaler Ackerbaugottheiten, die von Freyja angeführt wurde. Durch Magie konnten sie die Kranken heilen, das Verborgene aufspüren und ungesehene Ereignisse im Leben der Gemeinschaft steuern. Kunstvoll in Tierhäute gehüllt, an den Händen Handschuhe aus Katzenfell, saß die Seherin auf einem mit Hühnerfedern gefüllten Kissen. Sie vollzog Tieropfer, während die anderen Teilnehmer an der Zeremonie einen Zauberspruch sangen, um die *Volva* in den Zustand ekstatischer Trance zu versetzen. Nach H. R. Ellis Davidson werden ihr im Verlauf der Prozedur von den Dorfbewohnern Fragen gestellt, und nur wenige ihrer Prophezeiungen gehen nicht in Erfüllung[3].

Die *Volva* überlebte die Besitzergreifung durch männliche Gottheiten länger als andere Symbole und wurde zur letzten Repräsentantin der Fruchtbarkeitsgöttin im Norden. Man nimmt an, daß die hochgestellte Frau, die man im dänischen Oseberg in einem Bootsgrab aus dem 9. Jahrhundert n. Chr. fand, eine Vanirpriesterin war; sie wurde in einem reich verzierten und geschnitzten Kultwagen bestattet. Mit diesen seltsamen Riten, Vorläufern der mittelalterlichen Fastnacht, feierte man das Herannahen des Frühlings. Ihr genauer Ursprung ist ungewiß, aber die ausgelassenen Vegetationsriten sind Zeremonien zur Vertreibung des Todes (des Winters) und der Dämonen, die der Saat schaden. Möglicherweise ist das Wort «Karneval» von *carrus navalis* («Karren des Meeres») abgeleitet; dieses bootsförmige Fahrzeug auf Rädern ähnelte denen,

281. Kachina-Kuhkopf mit menschlichem Körper. Zuni-Arbeit, Nordamerika; ca. 1850 n. Chr.

282. Das Gemälde von George Catlin zeigt Mandan-Krieger bei der Aufführung des Heiligen Büffel-Fruchtbarkeitstanzes. Nordamerika; ca. 1835 n. Chr. (s. Tafel 45).

die bei den Schiff-Karren-Umzügen in Ägypten, im Nahen Osten und bei den Dionysos-Prozessionen benutzt wurden.

Lärm erzeugende, sakrale Instrumente wie Schellen, Sistren, Trommeln und Rasseln wurden bei den religiösen Zeremonien der antiken Welt verwendet, um die Gläubigen zusammenzurufen und böse Geister zu vertreiben. Das Veranstalten ohrenbetäubenden Lärms, das Tanzen und das Tragen von Tiermasken sind immer noch zentrale Elemente von Fastnachtsfesten wie dem *Mardi Gras* in New Orleans, dem Basler *Mummenschanz* oder dem *Carnaval* in Brasilien.

## DIE KORNMUTTER UND DER BÜFFEL – RITEN AMERIKANISCHER INDIANER

Aufgrund der Rolle, die sie beim Pflanzen sowie beim Zerstampfen und Kochen der Körner spielen, haben Frauen generell eine enge Beziehung zum Getreide, und sie führen auch die Maisrituale durch. Das Säen und Ernten des Getreides war mit Fruchtbarkeitsritualen und Opfern verknüpft. «Korn» ist ein allgemeiner Begriff, der nicht nur Mais umfaßt, sondern auch Hafer, Weizen, Gerste und andere Getreidearten. Seit der Steinzeit gab es in Europa Rituale, die den Anbau von Gerste begleiteten, und die Kornmutter spielte dort bei den Erntebräuchen eine zentrale Rolle. Die letzte Garbe der Ernte ist die Weizenmutter, die Erntemutter oder die Große Mutter, und die Ernte ist so lange offiziell nicht beendet, bis sie mit dem letzten Wagen vom Feld in die Scheune eingefahren ist[4].

Die Mais-Verehrung gehört zu den ältesten Traditionen der amerikanischen Indianer und reicht bis in prähistorische Zeiten zurück. Bei den Frühlingsfesten der Stämme der Mandan und der Minnitaree wurde die «alte Frau, die niemals stirbt» verehrt, ein Korngeist, der für das Wachstum der Saat zuständig war. Bei den Bisonfesten im Herbst trägt jede Frau eine Maispflanze, während sie am Tanz der Kornmädchen teilnimmt. Dank seiner symbolischen Verknüpfung mit der Vegetation konnte man später den Büffel, ein dem Stier ähnliches Tier, in die Maisrituale einbeziehen und Fleisch und Getreide gleichzeitig Ehre erweisen. Um 1000 n. Chr. standen Tänze und Zeremonien, die den Bison in den Mittelpunkt rückten, bei den Plains-Indianern in voller Blüte.

Für die Mandan war der Bison oder Büffel ein Tier von großer ritueller Bedeutung; ihm verdankten sie Nahrung, Kleidung und Unterkunft. Krieger der «heiligen Bison-Gemeinschaft», die große Bisonköpfe und -häute trugen und die Bewegungen des Tieres nachahmten, führten für das Gedeihen der Ackerfrüchte zeremonielle Tänze durch[5]. Noch vor etwa 100 Jahren wurde auf den Great Plains das Büffelfell genauso verwendet wie die Kuhhaut in Ägypten: man wickelte die Neugeborenen darin ein und umhüllte damit die Toten für ihre Reise.

Eine im Stamm der Zuni entstandene Statue einer Kachina-Kuh in menschlicher Gestalt ist ein völlig einzigartiges Werk. In einen Wildlederrock mit gewebter Schärpe und Mokassins gekleidet, trägt sie eine Halskette mit vier Strängen. Ihr Kopf ist mit Haaren und Federn bedeckt, und sie hält eine geschnitzte hölzerne Klapper sowie einen Stab in

281

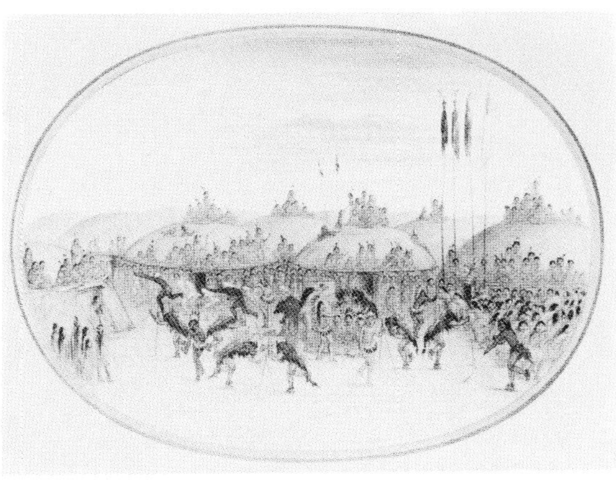
282

den beweglichen Armen. Die hervorstehenden Augen und die markante Nase lassen sie auf eine für eine so kleine Figur komische Weise grimmig erscheinen.

## DIE KULTUR DES INDUSTALS

Auf einem Siegel aus der bronzezeitlichen Harappa-Kultur, der nicht-arischen, vorvedischen Quelle ostindischer Tradition (etwa 2500–1750 v. Chr.), ist die Göttin zwischen den Zweigen eines heiligen Feigenbaumes stehend abgebildet. Ein gehörnter Gott oder ein göttlicher König kniet vor ihr und bringt ihr ein sphinxähnliches Mischwesen aus Mensch, Stier und Widder als Opfer dar. Sieben mit Hörnern gekrönte Priesterinnen dienen der Göttin; unter ihren Tiaren wallt langes, geflochtenes Haar hervor. Das Motiv des Harappa-Siegels zeigt offenbar einen göttlichen König, der einer Göttin ein Geschenk darbringt, um durch dieses Opfer ihre Fortpflanzungskräfte anzuregen. Es besteht kaum Zweifel daran, daß das Siegel die Erneuerung durch die weibliche Gottheit darstellt, denn der heilige Feigenbaum, die große, langlebige Art, die als Pipal bekannt ist, genießt in Indien große Verehrung. Frauen bringen ihm Votivgaben dar, binden Stoffetzen an seine Äste und bemalen seine Rinde mit rotem Ocker[6].
Die alles durchdringende Präsenz des Kultes einer Muttergöttin geht aus archäologischen Entdeckungen an den beiden urbanen Hauptfundstätten Harappa und Mohenjo Daro im Industal hervor. Beinahe drei Viertel aller dort gefundenen Terrakotta-

283. Ein Siegel aus Harappa zeigt die nackte Göttin in einem Pipal-Baum. Ein Mischwesen aus Mensch, Widder und Stier wird ihr geopfert. Indien; ca. 2500–1750 v. Chr.

283

tiere stellen Buckelstiere dar. Bei den menschlichen Figuren handelt es sich vor allem um weibliche Gestalten; die sehr einfache Ausführung legt die Vermutung nahe, daß sie in großer Zahl als Hausgottheiten hergestellt wurden[7]. Die zusammen mit den Stierfiguren ausgegrabenen kleinen Tonschweine erinnern an das prähistorische Stierboot, das in die Oberfläche eines Felsen in der nubischen Wüste eingraviert wurde, um die Fruchtbarkeit zu steigern.

Der Einfluß Mesopotamiens und des «Fruchtbaren Halbmondes», Persiens und Afghanistans könnte während des Neolithikums (etwa 4. Jahrtausend v. Chr.) in die nahegelegenen Bergregionen Belutschistans und von dort in die Siedlungen im Industal eingesickert sein. Die zahlreichen Terrakottafiguren von Muttergöttinnen und Stieren und die sich wiederholenden geometrischen Motive auf Keramikgegenständen weisen neben Rosetten und schraffierten Dreiecken die vertrauten, vereinfacht dargestellten Augen in Form eines Punktes in einem Kreis auf. Diese Zeugnisse für die frühe Verehrung der Göttin in der Churri-Kultur Belutschistans sind ein Verbindungsglied zwischen Indien und dem Nahen Osten des Altertums[8].

Der Zusammenbruch der mutterzentrierten Kultur und der Rückzug ihrer Göttin-Königin war die Folge des Auftauchens patriarchal organisierter Hirten-Krieger und der Einführung ihrer Götter. Das Grasen beraubt das Land seiner Vegetation. Wenn das pflanzliche Grün abgefressen ist, verdorren die Wurzeln und können die Erde nicht mehr halten; durch die Regenfälle wird die Erde im Lauf der Jahre weggespült, und es entstehen sogenannte

Dust Bowls[9]. Das Ansehen der Frauen, die das Land kultivierten, sank, als Menge und Qualität der Ernteerträge abnahmen, die im Neolithikum den Lebensunterhalt sicherzustellen hatten. Mit dem Vordringen der typischen Strukturen männlicher Macht verfiel im Norden die Verehrung der Mutter. Auf den Inseln Malta und Kreta aber wurde ihre Verehrung noch viele Jahrhunderte lang ohne Anzeichen für das Auftreten eines männlichen Gottes aufrechterhalten. Die Heiligkeit der Kuh im heutigen Indien – diese Tradition ist auf den Kult der Göttin der vorarischen Indo-Iraner zurückzuführen – hat sich trotz der jahrhundertelangen Vorherrschaft der fleischessenden, vedischen Hirtenvölker verfestigen können.

## TAOISMUS

Die chinesische Religion des Taoismus beruht – wie ihre asiatischen Entsprechungen – auf einer der Natur zutiefst zugewandten Lebensseinstellung. Es wurde die Vermutung geäußert, der Ursprung des *Tao-Tê-King*, Laotses Sammlung taoistischen Gedankenguts, wurzele eigentlich in der Verehrung der Muttergöttin; alle Bilder der Weltmutter seien im *Tao-Tê-King* beschrieben, Symbole der Großen Mutter erschienen durchwegs[10]. Das *Tao-Tê-King* kann in der Tat als Hymne an die Liebe und die Macht der Göttlichen Mutterschaft aufgefaßt werden. Arthur Waley äußert die Ansicht, daß das *I-Ging* oder *Buch der Wandlungen* wie auch das *Tao-Tê-King* ihren Ursprung in der Anbetung des Mondes hatten. Auch die Sprache des taoistischen Textes mit seiner konstanten Verherrlichung des verwandelnden Lebens der Mutter unterstützt die Wahrscheinlichkeit dieser Theorien[11].

Obwohl der Ton des konfuzianischen *I-Ging* eindeutig maskulin ist, gibt es Hinweise darauf, daß eine frühere Version, das *Kun Qian,* in dem der weiblichen Macht der Vorrang eingeräumt wurde, zur Zeit der Tschou-Dynastie von Konfuzius entdeckt wurde. In dem späteren konfuzianischen Text ist das empfangende *Kun* das Gegenteil des kreativen, männlichen Prinzips *Qian.*

Das Trigramm *Yin* steht für alle Aspekte des Weiblichen, so etwa die Erde, die Mutter und den Bauch oder Schoß, die manchmal auch durch die sanfte Kuh symbolisiert werden. Der Geist des Tao bewegt sich durch Bescheidenheit, Flexibilität und Sanftheit, außerdem durch die konstante Erneuerung der Spannung zwischen den entgegengesetzten Kräften *Yin* und *Yang*, die im Bild zweier ineinanderlaufender Spiralen dargestellt sind, auf ein Gleichgewicht zu.

Ein aus der Sung-Dynastie stammendes Bronzegefäß zum Verbrennen von Weihrauch zeigt Laotse, «den Wilden», den Begründer des Taoismus, auf einem Wasserbüffel reitend. Die Darstellung des großen taoistischen Philosophen auf seinem Reittier bringt die Hochachtung für das Leben, die aus dem *Tao-Tê-King* spricht, sowie die Unterwerfung unter die Zyklen des Wandels zum Ausdruck, wie man sie in den weiblichen Eigenschaften der Natur erkennen kann. Das Motiv ähnelt der «Heimkehr auf dem Rücken eines Ochsen», einem Teil der Parabel von den zehn Ochsen, die als Allegorie auf den Prozeß der Erleuchtung aufzufassen ist; es han-

284. Laotse, «der Wilde», auf einem Wasserbüffel reitend. China; Sung-Dynastie, 960–1279 n. Chr.

284

delt sich dabei um einen der wenigen schriftlich überlieferten Texte des chinesischen Zen-Buddhismus[12]. Jung nannte diesen Erleuchtungsprozeß «Individuation», den Drang des Selbst nach seiner Verwirklichung. In der Allegorie, die von zehn Abbildungen begleitet ist, wird der Ochse zunehmend heller dargestellt. Auf den letzten Bildern ist das Werk vollendet, alles verliert sich in einem *laissez-faire,* der Ochse verblaßt, und das Individuum ist mit dem einsamen Mond allein. Schließlich verschwinden beide; der Ochse und sein Hirte sind nicht mehr zu sehen.

Sowohl in China als auch in Europa wird die Wintersonnenwende als großes Fest der Geister und Gespenster begangen, als Fest der Toten und als Begräbnis der Sonne, das mit der Auferstehung endet. Wie anderswo auch, ist in China die Fruchtbarkeitsgöttin gleichzeitig die Todesgöttin. Selbst in den heutigen chinesischen Hochzeits- und Bestattungsfeierlichkeiten ist der Nachklang der Fruchtbarkeitsfeiern alter Zeiten zu spüren[13].

# Tod und Wiedergeburt

## SKANDINAVIEN

In alten Zeiten war der Tod eng mit den Fruchtbarkeitsriten der Großen Mutter verknüpft. Die Funde in den Mooren Dänemarks und Nordeuropas beweisen, wie viele Menschen man der Gottheit zum Opfer brachte. Der Strick, den eine erstaunlich gut erhaltene männliche Leiche aus einem dänischen Moor um den Hals trägt, läßt kaum Zweifel zu, daß der Tod gezielt herbeigeführt wurde. Der gewagte, mit Fransen besetzte «Minirock» einer jungen Frau, die in einem anderen Moor gefunden wurde, liefert einen weiteren Anhaltspunkt, denn er ist ein Duplikat des Rocks der Priesterin aus dem dänischen Bronzeboot (s. Abb. 187). Diese Seite der Göttin hat mit Verwesung und Verfall, Blut, Tod, dem Grab und der engen heiligen Finsternis zu tun, denn auch dies gehört schließlich zum Lebenszyklus. Dem Tod, wie schlimm er auch sein mochte, folgte, so glaubte man, die Erneuerung.

Da der Lebenszyklus der Pflanzen diesem Gesetz gehorcht, vertraten die alten Völker die daraus sich ergebende Auffassung, alles beseelte Leben müsse sich ebenfalls nach diesem Grundmuster richten. Die Wiedergeburt wurde durch den periodisch wiederkehrenden Mond und den leuchtenden Stern symbolisiert. Diese Transformation war keineswegs ein abstrakter Vorgang; man war überzeugt, daß sie sich buchstäblich vollzog. In der frühen Steinzeit beerdigte man die Menschen mit Speisen, Getränken und den zum Feuermachen erforderlichen Utensilien, damit sie für das kommende Leben gerüstet waren.

## ÇATAL HÜYÜK

Komplizierte geometrische Muster und dreidimensionale Darstellungen von Stieren, älter als andere Ornamente in den Gebäuden, schmückten die Wände von Schreinen in Çatal Hüyük (etwa 6500 v. Chr.). Dort gefundene Textilien sind mit Mustern aus Rauten verziert, deren komplizierter, labyrinthischer Entwurf dem der Kelimteppiche ähnelt, die heute noch in Anatolien gewebt werden. Die visuelle Bezugnahme auf die Göttin schließt viele Anspielungen auf Tod und Wiedergeburt ein. Ihre Präsenz wird auch in Blumenformen, vierblättrigen Kleeblättern, Brüsten, Hörnern, Rosetten, Rhomben und Dreiecken deutlich. Es gibt keine Hinweise auf Tieropfer, lediglich kleine Häufchen von Getreide und andere Opfergaben.

Außer den gewaltigen, in Gips modellierten und manchmal mit roter Farbe bemalten Stierköpfen und -hörnern beherrschen oft Gipsreliefs von Göttinnen in Gebärhaltung mit ausgestreckten oder nach oben gereckten Armen und Beinen die Wände. Thema einiger dieser Wandgemälde ist die Geburt des Stiergottes aus dem Körper der Göttin.

Weitere Hinweise auf die Verehrung der Göttin finden sich überall an dieser alten Stätte. Den Frauen wurde ein bevorzugter Bestattungsplatz in den Häusern eingeräumt. Die Hauptschlafplattform war der Hausherrin und ihren Kindern zugeteilt. Die seltenen Ockergrabstätten, in die nur elf der 400 entdeckten Skelette gebettet waren, enthielten ausschließlich Knochen von Frauen oder Mädchen. Grabbeigaben für Frauen sind in der Regel durch heilige Halsketten gekennzeichnet[1].

Die Westwand eines Schreines zeigt eine Hochreliefdarstellung der Muttergöttin in Gebärhaltung. Aus ihrem Schoß kommt ein großer Stierkopf mit weitgeschwungenen Hörnern hervor. Über der Begräbnisplattform an der Ostwand des Schreines erhebt sich auf dem Mittelfeld zwischen zwei säulenartigen Pfosten eine Triade kunstvoll gearbeiteter, dreidimensionaler Stierköpfe.

Etwa 5000 Jahre später öffnet eine auf einem Stier sitzende, nackte Göttin ihr Blumengewand, um sich ihren demütigen Anbetern zu zeigen. Als Schutzpatronin der Felder und der Ernte reitet die syrische Gottheit der Fruchtbarkeit und des Todes auf ihrem mächtigen tiergestaltigen Gefährten, der Jahrtausende lang das männliche Prinzip verkörperte, das fast nie in menschlicher Gestalt wiedergegeben wurde.

Die Funktion des männlichen Elements bei der Fortpflanzung blieb in den späteren Kulturphasen keineswegs unbeachtet; mit der Verschiebung des Schwerpunktes von einem Geschlecht zum anderen wurde der Stier zum königlichen Partner der Gottheit.

Während des astrologischen Zeitalters des Stieres (ungefähr 4000–2000 v. Chr.) erhebt im Mittelmeerraum der jeweils herrschende König Anspruch auf die Verwandtschaft mit dem heiligen Tier und wird somit zum Hüter der Vegetation; er assimiliert auf magische Weise die befruchtenden Einflüsse des Stieres. Die Implikationen dieses Totemismus waren so weitreichend, schreibt E. O. James dazu, daß nur wenige Kulturen im Nahen Osten und im ägäischen Raum von seinem Einfluß unberührt blieben[2].

## DIE REISE IN DIE UNTERWELT

Initiationsriten beschreiben den schwierigen Übergang der Menschen von einem Lebenstadium in das nächste. Die Todesgöttin, deren wiederbelebende Macht in der ältesten Beschreibung der Übergangsriten deutlich wird, berichtet von Inannas Abstieg in die Tiefe, um bei ihrer Schwester Erischkigal Fürbitte einzulegen.

Dem Mythos zufolge mußte Inanna an jedem der sieben Tore ein Symbol ihrer Macht ablegen, bis sie schließlich in großartiger Nacktheit vor ihrer Schwester Erischkigal, der Herrin der Unterwelt, stand. Als Erischkigal sie anblickte, wich jegliches Leben von Inanna; als Leichnam hing sie drei Tage und drei Nächte an einem Haken. Endlich erweckte ihr Vater sie wieder zum Leben, doch mußte ein Ersatz gefunden werden, der ihren Platz in der Unterwelt einnehmen sollte. Als Inanna in ihr Reich hinaufstieg, entdeckte sie, daß ihr Geliebter Dumuzi sich ihres Thrones bemächtigt hatte; zornig schickte sie ihn an ihrer Stelle zu Erischkigal hinab. Aber dann bereute Inanna ihr Tun und erlaubte Dumuzi, alljährlich zurückzukommen. Als Vegetationsgott steigt er dann für ein halbes Jahr zur Erde hinauf und läßt sie erblühen[3].

In Ur, wo man den Stier als Geliebten der Inanna kannte, galt die Kuhgöttin Ninhursanga als Beschützerin der Felder und der Herden. Sie wurde als Mutter aller Geschöpfe verehrt oder als «die, die den Toten Leben schenkt». Eine ruhende Kuh oder ein junger Stier schmückt ein Kupferrelief auf dem Sturz eines Tempels aus der I. Dynastie in Al-Ubaid in der Nähe von Ur (etwa 2500 v. Chr.).

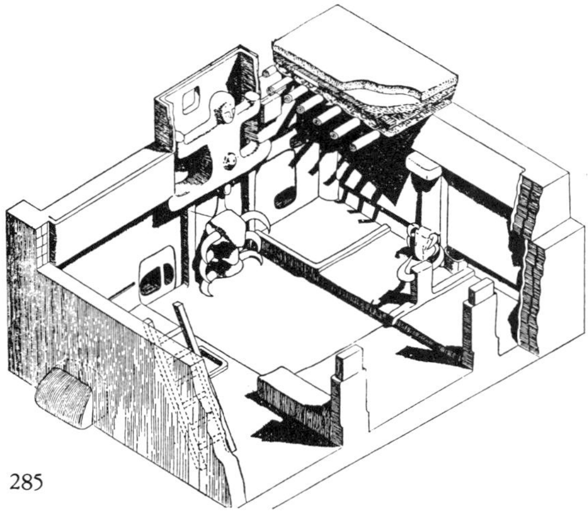

285

285. In ihrem Schrein gebiert die Muttergöttin einen großen Stierkopf mit weit auseinanderstehenden Hörnern. Çatal Hüyük, Türkei; ca. 6500 v. Chr.

286. Die Gottheit der Fruchtbarkeit und des Todes reitet auf ihrem Gefährten, dem Stier. Syrien; ca. 1500 v. Chr.

287. Eine ruhende Kuh oder ein ruhender Stier schmückt auf einem Kupferrelief den Sturz eines Tempels aus der Zeit der I. Dynastie. Al-Ubaid, Iran; ca. 2500 v. Chr.

286

287

288

288. Diese Galionsfigur an einer Harfe aus der Grabkammer der Königin Shub-ad stellt einen Stier dar. Ur, Irak; ca. 2400 v. Chr. (s. Tafel 47).

In den Königsgräbern von Ur entdeckte man auch die Körper der Königin Shub-ad (A-kalam-dug oder Pu-abi) und ihres gesamten Hofstaates. Bei den Bestattungsriten kam es offenbar zu Menschenopfern, obwohl keine Zeichen eines Todeskampfes sichtbar sind; die sterblichen Überreste der exquisit gekleideten Hofdamen, Dienerinnen und Musikantinnen, insgesamt über neunzig Menschen, sind im prunkvollen Grab der Königin sorgfältig angeordnet. Ihr schön verzierter hölzerner Wagen steht daneben, die Knochen eines Esels auf jeder Seite der Deichsel. Am Eingang der Gruft stehen die Wagen des Königs; neben ihnen befinden sich, ordentlich in drei Reihen arrangiert, die Skelette von Ochsen und ihren Treibern[4].

In der Kammer der Königin Shub-ad steht inmitten der reichhaltigen Ansammlung von Grabbeigaben eine Harfe aus Gold und Lapislazuli, die mit der beeindruckenden Galionsfigur eines Stieres geschmückt ist, der uns über beinahe 4500 Jahre hinweg anblickt. Sein großartiger Kopf besitzt ein Gesicht und Hörner aus Gold, außerdem einen sich in Spiralen lockenden Bart und Augen aus Lapislazuli. Neben der Harfe liegen die Knochen des goldgekrönten Harfenisten.

Wenn auch aus der Grabkammer des Königs außer den Überresten zweier Modellboote, die dazu bestimmt waren, den König auf seiner Reise in die Unterwelt zu tragen, alles geraubt wurde, so blieben doch die Schätze der Königin in dem Gruftgewölbe hinter dem Raum des Königs unversehrt. Ihr Leichnam liegt auf einer einfachen hölzernen Bahre, eine Dienerin kauert neben ihrem Haupt und eine zu ihren Füßen. Der ganze Oberkörper der Königin ist mit aus Edelsteinen gedrehten Kugeln bedeckt, drei fischförmige Amulette schmükken ihren Umhang; Talismane aus Lapislazuli in Form eines sitzenden Stieres und eines Kalbes hängen aus ihrem Haar hernieder. Zwischen den Opfergaben liegt neben vielen Symbolen des Schoßes – große, naturbelassene Herzmuschelschalen und in Silber und Gold ausgeführte Nachbildungen von Muschelschalen – der silberne Kopf einer Kuh. Der elegante Kopfputz aus Blättern und Blumen ist nicht nur sehr schön, sondern verweist gleichzeitig auf die Rolle der Königin im Vegetationskult[5].

Ritualgefäße aller Art umgeben die Bahre der Königin Shub-ad. Der goldene Kelch neben ihrer Hand enthielt – genau wie die einfachen Tonbecher, die die Frauen ihres Gefolges in der äußeren Kammer in der Hand hielten – ein starkes Beruhigungsmittel, was darauf hindeutet, daß auch ihr Tod ein Opfertod war.

Frühformen der Riten, die das Treffen von Inanna und ihrem Geliebten in der Unterwelt feierten, lassen sich bis zu den alten neolithischen Ritualen zurückverfolgen, die in grabartigen Höhlen abgehalten wurden. Die «Fledermaushöhle» in Spanien beherbergte eine steinzeitliche Begräbnisstätte, die der der Königin von Ur bemerkenswert ähnlich ist. Das Skelett einer in Felle gekleideten Frau mit einer Halskette und einem Diadem aus Zähnen und Muschelschalen ruht in der inneren Kammer vor einem Halbkreis bekleideter und geschmückter Frauenknochen und geflochtener Körbe, die Getreide und Mohnsamen enthielten; letztere waren möglicherweise die Ursache ihres friedlichen Todes[6]. Sie starb wahrscheinlich freiwillig und wählte ein erfreuliches, königliches Leben nach dem Tod, statt sich in die traurige Unterwelt der gewöhnlichen Menschen stoßen zu lassen. Bei späteren Bestattungen von Königen und gewöhnlichen Sterblichen weisen weibliche Skelette oder Embleme des Schoßes auf die uralte Vorstellung von der Frau als Instrument der Wiedergeburt hin.

Die weitläufige nubische Nekropole in Kerma in Oberägypten entstand etwa zur gleichen Zeit wie die Grabstätten in Ur (Altes Reich, etwa 2850–2190 v. Chr.), und es scheint, als seien viele der dort beigesetzten Männer von geopferten Frauen begleitet worden. In diesen Gräbern liegt der männliche Würdenträger auf einer Bahre, deren Beine bis zu den Hufen hinunter stierartig geformt sind; sein Körper ist mit einem Ochsenfell bedeckt. Die friedliche Körperhaltung des Würdenträgers steht in scharfem Kontrast zu den völlig versteiften Leibern der Frauen, deren Hände das Gesicht bedecken oder ineinandergekrampft sind. Manche raufen sich die Haare. Eine der Frauen, mit viel Schmuck und Grabbeigaben ausgestattet, war entweder direkt vor dem Bett plaziert oder sie lag mit dem Mann unter der Ochsenhaut.

Das Motiv des Stieres als Träger des Grabbehältnisses oder als Behältnis selbst betont seine Verbindung mit der Idee der Regeneration. Das ägyptische *Totenbuch,* das um 4000 v. Chr. begonnen wurde, beschreibt ein Ritual, bei dem der Verstorbene in eine Stierhaut, ein magisches Instrument der Reinigung, eingewickelt und in die Mesquet-Kammer gelegt wird. «Mesquet» bezieht sich sowohl auf die eigentliche Stierhaut als auch auf die Kammer, in der der Verstorbene durch die Haut eines Stieres «den Übergang vollzieht»[7]. Die Göttin Meschenet bestimmt den Ort der neuen Geburt, durchschneidet die Nabelschnur zum Diesseits und gestattet der Seele, in die Unterwelt einzutreten. Nach einer Version des Mythos von Osiris' Auferstehung sammelt Isis die Teile seines verstreuten Körpers in einer hölzernen, mit Ochsenhaut überzogenen Kiste.

Bis in verhältnismäßig neue Zeit praktizierte man bei den afrikanischen Stämmen Zimbabwes und bei den Schilluk am Oberen Nil den Königsmord, der sich nach dem Mondkalender richtete und mit dem Stier zu tun hatte. Der erwürgte König wurde zusammen mit einer lebendigen Jungfrau begraben; nachdem die beiden Körper verwest waren, wickelte man sie in die Haut eines schwarzen Stieres mit einem weißen Abzeichen auf der Stirn[8]. Die afrikanischen Könige führten ihre Abstammung auf eine göttliche Ahnin zurück; zwischen diesen Zeremonien und den ägyptischen Totenriten besteht eine sehr auffällige Ähnlichkeit.

Im fernen Osten, auf der indonesischen Insel Bali, wurden – und werden – die Toten traditionsgemäß in enge Kultbehältnisse gelegt, die wie stehende Stiere geformt sind. Die fein geschnitzten und bemalten Sarkophage wurden zusammen mit Reisopfern und dem Kopf eines frischgeschlachteten Büffels in kleine, offene Pavillons gestellt. Stiere, Pavillon und Opfergaben wurden vom Bestattungsfeuer verzehrt; diese Zeremonie war der heiligste Ritus der hinduistisch beeinflußten balinesischen Religion. Die Asche dieser Feuerbestattung wurde dann von Booten aus ins Meer, den Wohn-

289. Balinesische Sarkophage ähneln stehenden Stieren, Emblemen des Schutzes und des Aufgehobenseins. Bali, Indonesien; zeitgenössisch.

290. Der Stier mit einem Boot auf dem Rücken; es dient zur himmlischen Fahrt, in deren Verlauf das Meer der Unterwelt durchquert wird. Holdein Magol, Ägypten; ca. 3000 v. Chr.

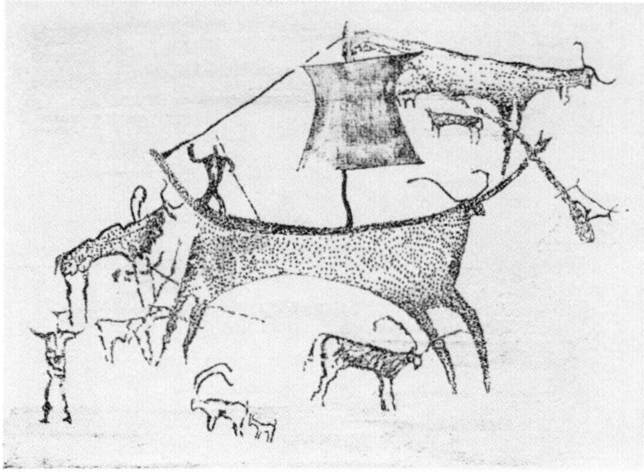

290

289

ort der Dämonen, gestreut, um die Befreiung der Seele für die Reinkarnation sicherzustellen. Die Art des Schutzes und des Aufgehobenseins, die das Kultbehältnis bietet, unterstreicht die durch den allegorischen Ritus symbolisierte Beziehung zum mütterlichen Element. Der Schoß wie auch das Grab werden als Nest angesehen, als Wiege, Bett, Schiff, Wagen und Sarg. All diese hölzernen Behältnisse stehen für die Erdmutter, die aus sich selbst Leben hervorbringt.

## KULTBOOTE

Der weitverbreitete und sehr alte Gebrauch von Kultbooten bei Bestattungen wird unter anderem durch eine seltsame und erstaunliche Ritzzeichnung (etwa 3000 v. Chr.) bestätigt, die in Holdein Magol, einer Region im Niltal südlich von Ägypten, entdeckt wurde. Auf dem Felsen neben einer Begräbnisstätte ist ein rennender Stier eingraviert, der auf seinem Rücken ein Schlangenboot trägt. Auf den bildlichen Darstellungen des Nahen Ostens des Altertums überquert die Sonnenbarke das Himmelsmeer; seit der I. Dynastie wurden in Ägypten Sonnenbarken benutzt, um die symbolische Schiffsreise der Seele in andere Welten zu veranschaulichen.

Ein Boot beförderte die Sonnenscheibe über das Meer des Taghimmels, das andere trug sie durch die nachtdunklen Gewässer der Unterwelt[9]. Dies erklärt die sehr schön gearbeiteten Boote aus Silber und Kupfer, die man in dem prädynastischen Grab von A-bar-gis in Ur fand, und die beiden lebensgroßen Schiffe, die man in der Nähe der Großen Pyramide von Gizeh ausgrub.

Der Gebrauch des Schiffes als Emblem der Wiedergeburt war in Ägypten und dem Nahen Osten extrem beständig und hielt sich in der ganzen Welt in unterschiedlichen Formen von etwa 2500 v. Chr. bis in christliche Zeiten. Die Ausgrabungen von Mohenjo Daro im Industal förderten Miniaturschiffe aus Fayence, Ton und Stein zutage.

In nordischen Ländern benutzte man Schiffe zur Bestattung der Toten; auf skandinavischen Felsmalereien aus der Bronzezeit sind Sonnenschiffe dargestellt. Bis zur frühen Eisenzeit waren Schiffsbestattungen zu einer üblichen Methode der Beisetzung geworden; unter den Schiffsmodellen aus den Torfmooren finden sich einige der ältesten Überreste der Kultur des Nordens. In England, wo es seit der Bronzezeit Schiffsbestattungen gegeben hatte, waren bootsförmige Gräber oft mit Steinen ausgelegt, und Hügelgräber bargen oft bootsförmige Särge, die aus Baumstämmen gehauen waren. Dank des berühmten Schiffsgrabes von Sutton Hoo wissen wir, daß sich diese Sitte in den christianisierten angelsächsischen Ländern bis ins 7. Jahrhundert n. Chr. hielt[10].

Im Mittelalter waren in Dänemark die Schiffe, die bei christlichen Kirchenprozessionen mitgetragen wurden, denen nachgebaut, die man bei Zeremonien zum Segnen der Felder benutzte, als man Freyja anbetete; auch die von Ochsen gezogenen Karren gehörten zu ihr als der Hauptfruchtbarkeitsgöttin der Vanir. Bis zum heutigen Tag werden in Abydos und Luxor in Ägypten ähnliche Bootsprozessionen veranstaltet.

## DAS TAUROBOLIUM

Das Taurobolium, ein Opferritual zu Ehren der Großen Mutter, erlangte in den letzten Jahrhunderten des Heidentums einige Beliebtheit. Bei einer der Zeremonien steigt der Hohepriester der Großen Mutter, auf dem Kopf eine Goldkrone und mit einer weißen Toga bekleidet, in eine dunkle Grube hinab, die mit einer durchlöcherten Plattform oder einem Gitter abgedeckt ist. Auf das Gitter wird ein großer, mit Blumen geschmückter Stier geführt, dessen Brust vor Gold glänzt. Ein Messer blitzt auf, und das warme Blut, das aus seiner durchschnittenen Kehle strömt, rieselt in reinigenden Schauern über den Priester in der Grube, der dann emporsteigt und sich bluttriefend den Gläubigen zeigt. Dieser Ritus reinigt das ganze Reich und das ganze Volk. Im Osten der Artemis geweiht und in Kleinasien weit verbreitet, kam das Ritual des Taurobolium um das 2. Jahrhundert n. Chr. nach Rom; noch im Jahr 394 n. Chr. war es in Europa bekannt[11].

# Der Stier im Labyrinth

## DER IRRGARTEN

Das Labyrinth, ein magischer Irrgarten aus Stein oder Holz, im Rasen oder aus Hecken, eröffnet einen Weg, um von einer Welt in eine andere zu gelangen. Wenn es auch viele berühmte Labyrinthe gibt, so war doch der Palast von Knossos das weitaus bekannteste. Sein Ruf ist vielleicht auch darauf zurückzuführen, daß der Mythos vom Minotaurus, einem stierköpfigen Mann, überall bekannt war.

Die kretischen Münzen, die auf einer Seite die schematische Darstellung eines Labyrinths und auf der anderen Seite den Minotaurus zeigten, wurden auf den Handelswegen in der ganzen damals bekannten Welt verbreitet.

Das Labyrinth, über das immer ein weibliches Wesen regiert, symbolisiert Tod und Wiedergeburt; es veranschaulicht eine Reise zum Mittelpunkt und wieder zurück. G. Rachael Levy verfolgte die ersten Darstellungen des Irrgartens bis in die Zeit des Paläolithikums zurück, wo es als makkaroniartiges Durcheinander abgebildet wurde, das sich, wie später üblich, am Eingang einer Höhle befand[1]. Hindufrauen in Südindien zeichnen noch heute zur Zeit der Winter-Tagundnachtgleiche, d. h. des Todes der Sonne, ein Labyrinth vor die Schwelle ihres Hauses.

## LABRYS UND LABYRINTH

Dem griechischen Mythos zufolge fanden im Palast von Knossos festliche, aber schreckliche Stierrituale statt; König Minos hatte seinen legendären Baumeister Dädalus beauftragt, dort ein Labyrinth anzulegen, um darin die Frau des Königs, die Mondkönigin Pasiphae, und ihr monströses stierköpfiges Kind, eben den Minotaurus, zu verbergen.

Der Palast von Knossos selbst wurde *labyrinthos* genannt, «der Palast der Doppeläxte». Das Labyrinth, ein Symbol des Uterus, und auch die Doppelaxt, die Labrys hieß, leiten ihren Namen von dem Wort *labrys* («Lippe») ab, das sich auch auf die Schamlippen der Frau bezieht, die den Zugang zum Schoß schützen. Die Axt in Form einer Doppelsichel, ein sakrales Opferinstrument, symbolisierte den Schoß und zugleich den Schmetterling der Wiedergeburt[2].

Dem Terrakottakopf eines Rindes aus Kreta fehlen Nase und Maul, aber Gesicht, Ohren und Hörner sind mit Symbolen der Göttin bedeckt, und zwar auf eine Weise, die man auch bei den ägyptischen Kühen antrifft. Die dreizehn vierblättrigen Kleeblätter symbolisieren die Zahl der vier Viertel oder der vierfachen Welt. Ein großes Vierblatt ziert die höchst bedeutsame Stelle auf der Stirn des Rindes; drei Winkel sind zwischen den Hörnern aufgemalt. Die Darstellung bekräftigt die Heiligkeit des Stiers auf Kreta.

Die zwischen Rinderhörnern angebrachte Labrys oder Doppelaxt gehört zu den heiligsten Symbolen des minoischen Kultes der Göttin. Votivdoppeläxte fand man in allen Palästen Kretas; ihre Größe schwankt zwischen feingearbeiteten goldenen Schmuckstücken und bis zu 2,70 m hohen Bronzedarstellungen.

291

291. In einen goldenen minoischen Ring eingraviert: eine Doppelaxt über einem dreiteiligen Altar. Kreta.

292

292. Vierblättriges Kleeblatt und Winkelsymbole der Göttin auf dem Gesicht eines Stieres. Kreta; 1600 v. Chr.

Auf einem Ring aus gehämmertem Gold krönt der Kopf eines riesigen Stieres mit einer Doppelaxt zwischen den Hörnern einen dreiteiligen Altar. Durch diese Darstellung wird der Stier als ein wesentliches Element im Kult der kretischen Göttin ausgewiesen. Zu beiden Seiten stehen Figuren, Königinnen, Priesterinnen oder Göttinnen; eine von ihnen trägt eine Krone. Auf jeder Seite des Altars erhebt sich ein Weizenhalm, das Zeichen der Kornmutter. Es ist davon auszugehen, daß sich die Szene auf geweihter Erde abspielt, denn sie ist durch das Netzmuster charakterisiert.
Viel später erscheint bei bestimmten afrikanischen Stämmen am symbolischen Kopfschmuck von Kultfiguren eine zweischneidige Axt, die den Donner darstellt. Beim Stamm der Bobo Oule in Obervolta sind Büffelmasken das Kennzeichen eines wachenden Schutzgeistes. Die Masken tragen das Symbol der Doppelaxt zwischen ihren lunaren Hörnern.
Weizen- oder Gerstenhalme sind auch weiterhin in die heiligen Bilder der mediterranen Welt integriert. Für die Anhänger der griechischen Naturgöttin versinnbildlicht eine Weizen- oder Gerstenähre die Vegetationsgottheit. Bei den Erntefesten zu Ehren von Demeter und Dionysos reichte auf dem Höhepunkt des Rituals das Vorzeigen eines einzigen Gerstenstengels aus, um die Gläubigen in hypnotische Trance zu versetzen. In Argos, wo man Hera in Gestalt einer Kuh anbetete, nannte man Weizenähren die «Blumen der Hera». Bei einem aus Kreta stammenden Ritus streuten die späteren Griechen Gerstenkörner auf den Altar, bevor sie den Opferstier töteten.

## THESEUS UND ARIADNE

Der im Palast der Doppeläxte angesiedelte, bekannte Mythos von Theseus und dem Minotaurus beschreibt ein rituelles Duell, das der Anwärter auf die Königsherrschaft zu bestehen hatte: den Kampf mit einem Stier oder einem Menschen in Stiergestalt. Die magische Verbindung mit den Stierhörnern versetzt den heiligen König in die Lage, Regen herbeizurufen und das Land für die Mondgöttin fruchtbar zu machen.

Die bis in prähistorische Zeiten zurückgehende Verknüpfung des Horns mit der Lebenskraft kommt in der Figur der Venus von Laussel zum Ausdruck (s. Abb. 311), die mit einer Hand ein Stierhorn in die Höhe hält und mit der anderen ihren Leib berührt. Eine Darstellung dieser Geste hat sich auf der Metope eines griechischen Tempels in Sizilien erhalten; Europa sitzt auf dem heiligen Stier und hält sich mit festem Griff an seinem Horn fest (s. Abb. 279).

Wenn auch Theseus der erklärte Held der kretischen Sage ist, so muß man doch Ariadne, der Tochter der Pasiphae und des Minos und Halbschwester des Minotaurus, das Verdienst seines Erfolges zuschreiben. Ariadne, die sich in den Jüngling aus Athen verliebt hat, gibt ihm ein Knäuel aus Goldfäden, mit dessen Hilfe er seinen Weg zurückverfolgen und den Ausgang des Labyrinths wiederfinden kann. Dieser Faden wird der Inititationsfaden genannt, weil das Labyrinth der Weg ist, ein ins Zentrum führender Gang, der Pfad zum Bewußtsein. Als Göttin des Labyrinths verfügt Ariadne über den Schlüssel zu diesem Pfad[3].

Eine attische Vase zeigt Theseus, der in seinem Kampf um die Königswürde das Horn des Minotaurus ergriffen hat; Ariadne steht an seiner Seite, der Initiationsfaden wickelt sich spiralenförmig aus ihrer Tunika. Im Palast der Doppelaxt, wohin er als Opfer für den mächtigen Minotaurus geschickt wurde, unterzieht sich Theseus einer Initiationsprüfung, die im dem Moment beginnt, als er das Labyrinth betritt. Sein Triumph über den Minotaurus läßt an die rituelle Tötung des alten Heldenkönigs denken, genauso wie sein Wiederauftauchen aus dem Labyrinth an die Initiation eines neuen Königs erinnert.

Bei den Thesmophorien in Athen, einem Fruchtbarkeitsfest, waren vierzehn der teilnehmenden Frauen Mütter von jungen Männern und Mädchen, die durch Theseus' Sieg über den Minotaurus gerettet worden waren. Theseus ist mit dem spätherbstlichen Fest der Aussaat verbunden, das zu Ehren Demeters (Ariadnes) und ihrer Tochter Persephone abgehalten wurde.

Die Reise des Mannes durch den Gang des Labyrinths stellt den Kontakt zu den Kräften der «dunklen Mutter» her und führt schließlich zu Weisheit und Erleuchtung. Das Labyrinth wird zum Symbol des Selbst, zu einem Mandala, durch das man sich dem heiligen Mittelpunkt nähert. In einer patriarchalen Gesellschaft überrascht es nicht, im Zentrum des Labyrinths auf ein Monster wie den Minotaurus zu stoßen. Er vereint die bewußten und die unbewußten Kräfte in einer männlichen Dichotomie: das bewußte Verlangen nach männlicher Macht und männlichem Selbstsein kann nur befriedigt werden, wenn man sich dem Weiblichen

293

293. Auf einer attischen Vase kämpft Theseus mit dem Minotaurus; Ariadne hält den Faden, der sie aus dem Labyrinth führt. Griechenland; frühes 5. Jahrhundert v. Chr.

294. Zypriotische Figur mit Stiermaske bei einem heiligen Tanz. Zypern; ca. 1200 v. Chr.

294

zuwendet und sich, den Stierkopf auf den Schultern des Mannes anerkennend, in das weibliche Labyrinth begibt. Der Minotaurus erscheint als natürliches Produkt patriarchalen Denkens, das der Mythologie späterer Zeiten angehört.

## ZYPRIOTISCHE RITEN

Eine kleine zypriotische Terrakottafigur (etwa 1200 v. Chr.) ist wahrscheinlich im Kontext eines sakralen mimetischen Tanzes zur Anregung des Pflanzenwachstums zu sehen. Ihre Stiermaske zeigt, daß auf Zypern wie auf Kreta eine Verbindung zwischen Stieren und heiligen Riten bestand. Diese einen Rock und eine Stiermaske tragende Anhängerin der Göttin wurde an der antiken Fundstätte von Kition in einem am Meer gelegenen Tempel der Göttin Paralia, der Beschützerin des Meeresstrandes, entdeckt.

## DIE TAUROKATHAPSIA

Auf einem Fresko, das die Taurokathapsia zeigt, die kretischen Stierspiele, laufen die jungen Männer und Frauen direkt auf den Stier zu, packen ihn bei den langen Hörnern und schlagen einen Purzelbaum über seinen Rücken[4]. Die weißhäutigen Figuren stellen die Frauen, die dunkelhäutigen die Männer dar. Der Name Taurokathapsia ist von *tauros* abgeleitet, «Stier», und von *kathar,* «reinigen.» Offenbar hatten die Spiele reinigende Funktion, bevor es zum möglichen Blutopfer der Tiere

295. Sowohl junge Männer als auch Frauen nahmen an den heiligen Stierspielen der jüngeren Palastzeit teil. Kreta; Mittelminoisch III, ca. 1700–1400 v. Chr. (s. Tafel 49).

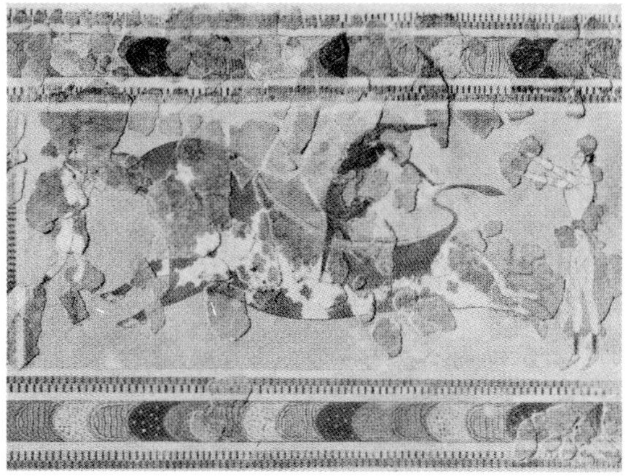

295

kam. Der sportlichen Übung liegt ein überlieferter kretischer Ritus zur Verehrung des Stiergottes zugrunde, der ursprünglich darin bestand, einen Stier in Stücke zu zerreißen und zu verzehren; dieses Ritual könnte seinerseits einen Ritus ersetzt haben, bei dem es zu Menschenopfern kam.

Der Zweck der Spiele war allerdings nie ganz klar; es wurden keine Waffen benutzt, und man fand keine Illustrationen, aus denen hervorging, daß das Tier getötet wurde[5]. Als Teil des Frühlingsfestes waren die Stierspiele der Göttin Ariadne geweiht. Ihr heiliger Knoten und ihr Säulenschrein finden sich auf Darstellungen des Rituals, die auf Fresken und Gemmen erhalten sind. In einigen Fällen überblicken ihre erhöht gelegenen Schreine die Arenen, in denen die akrobatischen Kunststücke vollführt wurden.

# Der Stiergott

Nachdem die enge Verbindung zwischen dem Stier und der Göttin belegt ist, soll nun aufgezeigt werden, welch enormes Ansehen der Stier zur Zeit des späten Paläolithikums genoß und wie dies in den Stierfiguren zum Ausdruck kommt, die auf die Höhlenwände gemalt und als Skulpturen angefertigt wurden. Zuerst und vor allem repräsentiert der Stier die Erde; später, als Wettergott, symbolisiert er die Sonne und den Mond. Zwar ist die starke Morgensonne dem Widder zugeordnet, doch versinnbildlicht der Stier die sanftere Abendsonne.

## DER PALÄOLITHISCHE STIERGOTT

Die fünf riesigen, mit schwarzen Umrißlinien gezeichneten Tiere in der «Halle der Stiere» in Lascaux sind mit wunderbarer Detailgenauigkeit wiedergegeben und lassen sogar einen ausgeprägten Sinn für Chiaroscuro (Helldunkel) erkennen. Ein besonders schönes Bild, das dort auf die Höhlenwand gemalt wurde, unterstreicht die physische Majestät und die Kraft des prächtigen Tieres. Es vermittelt auf eigenartige Weise einen Eindruck von der Tragik des Lebens.

## ADAD

Um 2400 v. Chr. brachte man Stier und Donnerkeil (Blitzbündel) mit Himmels- und Wettergottheiten in Zusammenhang. Das Brüllen des Stieres erinnerte die archaischen Menschen an den Donner. Überall im «Fruchtbaren Halbmond» verkörperte der Stier als Wettergott den Baal oder Herrn. Ein Steinrelief aus den Ruinen des assyrischen Tempels von Arslan-Tasch (1500 v. Chr.) zeigt Adad (Hadad oder Baal), der mit Blitzbündeln in der Hand auf einem angreifenden Stier steht.
In Syrien wurde Adad als Beschützer der Ernten angebetet und vor allem als Gottheit des Sturms, des Regens und des Windes verehrt und gefürchtet[1]. Seit etwa 1500 v. Chr. symbolisierte der doppelte Dreizack, den der Gott trug, den doppelten Blitzstrahl, der in Mesopotamien mit der Sturmgottheit assoziiert wurde. Unerklärlicherweise wird Adads Blitz manchmal in Form von Ritualhörnern angedeutet, während der Blitz anderer Götter als Doppelaxt dargestellt wird.
Auch in Assyrien war die Erdmutter die erste geistige Inspiration gewesen, bis die Schattengestalt des Himmelsvaters ihren mächtigen Stier bestieg. Als die patriarchale Ordnung immer mehr an Einfluß gewann und der Himmelsgott die Führungsrolle im Pantheon überahm, verblaßte die Figur der Göttin nach und nach.

## DIE ROSETTE

Mykene ist charakteristisch für eine frühere Ordnung. Die Rosette der Göttin, die dort im Kopfschmuck des Stiergottes zu sehen ist, bestätigt, daß er mit ihr identifiziert wird. Die Stirnen der Stiergötter anderer Länder sind oft mit dem gleichen Symbol geschmückt. Der Stierkopf aus den mykenischen Schachtgräbern trägt eine große goldene Rosette zwischen seinen goldenen Hörnern. In

297

296

296. Majestät und physische Kraft des Stieres, dargestellt auf den Höhlenwänden von Lascaux. Frankreich; Magdalénien, ca. 15 000 v. Chr.

297. Die goldene Rosette identifiziert einen Stier mit goldenen Hörnern mit der Göttin. Mykene; ca. 1450 v. Chr.

298. Im Tempel von Arslan-Tasch steht der Gott Adad auf einem angreifenden Stier. Assur, Mesopotamien; 1500 v. Chr.

298

Kreta wurde sie zum Wahrzeichen des Asterios, des Minotaurus. Die Rosette der Göttin wurde im Lauf der Zeit in Mesopotamien mit dem Sohn des Schamasch, in Ägypten mit dem Apisstier und in China mit dem Sternenochsen identifiziert. In dieser geschichtlichen Epoche war die Rosette zum Symbol der Sonne geworden; früher hatte sie als Symbol der Vulva zur Augengöttin gehört.

Der Mondgott Sin wird in Babylonien und Assyrien auf dem Sichelmond reitend dargestellt. Sein Wagen rollt auf rosettenförmigen Rädern und wird von Buckelstieren gezogen, wie das auf einer sassanidischen Silberplatte (224–640 n. Chr.) zu sehen ist. Sin verkörpert die vergangene Pracht des Feuerkults der zarathustrischen Religion und erscheint oft in stierartiger Gestalt. An den Neumondfesten, einer magischen Zeit voller Gefahren, wurden Kesselpauken geschlagen, um böse Geister fernzuhalten. In der Phase des zunehmenden Mondes wurde Sin, der Herr des Kalenders und der Weisheit, ein wohltätiger Vermehrer der Herden.

## DIONYSOS

Auf einer bacchischen Vase aus dem 5. Jahrhundert v. Chr. reitet ein bärtiger, mit Weinblättern bekränzter Dionysos auf seinem weißgehörnten Stier. In einer Hand hält er den voller Trauben hängenden Weinstock, und mit der anderen gießt er einen Becher Wein auf die Erde. Die Vorstellung von Dionysos als wirklichem Stier wird durch seine vielen Attribute – stiergesichtig, Stierhörner tragend und dergleichen – angedeutet[2]. Dionysos besitzt

299. Auf einer sassanidischen Platte aus getriebenem Silber wird der Wagen des Mondgottes Sin von Buckelstieren gezogen. Assur; 224–640 n. Chr.

300. Der wilde Gott Dionysos, auf seinem Symboltier, dem Stier, reitend, gießt Wein auf die Erde. Griechenland; 5. Jahrhundert v. Chr.

299

300

eine stark ausgeprägte Beziehung zum feuchten Element, doch symbolisiert er die Erde. Der stiergestaltige Poseidon und die stierköpfigen Flußgötter trugen dazu bei, daß die Stiergestalt für Dionysos akzeptabel wurde.

Dionysos war die Gottheit, die für die Zeugung und den Lebenssaft sowie für den Geist des Weines stand; am bekanntesten ist er als Gott der Rebe. Selten erscheint er in seiner Baumgestalt, die auf seine Funktion als Vegetationsgottheit und Gott der Wandlung hinweist; Rausch und Orgien spielten bei seinem Kult eine sehr wichtige Rolle. Sein Geist bemächtigte sich der ihm Geweihten. Bei den wilden, nächtlichen Dionysosgelagen gerieten seine Anhänger in Ekstase und tanzten für den stiergestaltigen Dionysos.

Wo auch immer die Anfänge des Dionysoskults liegen mögen, klar ist, daß er dem gleichen rituellen Schema folgte, das die früheren Vegetationskulte charakterisiert hatte. Die Anbetung des Dionysos war dadurch gekennzeichnet, daß man Mutter und Sohn feierte; der heilige Sohn-König der Erdmutter war dazu bestimmt, bei ihren Orgien das Opfer zu sein.

Dionysos wurde als Verkörperung des Korngeistes zum Opfer[3]. Seine enge Verbindung mit der Mutter und ihren uralten Riten führte schließlich dazu, daß er in die Erntefeierlichkeiten der Frauen einbezogen wurde, die zu Ehren von Demeter und Persephone, der Kornmutter und der Kornjungfrau, abgehalten wurden. Seine Verknüpfung mit dem Weiblichen wird noch durch die Tatsache betont, daß seine Aufnahme in den attischen Kalender dessen im Grunde weibliche Natur nicht veränderte.

Es wurde übliche Sitte, beim Haloa-Fest sowohl dem Gott des Weines als auch Demeter, der Gerstenmutter, die ersten Feldfrüchte darzubringen. Die ekstatische Ausgelassenheit der Anhänger des Weingottes trug ihren Teil zur erotischen Spannung bei den Festlichkeiten bei.

Im Frühjahr, wenn die heiligen Weiden der Göttin grün wurden, flehten in Griechenland die Priesterinnen den Stier an zu erscheinen, und er wurde dann von den heiligen Frauen zu seinem Tempel getrieben; so wird es in einem von Plutarch, dem ersten systematischen Anthropologen, zitierten Frühlingslied beschrieben:

«Komm hierher, Dionysus,
in deinen heiligen Tempel am Meer.
Komm mit den Grazien in deinen Tempel,
stürze herbei mit deinem Stierhuf,
o guter Stier, o guter Stier.»[4]

Der Stier begleitet Dionysos, oder der Gott nimmt die Gestalt eines Stieres an. Die Grazien, die drei griechischen Göttinnen, die Schönheit, Charme und Anmut verkörpern, umsorgten das große Tier und überhäuften es mit Girlanden und Bändern. Das Ritual des Stiertreibens, ein fröhliches Frühlingsfest mit Tanz und Gesängen, die als Dithyramben, «Geburtslieder», bezeichnet wurden, erinnert an die Geburt des Dionysos im Frühjahr. Dieses Fest, der Ursprung des griechischen Dramas, endet mit dem Tod des Stiergottes; seine Opferung für die Fruchtbarkeit der Felder und für das menschliche Leben macht das Schauspiel zu einer Tragödie[5].

Der wilde, orgiastische Dionysoskult veränderte allmählich die griechische Religion. Trotz seiner Tendenz zu an Raserei grenzender Ausgelassenheit setzte der Kult schließlich dem Kannibalismus und dem Ritualmord in fast allen Gegenden Griechenlands ein Ende. Der Genuß von Wein wurde zum Ersatz für die blutige Kommunion mit dem Gott, und man vergoß zur Besänftigung von Gottheiten und Geistern kein Blut mehr. In seiner neuen Rolle als Inspirator gesellte sich Dionysos als Gott der Mysterien zu Demeter. Das Aufkommen dieser neuen Ordnung war der Keil, der dazu beitrug, die Menschen von der Göttin zu trennen, und kündigte das Ende der Verehrung der Göttin an. Unmittelbar darauf hielt die maskuline, rationale Religion apollinischen Lichtes und apollinischer Ordnung Einzug.

# Die Göttin und ihre Gefährten

## DER HIEROS GAMOS – SUMER

Die Muttergöttin spielte in Mesopotamien bei der Feier der heiligen Hochzeitsriten, des Hieros Gamos, eine herausragende Rolle. In Sumer – wie auch anderswo – sicherten die Könige ihre Position auf dem Thron durch die Heirat mit der Königin oder Muttergöttin. Ein früher Siegelzylinder aus der Stadt Uruk weist auf eine Reise des Mondgottes von Ur zum Tempel der Fruchtbarkeitsgöttin hin, um den Hieros Gamos, die heilige Hochzeit, zu feiern. Der Stiergott steht in dem heiligen Kultboot, das den Thron der Göttin trägt. Der begleitende Mann gehört zur Göttin, denn er ist mit ihrem Netzmuster gekennzeichnet. Blüten schmükken Bug und Heck, und die Schilfringbündel der Gottheit erheben sich auf ihrem Thron.

In späteren sumerischen Epen wird berichtet, daß die Erdgöttin den Fluß entlangsegelte, um ihren Gemahl, den Mondgott von Ur, zu treffen, aber die alten Hymnen besagen das Gegenteil. Dort heißt es, daß der Gott, mit Geschenken beladen, die jährliche Flußreise zum Tempel der Gottheit antrat, wo der Hieros Gamos abgehalten und die Vereinigung vollzogen wurde. Inmitten blühender Zweige kamen sie auf einem stierhufförmigen Hochzeitsbett zusammen, über das Tierfelle gebreitet waren. Die Einzelheiten der Geschichte variieren von Stadt zu Stadt; einige Fassungen beschreiben den tatsächlichen Ort des Ritus als bescheidenen Hüttenschrein, dessen früheste Darstellungen das Schilfringemblem der Göttin aufweisen; andere schildern einen auserlesenen Tempel. In Babylonien war oft die Spitze der Zikkurat, eines Tempels, der an eine Treppe zum Himmel erinnert, der Schauplatz der alljährlichen Hochzeitsfeierlichkeiten. Später, im «zivilisierten» Athen, empfing der Stiergott Dionysos seine Braut im Bukolion, dem Stierstall.

Ein erotisch-mythisches Gedicht aus Sumer schildert die leidenschaftliche Liebe der Fruchtbarkeitsgöttin Inanna und des Schäferkönigs Dumuzi auf eine Weise, die einen Eindruck von der Intensität des Fruchtbarkeitsrituals vermittelt. Dumuzi, der heilige Gefährte, wird als wilder Stier mit einem Bart aus Lapislazuli beschrieben; Inannas Vulva wird «mit einem Horn, dem ‹Boot des Himmels›, mit dem neuen Sichelmond und dem brachliegenden Land» verglichen. Sie bittet den bärtigen Stier inständig, «ihre Vulva zu pflügen»[1]. Als die Königin und ihr Stiergemahl schließlich ihre Hochzeit vollziehen, setzt rund um sie her das Pflanzenwachstum ein.

Meist ist der Stiergott der Gefährte von Ischtars Doppelgängerin Aschera, einer Göttin, deren Inschrift sich auf den Altären in Palästina findet. Aschera, «die mit dem Schoß», tritt manchmal als Anat oder Asthoreth (Astarte) auf, Erscheinungsformen der hebräischen Fruchtbarkeitsgöttin der Liebe und des Krieges, die mit der «Göttin der tausend Namen» im Nahen Osten des Altertums identisch ist. Anat wurde zur Geliebten und Schwester des Stiergottes Baal, einer Wettergottheit[2].

Es ist möglich, daß die biblische Geschichte von Esther sich aus dem Tammuz-Ischtar-Kult entwikkelt hat und sich der Name Esthers daher von dem Namen der Gottheit herleitet. Esther ist auch die hebräische Form von Eostra, der keltischen Frucht-

301. In einem Boot steht der mit den Schilfringbündeln gekennzeichnete Altar der Göttin auf dem Rücken eines Stieres. Sumer; ca. 4000–3500 v. Chr.

302. Der Gott Mithras opfert sich selbst in Gestalt eines Stieres. Deutschland, römische Zeit; ca. 2. Jahrhundert n. Chr.

barkeitsgöttin, deren Frühlingsfeste später von den Christen übernommen wurden und unter dem Namen «Ostern» den Tag der Auferstehung bezeichneten.

301

## KYBELE UND MITHRAS

Mithras, der alte Gott Persiens und Indiens, war bis etwa zum 5. Jahrhundert v. Chr. eine untergeordnete Gottheit, aber gegen Ende des 1. Jahrhunderts n. Chr. war der neue Mithraskult von Persien nach Rom gelangt und zu einer der beliebtesten Religionen im Reich geworden; insbesondere die römischen Legionäre, für die Mithras den idealen göttlichen Kameraden und Kämpfer verkörperte, schätzten sie sehr[3]. In vielen Teilen der alten Welt – an den Ufern des Schwarzen Meeres, im Schottischen Hochland und am Rande der Wüste Sahara – errichtete man diesem Gott Monumente. Wie die Dionysos-Verehrung trug auch die Verbreitung des Mithraskults dazu bei, das Andenken der Göttin auszulöschen, denn die Mysterien des neuen Kultes überlagerten die der Großen Mütter.

302

In der zentralen Geschichte dieser Religion wird die Gefangennahme Mithras' und die Opferung eines heiligen Stieres beschrieben, aus dessen Körper alle guten Dinge der Erde hervorgingen. Das bekannteste Ritual der Mithras-Mysterien, die an dieses Ereignis erinnern, das Stieropfer, ist als Reliefdarstellung in einen Altaraufsatz aus der römischen Zeit (etwa 2. Jahrhundert n. Chr.) eingemeißelt. Der Sonnengott Mithras setzt das Thema seiner Religion in die Tat um, indem er seine eigene

Stiergestalt tötet. Der neue Stiergott wurde von seinen Anhängern als Erzeuger des irdischen Lebens angesehen; er opfert sich selbst, damit das Leben neu entstehen kann. Die Getreidekörner, die aus der Wunde herausrieseln, die er sich selbst beigebracht hat, weisen ihn als Personifizierung des Korngeistes aus und stellen eine Beziehung des Rituals zu den Opferungen von Stierkönigen in alten Zeiten her[4].

Die Mithrasreligion kehrt die Tradition um, die im alten Griechenland die Männer von den Mysterien ausgeschlossen hatte, und verweigert nun den Frauen die Teilnahme an den Riten. Es wurde den Frauen aber immerhin gestattet, sich dem Gott zu weihen, indem sie sich ihm zu Ehren sexueller Freuden enthielten.

Zu jener Zeit hatten die Tempel von Göttinnen, besonders die der Isis, großen Zulauf von Anhängern weiblichen Geschlechts, die der «Göttin mit den vielen Namen» huldigten. Isis zog Konvertiten jeglicher Herkunft an; Kaiser und Plebejer warfen sich unterschiedslos in den Straßen nieder, wenn das Bild der Isis vorbeigetragen wurde. In Rom stand ein Astartetempel, und die lärmenden Riten der Muttergöttin Kybele und ihres Geliebten Attis erregten viel Aufsehen. In Ostia grenzte das älteste Mithräum an das Metroon, den Tempel der Kybele; alles spricht für die Annahme, daß man im ganzen Reich den iranischen Gott und die phrygische Göttin zusammen anbetete[5]. Die Bezeichnung des Kybele-Tempels stammt vom griechischen *metra* und *metro,* was «Uterus» bedeutet, und *meter* heißt «Mutter.»

Kybeles lateinischer Name verbindet sie mit der Labrys und mit Höhlen: *cybela* bedeutet «Höhle», und *sybelis* bezeichnet die Doppelaxt. Die Höhle, die magische Kammer der Kindsgeburt und oft der Schauplatz von Initiationsriten und Orakelweissagungen, wird seit prähistorischen Zeiten mit dem Körper der Göttin selbst identifiziert.

Seit dem 3. Jahrhundert v. Chr. waren in Rom die Orgien und Verstümmelungsriten der ekstatischen Kulte von Kybele, der Großen Mutter, Attis und Adonis sehr verbreitet, auch der Kult von Isis und Osiris und die Mithras-Mysterien waren recht beliebt; oft standen die Tempel dieser Götter und Göttinnen unmittelbar nebeneinander. Im Westen verschmolzen die Mithras-Mysterien schließlich mit denen der Großen Mutter, nur um dem Christentum zu weichen, das in vieler Hinsicht dem Mithras-Kult ähnelte.

35

34. Die paläolithische Venus von Laussel hebt ein Stierhorn hoch, dessen dreizehn Kerben auf den Mondzyklus anspielen. Les Eyzies, Dordogne, Frankreich; ca. 20000–18000 v. Chr. (s. Abb. 311).

35. Eine Bronzestatue zeigt die Bärengöttin Dea Artio, die einem anderen Aspekt ihrer selbst Früchte anbietet. Muri, Schweiz; 2. Jahrhundert n. Chr. (s. Abb. 332).

36. Neolithische Skulptur einer Fischgöttin mit Lebenssäulen im Gesicht. Lepenski Vir, Jugoslawien; ca. 6000 v. Chr. (s. Abb. 231).

37. Fisch auf einem farbigen Glasfenster der Kathedrale von Chartres. Frankreich; 13. Jahrhundert n. Chr. (s. Abb. 251).

36

37

38. Tod und Erneuerung, dargestellt in einem Werk von Paul Klee mit dem Titel *Um den Fisch*. Schweiz; 1926 (s. Abb. 243).

38

39

39. Hathor in Kuhgestalt tritt an einem Abhang unter Papyrusblüten hervor. *Totenbuch,* Ägypten; 1320–1200 v. Chr. (s. Abb. 275).

40. Darstellung eines in die Enge getriebenen Rentiers in der Höhle von Lascaux, Frankreich; Magdalénien (s. Abb. 215).

41. Die Metope eines griechischen Tempels auf Sizilien zeigt Europa, die auf dem stiergestaltigen Zeus reitet und sich an seinem Horn festhält. Sizilien; ca. 600 v. Chr. (s. Abb. 279).

42. Proto-elamitische Kuhgottheit. Iran; ca. 2900 v. Chr. (s. Abb. 270).

43. Die Kuh als Symbol des Weiblichen. Lascaux, Frankreich; ca. 17000–12000 v. Chr. (s. Abb. 268).

40

43

41

42

44. Opfergabe aus dem Grab der Königin von Ur: ein Widder richtet sich an einem kleinen Baum auf. Irak; 2500 v. Chr. (s. Abb. 204).

45. Gemälde von G. Catlin: Mandan-Krieger bei der Aufführung des Heiligen Büffel-Fruchtbarkeitstanzes. Nordamerika; ca. 1835 n. Chr. (s. Abb. 282).

46. König Amenophis II. steht, von Hathor beschützt, unter ihrem Kopf und trinkt gleichzeitig kniend an ihrem Euter. Ägypten; ca. 1450–1425 v. Chr. (s. Abb. 278).

45

46

44

47. Diese Galionsfigur an einer Harfe aus der Grabkammer der Königin Shub-ad stellt einen Stier dar. Ur, Irak; ca. 2400 v. Chr. (s. Abb. 288).

48. Die Herrin der Tiere zwischen zwei Ziegen, Verwandten des Widders, auf ihrem Altar. Mykenischer Herkunft, Ras Schamra, Syrien; ca. 1400 v. Chr. (s. Abb. 205).

49. Junge Männer und Frauen nahmen an den Stierspielen der jüngeren Palastzeit teil. Kreta; Mittelminoisch III, ca. 1700–1400 v. Chr. (s. Abb. 295).

47

48

49

50. Die lebensgroße Figur Selkets, die vor einem vergoldeten Schrein aus dem Grab Tutanchamuns steht, trägt einen Skorpion auf dem Kopf. Ägypten; ca. 1325 v. Chr. (s. Abb. 323).

50

303. Der Körper des Apisstieres in einem fein gearbeiteten Katafalk bildet den Mittelpunkt dieser Bestattungsprozession. Ägypten.

## ISIS, OSIRIS UND DIE APISSTIERE

In Ägypten, und nach und nach im gesamten Mittelmeerraum, war der Apisstier das heilige Tier, das vor allem mit Osiris und Ptah assoziiert wurde. Im ägyptischen Memphis begrub man dem ptolemäischen Gott Serapis (ehemals Osiris-Apis) zu Ehren vierundsechzig mumifizierte Apisstiere, die auffallend ähnliche Kennzeichen aufwiesen; sie zeugen von der Dauer und der Intensität der Stierverehrung. Der Apisstier verkündete Orakelsprüche; wer seinen Atem einatmete, empfing die Gabe der Prophezeiung. In Memphis verbrachte jeder Stier die ihm zugemessenen Jahre seines Lebens an einem besonderen Ehrenplatz, bevor er in seiner eigenen heiligen Quelle ertränkt wurde.

Die Bestattung des Apisstiergottes wurde mit prunkvollen Riten begangen. Sein Katafalk wurde durch die Straßen der Stadt gezogen, in denen sich die wehklagenden Gläubigen drängten, und in ganz Ägypten wurde nach einem Kalb mit den gleichen Kennzeichen gesucht – einem weißen Dreieck auf der Stirn und einem Halbmond auf der Brust –, das sein Nachfolger werden sollte. War das Kalb endlich gefunden, führte man diese Reinkarnation des ertränkten Stieres frohlockend nach Memphis.

Der geopferte Stier war eine Inkarnation von Osiris-Apis, dem Führer der Toten[6]. Auf einem bemalten Sarg steht der Apisstier mit einer Mumie auf dem Rücken in ehrerbietiger Haltung vor einem Obelisken. Die äußere Hülle der Mumie weist das diamantförmige Netzmuster auf (das Symbol des heiligen Wassers oder des Schoßes); Obelisk und

303

304. Der Apisstier, eine eigenständige Gottheit, verneigt sich vor einem Obelisken. Ägypten.

304

305 

305. Parvati, die Dunkle Göttin, reitet ihren Stier Nandin. Indien.

Stier vermitteln die Vorstellung von erleuchtender, schöpferischer Energie und damit auch von der Kontinuität des Lebens.

Als Phallussymbol war der Obelisk der Isis geweiht, denn die Phallusverehrung war in Ägypten in Erinnerung an das goldene Glied des Osiris entstanden. Isis war bereits in Saqqâra angebetet worden, und man verehrte sie seit der Zeit der I. Dynastie; in römischer Zeit errichtete man Obelisken, um an Isis als Kuhgöttin von Memphis und Mutter des Apisstieres zu erinnern. Es ist gut möglich, daß der Obelisk, dem der Stier huldigt, früher seine Mutter Isis in Form einer Säule verkörperte. Die monolithischen Obelisken waren Symbole der Sonne und wurden zur Zeit der V. Dynastie «versteinerte Strahlen des Sonnenlichts» genannt, ein Name, der sie mit Osiris, dem Sonnengott, in Zusammenhang brachte.

## PARVATI, NANDIN UND SHIVA

Ein indisches Miniaturgemälde aus Rajasthan zeigt die «dunkle Göttin» Parvati, wie sie bequem auf ihrem milchweißen Stier Nandin ruht, einer Epiphanie ihres göttlichen Gemahls Shiva. Parvati ist eine der vier Erscheinungsformen der Großen Göttin Mahadevi oder Devi. Sie hat einen gütigen Aspekt, der von Sati und Parvati verkörpert wird, und eine destruktive Seite, die sich in Kali und Durga zeigt. In ihrer sanften Rolle wurde die indische Große Mutter, die Quelle des Lebens, mit der göttlichen Kuh gleichgesetzt[7].

Wie ihre Entsprechungen im Westen trägt Parvati das Emblem der Mondsichel, und als Gestalt lunarer Fruchtbarkeit entwickelte sie sich zur Beschützerin von Frauen und Kindern. Als nährende Mutter wie auch als Herrin der Tiere steht Parvati mit den jungfräulichen Göttinnen Isis und Artemis in Zusammenhang.

Shiva stammt von Pashupati ab, dem Herrn des Viehs, dem alten vorarischen Gefährten der Muttergöttin, und kam als Fruchtbarkeitsgott mit dem Stier als seinem heiligen Reittier zu Ansehen[8]. Den mythischen Schilderungen zufolge kann er sowohl schrecklich als auch günstig gesinnt sein. Er kann seine maskulinen schöpferischen Attribute mit *shakti,* der weiblichen Energie, vereinen und erscheint dann als Hermaphrodit Ardanarishvara. Häufiger tritt er in Begleitung Parvatis auf, und beide werden als Partner bei Zeugungsvorgängen angerufen[9]. In manchen Gegenden Indiens stellen die Bauern auch heute noch, wenn die Saat auf dem Feld aufgeht, Terrakottafiguren von Shiva und Parvati, die sie zusammen anbeten, so auf, daß die Schößlinge zwischen den beiden wachsen.

Trotz der brahmanischen Überlieferung gibt es immer noch viele Spuren eines älteren, prävedischen Kultes der Muttergöttin. Die Dorfgottheiten Südindiens sind, von einigen Ausnahmen abgesehen, weiblichen Geschlechts, obwohl die hinduistische Triade von Brahma, Vishnu und Shiva die Basis der indischen Religion bildet. Bezeichnend ist auch die weitverbreitete Verehrung des *lingam* und der *yoni* sowie die generelle Achtung der Kuh. Die Anbetung von Stier und Phallus in Verbindung mit Riten der Muttergöttin war ein hervorstechendes Kennzeichen der frühen Kultur im Industal[10].

## DURGA UND DAS BÜFFELUNGEHEUER

Auf einer indischen Miniatur aus dem 18. Jahrhundert n. Chr. stürzt sich die Hindugöttin Durga, die in Bengalen außerordentlich populär ist, heldenhaft auf das Büffelungeheuer Mahisha. Eine frühe Version des Mythos von der Kornmutter Durga rückt ihre Tapferkeit im Kampf in den Mittelpunkt. Vom unüberwindlichen Büffeldämon Mahisha besiegt und aus ihrem himmlischen Reich vertrieben, sehen sich die hilflosen Götter der flammenden, wilden und schönen Durga gegenüber. Sie wappnet sich mit den Waffen und Symbolen aller Gottheiten, wird dadurch zum Inbegriff der kosmischen Kräfte und besiegt den bösen Mahisha im Kampf. Durgas Sieg ist von besonderer Bedeutung, denn die Götter gestehen ein, daß die göttliche Energie des Universums, die eine und einzige Urkraft, *shakti,* von der Weltenmutter herrührt.
Durgas Aufgabe als Fruchtbarkeitsgottheit ist es, die Verbindung zwischen der Fruchtbarkeit der Menschen und der Fruchtbarkeit der Vegetation herzustellen. In Rajasthan bringt die Erdgöttin Gauri die Saat zur Erntereife; sie ist von gelber Farbe, der Farbe reifen Korns. Die Frauen tragen ihr Bild an die Ufer der Gewässer und umtanzen es[11].
Die Hindumänner betrachten Frauen als Gefäße der Fruchtbarkeit. Als Verkörperungen der mütterlichen Energie in der Natur sind sie menschliche Duplikate der Großen Allmutter. Anders als ihre Entsprechung in der westlichen Welt gilt die Hindu-Muttergöttin – als *shakti* oder universelle Macht – als Personifizierung «der aktivierenden Energie»[12], während das Männliche den passiven Aspekt darstellt. In der Mythologie des Abendlandes ist das Töten eines Ungeheuers fast ausschließlich die Sache männlicher Helden.
Der Büffel ist das Tier, das traditionellerweise der wohlwollenden, aber auch schrecklichen «schwarzen Erdmutter», die die Aspekte der sanften Parvati und der furchtbaren Kali in sich vereinigt, als Opfer dargebracht wird. In ihren drei Wesensaspekten ist sie mit den drei hinduistischen Hauptgöttern Shiva, Brahma und Vishnu verheiratet. Als Dämonentöterin wird sie zu einer Erscheinungsform der Göttin Kali, aus deren Tempeln sich ein seit Jahrtausenden ununterbrochener, von den geköpften Opfern stammender Blutstrom ergossen hat. Als Folge der blutigen Opfer bringt der Schoß Kalis, der Todesgöttin, auf ewig alle Dinge hervor[13]. Wie auch im Westen wird in Indien die Palette weiblicher Gottheiten mit dem Urbild des Mutterschoßes in Verbindung gesehen.

## DIE HALSKETTE

Die Halskette ist außerordentlich heilig. Sie bindet die Muttergöttin seit dem Anbeginn der Zeit und symbolisiert die Vielfalt in der Einheit. Kali trägt eine groteske Kette aus menschlichen Schädeln, Durgas Brust hingegen ist mit einem Strang Perlen aus dem Milchmeer geschmückt. Die schützende Halskette dient oft zur Identifizierung der nackten Gottheit. Indische Göttinnen kombinieren manchmal eine Perlenschnur mit einem als Amulett getragenen Stierkopf. Im Westen versah man manchmal aus rohem Stein gehauene Säulen, die Menhi-

306

306. Um die männlichen Gottheiten zu retten, greift die Hindugöttin Durga das Büffelungeheuer Mahisha an. Indien; 18. Jahrhundert n. Chr.

307. Eines der hundert Stierkapitelle aus dem Palast von Persepolis. Persien; 1. Jahrtausend v. Chr.

308. Herrin der Vegetation mit Voluten. Mykene; ca. 1550–1500 v. Chr.

re, mit einer Halskette, um sie eindeutig zu kennzeichnen, und die nackten Kykladenidole tragen Halsketten zur Identifizierung. Die Bedeutung der Halskette läßt sich auch daran erkennen, daß Ischtar Schwüre darauf ablegte. Viele der strengen, schmucklosen Votivfiguren, die der Ischtar in Tell Brak geweiht waren, tragen die Halskette, und die große Anzahl einfach gearbeiteter Göttinnen vom Harappa-Typ aus der frühen Kultur des Industals ist auf die gleiche Art gekennzeichnet. Weibliche Fruchtbarkeitsfiguren aus der Bronzezeit, die den goldenen Torques, den Halsring der Freyja, tragen und um 2500 v. Chr. entstanden, wurden aus skandinavischen Torfmooren ausgegraben.

## DER STIER UND DIE SÄULE

In Persien, in den Palästen von Susa und Persepolis, verschmilzt das Säulenbild der Göttin mit dem Symbol des heiligen Stieres; dort dienen Säulenkapitelle, die durch zwei kniende Stiere gebildet werden, als Dachträger. Sechsunddreißig solcher Säulen befanden sich in den Sälen des Winterpalastes von Artaxerxes II. in Susa, und einhundert Stiersäulen standen majestätisch in dem größeren Palast in Persepolis[14]. Obwohl sie von enormer Größe sind, vermitteln die Tiere den Eindruck von Zartheit und Eleganz; ihre Geschirre, mit Rosetten und Mustern aus winzigen aneinandergereihten Spiralen geschmückt, schmiegen sich in der Form einer Mondsichel um die Stierhälse. Die Säulen selbst verbinden das Rosettenmotiv mit dem der Spirale noch einmal in größerem Maßstab.

Diese Sternrosette, die man auf den frühesten Siegelzylindern Mesopotamiens findet, war das Symbol Ischtars. Später wurde sie zu einem gängigen Symbol des Sonnengottes, und als solches trug sie der Stier auf seiner Stirn (s. Abb. 297). Die Rosette vereint Sonne, Stern und Uterus zu einer einzigen ikonographischen Aussage.

Nach mancherlei Invasionen erreichten die persische Kultur und Religion unter der Regierung von Artaxerxes II. (405–361 v. Chr.) erneut den hohen Stand, den sie im 2. Jahrtausend v. Chr. innegehabt hatten. Der König ließ überall in seinem Reich Standbilder der Großen Göttin Anahita errichten[15]. Die Verehrung des der persischen Göttin geweihten Stieres griff bald auf das alte Rom über, den Schmelztiegel der Religionen, wo Anahita mit anderen Gottheiten asiatischer Kulturen verschmolz. Als Herrin der Tiere wurde sie mit der Artemis Tauropolis und der phrygischen Kybele identifiziert. In Armenien[16], wo man ihr geweihte Herden weißer, ihr Zeichen tragender Färsen in mit grünen Zweigen unterhaltenen Feuern als Brandopfer darbrachte, war sie die populärste aller Gottheiten.

Die besondere Beziehung zwischen der persischen Göttin und der Kuh erinnert an die große Zahl ähnlicher Zusammenhänge in der Kunst, so etwa an die Darstellungen von Hathor, der Kuhgöttin, die die Säulenkapitelle ihres Tempels in Dendera krönen. Stierhörner tragende Säulen sind auch im kretischen Palast von Knossos anzutreffen, wo winzige Modelle dreisäuliger Altarschreine, auf denen Tauben sitzen, die Verbindung von Säule, Göttin, Taube und Stier dokumentieren. Die mittlere Steinsäule dieser Schreine verehrte man als heiligen

307

308

Baum, den Wohnsitz der Gottheit[17]. Baum- und Säulenkulte, die tief in der minoischen Religion verwurzelt waren, blieben bis in die Zeit der griechischen Klassik erhalten. Als später Tribut an die Säulengöttin der Bronzezeit verleihen die anmutigen Kore-Säulen des Erechtheion den vorher abstrakten Darstellungen der Gottheit menschliche Form (s. Abb. 57).
Einen Prototyp der kretischen Säulen kann man in den omegaförmigen Säulenzeichnungen auf alten babylonischen Grenzsteinen sehen. Das Omega ist eine stilisierte Form des Schoßes der Gottheit. Die mesopotamische Geburtsherrin wie auch die sehr alte sumerische Ninhursanga, die Kuhgöttin und Herrin des Gebirges, wurden manchmal einfach «Uterus» genannt.

## DIE VOLUTE

Die Volute, ein spiralen- oder rollenförmiger Schnörkel an den Kapitellen ionischer und korinthischer Säulen, weist große Ähnlichkeit mit der Rosette und dem Omega auf und hat sich möglicherweise daraus entwickelt. Ursprünglich architektonische Stützkonstruktionen an Säulen, erinnern Voluten an die nach außen geschwungenen Schilfringbündel der Inanna. Eine von kretischen Handwerkern aus Gold gefertigte Darstellung der Herrin der Pflanzen, die eine doppelte Girlande in den Händen hält, zeigt das Volutensymbol (etwa 1550–1500 v. Chr.). Zwei Volutenpaare, die als Stütze für die heiligen Papyruswedel dienen, entspringen ihrem Kopf.

Die spiralig sich windende Volute, die später in der Kunst mit den nach unten gebogenen Palmwedeln des Lebensbaumes in Beziehung gesetzt wurde, nahm zunächst die Form der anatolischen Säulenkapitelle an, die den ionischen vorausgingen. Diese weiblichen Formen bilden die Dreifachsäulen der babylonischen Steine; sie sind zudem ein Nachklang des mit Baumsäulen ausgestatteten Altars der kretischen Göttinnen.

## STEIN

Die allgemein verbreitete Verehrung der Säule mag teilweise auf den megalithischen Glauben zurückzuführen sein, die Gottheit wohne im Stein. Nach Erich Neumann erlebten die Alten die Erdmutter als Bergmutter, «die aus der Höhle und dem Felsen»[18]. Es ist daher kein Zufall, daß Steine zu ihren ältesten Symbolen gehören.
In Indien zählen der steinerne *lingam,* der Phallus, und die steinerne *yoni,* die Vulva – beide sind Darstellungen des Göttlichen –, bis zum heutigen Tage zu den beliebtesten Objekten der Anbetung, ob am Wegesrand oder in hinduistischen Heiligtümern. Als Symbol der männlichen Zeugungskraft war der rätselhafte Phallus, der wie der Mond größer und kleiner wird, schon lange vor der Verehrung männlicher Götter ein Emblem der autonomen Großen Göttin.
Das hebräische Wort *Beth-el* bedeutet «Haus Gottes». Der Tempel war eine spätere Weiterentwicklung des Höhlenprinzips und als solche ein Symbol der Großen Göttin. Die Höhlen von Ajanta und Ellora in Indien besitzen Aspekte von beidem. Viele außerordentlich beeindruckende Steingebilde in der ganzen Welt verdeutlichen diesen Zusammenhang; der delphische *Omphalos,* der indische *lingam* und die *yoni,* die irischen *Dolmen* und der islamische *Schwarze Stein* – alle beherbergen sie die Gottheit in sich. Die megalithischen Tempel der Kelten wie etwa Stonehenge, die in perfekter Symmetrie auf den Ebenen Englands stehen, zählen zu den dramatischsten und kraftvollsten Manifestationen des Glaubens an die Heiligkeit des Steines.

# Der Stier und die jüdisch-christlichen Riten

Geht man von den zahlreichen Warnungen gegen die Anbetung der Göttin aus, die man im Alten Testament findet, so scheinen die frühen hebräischen Patriarchen und ihre Nachbarn die Zerstörung des Kultes der Göttin als eine ihrer Hauptaufgaben betrachtet zu haben.

Wir neigen dazu, die hebräische Tradition als streng monotheistisch anzusehen. Es wäre aber seltsam gewesen, wenn die jüdische Religion, die sich über Jahrhunderte hinweg in einer Region entwickelte, in der die Kulte der Göttin blühten, davon unberührt geblieben wäre. Es ist in der Tat mitunter schwierig zu entscheiden, ob ein bestimmter Kult ausschließlich auf Jahwe ausgerichtet war; zahllose Hinweise in der Bibel widersprechen dem monotheistischen Anspruch und lassen auf eine anhaltende Treue den früheren heidnischen Religionen gegenüber schließen.

## DIE GÖTTIN IN ISRAEL: ASCHERA

Wir wissen, daß die Göttin noch um das Jahr 609 v. Chr. in Israel angebetet wurde. Jeremia traf auf Kinder, die auf den Straßen für ihre Mütter Feuerholz sammelten, damit sie für das Fest der Himmelskönigin Opferkuchen backen konnten. Als der Prophet sie tadelte, erklärten die Menschen, daß sie weiterhin für sie Weihrauch verbrennen und ihr Opfergaben darbringen wollten, wie ihre Könige und Prinzen das seit jeher getan hatten. Weil man ihre Anbetung vernachlässigt habe, so sagten sie, seien die Israeliten immer wieder von schrecklichen Katastrophen heimgesucht worden[1], und die in der Hauptstadt zurückgebliebenen Menschen hatten sich gezwungen gesehen, nach Ägypten zu fliehen.

Besonders beliebt war in Palästina der Kult der kanaanäischen Göttin Aschera, die in Form von geschnitzten hölzernen Pfählen, die ihren Namen trugen, verehrt wurde. Diese in der Nähe von Ascheras Altären auf Bergen und in Hainen aufgestellten anthropomorphen Pfähle sind im Laufe der Zeit natürlich zerfallen, aber die Bibel legt die Vermutung nahe, daß die Zerstörung zum Teil mit voller Absicht geschah: «Ihre Altäre sollt ihr niederreißen, ihre Malsteine zerschlagen, ihre Ascheren umhauen und die Bilder ihrer Götter verbrennen, und ihren Namen sollt ihr austilgen von jener Stätte.»[2]

Glücklicherweise hat ein steinernes Bild von Aschera die Zerstörungswut der Anhänger Jahwes überstanden. Der Frauenkopf, der aus dem 8. Jahrhundert v. Chr. stammt, wurde in den im heutigen nördlichen Israel gelegenen Ruinen von Dan gefunden, wo man das goldene Kalb anbetete. Die Göttin weist eine ausgeprägte Ähnlichkeit mit ihren Nachbargöttinnen Anat, Astarte und Asthoreth auf.

## BAAL, DER STIERGOTT UND JAHWE

Das zweite Gebot, das Moses mitgeteilt wurde, impliziert, daß Idole in Gestalt von Stieren und anderen Tieren angefertigt wurden; viele von ihnen waren in anderen Religionen dieser Zeit der Göttin geweiht.

309. Die Illustration eines englischen Psalters zeigt die Israeliten, die das goldene Kalb anbeten. England; 13. Jahrhundert n. Chr.

309

Als Moses abwesend war und sich auf dem Gipfel des Berges aufhielt, stellte sein Bruder Aaron am Fuße des Sinai ein Bild des Gottes Baal auf, ein goldenes Kalb. Eine Vignette aus einem englischen Psalter zeigt die Israeliten, wie sie ein auf einer Säule stehendes goldenes Kalb anbeten, während Moses, der von der Gotteslästerung nichts weiß, auf dem Berg von Gott die Gesetze in Empfang nimmt. Der orthodoxe Moses wurde bei seiner Rückkehr zornig, als er das goldene Abbild vorfand, dessen Anbetung bewies, daß der Totemismus überlebt hatte und es immer noch Kulte der Göttin gab[3]. Die kanaanäischen Stiergötter oder Baale sind Entsprechungen Adads und Verkörperungen von Sturm, Wind und Wolken. Sie regieren über den Fall des Regens und das Wachstum der Saat, und sie teilen sich in die liebevolle Zuneigung derselben Göttin.

Als Repräsentant einer neueren und puritanischeren Weltsicht verabscheute Moses die sexuelle Freizügigkeit der Rituale, die eines der Merkmale der Verehrung der göttlichen Lebenskräfte war; dazu gehörte auch der Beischlaf auf den Feldern, der die Enthüllung des Bildes der Vegetationsgottheit begleitete. Als Aaron das goldene Kalb Baals präsentierte, so schreibt Raphael Patai, reagierten die Menschen auf ganz ähnliche Weise. Nachdem sie Brandopfer dargebracht hatten, nahmen sie gemeinsam mit dem Gott an einem Opfermahl teil und machten sich dann, dem Brauchtum gemäß, daran, auf den Feldern zu kopulieren[4].

Trotz negativer Assoziationen blieb der Stier in der frühjüdischen Religion ein mächtiges Symbol. Im Tempel Salomons stand ein großes Becken, das «die See» genannt wurde; es ruhte auf den Nachbildungen von zwölf Ochsen und diente wahrscheinlich als Wassertrog für Tiere. Nach dem *Buch der Könige* wurden von Jerobeam in den Tempelheiligtümern der nördlichen Königreiche Beth-el und Dan tragbare Darstellungen von Stieren geweiht. Die wichtigsten Kultobjekte in den Schreinen, die goldenen Stiere, wurden als Symbole des Gottes angebetet, der Israel aus der ägyptischen Gefangenschaft befreit hatte.

Einige der Charakterzüge und Attribute des einheimischen Baal wurden auf Jahwe übertragen, als seine Verehrung in Israel eingeführt wurde. In den ihm geweihten Heiligtümern war der Jahwe-Kult manchmal von dem der früheren Inhaber nicht zu unterscheiden, und wahrscheinlich hatte Jahwe den Stiergöttern viel von seiner ursprünglichen Anziehungskraft zu verdanken[5].

Nachdem er sich fest auf heidnischem Boden etabliert hatte, war der jüdische Glaube dann bemüht, sich von Elementen wie der Tempelprostitution (sie hatte die Verehrung der Herrin begleitet) loszulösen, die ihn mit heidnischen Religionen verbanden. In Mesopotamien hatte der König das Lager mit der Göttin geteilt, und in Palästina wurden die Schreine von den Priesterinnen und ihren Liebhabern zum gleichen Zweck benutzt. Aber Josia, der König von Juda, zerstörte die Häuser der heiligen Prostituierten.

Die frühe jüdische Geschichte ist eine Chronik des Kampfes gegen das Eindringen heidnischer Götzenverehrung in eine gemischte Nation. Die Geschichte dieser Auseinandersetzungen zeigt, daß der Bund Abrahams, der den monotheistischen Glauben proklamierte und einen gemeinsamen religiösen Stammbaum unter den Anhängern begründete, lediglich ein taktisches Moment in einer Strategie war, die darauf abzielte, die lokale geschichtliche Überlieferung umzudeuten.

## WEIHNACHTEN

Alle neuen Religionen überlagern bereits existierende alte und projizieren frühere Glaubensvorstellungen auf neue Götter; auch der Triumph des Christentums gründete sich zum Teil auf die Übernahme und Weiterführung sehr alter Glaubensinhalte. Es ist kein Zufall, daß der 25. Dezember, der Geburtstag Christi, bei den Menschen früherer Zeit allgemein ein Tag des Feierns war, ein Tag, der den von Jungfrauen geborenen Sonnengöttern wie Osiris, Horus, Dionysos, Adonis, Mithras, Buddha und Freyr geweiht war. In dieser Jahreszeit feierten die meisten Menschen das Zunehmen der Sonnenkraft, das durch die Niederkunft der Himmelskönigin (oder auch der Himmlischen Jungfrau) und die Geburt des Sonnengottes symbolisiert wurde.

Der Sonnen-Vegetationsgott des Christentums erscheint auf einem byzantinischen Marmorrelief (etwa 4. bis 5. Jahrhundert n. Chr.); es handelt sich um eine der ersten bekannten Darstellungen der Geburt Christi. In Windeln gewickelt, liegt das Christuskind, bewacht von einem Ochsen und einem Esel, in einer Krippe, den Baum des Lebens an seinem Kopfende und den Baum des Todes zu seinen Füßen.

310. Byzantinische Reliefdarstellung der Geburt Christi mit Ochs und Esel. Griechenland; ca. 4.–5. Jahrhundert n. Chr.

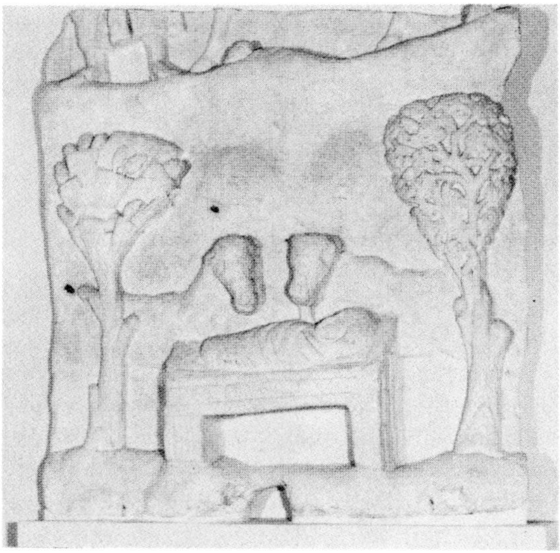

310

In Ägypten betrachtete man den Esel – dies war einer seiner Aspekte – wegen seiner großen Virilität als Sonnentier; das langohrige Tier war eines der Symbole Seths. Der Osiris geweihte Ochse stellte die Seele des Sonnengottes dar, von der man glaubte, sie wohne in den Körpern aller Ochsen. In der christlichen Welt des 4. Jahrhunderts erinnerten Ochs und Esel immer noch an die beiden in Widerstreit liegenden Brüder Seth und Osiris (Horus), und ihr gemeinsames Auftreten versinnbildlichte die Aussöhnung von Gut und Böse[6].

Weihnachten, *Christmas* oder *Noël,* im druidischen Glauben der Tag der Wiedergeburt, war ursprünglich ein Fest, das die Wintersonnenwende verkündete. Dieses wichtigste Fest des Jahres wurde «die Mutternacht» genannt. Bei den heidnischen nordischen Völkern wurde mit dem uralten Julfest (Yule) die Sonne als Förderer der Fruchtbarkeit anerkannt; diese Vorstellung reicht bis in weit frühere Zeiten zurück, als die Sonne noch von der Großen Mutter beherrscht wurde.

Der immergrüne Baum ist in vielen Teilen der Welt das weihnachtliche Hauptsymbol; seine Zweige werden im Haus aufgehängt oder zu Kränzen gebunden. Einer traditionellen Gepflogenheit folgend, breiteten die auf dem Lande wohnenden Menschen auf den Feldern oder auf dem Boden ihres Hauses Stroh aus und schliefen am Heiligen Abend darauf, um für das kommende Jahr eine gute Ernte herbeizurufen. Dieser Brauch läßt sich auf die heiligen Ernteriten alter Zeiten zurückführen, die, wie erwähnt, durch die Kopulation auf den Feldern, gemeinsame Opfermähler und übermäßiges Essen gekennzeichnet waren.

Wenn auch der tiefere Grund dafür seit langem vergessen ist, so gehört doch reichliches Essen immer noch zum Weihnachtsfest, bei dem der Schinken oft ein ganzes Schwein oder Wildschwein ersetzt, das früher zusammen mit der Gans an Weihnachten den Eßtisch zierte. Das fruchtbare, der Demeter geweihte Schwein wurde bei den Erntefesten im alten Griechenland geopfert, und bei den Thesmophorien wurden zu Ehren Demeters Kuchen gereicht, die die Form von Sexualsymbolen hatten[7]. Diese Kuchen sind vielleicht die Vorläufer der wie Tiere geformten Plätzchen, die in Europa und Amerika zu Weihnachten verspeist werden. Die Plätzchen, die man in Mitteleuropa backt, zeigen eine weitere Parallele auf; das Mehl stammt von der Getreideähre, die zuletzt geerntet wurde und die in vergangenen Zeiten den Geist der Muttergöttin verkörperte.

## DIE ZAHL VIER

Als der Einfluß des Weiblichen in der Religion abnahm, schob man die jungfräuliche Göttin, aus der das Pantheon männlicher Gottheiten hervorgegangen war, beiseite. So ist auch die Jungfrau Maria, die die Erde und die Dunkelheit und damit die Große Muttergöttin repräsentiert, aus der christlichen Trinität von Vater, Sohn und Heiligem Geist ausgeschlossen. Als Folge der Ausschaltung des weiblichen Elements wurde die früher weibliche Zahl Drei – wie etwa in der «dreifaltigen Göttin» – dem Männlichen zugeordnet; die Vierzahl, traditionell die Zahl der Erde, wurde weiterhin mit dem weiblichen Element in Verbindung gesehen. Die Vorstellung der mittelalterlichen Alchemisten von der Vollkommenheit basierte teilweise auf einem Axiom, das Maria Prophetissa formuliert hatte: «Aus dem Dritten kommt das Eine als das Vierte...»[8] Diese Aussage kann man dahingehend interpretieren, daß Einheit entsteht, wenn das Dritte das Vierte hervorbringt.

Ein weiteres Beispiel für die Vier im Christentum sind die vier Evangelien. Zwischen der Ikonographie dieser vier Evangelien und ägyptischen Praktiken besteht ein interessanter Zusammenhang. Der Ochse des Lukas, der Adler des Johannes, der Löwe des Markus und der Engel (oder «Mensch») des Matthäus entsprechen den vier Kanopen (Krügen), die in Ägypten bei den Totenriten verwendet wurden. Der Deckel jeder Kanope stellt einen der vier Söhne des Horus dar; drei von ihnen haben Tierköpfe, der vierte hat einen menschlichen Kopf[9].

# Stier, Mond und Kalender

Den Stier verehrt man vor allem wegen seiner Macht, die Pflanzen wachsen zu lassen. Der mythische Stier wird mit dem Mond in Verbindung gesehen, der sich durch sein rätselhaftes Zu- und Abnehmen auf die Gezeiten auswirkt, über Donner, Blitz und Regen regiert, das Wachstum der Vegetation bestimmt und den Rhythmus des Schoßes beeinflußt. Die Verbindung des Stieres mit dem Wasser kommt durch den Mond zustande, und die sichelförmigen Hörner sind ein natürliches Emblem seiner wetterbeherrschenden Kräfte. Die Hörner des Stieres, als Emblem des Sichelmondes und als Quelle der lebenspendenden Flüssigkeit, sind für die magischen, befruchtenden Kräfte des Stieres verantwortlich.

## DAS PALÄOLITHIKUM

Über die Anbetung der Göttin durch die halbnomadischen Höhlenbewohner prähistorischer Zeiten ist wenig bekannt, doch finden sich immer mehr Anhaltspunkte dafür, daß ihre Kulte sehr verbreitet waren. Die Hinweise auf magische oder mythologische Glaubensvorstellungen haben viele Anthropologen davon überzeugt, daß die Verehrung der Göttin so alt ist, daß sie wahrscheinlich die erste Religion überhaupt war. Zahlreiche künstlerisch wertvolle und faszinierende Steingravierungen von Frauen, die zwischen 30000 und 8000 v. Chr. entstanden, einem wahrhaft Ehrfurcht gebietenden Zeitraum, sind die ersten Zeugnisse für die Verehrung der Göttin.

Das erste Dokument für die dauerhafte symbolische Beziehung zwischen dem Stier und der Großen Göttin war ein in die Wand eines Abri aus dem späteren Périgordien (etwa 20000–18000 v. Chr.) in der Nähe von Les Eyzies in der Dordogne eingemeißeltes Steinrelief[1]. Man glaubte einst, daß sich die große Lebenskraft des Stieres in seinen Hörnern konzentriere. Die nackte Venus von Laussel, wie sie genannt wird, hebt mit der rechten Hand ein Bisonhorn in die Höhe, um damit ihre Herrschaft über die Zeugungskräfte anzuzeigen. Das Gesicht, dessen Züge nicht zu erkennen sind und das die Form des Vollmondes hat, ist dem Horn zugewendet. Um ihre Fruchtbarkeit zu betonen, legt die Göttin ihre linke Hand auf ihren Bauch, eine Geste, die der Aphrodites ähnelt.

An der Wand derselben Felsbehausung entdeckte man eine mit einem Gürtel versehene männliche und eine zweite weibliche Gestalt, die ein Stierhorn hält; die Figuren sind etwa 43 cm hoch, was für diese Zeit sehr groß ist. Diese Basreliefs gehören wahrscheinlich nicht ausschließlich zu den Mythen und Riten des Jagdzaubers, denn entsprechende Kunstwerke wurden meist in Eile angefertigt; diese Darstellungen hingegen sind sorgfältig ausgearbeitete, reife Werke.

An der mit großer Sorgfalt modellierten zentralen Göttin des Schreins finden sich Spuren roten Okkers, und in nahegelegene Felsen sind weibliche Sexualsymbole eingeritzt. Die rote Farbe deutet auf die kosmische Bedeutung der Göttin hin und repräsentiert das Leben. Viele primitive Tabus sind mit weiblichen Mysterien verknüpft und entstanden aus der Ehrfurcht vor den magischen Eigenschaften des Blutes und aus dem Glauben an seine

311

311. Die Venus von Laussel hält ein Stierhorn, dessen dreizehn Kerben auf den Mondzyklus anspielen. Les Eyzies, Dordogne, Frankreich; ca. 20000–18000 v. Chr. (s. Tafel 34).

312. Maria, die Himmelskönigin, sitzt auf dem sichelförmigen Mond und hält das Christuskind auf dem Schoß. Spanien; ca. 17. Jahrhundert n. Chr.

Fähigkeit, Übel abzuwenden. Diese Vorstellungen haben sich vom Paläolithikum bis in christliche Zeiten erhalten. Im Altertum waren Blutopfer von Menschen oder Tieren wertvolle Geschenke an die Vegetationsgottheit; bei manchen Stämmen opferte man Männer und Frauen, um das Land durch ihr Blut fruchtbar zu machen.

Das Horn in der Hand der Göttin ist möglicherweise eines der ältesten Hilfsmittel zur Zeitzählung; es weist dreizehn Markierungen auf, die die kalendarische Einteilung des Mondjahres oder die Zeit zwischen den Mondvierteln bezeichnen. Jede Kerbe entspricht einem Tag zwischen dem ersten kleinen sichtbaren Abschnitt des zunehmenden Mondes und dem Rund des Vollmondes. R. Menghien wies als erster auf den Zusammenhang zwischen der Mondsichel und dem Horn hin, und A. Marshack hat Wichtiges über seinen Nutzen für kalendarische Berechnungen ausgeführt.

Die Korrespondenz zwischen dem weiblichen Menstruationszyklus und den Mondphasen liegt dem symbolischen Gebrauch der sichelförmigen Hörner bis in die christliche Ära zugrunde. Weil die Jungfrau Maria als Himmelskönigin herrscht[2], wird sie manchmal in einer Mondsichel sitzend dargestellt.

312

## DIE EISENZEIT

Von zwei Bronzestatuen aus dem Rußland der Eisenzeit, die eine männliche und eine weibliche Figur darstellen, ist die hier abgebildete Männerstatue das weitaus schönere Stück. Eine ithyphallische männliche Gottheit der Stürme steht zuoberst auf in drei Reihen übereinander angeordneten Ochsenschädeln, die von geschwungenen Hörnern eingerahmt sind. Der Glockenhalter wurde vielleicht beim magischen Regenzauber und bei Vegetationsriten verwendet, und die Glocken und Klöppel verweisen klar auf die Beziehung zwischen Mann und Frau. Die beiden Stücke stammen aus der Periode der Abwendung vom mutterzentrierten Glauben. Um beiden Religionen gerecht zu werden, wurden zwei Stücke angefertigt, damit keine der Gottheiten beleidigt sein konnte.

Aber selbst das männliche Stück enthält Aspekte, die an die Göttin erinnern. Die Zahl der Reihen und die Zahl der gehörnten Köpfe, die jede Etage schmücken, sind signifikant: die Zahl drei wird verdreifacht und ergibt die Neun, die höchste Zahl der Dreifaltigen Göttin. Im Zusammenhang mit Darstellungen von Ochsen steht die Neun auch für die Mondphasen. Neunmal wandert der Mond in jeder seiner Phasen um die Erde, und neun war auch die heilige Zahl der orgiastischen Mondpriesterinnen, die dem Lenäen-Fest der griechischen Semele vorstanden[3].

In der Kunst, selbst in der christlichen Kunst, erscheint der Stier selten, ohne einen Zweig in seiner Nähe zu haben, der den Betrachter an seine Macht über das vegetative Wachstum erinnern soll. An dem bronzenen Glockenhalter wird der Zweig durch die Keule symbolisiert, einen Platzhalter für den Baum. Viele spätere Wettergötter treten mit Äxten, Hämmern oder Keulen auf, magischen Zweigen, die aus Fruchtbarkeitssymbolen zu Waffen geworden waren. Die hölzerne Keule des Sonnenhelden Herakles und der magische Hammer des nordischen Donnergottes Thor haben möglicherweise eine ähnliche Funktion. Das Königsszepter besitzt die gleiche Symbolkraft.

## DER ASSYRISCHE WETTERGOTT

Eine Reihe mythologischer Themen sind in hervorragender Punzarbeit auf der Oberfläche einer goldenen Schale aus Hasanlu, einer assyrisch beeinflußten Provinz des Iran, dargestellt. Eine Szene auf dieser Schale zeigt einen Stier, aus dessen Maul ein dicker Strahl erfrischenden Wassers strömt, während ein Wettergott ihn über den sternenbesetzten Himmel lenkt; außerdem ist das Porträt der nackten Göttin zu sehen. Der geplünderte Palast, in dem die Schale gefunden wurde, stammt aus dem 9. Jahrhundert n. Chr. Die Schale, offenbar ein Erbstück, ist älter (etwa 1800 v. Chr.) und blieb der Nachwelt nur erhalten, weil ein Stück der brennenden Holzdecke auf drei junge Leute stürzte, die versuchten, die Schale zu retten. Einer der Edelmänner starb mit der Schale in den Armen; sein Schwert mit goldenem Griff lag neben ihm[4].

In den Religionen Europas, Asiens und Afrikas waren die Himmelsgottheiten in erster Linie mit den großen Vegetationsgottheiten verwandt. Ihre Macht als Wettergötter drückt sich durch das Stiersymbol aus. Da sie keineswegs autonome, aus sich selbst entstandene Götter sind, wird jeder von einer Göttin begleitet – und oft auch beherrscht –, von der die Fruchtbarkeit des Universums abhängt. In der Folge übernimmt der Himmelsgott sowohl

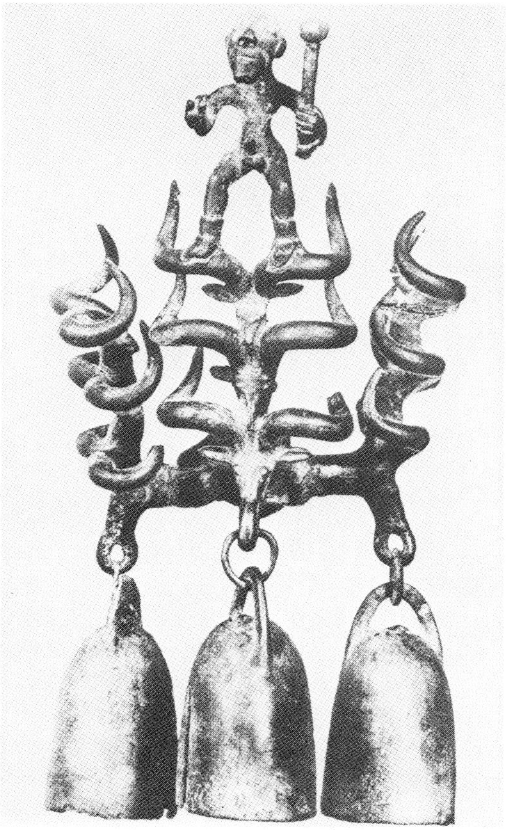

313

313. Männliche Wettergottheit auf einer Reihe von Ochsenschädeln. Glocken und Klöppel spielen auf die Geschlechtsbeziehungen zwischen Mann und Frau an. Rußland, Eisenzeit; ca. 1200 v. Chr.

314. Mythologische Motive auf einer Schale aus getriebenem Gold. Hasanlu, Iran; 1800 v. Chr.

314

ihre lunaren als auch ihre chthonischen Attribute. Die heilige Hochzeit von Himmel und Erde war keineswegs nur auf einen kleinen Kulturkreis beschränkt; mindestens sechs Jahrtausende lang und über drei Kontinente hinweg blieb der Wasserstier der Gefährte der fruchtbaren Mutter.

## CHINA

Die Mondphasen bilden das Thema einer massiven Sakralschale aus der Tschou-Dynastie (1027–221 v. Chr.). Dieses chinesische Bronzegefäß ist eine Nachahmung des Mondkalenders, die mathematische Zusammenhänge symbolisch durch Zahl und Form andeutet. An vier Stellen sind, einander gegenüberliegend, die Handgriffe angebracht; vorn zieren sie drei Wasserbüffelköpfe, die als feines Relief herausgearbeitet sind. Die Büffelköpfe stellen die wichtigsten Mondphasen dar: zunehmend, voll und abnehmend. Die hervorspringenden Bronzezapfen entsprechen den beweglichen Holzstiften, die man bei älteren Kalendern benutzte; ihre rund um die Schale laufende Anordnung in Zwölfergruppen nimmt Bezug auf das Sonnenjahr.
In China spielte der Stier bei der Einteilung des Jahres eine wesentliche Rolle. Zu dem Fest mit dem Namen «Frühlingstreffen» oder «das Schlagen des Frühlingsochsen» gehörten farbenprächtige Freudenprozessionen, die überall im Land stattfanden. Am ersten Frühlingstag, also zu Beginn des neuen Jahres abgehalten, gipfelten die Festlichkeiten darin, daß man mit Stöcken auf die plastische, mit Getreide gefüllte Nachbildung eines Ochsen einschlug, die auf einem Altar stand. Inmitten der Menge zerbrach die Figur, das Getreide fiel heraus und streute, ein üppiges Jahr verheißend, befruchtende Kraft aus. Ein Büffel wurde geschlachtet und sein Fleisch verzehrt, während man dem «göttlichen Bauern», einer legendären menschlichen Gestalt mit einem Stierkopf, Opfer darbrachte[5]. Die Ähnlichkeit altchinesischer astrologischer Mythen mit denen, die in den großen babylonischen Keilschrifttexten geschildert werden, weist darauf hin, daß viele Riten und Mythen vom Nahen in den Fernen Osten wanderten. Dieses Fest geht bis in sumerische Zeiten zurück und hatte seinen Ursprung im alten Ägypten. Der Anfang des ägyptischen Jahres mit der gleichzeitigen Nilüberschwemmung war der Tag Hathors, der Kuhgöttin, wie in alten Texten berichtet wird[6].

## STIEROPFER ZU BESTIMMTEN JAHRESZEITEN

Viele Stiergötter des Nahen Ostens und des antiken Griechenlands wurden als Fruchtbarkeitsopfer rituell zerstückelt und über die Felder verstreut. Ein Fest, das mit dem «Schlagen des Frühlingsochsen» beinahe identisch ist, wurde *bouphonia* oder «Ochsenmord» genannt. Im klassischen Athen wurde es beim Vollmond des letzten Erntemonats abgehalten. Ein Ochse näherte sich dem Altar, um die Opfergabe an Weizen und Gerste zu fressen, die man dort für ihn aufgestellt hatte. Wenn sein Bauch mit den Körnern der Ernte gefüllt war (so wie die Bäuche der Menschenopfer in den Mooren des Nordens), schlachtete man das Tier und zog ihm die

315. Bronzekalender aus der Zeit der Tschou-Dynastie. Büffelköpfe deuten die Mondphasen an. China; 11. bis 10. Jahrhundert v. Chr.

315

Haut ab; das rohe Fleisch wurde unter die Erntearbeiter verteilt und die Ochsenhaut mit Gras ausgestopft[7].

Bei den Weihnachtsfeiern in Mexiko schlagen Kinder, denen man die Augen verbunden hat, mit Stöcken auf einen *piñata* (Papierstier) ein, damit die darin verborgenen Geschenke herausfallen. Die auf den nördlichsten Inseln Japans lebenden Ainu, deren Schädelstruktur verrät, daß sie Einwanderer aus den paläolithischen Höhlen Europas sind, kannten ähnliche Rituale. Allerdings haben sie anstelle des Stieres den ursprünglich verwendeten Bären beibehalten. Auch das Kamelopfer der Beduinen läßt sich damit vergleichen; zwischen Aufgang und Untergang des Morgensterns – Ischtar-Venus, der das Opfer dargebracht wird – stürzt man sich mit Messern auf das Tier und verzehrt es restlos.

Das chinesische Ochsenfest, das in Griechenland *bouphonia* hieß, das Kamelopfer und die *piñata*-Party haben eines gemeinsam: in allen Fällen war die Blindheit ein grundlegendes Element des Rituals. Die chinesische Ochsenfigur, aus buntem Papier gefertigt, wurde von einem blinden Mann oder entsprechend den Anweisungen eines Zauberers, der sich, mit geschlossenen Augen, in Trance befand, auf den Rahmen geklebt. In Mexiko hing die *piñata* hoch oben, außer Reichweite der Kinder, denen man die Augen verband. Die mörderische Handlung der Beduinen spielte sich in frühmorgendlicher Dunkelheit ab, denn das Ritual mußte vor Sonnenaufgang vollendet sein. Der griechische Ochse wurde vor aller Augen von seinen Schlächtern getötet; danach gab es zum Schein eine Gerichtsverhandlung, bei der jedermann behauptete, er habe nichts gesehen; die Schuld wurde von einem auf den anderen geschoben, bis schließlich die Axt und das Messer angeklagt, schuldig gesprochen und verurteilt wurden. Das Scheingericht zur Feststellung der Identität der Mörder spielte sich unter Heiterkeit und Gelächter ab[8].

Oft werden Gebete in dem Glauben, daß der Ausschluß des äußeren Willens die Kommunikation mit dem numinosen Geist begünstigt, mit geschlossenen Augen gesprochen. In Marokko werden einer Braut vor ihrer Hochzeit drei Tage lang die Augen verbunden. Blindheit ist oft auch eine Vorbedingung der Initiation: der oder die Einzuweihende betritt das Reich der Finsternis, um die Mysterienweisheit zu erlangen, und ihm oder ihr werden erst die Augen geöffnet, wenn er oder sie aus der Dunkelheit zurückgekehrt ist und das Licht «gesehen» hat. In der *Genesis* sagt die Schlange zu Eva: «Gott weiß, daß, sobald ihr davon esset, euch die Augen aufgehen werden...»[9]

## ASTROLOGIE UND KALENDER

Ägypten und Sumer-Babylonien haben nicht nur Mythen gemeinsam, sondern auch einen beinahe identischen, außerordentlich komplexen Kalender, der 36 Wochen zu zehn Tagen umfaßt; am Ende des Jahres werden fünf Tage hinzugefügt. Man geht davon aus, daß den Kalendern ein gemeinsamer Ursprung zugrunde liegt; sie basierten auf dem Aufgang der Sterne in zwölfstündigen Intervallen. Der wichtigste Stern, Sirius, wird mit Isis in Verbindung gebracht[10].

Seit der Frühzeit sind viele versteckte Anspielungen auf den Kult der Göttin erhalten. Die sumerischen Astrologen, die den Tierkreis konzipierten, respektierten die fruchtbare Union zwischen der Göttin und dem Stier und stellten sein Zeichen unter die Herrschaft des Planeten Ischtar (Venus); so ist es bis zum heutigen Tag geblieben. Eine Lederseite aus einem astrologischen Traktat von Albumasar (einem arabischen Astronomen des 9. Jahrhunderts n. Chr.), die der Duc du Berry etwa 1403 zum Geschenk erhielt, zeigt die Harfe spielende Venus mit einer goldenen Krone auf dem Kopf. Die Königin des Planeten, der ihren Namen trägt, sitzt auf ihrem Thron; sie beherrscht zwei astrologische Zeichen, den Stier und die Waage.

Vor der Bildung des Tierkreises und der Entstehung schriftlicher Aufzeichnungen wurde Venus mit dem Morgenstern identifiziert, dem Stern, der vor Sonnenaufgang sein Licht aussendet, nachdem alle anderen Sterne aufgehört haben zu leuchten. Der astrologische Einfluß der Venus drückt sich in Fruchtbarkeit, Großzügigkeit, Wohlwollen, Wärme und Feuchtigkeit aus. In der Sternenanbetung wurden die jungfräulichen Göttinnen des Nahen Ostens häufig durch den Planeten Venus, den Abend- und Morgenstern, personifiziert.

Die Decke, die der berühmte ägyptische Baumeister Senmut für sein eigenes Grab entwarf, stellt Horus als Morgenstern dar; er zielt mit seinem Speer auf den Stier, dessen Konstellation am Morgenhimmel untergeht, da die Göttin ihren Einfluß geltend macht. Im Lauf der Zeit wurde die Galaxie des Großen Stieres unter dem Namen Großer Bär bekannt.

316. In einer astrologischen Abhandlung von Albumasar ist Venus, die himmlische Königin, als Herrscherin über die Zeichen von Stier und Waage zu sehen. Frankreich; ca. 1403 n. Chr.

316

317

318

317. Spätpaläolithische Höhlenmalerei aus Cogus zeigt Frauen, die den Stundentanz aufführen. Spanien; nach 10000 v. Chr.

318. An der Decke des Grabes des Baumeisters Senmut deutet Horus als Morgenstern auf die Konstellation des Stieres. Ägypten; nach 1490 v. Chr.

## DER MOND

Die Alten versuchten nicht, die Kräfte des Mondes durch wissenschaftliche Experimente nachzuweisen; diese Kräfte offenbarten sich ihnen durch Intuition und Analogie. Die Sonne war für sie relativ beständig und unveränderlich, während der Mond zu- und abnahm und mitunter sogar völlig verschwand. Seine ständige Wiederkehr machte ihn zum Symbol des rhythmischen Wandels und der Fruchtbarkeit.

Überall in den frühen Kulturen wurde die Zeit mit Hilfe des Mondes gemessen. Seine wechselnden Phasen bestimmten die Monate der ersten Kalender; das Wort «Mond» läßt sich in verwandten Wörtern wie «Monat», «Maß» und dem lateinischen *mens* erkennen. Hinzu kommt, daß der Mond den lunaren Monat halbiert, während die vier Viertel die Wochen ergeben. Die Fortpflanzungsfunktion der Frauen scheint durch den Mond reguliert zu werden, da Mond- und Menstruationszyklus zusammenfallen, und auch Babys werden über neun Mondzyklen ausgetragen. In den Kulturen der pazifischen Inseln glaubt man, die Menstruation der Frauen werde dadurch verursacht, daß sie im Schlaf mit dem Mondgott Geschlechtsverkehr haben[11]. Der Mond bestimmt über die Gezeiten, seine Herrschaft erstreckt sich auf alle Flüssigkeiten und somit auch auf das Wetter, das sich entsprechend dem Gang der Mondumläufe zu ändern scheint. Da man ihn für alles vegetative Wachstum verantwortlich hielt, wurde der Mond zum Urquell des pflanzlichen Lebens, vom Samen bis hin zum heiligen Baum. Und schließlich nimmt der Mond zu, bis er voll ist, dann aber wieder ab und stirbt am Ende jedes Zyklus. Nach dreitägiger Dunkelheit wird er wiedergeboren – ein allgemeingültiges Symbol der Hoffnung auf individuelle Erneuerung.

## DER STUNDENTANZ

Felsmalereien des Magdalénien in Spanien und Nordafrika zeigen mit Pfeil und Bogen bewaffnete Frauen zusammen mit Männern auf der Jagd. Aber in Cogus in Katalonien entstand, etwa zur gleichen Zeit wie die Höhlenmalereien nördlich der Pyrenäen, eine Szene in einem ganz anderen künstlerischen Stil und mit völlig anderem Inhalt. Auf einem Fresko, das in einem Abri entdeckt wurde, tanzen neun Mädchen im Kreis; sie tragen enganliegende Kleider mit schmaler Taille und dreieckige Kappen[12]. Die Tatsache, daß auch ein Bison abgebildet ist, datiert die Szene ins späte Paläolithikum. Die später hinzugefügte kleine braune Männergestalt hat einen nicht erigierten Phallus, was bestätigt, daß die Zeremonie nicht als Fruchtbarkeitsritus intendiert war. Möglicherweise schildert die Szene einen Stundentanz, bei dem ursprünglich die Bewegungen der Sterne und der großen Himmelskörper mimisch dargestellt wurden. Diese Nachahmung des ewigen kosmischen Tanzes durch Menschen ist möglicherweise die erste überlieferte Version des himmlischen Reigentanzes.

# Teil XII: Der Skorpion

Die Gottheit der Unterwelt, Selket, trägt einen großen goldenen Skorpion auf dem Kopf. Ägypten; ca. 1325 v. Chr. (s. Abb. 323 und Tafel 50).

Nach C. G. Jung bringt der Skorpion den Lebensgeist zum Ausdruck, der, in verwandelter Form, zum göttlichen Pneuma wird; eines seiner Symbole ist der Skorpion, der sich selbst totsticht[1].
Der Zusammenhang von Schlange und Skorpion, beides plötzlich zustoßende Tiere mit gefährlichem Biß oder Stich, tritt in dem babylonischen und griechischen Sternzeichen des Skorpions zutage, das dem ägyptischen Zeichen der Herbst-Tagundnachtgleiche, der Schlange, entspricht. In esoterischen Traditionen gilt der Skorpion wegen seiner Fähigkeit zur Selbstaufopferung und zur Wiedergeburt als geistiges Tier. Man sagt, das Gift des Skorpions enthalte sein eigenes Gegengift.

## MESOPOTAMIEN

Eine sumerische Schale aus der Hassuna-Samarra-Periode (etwa 5350–5050 v. Chr.) zeigt vier Aspekte einer nackten, windgezausten Gottheit mit wehendem Haar. Acht Skorpione umkreisen die in Form einer doppelten Swastika dargestellte Gottheit und erinnern an die Wiedergeburt und den endlosen Fluß der Zeit.
Ein früher Beleg für die Heiligkeit des Skorpions findet sich auf der viereckigen Fläche eines Stempelsiegels aus dem Jahr 3300 v. Chr., auf dem die Rosette der Großen Göttin Inanna von den Scheren zweier Skorpione beschützt wird.
Eine faszinierende Figur aus Ur, in Gebärhaltung und von zwei Skorpionen begleitet, bringt die furchteinflößende Ambivalenz der Muttergöttin zum Ausdruck.

## SÜDAMERIKA

Patricia Monaghan zufolge wohnt die große Skorpiongöttin des Amazonas mit Namen Ituana am Ende der Milchstraße. Dort herrscht sie über das Jenseits, läßt die Seelen zu neuem Leben wiedergeboren werden und nährt die Erdenkinder an ihren zahllosen Brüsten[2].

## ÄGYPTEN

In Ägypten schon seit frühester Zeit verehrt, fand der Skorpion als sehr alte Gottheit Eingang in das *Totenbuch*. Ein alter Text erzählt von einer Reise, die Isis mit sieben dieser Insekten unternahm. Als ihr Sohn Horus von einem Skorpion der tödlichsten Spezies gestochen wurde, retteten ihre Skorpionfreunde den Sohn aus Liebe zu ihr. Außerdem stachen sie den Sohn einer Frau, die sich geweigert hatte, Isis zu helfen. Durch ihre Zauberkräfte rettete Isis dann diesen vergifteten Jungen.
Eine Bronzestatue, die sich heute im Louvre befindet, zeigt Selket, die Göttin der Magie, als Sphinx. Selket hat den Oberkörper einer Frau und den Unterleib eines Skorpions; sie heiratete eine Schlangengottheit mit monströsen menschlichen Gliedern. Manchmal ist sie furchteinflößend, dann wieder wohlwollend. Selkets freundschaftliche Beziehung zu Isis, die auf einem Grenzstein mit der Bezeichnung «Metternich-Stele» veranschaulicht wurde, ist eine Folge ihrer mütterlichen Fürsorge. Selket trägt die Hörner und die Sonnenscheibe der Isis auf dem Kopf. Trotz ihrer erschreckenden

319

320

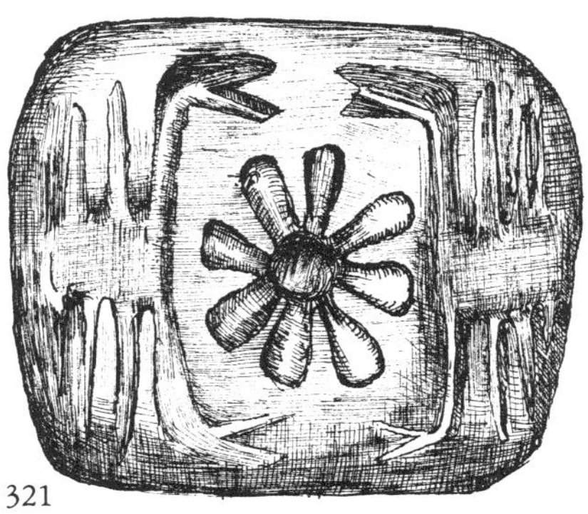
321

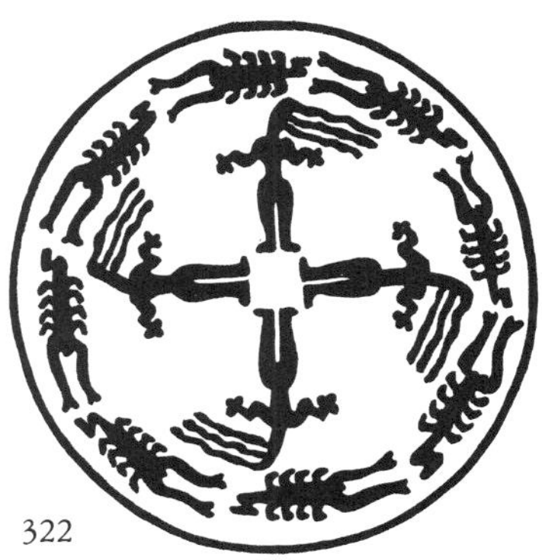
322

319. Der Oberkörper von Selket, der Skorpiongöttin, hat die Gestalt einer Frau, der Unterleib die Form eines Skorpions mit erhobenem Schwanz. Ägypten; Neues Reich, 1570–332 v. Chr.

320. Gebärende Göttin, von Skorpionen beschützt. Ur; ca. 2400 v. Chr.

321. Ein Stempelsiegel zeigt zwei Skorpione, die die Rosette der Göttin Inanna beschützen. Sumer; ca. 3300 v. Chr.

322. Von acht Skorpionen beschützt, tanzen vier Aspekte der Göttin in Swastika-Anordnung auf einer Schale. Sumer; ca. 5350–5050 v. Chr.

323. Die lebensgroße Figur Selkets, die vor einem vergoldeten Schrein aus dem Grab Tutanchamuns steht, trägt einen Skorpion auf dem Kopf. Ägypten; ca. 1325 v. Chr. (s. Tafel 50).

323

Macht über den Tod tritt Selket, wenn sie mit Isis assoziiert wird, als Wohltäterin auf[3].
Selket symbolisiert die Auferstehung zu neuem Leben jenseits der irdischen Existenz. Die untergehende Sonne mit ihren ausgestreckten Armen umfangend, wird sie zum Verbindungsglied zwischen den Lebenden und den Toten, denen sie hilft, sich in ihrer neuen Umgebung zurechtzufinden. Ein anderer Aspekt Selkets ist mit Sirius vereint, und infolgedessen wird der Stern in ihre Krone integriert. Selkets wichtigste Aufgabe ist die Bewachung der Kanopenkrüge unter der Totenbahre[4]. Einer von ihnen enthält die Eingeweide, in denen sich der weiße Chylus befindet. Aus diesem Umstand ergeben sich einige eigenartige Zusammenhänge. Zum einen zirkuliert der größte Teil des weißen Chylus, der in den Eingeweiden produziert wird, osmotisch. Zum anderen kriechen die Jungen des Skorpions, die unter einer dünnen Membran geboren werden, aus, wenn die Mutter diese Eihaut zerreißt; die kleinen Skorpione klettern dann auf sie und klammern sich auf ihrem Rücken fest. Da drittens die Skorpionmutter keine Brüste hat, ernähren sich die Kleinen auf ihrem Rücken durch Osmose. Die Eingeweide müssen sehr exakt funktionieren, um Nahrung und Abfallprodukte wirkungsvoll zu trennen, und diese extreme Sensibilität bedingt die Entwicklung eines umfassenden Abwehrreflexes des Sympathikus und des zerebrospinalen Systems. Skorpiongift wirkt genau auf dieses Nervensystem; dies ist – unter anderem – ein bemerkenswerter Fall einer symbolischen Analogie. Ohne wissenschaftliche Instrumente zur Verfügung zu haben, verstanden die alten Ägypter den Osmoseprozeß in den lebendigen Eingeweiden gut genug, um dieses Prinzip mit der Art der Nahrungsaufnahme junger Skorpione in Verbindung zu bringen.
Selket ist die Skorpiongöttin, eine ätherische Frauengestalt von ehrfurchtgebietender Schönheit. Auf dem prächtigen Goldschrein des Tutanchamun beschützt ihre eindrucksvolle goldene Figur den König. Drei weitere Schutzgöttinnen begleiten sie, auf jeder Seite des Schreins eine. Als Göttin der Unterwelt trägt Selket auf ihrem Kopf einen großen, goldenen Skorpion.

## NORDAMERIKA

Das Volk der Mimbre im Südwesten der USA brachte viele Zeichnungen von Tieren, darunter auch vom Skorpion, hervor. Da die Mimbrefrauen die meisten, wenn nicht alle Töpferwaren herstellten und dekorierten, sind Symbole der alten Traditionen mit ihren vorpatriarchalen Bedeutungen intakt geblieben. Der Skorpion wird immer mit menschlicher wie auch vegetativer Fruchtbarkeit assoziiert. In Mesopotamien galt der Skorpion als günstiges kosmisches Symbol, das mit dem Hieros Gamos (der «heiligen Hochzeit») in Zusammenhang stand; er war Garant der Fruchtbarkeit der Nation für das jeweilige Jahr.
Auf einer Mimbre-Schale ist ein Skorpion mit vier klassischen Symbolen der Göttin wiedergegeben: Spirale, Chevron, Netzmuster und Raute – eine erfrischend neue Kombination dieser vertrauten Zeichen. Oben auf der Skorpiongestalt befindet sich die Spirale des Lebens und des Todes und deutet

324. Ein altes Skorpionmuster der Mimbre zeigt viele Symbole der Göttin. Südwestliches Amerika; 900–1150 n. Chr.

324

325. Tanzender Shiva aus Bronze balanciert auf einem runden Piedestal, das die Erde darstellt; sein Tanzboden wird von drei Skorpionen getragen. Indien; 18. Jahrhundert n. Chr.

das zentrale Thema an. Darunter nimmt das Wasser – als Regen in Form von Zickzacklinien mit Strichen dargestellt – einen wichtigen Platz ein. Vom schlangenartigen Schwanz umschlossen und von Schachbrettmustern umgeben, zeigt eine große Tautropfenform das Netzmuster.

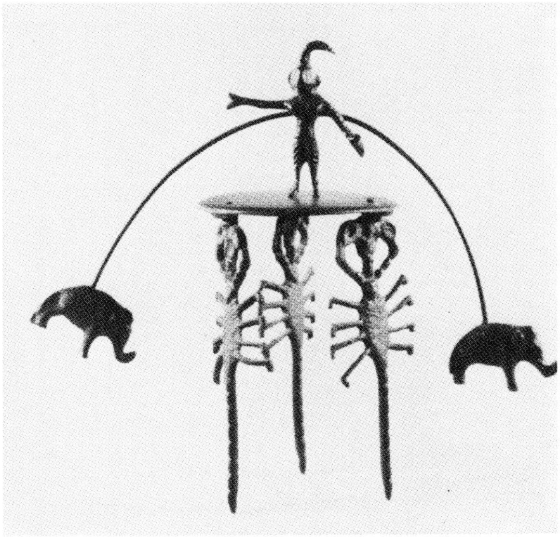

325

## INDIEN

Chamunda, eine Skorpiongottheit der zentralindischen Tradition, ist eine Erscheinungsform Durgas und personifiziert eine der «sieben Mütter»[5]. Statuen zeigen sie auf einem Leichnam sitzend. Sie ist mit Schädeln geschmückt, und ihr langes Knochenszepter ist mit einem weiteren Schädel gekrönt. Die Skorpionzeichen auf ihrem mageren Bauch bedeuten Hunger. In einer mysteriösen Geste, die vielleicht eine Anspielung auf den Tod ist, hält sie oft den Finger an die Lippen. Daß sie mit Gift ausgestattet ist, weist darauf hin, daß sie Macht über den Tod hat, und impliziert gleichzeitig ihre Verbindung mit der Wiedergeburt.

Eine feingegliederte Bronzeplastik aus dem 18. Jahrhundert n. Chr. zeigt den Gott Shiva, der auf einer runden Plattform tanzt, die für die Erde steht. Er balanciert eine lange, gebogene Stange mit einem Elefanten an jedem Ende, so daß er sich leicht um sich selbst drehen kann, ohne zu fallen. Sein Tanzboden wird von drei großen Skorpionen getragen, die man gewählt hat, um zum Ausdruck zu bringen, daß die Erde von dem aus Geburt, Tod und Wiedergeburt bestehenden Kreislauf der Großen Mutter abhängig ist.

# Teil XIII: Der Bär

Eine alte Statue der Bärengöttin, Dea Artio. Schweiz; 2. Jahrhundert v. Chr. (Ausschnitt aus Abb. 332 und Tafel 35).

## GEVATTER BÄR

Der Bär ist furchteinflößend und faszinierend, weil er das Wilde und den Geist der mütterlichen Göttin verkörpert. Er ist die Inkarnation der Natur selbst. Trotz seiner enormen Größe und Kraft und trotz seines zottigen Äußeren erinnert der Bär die Menschen an ihre eigene Art; ohne das Fell erinnert sein Körperbau sehr stark an den unseren, doch hört die Ähnlichkeit des Bären mit dem Menschen nicht bei seiner äußeren Erscheinung auf. Er ist schnell, gewitzt und agil, geht aufrecht, ist zielstrebig, methodisch und geschickt; die intensive Beobachtung seiner Gewohnheiten im Urwald muß den Menschen der Frühzeit viel darüber verraten haben, wie man in einer üppigen, aber auch gefährlichen Umwelt überleben kann. Darüber hinaus ist der Winterschlaf des Bären ein aussagekräftiges Symbol für die Wiedergeburt. Dank der Vielzahl einschlägiger Charakterzüge hatte der Bär bei den Alten einen hohen Stellenwert als Vertreter des Heiligen.

Eine etymologische Analyse des englischen Wortes *bear,* «Bär», gibt Aufschluß über das Wesen des Tieres selbst. Es gehört – als irreduzibles Verb oder Substantiv – zu den bedeutungsreichsten und elementarsten Wörtern der englischen Sprache. Das Verb *to bear* enthüllt tiefe Schichten signifikanter Bedeutungen; es heißt «tragen», «gebären», «hervorbringen» oder auch «aushalten», «ertragen». Das schottische *bairn* bedeutet «Kind». Auch in anderen europäischen Sprachen ist es ähnlich faszinierend, der Etymologie des Wortes für «Bär» nachzuspüren[1].

## DAS PALÄOLITHIKUM

Die Meinungen darüber, wann und wo die Geburt der Menschheit erfolgte, ändern sich ständig. Das älteste von einem Menschen hinterlassene Zeichen wurde vor etwa 300000 Jahren in Südfrankreich an einem Ort namens Pech de l'Age in einen Tierknochen eingeritzt. Marshack vertritt die Ansicht, daß die Rippe in irgendeiner Form für kalendarische Berechnungen benutzt wurde[2]. Der erste Hinweis auf eine Beziehung zwischen Mensch und Bär stammt aus der Zeit um 50000 v. Chr.

Bärenzeremonien hatten ihren Anfang im prähistorischen Europa. Ihre Bedeutung wirft Licht auf die «Tage der großen Jagd» zur Zeit der Neandertaler. Der Höhlenbär bewohnte sowohl das Tiefland als auch die Hochgebirgsregionen der Alpen und suchte zum Überwintern Schutz in Höhlen, die bis zu 2500 m hoch gelegen waren. Über Tausende von Jahren verfolgten die Neandertal-Jäger den Bären durch die dichten Bergwälder bis zu seiner hochgelegenen Winterbehausung. In einer Höhle bei Erd in Ungarn fand man die Knochen von mehr als fünfhundert erlegten Bären; mittels der Radiokarbonmethode datierte man sie auf 49000 v. Chr. Vor 13000 Jahren wurden in einer Höhle am Wildenmannisloch in der Schweiz 30000 Bären getötet; zweiundvierzig ihrer Schädel hatte man in einer Reihe angeordnet[3]. Es mußte erhebliche Zeit in Anspruch genommen haben, so viele Tiere zu töten, zudem bedurfte es wenigstens neun erwachsener Männer, um einen Höhlenbären zu erlegen, der aufgerichtet etwa 2,70 m maß. Da man sich recht gut verständigen mußte, um eines so großen, wil-

326. Krypta-Altar aus Stein, in den Boden eingelassen und mit einer Kalksteinplatte abgedeckt. Drachenloch; Schweiz, 50000 v. Chr.

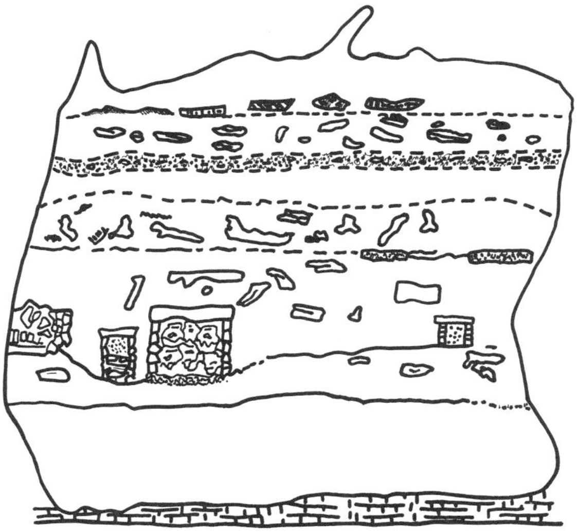

326

den Tieres Herr zu werden, muß irgendeine Form der Sprache so alt sein wie die frühesten Bärenjagden, deren Spuren man anhand der Werkzeuge, die dazu dienten, den Bären zu töten, zurückverfolgen kann[4].

Auf einen der erstaunlichsten Funde mit Ritualcharakter stieß man im Drachenloch, einer hoch in den Alpen gelegenen Höhle. Sie diente Bären offenbar 10000 Jahre lang zu bestimmten Jahreszeiten als Unterschlupf. In einer der Kammern stand ein Krypta-Altar (Steinkiste) aus sorgfältig behauenen Steinplatten, die in den Boden eingelassen und mit einer etwa 11,5 cm dicken Kalksteinplatte abgedeckt waren. Im Inneren der Truhe fand man sieben gut erhaltene Schädel von Höhlenbären, die aus der Zeit um 50000 v. Chr. stammen. Weitere Schädel hatte man, vermutlich nach zeremoniellen Gesichtspunkten, rundum in Wandnischen plaziert[5]. Man scheint der Meinung gewesen zu sein, die Seele des Bären sei enger mit seinem Schädel als mit irgendeinem anderen Körperteil verbunden. Oft steckte man ihn auf eine Stange, die wahrscheinlich bei einer bestimmten Form des Bärenkults als Ritualgegenstand diente.

Ähnliche Ansammlungen von Höhlenbärschädeln, die unter Steinplatten verborgen waren, fand man auch in der Ostschweiz in einer Höhle mit dem Namen Wildenmannlisloch und außerdem in der fränkischen Petershöhle[6]. Viele Archäologen geben einer religiösen Interpretation dieser Funde den Vorzug. Sie lassen sich auch kaum anders verstehen, denn man hatte die Schädel in den abgelegensten Teilen der Höhle deponiert, um sie vor einer Entweihung zu bewahren.

327. Eingeritzte Silhouette eines Bären auf einem nackten Felsen. Norwegen; Megalithikum.

327

Die in einen nach dem Abschmelzen der Gletscher nackt zutage liegenden Felsen eingeritzte Silhouette eines megalithischen Bären dokumentiert das Fortbestehen der magischen Traditionen der Eiszeitkunst. Diese in Finnhagen in Norwegen entdeckten Felsen wurden durch die Schleiftätigkeit des Eises poliert, so daß die glatten Oberflächen nicht durch Erosion angegriffen werden konnten. Diese Jägerkunst des Nordens erinnert nicht nur an die Felsgravierungen aus dem Paläolithikum, sondern auch an das Überleben des Bärenkults bei den Lappen in Nordskandinavien, den Giljaken in Sibirien und den Ainu in Japan.

Alte Zeremonien verdeutlichen, daß der Kontakt des Menschen mit dem Bären auch heitere Seiten hatte. Nach der Jagd gab es neben den Festen und Zeremonien, die dann abgehalten wurden, auch Tänze. In der Höhle von Pechialet im Tal der Dordogne sind die Figuren zweier Männer in die Felswand geritzt, die neben einem riesigen Bären tanzen. Eine andere Gravierung aus Mas d'Azil zeigt einen maskierten Tänzer vor einer vergrößerten Bärentatze. Der Abdruck einer Bärentatze entspricht in der Größe etwa dem Abdruck einer menschlichen Hand; wenn sie so stark vergrößert wiedergegeben wurde, hatte die Tatze offensichtlich sakrale Bedeutung. Die Jagd als solche war eine heilige Verrichtung, die mit einer Feier abgeschlossen wurde, bei der man Bären tänzerisch nachahmte.

Die aus dem Magdalénien stammende Felsgravierung aus Les Combarelles in der Dordogne stellt zwei Bären mit gewölbter Stirn und dem entschlossenen Gang dar, die für Bären so charakteristisch

328. Zwei in einem Felsen eingravierte paläolithische Bären. Les Combarelles, Dordogne, Frankreich; vor 14 000 v. Chr.

328

329. Kleiner Bär aus Bernstein. Resen Mose, Dänemark; Mesolithikum.

330. Mit Rautenformen und Zickzacklinien verzierte Bärenvase aus der Danilo-Kultur. Zadar, Jugoslawien; spätes 6. Jahrtausend v. Chr.

329

sind. Sie sind mit bemerkenswertem künstlerischem Einfühlungsvermögen wiedergegeben.
Die mesolithische Zeit brachte einen kleinen Bernsteinbären hervor, der im dänischen Resen Mose gefunden wurde und offenbar als Streicheltier gedacht war; die plastisch gearbeitete Nase und die Ohren sind durch die dauernde Berührung abgewetzt. Die entlang der Schnauze eingravierten Markierungen sind im Laufe vieler Jahre mit verschiedenen Spitzmeißeln angebracht worden[7].

330

DAS BÄRENGEFÄSS

Marija Gimbutas schreibt, daß die neolithischen Terrakotta-Wasserbehälter in der Form von Bärenfiguren eindeutig weiblichen Charakter haben[8]. Dieser Gedanke wird durch das reichhaltige Material untermauert, das auf eine Verbindung des weiblichen Elements mit dem Wasser hinweist (s. Kapitel «Herrin des Wassers»).
Eine in der Nähe von Zadar in Jugoslawien gefundene, in der zweiten Hälfte des 6. Jahrtausends v. Chr. entstandene Bärenvase ist mit diamantförmigen Zeichen und Zickzacklinien (Sturzbächen von Wasser) markiert, die Tatzen tragen Wasserlinien[9]. Wie bereits erwähnt, hatten die Bärentatzen offenbar eine besondere heilige Bedeutung.

DIE BÄRENMUTTER

Mit Gewohnheiten und einer Persönlichkeit, die denen des Menschen ähneln, ist die Bärin eine zärt-

331. Bär als Madonna, ein Kind wiegend. Fafos II, Kosovska Mitrovica, Jugoslawien; 5. Jahrtausend v. Chr.

liche Mutter, die für ihre Jungen lange Zeit aufmerksam sorgt. Die Bärin, auch als Pflegerin und Mutter bezeichnet, wird oft aufrecht stehend dargestellt, ein Kind wiegend oder auf dem Rücken tragend[10]. Die Bärin als Madonna, die ein Kind wiegt, wird durch die rührende Figur einer Bärengöttin mit einem Kind im Arm illustriert; beide tragen Masken. Die Plastik wurde in Fafos II in Kosovska Mitrovica in Jugoslawien gefunden und stammt aus der späten Vinčakultur (nach 4800 v. Chr.).

331

## BÄRENVEREHRUNG IN SPÄTEREN ZEITEN – JAPAN UND NORDAMERIKA

Der Bärenkult breitete sich von den Höhlen Frankreichs nordwärts bis nach Mal'ta in Sibirien aus. Bärenkulte hielten sich bei den Ainu in Nordjapan sowie bei den Eskimo und Indianern Nordamerikas noch bis ins letzte Jahrhundert[11].

Die Ainu stellen die Schädel der getöteten Tiere entlang der Ostwand ihrer Hütte auf und verbeugen sich in Richtung des Sonnenaufgangs. Ihre bekannten Bärenrituale begannen damit, daß sie den Bären ein Jahr lang im Dorf aufzogen; in dieser Zeit wurde das Tier gestreichelt, gefüttert, geneckt und in Ehren gehalten. Am Ende des Jahres wurde der Bär geopfert. In einer komplizierten Zeremonie dankten die Ainu dem Bären und baten für seinen Tod um Entschuldigung; sie erklärten ihm, daß sie sein Fleisch als Nahrung und sein Fell als Kleidung brauchten[12].

Wie die meisten alten Jäger essen auch die Eskimo des nordamerikanischen Kontinents aus religiösen

Gründen kein Hirn und kein Knochenmark von Tieren. Für die Eskimo hängt diese Praxis mit der Ehrerbietung zusammen, die sie einer weiblichen Gottheit entgegenbringen. Hier liegt ein Tabu vor, das mit dem Glauben an eine weibliche Gottheit zu tun hat, die für die «Mutter der Tiere» gehalten wird. Ihre Rolle entspricht aber der des höchsten Wesens, das von den Ur-Eskimo angebetet wurde und auch als göttlicher Spender des Jagdglücks galt[13].

Die Übereinstimmungen zwischen den zeitgenössischen und den prähistorischen Opfern, von denen die Schädel zeugen, ist verblüffend; bei Maringer heißt es, durch die Funde im Drachenloch und an anderen Orten sei das Kopf-, Schädel- und Langknochenopfer und damit der Glaube an das Höchste Wesen, oder wenigstens an einen Gott des Wildes und des Waldes schon für die paläolithischen Höhlenbärjäger erwiesen, so müsse der Hochgottglaube jedenfalls schon für die Vorgänger der Höhlenbärjäger als gesichert gelten[14].

In der Welt der im Nordwesten Kanadas lebenden Haida ist der Bär ein der Indianergemeinschaft sehr nahestehendes Wesen; mehrere Geschichten erzählen, wie Bären teilweise zu Menschen oder Menschen teilweise zu Bären wurden. Nach dem Mythos stammt der ganze Stamm von einer Bärenmutter ab. Die Jagd wird als heilige Tätigkeit angesehen, und man glaubt, daß der Bär nach seinem Tod von seinem Jäger eine Sühne fordere.

Jeden Winter führen die Ute und die Paiute, Indianerstämme der nordamerikanischen Prärien, einen Bärentanz auf, der das Erwachen des Tieres aus dem Winterschlaf nachahmt. In ihren Behausungen tanzen Männer und Frauen gemeinsam. Das Fest zieht eine Parallele zwischen dem Winterschlaf des Bären und seinem Erwachen im Frühjahr und dem Tänzer, der stirbt, um wiedergeboren zu werden.

## BÄRENVEREHRUNG IN GRIECHENLAND UND EUROPA

Auch bei den Griechen stand die Bärengöttin in hohem Ansehen. Jane Ellen Harrison schreibt: «Die wohlerzogenen kleinen Athener Mädchen aus gutem Hause, die als Bären für die Brauronische Artemis, die Bärengöttin, tanzten, konnten nicht anders als ehrfurchtsvoll an die große Macht des Bären denken.»[15] Im Athen der gesamten klassischen Zeit wurden Bären als der Artemis heilige Tiere angebetet[16].

Die Kelten hielten die Dea Artio, eine Bärengöttin, in Ehren. Der Name der keltischen Feuergöttin Bridgit ist von dem Wort für Bär abgeleitet. Eine andere keltische Gottheit, Andarta («Starke Bärin»), wurde in ganz Gallien angebetet. Die Namen Arthur und Artio bedeuten «Bär».

Auch die Stadt Bern in der Schweiz ging aus dem Zentrum eines Kultes hervor, der die Bärin als Mutter zum Gegenstand hatte; noch heute dient die Bärin dort (wie auch in Berlin) als Symbol der Stadt[17]. 1832 fand man in Muri im Gemüsegarten des örtlichen Pfarrers eine alte Statue der Dea Artio, der Bärengöttin. Die faszinierende Bronzeplastik stellt die sitzende Gottheit dar, die ihrem Bären – einer anderen Erscheinungsform ihrer selbst – aus einer Patene Obst anbietet.

332. Eine Bronzestatue, in Muri gefunden, zeigt die Bärengöttin Dea Artio, die einem anderen Aspekt ihrer selbst Früchte anbietet. Schweiz; 2. Jahrhundert n. Chr. (s. Tafel 35).

332

## ASTRALBÄREN

Seit prähistorischen Zeiten ist die Menagerie der Tiere der Großen Mutter in Form der Sternbilder an den Himmel projiziert. Im europäischen Kulturkreis sind zu nennen: Cygnus (der Schwan), Leo (der Löwe), Canis (der Hund), Draco (der Drache oder die Schlange), Aries (der Widder), Pisces (die Fische), Taurus (der Stier), Scorpius (der Skorpion), und Ursa Maior und Ursa Minor (der Kleine und der Große Bär). Der Name der Konstellation des Bären geht auf den griechischen Kallisto-Mythos zurück. Kallisto, eine schöne junge Nymphe der Artemis, erregte eines Tages die Aufmerksamkeit des Zeus. Als er ihr nachstellte, nahm Kallisto immer wieder eine andere Gestalt an, aber jedes Mal tat er es ihr nach, und schließlich fing er sie in Gestalt eines Bären. Als Artemis erkannte, daß Kallisto schwanger war, tötete sie sie auf der Stelle. Von Reue erfaßt, versetzte sie dann Kallisto und ihr Kind als Bären unter die Sterne; so entstanden die Sternbilder Ursa Maior und Ursa Minor.
Daß es unter den Sternbildern auch das des Bären gibt, überrascht nicht, denn er ist eine Inkarnation der Kräfte, die das Leben beherrschen. Die beiden letzten Sterne des Großen Bären stehen immer in einer Linie mit dem Polarstern, Stella Polaris, im Kleinen Bären. Der Polarstern ist der beständigste Stern in dieser Hemisphäre und daher zur Orientierung unentbehrlich. Die Konfiguration der beiden Bären, die markantesten Konstellationen in diesen Breiten, erleuchtet den nördlichen Himmel.

# Nachwort

Goldamulett von
Anat, Schlangen in der
Hand haltend und auf
einem Löwen stehend.
Ras Schamra, Syrien;
13. Jahrhundert v. Chr.
(s. Abb 152).

Die Menschen der Frühzeit sahen sich selbst im Zentrum des Universums und bezogen alles, was sie erlebten und was sie umgab, auf sich selbst. In ihrer Kunst und ihren Symbolen kommt diese Einstellung zum Ausdruck; die Umwelt war für sie äußerst wichtig – die Position der Sterne am Himmel, Farben, Zahlen, die Elemente, Pflanzen und Tiere, nicht nur all dies, sondern auch die Zusammenhänge zwischen diesen Bildern waren bedeutungsvoll. So erschienen die Tiere beispielsweise als Sternbilder am Himmel; die Mondsichel stand für das Horn des Stieres; der bei Bestattungen benutzte rote Ocker symbolisierte das Lebensblut; Omphalos, Höhle, Berg und Labyrinth versinnbildlichten den Schoß.

Die große Frage, die die Menschheit immer überschattet hat, ist das Rätsel des Todes. Alle Religionen sind aus dem Versuch entstanden, dieses Mysterium zu erklären und zu ergründen. Die Menschen der Frühzeit richteten ihre Aufmerksamkeit auf die Welt, in der sie lebten, um Anhaltspunkte für eine Antwort zu finden. Naturbeobachtungen führten sie zu dem Schluß, daß so, wie die Vegetation jedes Jahr stirbt und wiedergeboren wird, auch alle Menschen eine Wiedergeburt erfahren.

Seit dem Beginn des Pleistozän – vor dem Jahr 70000 v. Chr. – gibt es Zeugnisse dafür, daß die Menschen sich mit dem Problem des Todes auseinandersetzten. Archäologen haben im Nahen Osten Relikte eines Totenkults aus jener Zeit ausgegraben, bei dem zeremonielle Bestattungen vorgenommen wurden. In diesen Gräbern wurden die Toten entweder ausgestreckt oder in kauernder Haltung beigesetzt und mit Symbolgegenständen umgeben. Die reichhaltigen Grabbeigaben wie Muscheln, Feuersteinwerkzeuge zum Feuermachen, Tierknochen und Blumen deuten auf ein Bestattungsritual hin, dem der Glaube an ein Weiterleben nach dem Tod zugrunde lag, und zwar an einem Ort, wo Nahrung, Werkzeuge und Wärme gebraucht werden. Die Mühe, die man aufwendete, um die Leichname mit heiligem rotem Ocker zu bemalen, läßt auf die Bedeutung schließen, die man dieser Handlung beimaß, und vielleicht auf den Wunsch, den Körper für sein neues Leben vorzubereiten.

Erklärungen für die Rätsel des Lebens und des Todes gingen oft von der Vorstellung von einem höchsten Wesen aus, einem Wesen, das über Leben und Tod bestimmt. Dieses höchste Wesen war logischerweise weiblich, denn wenn man die Natur betrachtete, zeigte sich klar, daß die Macht über die Geburt – beim Menschen wie auch bei den Tieren – zum weiblichen Element gehörte. Daraus folgte, daß die Göttin in umfassendem Sinne über Geburt und Fruchtbarkeit herrschte. Es entwickelten sich also Schöpfungsmythen, in denen weibliche Gottheiten das Universum gebaren.

Archäologische Zeugnisse und Mythen belegen zweifelsfrei, daß die Große Göttin seit dem Paläolithikum von den Alten angebetet wurde. Die Zusammenstellung von Kunst- und Ritualgegenständen in diesem Buch stellt nur einen kleinen Ausschnitt aus der Fülle der archäologischen Funde aus aller Welt dar. In vorgeschichtlicher Zeit, im Paläolithikum und im Neolithikum, sahen die Menschen in der Großen Göttin das Universalprinzip, das jeglicher Form vorausgeht, und sie verehrten

ihre vielfältigen Kräfte. Sie war die Urahnin, diejenige, die die Menschen und die Erde erhielt. Ihr Geist lebte in allen Dingen.
Man glaubte, daß Frauen eng mit dem Göttlichen verbunden waren. Ihr Ansehen in diesen alten Kulturen war ein Hinweis darauf, welch große Ehrerbietung der Göttin entgegengebracht wurde, doch möglicherweise führte auch die hohe Stellung der Frau in den frühen Gesellschaften dazu, daß man das Bild der Gottheit nach ihrem Modell entwarf.
Die Gelehrten sind sich nicht einig, ob die Gottheit, die manchmal «die vielnamige Göttin» genannt wird, von den Menschen als eine einzige Entität aufgefaßt wurde oder ob man in ihr mehrere individuelle Gottheiten sah. Vielleicht fungierten die verschiedenen Göttinnen auch als Aspekte derselben Gottheit, so wie die verschiedenen Tiere die mannigfaltigen Aspekte ihrer Macht symbolisieren. Die Große Göttin kann auch eine Palette anderer heiliger Wesen in sich vereint haben, so etwa die Mondgöttin, die Göttin des Todes und der Wandlung, die Erdmutter und die Bergmutter. In gleicher Weise konnte sie auch die Herrin der Pflanzen und die Mutter der Tiere sein.
Unter den Tier-Epiphanien veranschaulicht der Vogel, vor allem der Wasservogel, den Charakter der Großen Göttin prägnanter als alle anderen Geschöpfe. Mit dem großen kosmischen Ei gebar die Vogelgöttin sowohl die einzelnen Wesen als auch den Kosmos. Der Wasservogel verdeutlicht die praktische und sakrale Bedeutung des Wassers, ohne das es kein Leben gibt. Mircea Eliade bezeichnet das Wasser als Grundelement jeglichen Lebens, das das formlose Potential aller physikalischen und kosmischen Stoffe versinnbildlicht[1]. Die Samen alles Lebendigen gehen aus ihm hervor und kehren wieder zu ihm zurück. Seit der Erfindung der Töpferkunst im frühen Neolithikum sah man die Frau als Wassergefäß (was vor allem während der Schwangerschaft offensichtlich ist). Sowohl Gottheiten als auch Frauen wurden als große Wasserkrüge dargestellt, die ihren Platz auf den Altären hatten.
Von allen Symbolen der Göttin ist der Mond vielleicht dasjenige, das in den meisten Kulturen verbreitet war, denn er ist von allen Kontinenten aus sichtbar. Der Mond war der Göttin geweiht, wohl auch wegen seiner magischen Macht über das Wasser und alle Flüssigkeiten, einschließlich der Menses der Frau. Der Einfluß des Mondes auf das Wasser und die Beobachtung, daß Pflanzen nachts wachsen, ließen die irrtümliche Vorstellung entstehen, der Mond allein bewirke das Wachstum. Daher galt der Mond auch als entscheidend für die Fruchtbarkeit. Kuh und Stier wurden auch deshalb als Symbole der Göttin verehrt, weil die Form ihrer Hörner der des Sichelmondes ähnelt.
Man kann sagen, daß die heidnische Weltsicht auf Wiederholung und Erinnerung gegründet war. Rituale, die in der Erinnerung erhalten bleiben, ermöglichen das Fortbestehen einer tradierten Idee in der Zeit; eine Idee kann dadurch ihren Einfluß bewahren oder gar verstärken. Die Ehrerbietung, die man der Göttin und ihren Emblemen in Ritualen erwies, hat vielleicht die weite Wanderung ihrer Symbole von einem Kontinent zum anderen begünstigt.
Die Vorstellung von einem männlichen Gott wie

auch die patriarchalen Sozialstrukturen sind verhältnismäßig neue Entwicklungen. Wie Robert Briffault in seinem Werk *The Mothers* feststellt, formierte sich die menschliche Gesellschaft um die Mutter und ihre Kinder, nicht um den Vater[2]. Im Jahr 1956 griff der renommierte Anthropologe Ashley Montagu die radikalen Gedanken Briffaults wieder auf, als er das Vorwort zu dem von Briffault und Bronislaw Malinowski verfaßten Buch *Marriage: Past and Present* schrieb. Hier wird auf einleuchtende Weise die tatsächliche Geschichte des Menschengeschlechts einschließlich der 70000 Jahre vor der Zeitenwende geschildert. In den frühen Kulturen fanden sich keine Spuren einer patriarchalen Organisation, weder der Ehe noch der Moralvorstellungen. Im Gegenteil, der Mann war derjenige, der von außen kam, sich der Familie der Frau anschloß und seine eigenen familiären Bindungen löste. Selbst in der Tierwelt besteht der Familienverband im allgemeinen aus dem Weibchen und seinen Jungen[3].

Die Gebote, die bei der Verehrung der Göttin zu beachten waren, spiegeln die ewige zyklische Bewegung des Lebens von der Geburt zur Wiedergeburt wider. Es ist daher ganz berechtigt, wenn die Faszination, die von der Göttin ausstrahlt, sowohl in wissenschaftlichen Kreisen als auch bei Laien auf neues Interesse stößt. Selbst die römisch-katholische Kirche bequemte sich – wenn auch auf ihre ganz eigene, eingeschränkte Weise – in den vierziger Jahren dazu, mit dem Dogma von der Himmelfahrt Marias die Göttlichkeit der Jungfrau anzuerkennen. Die neuerlich auf die Göttin ausgerichteten Energien und Empfindungen entsprechen möglicherweise einem tiefen inneren Bedürfnis nach einer kulturellen Ausgewogenheit, die mit dem Gleichgewicht von Yin und Yang vergleichbar ist. Erst seit sehr kurzer Zeit setzen wir uns bewußt mit den Einseitigkeiten unserer Zivilisation auseinander und versuchen, diese natürliche Balance zu erreichen. Und wir kommen zu der Erkenntnis, daß die alten Strukturen trotz aller Bemühungen des Patriarchats, die Religion der Göttin auszulöschen, durch die Oberfläche durchscheinen.

Religiöse Erfahrungen, meint William James, besitzen eben deshalb solche Überzeugungskraft, weil sie ganz einfach überwältigend sind; durch sie erhält das Leben Glanz und Sinn[4]. Wie Gerald Sykes hervorgehoben hat, wird jeder Mensch mit einem intuitiven Gefühl für das Heilige geboren, das er entweder weiterentwickeln oder aber ignorieren kann. Die meisten von uns, selbst die Künstler, ziehen es vor, es verkümmern zu lassen[5]. Dennoch ist der Kunst, vielleicht gerade der Kunst, die Religion nicht fremd. Das hohe Niveau der religiösen Kunst des Altertums zeugt von dieser Affinität.

Das vorliegende Buch stützt sich auf den Symbolgehalt und die Verbindungen, die sich zwischen verschiedenen Ideen oder Gegenständen aufzeigen lassen. Es ist von dreizehn Tierarten die Rede; das war nicht von vornherein so geplant, aber es entspricht dem Thema. In der Vergangenheit wurde die Zahl Dreizehn wegen ihres Bezugs zur Göttin verehrt; aus demselben Grund wurde sie von der patriarchalen Gesellschaft gefürchtet und verunglimpft. In mutterzentrierten Kulturen stand sie für Tod und Wiedergeburt. Die Zahl wurde heilig, weil das Mondjahr dreizehn Monate umfaßt, die

ursprünglich von Frauen berechnet worden waren, die ihre Menses aufzeichneten[6].
Die Frage, warum die Alten in ihrer Kunst und Religion in so großem Umfang Tiere als Symbole verwendeten, ist nicht leicht zu beantworten. Vielleicht hielt man sie, wie C.G. Jung schreibt, für schöner, sicher aber für mächtiger als menschliche Wesen[7]. Vielleicht lösten diese Geschöpfe auch tief in der Psyche eine Urreaktion aus, denn sie sind der dem Menschen ähnlichste Teil unserer Umwelt. Sie sind, selbst als Symbole, leichter und unmittelbarer zugänglich als Götter. Die Menschen wandten sich ihnen zu, um eine Erklärung für Leben und Tod zu finden und um physische und geistige Nahrung zu erhalten. Ihre Gegenwart und ihre Stärke waren geheimnisvoll, aber letztlich vermittelten sie Sicherheit. Durch ihre symbolische Aussage mit Zuversicht erfüllt, sangen und tanzten die Menschen, sie feierten, lebten und liebten sich, die Herrlichkeit der Göttin im Herzen tragend.
Es ist an der Zeit, das Heilige wiederzuentdecken. Auf dieser Suche können die Tiere unsere Führer sein. Im Verein mit den Mythen, Symbolen und Ritualen, die mit ihnen verknüpft sind, zeigen sie den Weg und inspirieren unser Unbewußtes. Es ist letztlich immer das innere Wesen, das uns in der äußeren wie auch in der inneren Welt leitet. Die Suche nach dem Verborgenen, nach der Macht des Heiligen, beginnt in uns selbst. Es ist nicht verschlossen, sondern liegt für jeden offen und erreichbar da; es könnte uns nicht näher sein. Angst ist das einzige Hindernis, doch das Böse und die Dunkelheit lassen sich überwinden, wenn wir nach dem Mittelpunkt streben. Ein Lehrer mag uns Hinweise geben, aber die eigentliche Reise macht jeder allein. Wir bedienen uns aller zur Verfügung stehenden Mittel: unserer geistigen Ahnen, der Phantasie, der Träume oder der symbolischen Führung der Tiere. Die Göttin selbst ist – zugleich – Triebfeder, Betreuerin und Ziel unserer Reise. Sie wacht über die Geburt des Bewußtseins und gewährt allen Suchenden das Geschenk der Erneuerung.

# Anmerkungen

Da ein großer Teil der Werke C. G. Jungs, Carl Kerényis und Heinrich Zimmers zunächst in englischer Sprache erschienen ist, wird hier auf diese Ausgaben Bezug genommen; bei den Werken von Siegfried Giedion und Erich Neumann wird nach Möglichkeit die deutsche Fassung, sonst die englische Ausgabe angegeben.

## Einführung: Das Urweibliche

[1] Siegfried Giedion: *Ewige Gegenwart. Ein Beitrag zu Konstanz und Wechsel.* Bd. I: *Die Entstehung der Kunst,* S. 70.
[2] C. G. Jung: *Gesammelte Werke,* Bd. 6, S. 453.
[3] Marija Gimbutas: *Gods and Goddesses of Old Europe,* S. 195.
[4] Erich Neumann: *Die Große Mutter,* S. 55 ff.
[5] Robert Briffault: *The Mothers,* Bd. 1, S. 471.
[6] James Mellaart: *Çatal Hüyük: A Neolithic Town in Anatolia,* S. 209.

## Teil I: Der Vogel

### VOGELGOTTHEITEN DES PALÄOLITHIKUMS

[1] Jane Ellen Harrison: *Themis: A Study of the Social Origins of Greek Religion,* S. 100 ff.
[2] Daniel E. Brinton: *Myths of the Americas,* S. 106.
[3] E. O. James: *The Beginnings of Religion,* S. 108.
[4] Jane Ellen Harrison: *Prolegomena to the Study of Greek Religion,* S. 111.
[5] Karl Sofus Lumholtz: *Unknown Mexico,* Bd. 1, S. 313.
[6] Porphyrios: *De Abstinentia* II, 48.
[7] E. A. Westermark: *Ritual and Belief in Morocco,* Bd. 2, S. 338 f.
[8] Alexander Marshack: *The Roots of Civilization,* S. 147.
[9] Marija Gimbutas: *Gods and Goddesses of Old Europe.*
[10] Siegfried Giedion: *Ewige Gegenwart. Ein Beitrag zu Konstanz und Wechsel.* Bd. I: *Die Entstehung der Kunst,* S. 394 ff.
[11] Amédé Lemozi: *La Grotte-Temple du Pech Merle,* S. 183.
[12] Gertrude R. Levy: *The Gate of Horn,* S. 123.
[13] Siegfried Giedion: *Ewige Gegenwart,* S. 382.
[14] Alexander Marshack: *Roots of Civilization,* S. 286 ff.
[15] Siegfried Giedion: *Ewige Gegenwart,* S. 344.
[16] Ibid., S. 332.
[17] Marija Gimbutas: *Gods and Goddesses of Old Europe,* S. 140, Abb. 124.
[18] Jane Ellen Harrison: *Themis,* S. 100.
[19] Walter Torbrugge: *Prehistoric European Art,* S. 18.
[20] R. de Saint-Perier: «Statuette de femme stéatopyge découverte à Lespugue, Haute-Garonne», in: *L'Anthropologie,* 32 (1922), S. 1.
[21] Siegfried Giedion: *Ewige Gegenwart,* S. 330.
[22] Paolo Graziosi: «Addaura», in: *Bollettino di Paleontologia Italiana* n.s. 8 (1952–53), S. 5–22.
[23] Z. A. Abramova: «Paleolithic Art in the U.S.S.R.», in: *Arctic Anthropology,* 4 (1967), S. 84.

[24] Alfred Salmony: «Die Kunst des Aurignacien in Mal'ta (Sibirien)», in: *IPEK 1* (1931), S. 1–6.
[25] Carl Hentze: *Mythes et rituels lunaires,* S. 47.
[26] Siegfried Giedion: *Ewige Gegenwart,* S. 334 f.

DIE SCHÖPFERIN

[1] Mircea Eliade: *The Forge and the Crucible,* S. 80.
[2] Robert Briffault: *The Mothers,* Bd. 1, S. 466.
[3] Ibid., S. 473.
[4] Mircea Eliade: *The Quest,* S. 140.
[5] C. G. Jung: *Gesammelte Werke,* Bd. 5, S. 452.
[6] Z. A. Abramova: «Paleolithic Art in the U.S.S.R.», in: *Arctic Anthropology,* 4 (1967), S. 68.
[7] Erich Neumann: *The Great Mother,* S. 211.
[8] Alfred Salmony: «Die Kunst des Aurignacien in Mal'ta (Sibirien)», S. 1.
[9] Marija Gimbutas: *Gods and Goddesses of Old Europe,* S. 163.
[10] Colin Renfrew: *Before Civilization,* S. 104.
[11] Robert Briffault: *The Mothers,* Bd. 2, S. 252.
[12] Marek Zvelebil: «Postglacial Foraging in the Forests of Europe», in: *Scientific American,* 254 (1986), S. 90.
[13] Marija Gimbutas: *Gods and Goddesses of Old Europe,* S. 167.
[14] N. K. Sanders: *Prehistoric Art in Europe,* S. 190.
[15] R. T. Rundle-Clark: *Myth and Symbol in Ancient Egypt,* S. 56.
[16] Ibid., S. 213.
[17] Alexander Piankoff/Natasha Rambova: *Mythological Papyri,* Bd. 1, S. 49.
[18] Donald A. MacKenzie: *Myths of Pre-Columbian America,* S. 17.
[19] Gertrude R. Levy: *The Gate of Horn,* S. 101.
[20] Vincent Scully: *The Earth, the Temple and the Gods: Greek Sacred Architecture,* S. 209.
[21] Ibid., S. 134.
[22] Ibid., S. 75.
[23] Michael Dames: *The Silbury Treasure: The Great Goddess Rediscovered,* S. 93.
[24] Daniel E. Brinton: *Myths of the Americas,* S. 211.
[25] James George Frazer: *Folklore in the Old Testament,* S. 13.
[26] C. G. Jung: *Gesammelte Werke,* Bd. 14/I, S. 97.
[27] Daniel E. Brinton: *Myths of the Americas,* S. 212.
[28] Florence Waterbury: *Bird Deities in China,* S. 72.
[29] Heinrich Schliemann: *Ilios. Stadt und Land der Trojaner.*

DIE HERRIN DES WASSERS

[1] Robert Briffault: *The Mothers,* Bd. 3, S. 6, 19.
[2] Alexander Marshack: *The Roots of Civilization,* S. 284.
[3] Stylianos Alexiou: *Minoan Civilization,* S. 145, Tafel Ia.
[4] Marija Gimbutas: *Gods and Goddesses of Old Europe,* S. 116.
[5] Ibid., S. 132, 254.
[6] Ibid., S. 95.
[7] Ibid., S. 136; vgl. M. Gimbutas (Hrsg.): «Neolithic Macedonia», in: *Monumenta Archaeologica,* Bd. 1.
[8] James Mellaart: *Excavations at Hacilar,* Bd. 1, S. 181.
[9] Peter Warren: *Myrtos,* S. 209 f.
[10] Erwin R. Goodenough: *Jewish Symbols in the Greco-Roman Period,* Bd. 8, S. 97.
[11] Bernhard Karlgren: «The Date of Early Don-So'n Culture», in: *Bulletin of the Museum of Far Eastern Antiquities,* Bd. 14.
[12] Florence Waterbury: *Bird Deities in China,* S. 95.
[13] Ibid., S. 87.
[14] Marcel Granet: *Danse et légende de la Chine ancienne.*

DIE NÄHRMUTTER

[1] Alexander Marshack: *The Roots of Civilization,* S. 290.
[2] Ibid., S. 291 ff.
[3] Marija Gimbutas: «The Shape of the Past: Vul-

vas, Breasts and Buttocks of the Goddess», Essay aus: *Creatrix: Studies in Honor of Franklin D. Murphy*, S. 32.
[4] Siegfried Giedion: *The Eternal Present: The Beginnings of Art*, S. 211.
[5] Robert Briffault: *The Mothers*, Bd. 1, S. 473 f.
[6] Siegfried Giedion: *Ewige Gegenwart. Ein Beitrag zu Konstanz und Wechsel. Bd. I: Die Entstehung der Kunst*, S. 171 f.
[7] Barbara Walker: *The Woman's Encyclopedia of Myths and Secrets*, S. 150 f.

## VOGEL UND BAUM

[1] Mircea Eliade: *The Myth of the Eternal Return*, S. 17 f.
[2] Ibid., S. 18.
[3] Mircea Eliade: *Myths, Dreams and Mysteries*, S. 62.
[4] Erwin R. Goodenough: *Jewish Symbols in the Greco-Roman Period*, Bd. 4, S. 73.
[5] G. Kirschner: «Ein archäologischer Beitrag zur Urgeschichte des Schamanismus», in: *Anthropos*, 47 (1952).
[6] Siegfried Giedion: *Ewige Gegenwart. Ein Beitrag zu Konstanz und Wechsel. Bd. I: Die Entstehung der Kunst*, S. 384 f.
[7] Ibid., S. 384.
[8] Florence Waterbury: *Bird Deities in China*, S. 67.
[9] Carl Kerényi: *Goddesses of Sun and Moon*, S. 10 f.
[10] Gertrude R. Levy: *The Gate of Horn*, S. 235.
[11] Ibid., S. 236.
[12] E. A. Wallis Budge: *The Book of the Dead*, S. 285.
[13] E. A. Wallis Budge: *Osiris and the Egyptian Resurrection*, Bd. 2, S. 129.
[14] E. A. Wallis Budge: *The Gods of the Egyptians*, Bd. 2, S. 102.
[15] Siegfried Giedion: *The Eternal Present: The Beginnings of Art*, Bd. 2, S. 443.
[16] Carl Hentze: *Das Haus als Weltort der Seele. Ein Beitrag zur Seelensymbolik in China, Großasien, Altamerika*, Tafel I, S. 2.
[17] Carl Hentze: *Bronzegerät, Kultbauten, Religion im ältesten China der Shang-Zeit*, Tafel XXVII, S. 81.
[18] Es hat die Form des griechischen Buchstabens *tau;* Anm. d. Ü.
[19] Robert Graves: *The White Goddess.*
[20] N. N. Bhatiacharyya: *Indian Mother Goddess* (Kalkutta 1971).

## SCHREINE

[1] E. O. James: *From Cave to Cathedral*, S. 16.
[2] M. Gimbutas: «The Temple of Old Europe», in: *Archaeology* (November-Dezember 1980), S. 42.
[3] Ibid., S. 43.
[4] Ibid., S. 42.
[5] Ibid., S. 43.
[6] Marija Gimbutas: *Gods and Goddesses of Old Europe*, S. 131.
[7] Arthur J. Evans: «The Minoan and Mycenaean Element in Hellenic Life», in: *Annual Report of the Smithsonian Institution* (1912–1913), S. 617–637.
[8] D. O. Cameron: *Symbols of Birth and Death in the Neolithic Era*, S. 23.
[9] Sibylle v. Cles-Reden: *The Realm of the Great Goddess*, S. 70–108.
[10] Colin Renfrew: *Before Civilization*, S. 108.
[11] *Bristlecone Pine*, lt. *Hillier's Manual of Trees and Shrubs* (5. Aufl., London 1989) entweder *Pinus longaeva* oder *Pinus aristata;* beide besonders langlebig: 5000 bzw. 2000 Jahre; Anm. d. Ü.
[12] O. G. S. Crawford: *The Eye Goddess*, S. 25–28.
[13] Leonhard Woolley: *History Unearthed*, S. 139.
[14] Pausanias: *Beschreibung Griechenlands*, XXX ii 4.
[15] John Garstang: *The Syrian Goddess* (London 1913), S. 13.
[16] C. G. Seligman: «Further Note on Bird-Chariots in Europe and China», in: *Journal of the Royal Anthropological Institute of Great Britain and Ireland*, 58 (1928), S. 247–254.
[17] Hanna Rydh: «On Symbolism in Mortuary Ceramics», in: *Bulletin of the Museum of Far Eastern Antiquities*, 1 (1929), S. 51 ff.

## APHRODITE: LIEBE UND TOD

[1] Hesiod: *Theogonie,* 68.
[2] Jane Ellen Harrison: *Prolegomena to the Study of Greek Religion,* S. 307.
[3] Paul Friedrich: *The Meaning of Aphrodite,* S. 75.
[4] Patricia Monaghan: *The Book of Goddesses and Heroines,* S. 23.
[5] Edward A. Armstrong: *The Folklore of Birds,* S. 48.
[6] Anne Ross: *Pagan Celtic Britain,* S. 267, Abb. 145.
[7] Ibid., S. 261; zitiert Carmichael in Benbecula, Schottland, II, S. 182 eines unveröffentlichten Manuskripts.
[8] Bezeichnung für die Steppengebiete Vorderasiens, die halbkreisförmig um die Wüsten- und Halbwüstengebiete nördlich der arabischen Halbinsel liegen und in denen noch Regenfeldbau möglich ist. Getreideanbau und Haustierzucht haben hier möglicherweise ihren Ursprung; Anm. d. Ü.
[9] Henri Frankfort: *Kingship and the Gods,* S. 43.
[10] James George Frazer: *The Golden Bough,* Bd. 5, S. 34.
[11] *Mabinogion,* übers. v. Charlotte Guest, S. 46.
[12] Jane Ellen Harrison: *Prolegomena to the Study of Greek Religion,* S. 640.
[13] Ibid.
[14] Carl Kerényi: *The Gods of the Greeks,* S. 194.
[15] Ibid., S. 49.
[16] Alfred Salmony: *Antler and Tongue,* S. 50.
[17] Diane Wolkenstein/Samuel Noah Kramer: *Inanna: Queen of Heaven and Earth,* S. 7 ff., 145.
[18] Robert Graves/Raphael Patai: *Hebrew Myths: The Book of Genesis,* S. 65.
[19] Ibid.
[20] Raphael Patai: *The Hebrew Goddess,* S. 207, 239 f.
[21] Ibid., S. 244 f.
[22] Barbara Walker: *The Woman's Encyclopedia of Myths and Secrets,* S. 972; vgl. Christine Downing: *The Goddess: Mythological Images of the Feminine,* S. 206.
[23] *Mother Goose,* eine im englischen Kinderreim bekannte Gestalt; Anm. d. Ü.
[24] C. G. Jung: *Gesammelte Werke,* Bd. 9/I, S. 120 ff.
[25] Paul Friedrich: *The Meaning of Aphrodite,* S. 71.
[26] Geoffrey Grigson: *The Goddess of Love,* S. 186.
[27] Raphael Patai: *The Hebrew Goddess,* S. 16.
[28] Ean Begg: *The Cult of the Black Virgin,* S. 28.
[29] Ibid., S. 130 f.

## VÖGEL DER WANDLUNG

[1] Mircea Eliade: *A History of Religious Ideas,* Bd. 1: *From the Stone Age to the Eleusinian Mysteries,* S. 45.
[2] Kathleen Kenyon: *Excavations at Jericho,* S. 53 ff., 84 ff.
[3] Stuart Piggott: *Prehistoric India,* S. 126 f.
[4] Marthe de Chambrun-Ruspoli: *L'Epervier Divin,* Abb. 26.
[5] Mary Hamilton: *Incubation* (Laurinburg 1906).
[6] Stephen Lonsdale: *Animals and the Origins of Dance,* S. 180.
[7] Carl Hentze: «Le symbolisme des oiseaux dans la Chine ancienne», in: *Sinologica,* 5 (1957–1958), S. 2–31.
[8] A. Roess: «Der Hallstatt-Vogel», in: *IPEK 14* (1939), S. 75.
[9] Florence Waterbury: *Bird Deities in China,* S. 87 f.
[10] John Pollard: *Birds in Greek Life and Myth,* S. 143.
[11] James Mellaart: *Çatal Hüyük: A Neolithic Town in Anatolia,* S. 49.
[12] Ibid., S. 167 f.
[13] Ibid., S. 167.
[14] D. O. Cameron: *Symbols of Birth and Death in the Neolithic Era,* S. 29.
[15] Ibid., S. 30.
[16] Ibid., S. 31.
[17] Ibid., S. 36.
[18] Alan W. Shorter: *The Egyptian Gods,* S. 135 f.; vgl. dazu D. O. Cameron: *The Ghassulian Wall Paintings.*
[19] D. O. Cameron: *Symbols of Birth and Death,* S. 40.
[20] Ibid., S. 32.

## Teil II: Der Löwe

[1] Erich Neumann: *Die Große Mutter,* S. 56.
[2] Siegfried Giedion: *Ewige Gegenwart. Ein Beitrag zu Konstanz und Wechsel,* Bd. 1: *Die Entstehung der Kunst,* S. 376.
[3] Siegfried Giedion: *The Eternal Present: The Beginnings of Art,* Bd. 2, S. 52.
[4] James Mellaart: *Çatal Hüyük: A Neolithic Town in Anatolia,* S. 181 f.
[5] Ibid.
[6] James Mellaart: *Excavations at Hacilar,* Bd. 1.
[7] Gertrude R. Levy: *The Sword from the Rock,* S. 20.
[8] Ibid., S. 21.
[9] E. A. Wallis Budge: *The Egyptian Language: Easy Lessons in Egyptian Hieroglyphics,* S. 61; vgl. E. A. Wallis Budge: *The Gods of the Egyptians,* Bd. 1, S. 512–518.
[10] E. A. Wallis Budge: *Gods of the Egyptians,* S. 444–448.
[11] James Hastings (Hrsg.): *Encyclopedia of Religion and Ethics,* Bd. 5, S. 244.
[12] Erich Neumann: *Die Große Mutter,* S. 210.
[13] James Hastings: *Encyclopedia of Religion and Ethics,* Bd. 12, S. 451.
[14] Alfred Salmony: *Antler and Tongue,* S. 50.
[15] Ibid., S. 49 f.

## Teil III: Der Hund

[1] Marija Gimbutas: *Gods and Goddesses of Old Europe,* S. 169.
[2] Ibid., S. 171.
[3] Ibid., S. 169.
[4] Robert K. G. Temple: *The Sirius Mystery.*
[5] E. O. James: *Cult of the Mother Goddess,* S. 152 f.
[6] E. A. Wallis Budge: *The Book of the Dead,* S. 182 f.
[7] E. A. Wallis Budge: *The Gods of the Egyptians,* S. 264 f.
[8] Lewis Spence: *Myths and Legends of the North American Indians,* S. 123 f., 351.
[9] Donald A. MacKenzie: *Myths of Pre-Columbian America,* S. 247.
[10] Ibid.
[11] E. A. Westermark: *Ritual and Belief in Morocco,* Bd. 2.

## Teil IV: Die Schlange

### DIE SCHLANGE IM PALÄOLITHIKUM

[1] Siegfried Giedion: *Ewige Gegenwart. Ein Beitrag zu Konstanz und Wechsel,* Bd. 1: *Die Entstehung der Kunst,* S. 227.
[2] Balaji Mundkur: *The Cult of the Serpent: An Interdisciplinary Survey of Its Manifestations and Origins,* S. 17.

### FRÜHE SCHLANGENGÖTTINNEN

[1] Joseph Campbell: *The Masks of God,* Bd. 3: *Occidental Mythology,* S. 10.
[2] Steven Lonsdale: *Animals and the Origins of Dance,* S. 35.
[3] Charles F. Herberger: *The Thread of Ariadne: The Labyrinth of the Calendar of Minos,* S. 84.
[4] Stylianos Alexiou: *Minoan Civilization,* S. 102.
[5] Carl Hentze: *Bronzegerät, Kultbauten, Religion im ältesten China der Shang-Zeit,* S. 79 ff.
[6] Marija Gimbutas: *Gods and Goddesses of Old Europe,* S. 203.
[7] Ibid., S. 208.

### DIE GROSSEN ÄGYPTISCHEN GOTTHEITEN

[1] E. A. Wallis Budge: *The Egyptian Language: Easy Lessons in Egyptian Hieroglyphics,* S. 33.
[2] R. T. Rundle-Clark: *Myth and Symbol in Ancient Egypt,* S. 198.
[3] Erich Neumann: *Die Große Mutter,* S. 211.

[4] E. A. Wallis Budge: *The Gods of the Egyptians,* S. 451.
[5] Ibid., S. 460 f.
[6] Alan W. Shorter: *The Egyptian Gods,* S. 138.
[7] Donald A. MacKenzie: *Egyptian Myth and Legend,* S. 2.
[8] Henri Frankfort: *Kingship and the Gods,* S. 43 f.
[9] Ibid.
[10] MacKenzie: *Egyptian Myth,* S. 2–6.

GOTTHEITEN DES NAHEN OSTENS

[1] A. A. Barb: «Diva Matrix», in: *Journal of the Warburg and Courtauld Institute,* 16 (1953), S. 199 f.
[2] E. O. James: *Cult of the Mother Goddess,* S. 75.
[3] E. O. James: *Myths and Rituals in the Ancient Near East,* S. 58 f.
[4] Seton Lloyd: *The Archaeology of Mesopotamia: From the Old Stone Age to the Persian Conquest,* S. 117 f.
[5] Lukian: *De Dea Syria,* 51.
[6] Plinius d. Ältere: *Historia Naturalis,* XXX, 2(8), 17.

SCHLANGENGÖTTINNEN KRETAS

[1] Marija Gimbutas: *Gods and Goddesses of Old Europe,* S. 12, 18.
[2] Arthur Evans: *The Palace of Minos,* Bd. 1, S. 501.
[3] William Shakespeare: *Antonius und Cleopatra.*
[4] Robert Graves: *The Greek Myths,* Bd. 1, S. 58.
[5] Lewis Richard Farnell: *The Cults of the Greek States,* Bd. 2, S. 609.
[6] G. W. Park: *Greek Oracles,* S. 38.
[7] Jane Ellen Harrison: *Themis: A Study of the Social Origins of Greek Religion,* S. 433 f. Sie fragt: «What was Apollo the bright and beautiful doing with the old snake?»
[8] Marija Gimbutas: *Gods and Goddesses of Old Europe,* S. 93.

SCHLANGENHAARIGE GOTTHEITEN

[1] Marija Gimbutas: *Gods and Goddesses of Old Europe,* S. 78.
[2] Carl Kerényi: *The Gods of the Greeks,* S. 46.
[3] Robert Graves: *The Greek Myths,* Bd. 1, S. 239.
[4] Ibid., S. 129.
[5] Carl Kerényi: *The Gods of the Greeks,* S. 49.
[6] Jane Ellen Harrison: *Prolegomena to the Study of Greek Religion,* S. 196.
[7] Robert Graves: *The Greek Myths,* S. 129.

GRIECHISCHE SCHLANGENGOTTHEITEN

[1] Robert Graves: *The Greek Myths,* Bd. 1, S. 129 f., zit. nach Robert v. Ranke-Graves: *Griechische Mythologie. Quellen und Deutung,* S. 114.
[2] Jane Ellen Harrison: *Primitive Athens as Described by Thucydides,* S. 47.
[3] Ibid., S. 48; zitiert Herodot.
[4] Lewis Tichard Farnell: *The Cults of the Greek States,* Bd. 1, S. 260 f.
[5] Carl Kerényi: *Eleusis: Archetypal Image of Mother and Daughter,* xix.
[6] Jane Ellen Harrison: *Prolegomena to the Study of Greek Religion,* S. 10, 17, 20.
[7] Ibid., S. 288.
[8] E. O. James: *Cult of the Mother Goddess,* S. 152.
[9] Carl Kerényi: *Eleusis,* S. 31, 33.
[10] James George Frazer: *The Golden Bough,* Bd. 4, S. 84.

MEXIKANISCHE GÖTTINNEN

[1] Laurette Séjourné: *Burning Water: Thought and Religion in Ancient Mexico,* S. 160.
[2] Erich Neumann: *Die Große Mutter,* S. 178.
[3] Laurette Séjourné: *Burning Water,* S. 159.
[4] Eduardo Motas Moctezuma: «New Finds in the Great Temple», in: *National Geographic,* 158 (Dezember 1980), S. 767.
[5] Ibid., S. 770.

[6] James Hastings (Hrsg.): *Encyclopedia of Religion and Ethics*, Bd. 11, S. 401.
[7] Erich Neumann: *Die Große Mutter*, S. 196.
[8] Ibid., S. 180; zitiert Vaillant: *The Aztecs of Mexico*, S. 122.

SCHLANGENGÖTTINNEN INDIENS UND DES FERNEN OSTENS

[1] Bernhard Karlgren: «Preliminary Report on Archaeological Research in Kansu Province», in: *IPEK* (1925), S. 32.
[2] Carl Hentze: *Mythes et symboles lunaires*, S. 136 ff.
[3] Edward G. Schafer: *The Divine Woman: Dragon Ladies and Rain Maidens in T'ang Literature*, S. 40.
[4] Ibid., S. 92.
[5] Ibid., S. 98.
[6] Ibid., S. 13 f.
[7] Ananda Coomaraswamy: «Archaic Indian Terracotta», in: *IPEK* (1928), S. 64.
[8] David R. Kingsley: *The Sword and the Flute*, S. 110 f.
[9] Buffie Johnson/Tracy Boyd: «The Eternal Weaver», in: *Heresies* (1978), S. 64–69.
[10] Ajit Mookerjee: *Kundalini: The Arousal of the Inner Energy*.
[11] Ibid.
[12] P. K. Maity: *Historical Studies in the Cult of the Mother Goddess Manasa: A Socio-Cultural Study*, S. 331; zitiert Beispiele aus einem aus dem Bengali übersetzten Fragebogen.

ZEUGNISSE FÜR DEN SCHLANGENKULT IN ANDEREN KULTUREN

[1] P. V. Glob: *The Mound People: Danish Bronze-Age Man Preserved*, S. 163 f.
[2] Ibid., S. 165.
[3] Emerson F. Greenman: *Guide to Serpent Mound*, S. 8.
[4] Ibid., S. 9.
[5] W. S. Webb/R. S. Baley: *The Adena People*.
[6] Lewis Spence: *Myths and Legends of the North American Indians*, S. 112.
[7] Clyde E. Keeler: *Secrets of the Cuna Earthmother: A Comparative Study of Ancient Religions*, S. 67.
[8] Robert Briffault: *The Mothers*, Bd. 2, S. 663; zitiert C. G. Seligman: *The Melanesians of British New Guinea*, S. 282.
[9] Joseph Campbell: *The Way of the Animal Powers*, S. 140, Abb. 245.

SCHLANGEN IM JÜDISCH-CHRISTLICHEN BEREICH

[1] G. J. Dukinfield Astley: *Biblical Anthropology*, S. 15–18.
[2] *Exodus* 7,9.
[3] Saloman Reinach: *Orpheus: A Study of Religions*, S. 193.
[4] Robert Briffault: *The Mothers*, Bd. 3, S. 108.
[5] Ibid., S. 109.
[6] Merlin Stone: *When God Was a Woman*, S. 209; zitiert R. A. S. Macalister: *Bible Sidelights from the Mound of Gezer* (London 1906).
[7] Robert Graves: *The White Goddess*, S. 273 f.
[8] E. O. James: *Myths and Rituals in the Ancient Near East*, S. 63.

DIE SCHLANGE UND DER BAUM DER ERKENNTNIS

[1] W. Robertson Smith: *The Religion of the Semites*, S. 185.
[2] J. G. Philpot: *The Sacred Tree, or the Tree in Religion and Myth*, S. 15–23.
[3] Joseph Campbell: *The Masks of God*, Bd. 3: *Occidental Mythology*, S. 14; zitiert William Hayes Ward: *The Seal Cylinders of Western Asia* (Washington, D.C., 1960), S. 138.
[4] Robert Graves: *The Greek Myths*, Bd. 1, S. 69 f.
[5] E. O. James: *The Tree of Life: An Archaeological Study* (Leiden 1966), S. 33 f.
[6] C. G. Jung: *Gesammelte Werke*, Bd. 9/II, S. 261.

[7] Robert Graves/Raphael Patai: *Hebrew Myths: The Book of Genesis,* S. 15.
[8] James George Frazer: *Folklore in the Old Testament: Studies in Comparative Religion, Legend and Law,* Bd. 1, S. 5.
[9] Elizabeth Cady Stanton/Revising Committee of 1894: *The Woman's Bible,* S. 16.
[10] Mircea Eliade: *Birth and Rebirth: The Religious Meanings of Initiation in Human Culture.*
[11] *Genesis* 3,4 f.
[12] *Genesis* 3,15 f.
[13] James Hastings (Hrsg.): *Encyclopedia of Religion and Ethics,* Bd. 6, S. 229 («Girdle»).
[14] Michael Dames: *The Silbury Treasure: The Great Goddess Rediscovered,* S. 75.
[15] Graves/Patai: *Hebrew Myths,* S. 15.
[16] Ibid., S. 69.
[17] James Hastings (Hrsg.): *Encyclopedia of Religion and Ethics,* Bd. 5, S. 607.
[18] Ibid., S. 608.
[19] Elaine Pagels: *The Gnostic Gospels,* S. 53 f.
[20] Ibid., S. 57.
[21] Ibid., S. 58.
[22] Ibid., S. 59.

## Teil V: Der Schmetterling

[1] Carl Kerényi: *The Gods of the Greeks,* S. 83 f.
[2] Donald A. MacKenzie: *Myths of Pre-Columbian America,* S. 321.
[3] Ibid., S. 215.
[4] Ibid., S. 216 f.
[5] Marija Gimbutas: *Gods and Goddesses of Old Europe,* S. 186 f.
[6] Clyde Keeler: *Secrets of the Cuna Earthmother: A Comparative Study of Ancient Religions,* S. 66.

## Teil VI: Das Mutterschaf und der Widder

[1] Joseph Campbell: *The Mythic Image,* Bd. 2 (Princeton 1975), S. 208.
[2] James Mellaart: *Çatal Hüyük: A Neolithic Town in Anatolia,* S. 127.
[3] *Genesis* 22,13.
[4] E. O. James: *Myths and Rituals in the Ancient Near East,* S. 226.
[5] Jane Ellen Harrison: *Prolegomena to the Study of Greek Religion,* S. 546 ff.
[6] James Hastings (Hrsg.): *Encyclopedia of Religion and Ethics,* Bd. 4, S. 314.
[7] W. Robertson Smith: *The Religion of the Semites,* S. 470.
[8] Ibid., S. 310.
[9] Robert Graves: *The Greek Myths,* Bd. 1, S. 226 f.
[10] Herodot: *Historien,* 2, 103.
[11] Homer: *Ilias.*

## Teil VII: Die Spinne

[1] Angelo de Gubernatis: *Zoological Mythology or the Legends of Animals,* Bd. 2, S. 165.
[2] Max Müller: *Comparative Mythology,* S. 53.
[3] Erich Neumann: *Die Große Mutter,* S. 173.
[4] Susan Feldman: *African Myths and Tales* (New York 1963), S. 51–56.
[5] Robert Graves: *The Greek Myths,* Bd. 1, S. 98.
[6] André Parrot: *Sumer,* S. 379.
[7] Angelo de Gubernatis: *Zoological Mythology,* S. 163.
[8] Heinrich Zimmer: *The King and the Corpse,* S. 240.
[9] Steven Lonsdale: *Animals and the Origins of Dance,* S. 50 f.
[10] Angelo de Gubernatis: *Zoological Mythology,* S. 164.
[11] Frank Waters: *Book of the Hopi,* S. 5.
[12] Gladys Reichard: *Navaho Religion: A Study of Symbolism,* S. 467 ff.
[13] John Layard: *Stone Men of Malekula,* S. 221 f.
[14] Robert Briffault: *The Mothers,* Bd. 2, S. 624.
[15] Emma Hadfield: *Among the Natives of the Loyalty Group,* S. 227.
[16] J. E. Cirlot: *A Dictionary of Symbols,* S. 290.
[17] C. G. Jung: *Gesammelte Werke,* Bd. 9/I, S. 204.

## Teil VIII: Der Hirsch

[1] Johannes Maringer: *The Gods of Prehistoric Man,* S. 95.
[2] Alexander Marshack: *The Roots of Civilization,* S. 267.
[3] Marija Gimbutas: *Gods and Goddesses of Old Europe,* S. 172 ff.
[4] Gertrude R. Levy: *The Gate of Horn,* S. 101.
[5] Florence Waterbury: *Bird Deities in China,* S. 24.
[6] Ibid., S. 96 f.
[7] Madho Sarup Vats: *Excavations at Harappa,* Tafel LXII.

## Teil IX: Der Fisch

### DER FISCH IM PALÄOLITHIKUM

[1] Carl Hentze: *Mythes et rituels lunaires,* S. 19 f.
[2] Siegfried Giedion: *The Eternal Present: The Beginnings of Art,* Bd. 2, S. 192.
[3] Robert Graves: *The Greek Myths,* Bd. 1, S. 59; vgl. Mircea Eliade: *A History of Religious Ideas,* S. 271.
[4] Alexander Marshack: *The Roots of Civilization,* S. 212, 218.

### SPÄTERE FISCH- UND RAUTENFORMEN

[1] Dragoslav Srejović: *Europe's First Monumental Sculpture: New Discoveries at Lepenski Vir,* S. 123 f.
[2] Erich Neumann: *Die Große Mutter,* S. 204 ff.
[3] Robert Graves/Raphael Patai: *Hebrew Myths: The Book of Genesis,* S. 26.
[4] Jane Ellen Harrison: *Prolegomena to the Study of Greek Religion,* S. 148.
[5] Alain Daniélou: *Hindu Polytheism,* S. 166 f.
[6] Erich Neumann: *Die Große Mutter,* S. 208.
[7] Gertrude Jobes: *Dictionary of Mythology, Folklore and Symbols,* Bd. 1 (New York 1961), S. 574.
[8] James George Frazer: *The Golden Bough,* Bd. 5, S. 306 f., Anm. 5.
[9] James George Frazer: *The Golden Bough,* Bd. 6, S. 90.
[10] Joseph Cambell: *The Masks of God, Bd. 1: Primitive Mythology,* S. 257.
[11] Robert Graves: *The White Goddess,* S. 323.
[12] H. R. Ellis Davidson: *The Gods and Myths of Northern Europe,* S. 165 f.
[13] Elisabeth Edwards Goldsmith: *Ancient Pagan Symbols,* S. 100 ff.

### AUFERSTEHUNG, WASSER UND FISCH

[1] Vincent Scully: *The Earth, the Temple and the Gods: Greek Sacred Architecture,* S. 97.
[2] Erich Neumann: *Die Große Mutter,* S. 87.
[3] Vincent Scully: *The Earth, the Temple and the Gods,* S. 93.
[4] Jane Ellen Harrison: *Prolegomena to the Study of Greek Religion,* S. 308.
[5] Juliet Piggot: *Japanese Mythology,* S. 13.
[6] Bunyiu Nanjio: *Catalogue of the Chinese Tripitaka,* Nr. 282 (A.D. 148–170).
[7] Saloman Reinach: *Orpheus: A Study of Religions,* S. 42; vgl. Vincent Scully: *The Earth, the Temple and the Gods,* S. 93, 99.
[8] James Hastings (Hrsg.): *Encyclopedia of Religion and Ethics,* Bd. 6, S. 675.
[9] E. Benveniste: *The Persian Religion According to the Chief Greek Texts* (Paris 1929), S. 61 f.

### FISCHZEREMONIEN

[1] Erich Neumann: *The Great Mother,* S. 42 f., 47.
[2] C. G. Jung: *Gesammelte Werke,* Bd. 5, S. 248.
[3] C. G. Jung: *Gesammelte Werke,* Bd. 9/II, S. 223; vgl. Homer: *Ilias.*
[4] Christine Desroches-Noblecourt: *Tutankhamen,* S. 84.
[5] C. G. Jung: *Gesammelte Werke,* Bd. 5, S. 248, 299 ff., 307 f.
[6] Rupert Gleadow: *Your Character in the Zodiac,* S. 136.

[7] C. G. Jung: *Gesammelte Werke,* Bd. 9/II, S. 130 f., 156.
[8] Robert Eisler: *The Royal Art of Astrology,* S. 107.
[9] C. G. Jung: *Gesammelte Werke,* Bd. 9/II, S. 99, 120.
[10] C. G. Jung: *Gesammelte Werke,* Bd. 9/II, S. 146.
[11] Lewis Spence: *The Myths and Legends of Mexico and Peru,* S. 292, 298, 306.
[12] Anne Ross: *Pagan Celtic Britain,* S. 350 f.
[13] Ibid., S. 21, 219.

#### TOTENRITEN

[1] Henri Frankfort: *Kingship and the Gods,* S. 43 f.
[2] James George Frazer: *The Golden Bough,* Bd. 6, S. 10; zitiert Plutarch: *Isis und Osiris,* 8, 18.
[3] C. G. Jung: *Gesammelte Werke,* Bd. 5, S. 298.
[4] E. A. Wallis Budge: *The Gods of the Egyptians,* Bd. 2, S. 263 f.
[5] Christine Desroches-Noblecourt: «Poissons, tabours et transformation du mort», in: *Kemi,* 13 (1954), S. 34–37.
[6] Ibid., S. 42; vgl. E. A. Wallis Budge: *Gods of the Egyptians,* Bd. 2, S. 103.
[7] John Layard: *Stone Men of Malekula,* S. 218 ff.
[8] Robert Briffault: *The Mothers,* Bd. 2, S. 688 f.
[9] Alberto Ruz Lhuillier: «The Mystery of the Temple Inscriptions», in: *Archaeology* (1953); «The Pyramid Tomb of the Prince of Palenque», in: *London Illustrated News* (1953); «The Mystery of the Mayan Temple», in: *Saturday Evening Post* (29. August 1953).
[10] Carl Hentze: «Le poisson comme symbole de la fécondité dans la Chine ancienne», in: *Bulletin du Musée Royale.*

#### DER FISCH IM CHRISTLICHEN RITUAL

[1] Walter Lowrie: *Art in the Early Church* (New York 1947), S. 76.
[2] Saloman Reinach: *Orpheus: A Study of Religions,* S. 21.
[3] C. G. Jung: *Gesammelte Werke,* Bd. 12, S. 340–348.
[4] E. A. Wallis Budge: *Amulets and Talismans,* S. 306.

## Teil X: Das Schwein

[1] Marija Gimbutas: *Gods and Goddesses of Old Europe,* S. 211.
[2] Robert Graves: *The Greek Myths,* Bd. 1, S. 129.
[3] Marija Gimbutas: *Gods and Goddesses of Old Europe.*
[4] James George Frazer: *The Golden Bough,* Bd. 6, S. 19.
[5] Jane Ellen Harrison: *Prolegomena to the Study of Greek Religion,* S. 153.
[6] Ibid., S. 124 f.
[7] Robert Graves: *The Greek Myths.*
[8] Henri Frankfort: *Kingship and the Gods,* S. 381.
[9] Saloman Reinach: *Orpheus: A Study of Religions,* S. 19 f.
[10] James Hastings (Hrsg.): *Encyclopedia of Religion and Ethics,* Bd. 12, S. 133.
[11] C. G. Jung: *Gesammelte Werke,* Bd. 5, Abb. 4, S. 115.
[12] John Layard: *Stone Men of Malekula,* S. 234.
[13] Ibid., S. 340.
[14] Barbara Walker: *The Woman's Encyclopedia of Myths and Secrets,* S. 182; zitiert C. G. Leland: *Gypsy Sorcery and Fortune Telling.*

## Teil XI: Die Kuh und der Stier

#### DIE KUHGÖTTIN

[1] E. O. James: *Myths and Rituals in the Ancient Near East,* S. 31.
[2] E. O. James: *Cult of the Mother Goddess,* S. 125 f.

[3] Annette Laming: *Lascaux: Painting and Engraving.*
[4] D. O. Cameron: *Symbols of Birth and Death in the Neolithic Era,* S. 4; vgl. Michael Dames: *The Avebury Cycle,* S. 5.
[5] Ibid., S. 7.
[6] Siegfried Giedion: *Ewige Gegenwart. Ein Beitrag zu Konstanz und Wechsel,* Bd. I: *Die Entstehung der Kunst,* S. 96 f.
[7] E. A. Wallis Budge: *The Gods of the Egyptians,* Bd. 1, S. 428.
[8] R. T. Rundle-Clark: *Myth and Symbol in Ancient Egypt,* S. 88.
[9] E. A. Wallis Budge: *Gods of the Egyptians,* Bd. 1, S. 435.
[10] Robert Graves: *The Greek Myths,* Bd. 1, S. 293.

FRUCHTBARKEIT

[1] Marija Gimbutas: *Gods and Goddesses of Old Europe,* S. 91.
[2] Tacitus: *Germania.*
[3] H. R. Ellis Davidson: *The Gods and Myths of Northern Europe,* S. 117–121.
[4] James George Frazer: *The Golden Bough,* Bd. 7, S. 135.
[5] Lewis Spence: *Myths and Legends of the North American Indians,* S. 134 f.
[6] E. O. James: *Cult of the Mother Goddess,* S. 35; vgl. E. O. James: *Myths and Rituals in the Ancient Near East,* S. 133.
[7] E. O. James: *Cult of the Mother Goddess,* S. 34.
[8] E. O. James: *Myths and Rituals.*
[9] *Dust Bowls* sind Trockengebiete mit Bodenerosionserscheinungen und Staubstürmen; Anm. d. Ü.
[10] Sandra A. Wawrytko: *The Undercurrent of Feminine Philosophy in Eastern and Western Thought,* S. 60 f.
[11] Arthur Waley: *The Way and Its Power: A Study of the Tao Tê Ching and Its Place in Chinese Thought,* S. 174.
[12] Mokuse Miyuki: «Self Realization in the Ten Oxherding Pictures», in: *Quadrant* (1982), S. 25–44.
[13] Dorothy Norman: *The Hero: Myth, Image, Symbol,* S. 180–194.

TOD UND WIEDERGEBURT

[1] James Mellaart: *Çatal Hüyük: A Neolithic Town in Anatolia,* S. 207.
[2] E. O. James: *Myths and Rituals in the Ancient Near East,* S. 135.
[3] Diane Wolkenstein/Samuel Noah Kramer: *Inanna: Queen of Heaven and Earth,* S. 52–89.
[4] Leonard Woolley: *Excavations at Ur,* S. 64.
[5] Ibid., S. 66 f.
[6] Gertrude R. Levy: *The Gate of Horn,* S. 105 f.
[7] E. A. Wallis Budge: *The Book of the Dead,* S. 370.
[8] Joseph Campbell: *The Masks of God,* Bd. 1: *Primitive Mythology,* S. 165; zitiert Frobenius: *Monumenta Africana,* S. 318–322.
[9] E. A. Wallis Budge: *Dwellers on the Nile,* S. 101.
[10] H. R. Ellis Davidson: *The Gods and Myths of Northern Europe,* S. 133.
[11] James Hastings (Hrsg.): *Encyclopedia of Religion and Ethics,* Bd. 12, S. 214 f.

DER STIER IM LABYRINTH

[1] Gertrude R. Levy: *The Gate of Horn.*
[2] Marija Gimbutas: *Gods and Goddesses of Old Europe,* S. 186 f.
[3] Gertrude R. Levy: *The Gate of Horn,* S. 248.
[4] Stylianos Alexiou: *Minoan Civilization,* S. 109 f.
[5] Ibid.

DER STIERGOTT

[1] E. O. James: *The Ancient Gods,* S. 306.
[2] Carl Kerényi: *Dionysos: Archetypal Image of Indestructible Life,* S. 54 f.

[3] James George Frazer: *The Golden Bough*, Bd. 7, S. 12 f.
[4] Jane Ellen Harrison: *Prolegomena to the Study of Greek Religion*, S. 437; Plutarch: *Quaest greac.*, zit. nach Frazer, S. 569.
[5] Carl Kerényi: *Dionysos*, S. 316 ff.

### DIE GÖTTIN UND IHRE GEFÄHRTEN

[1] Diane Wolkenstein/Samuel Noah Kramer: *Inanna: Queen of Heaven and Earth*, S. 37.
[2] Raphael Patai: *The Hebrew Goddess*, S. 64, 187–190.
[3] Franz Cumont: *The Mysteries of Mithra*, S. 36 f.
[4] Ibid., S. 136 f.
[5] Maarten J. Vermaseren: *Cybele and Attis: The Myth and the Cult*, S. 46 ff.
[6] E. A. Wallis Budge: *Osiris and the Egyptian Resurrection*, Bd. 1, S. 60.
[7] E. O. James: *Cult of the Mother Goddess*, S. 123 f.
[8] Heinrich Zimmer: *The Art of Indian Asia*, S. 22.
[9] E. O. James: *Cult of the Mother Goddess*, S. 123 f.
[10] N. N. Bhattacharya: «Indian Mother Goddess», in: *Indian Studies, Past and Present* (Kalkutta 1971), S. 28.
[11] Heinrich Zimmer: *Myths and Symbols in Indian Art and Civilization*, S. 69.
[12] Ibid., S. 139.
[13] Erich Neumann: *Die Große Mutter*, S. 149 ff.
[14] André Parrot: *The Arts of Assyria*, S. 193 f.
[15] Saloman Reinach: *Orpheus: A Study of Religions*, S. 70.
[16] E. O. James: *Cult of the Mother Goddess*, S. 94 ff.
[17] Gertrude R. Levy: *The Gate of Horn*, S. 120 f.
[18] Erich Neumann: *Die Große Mutter*, S. 56 ff.

### DER STIER UND DIE JÜDISCH-CHRISTLICHEN RITEN

[1] E. O. James: *Cult of the Mother Goddess*, S. 81.
[2] *Dtn* 12,3.
[3] Raphael Patai: *The Hebrew Goddess*, S. 39, 44; vgl. Reinach: *Orpheus*, S. 139.
[4] Ibid., S. 124.
[5] Ibid., S. 39–44.
[6] E. A. Wallis Budge: *The Gods of the Egyptians*, Bd. 2, S. 242 f.
[7] Jane Ellen Harrison: *Prolegomena to the Study of Greek Religion*, S. 122.
[8] C. G. Jung: *Gesammelte Werke*, Bd. 12, S. 36 f.
[9] E. A. Wallis Budge: *The Book of the Dead*, S. 130 f.

### STIER, MOND UND KALENDER

[1] Alexander Marshack: *The Roots of Civilization*, S. 334 ff.
[2] C. G. Jung: *Gesammelte Werke*, Bd. 9/I, S. 120 f.
[3] Robert Graves: *The Greek Myths*, Bd. 1, S. 57.
[4] Edith Porada: *L'art dans le monde: Iran ancien*, S. 83.
[5] James George Frazer: *The Golden Bough*, Bd. 8, S. 10 ff.
[6] E. A. Wallis Budge: *The Gods of the Egyptians*, S. 435.
[7] Jane Ellen Harrison: *Themis: A Study of the Social Origins of Greek Religion*, S. 143.
[8] Jane Ellen Harrison: *Prolegomena to the Study of Greek Religion*, S. 111 f.
[9] *Genesis* 3,5.
[10] Robert K. G. Temple: *The Sirius Mystery*, S. 64.
[11] Robert Briffault: *The Mothers*, Bd. 2, S. 432 f.
[12] Gertrude R. Levy: *The Gate of Horn*, S. 79 ff.

## Teil XII: Der Skorpion

[1] C. G. Jung: *Gesammelte Werke*, Bd. 11, S. 254.
[2] Patricia Monaghan: *The Book of Goddesses and Heroines*, S. 157.
[3] E. A. Wallis Budge: *The Gods of the Egyptians*, Bd. 2, S. 377 f.

[4] Henri Frankfort: *Kingship and the Gods,* S. 382, Anm. 49.
[5] Alain Daniélou: *Hindu Polytheism,* S. 286 f.

## Teil XIII: Der Bär

[1] Paul Shepherd/Barry Sanders: *The Sacred Paw,* xvi f.
[2] Alexander Marshack: *The Roots of Civilization,* S. 15 f., 30.
[3] Shepherd/Sanders: *The Sacred Paw,* S. 190.
[4] Johannes Maringer: *The Gods of Prehistoric Man,* S. 269.
[5] Ibid., S. 42.
[6] Ibid., S. 44.
[7] Alexander Marshack: *The Roots of Civilization,* S. 354.
[8] Marija Gimbutas: *Gods and Goddesses of Old Europe,* S. 113.
[9] Ibid., S. 116, Abb. 80, 81.
[10] Marija Gimbutas: *Gods and Goddesses of Old Europe,* S. 190.
[11] Johannes Maringer: *The Gods of Prehistoric Man,* S. 102; zitiert Wilhelm Koppers.
[12] James Hastings (Hrsg.): *Encyclopedia of Religion and Ethics,* Bd. 6, S. 879.
[13] Johannes Maringer: *The Gods of Prehistoric Man,* S. 52.
[14] Ibid., S. 52 f.
[15] Jane Ellen Harrison: *Themis: A Study of the Social Origins of Greek Religion.*
[16] Vincent Scully: *The Earth, the Temple and the Gods: Greek Sacred Architecture,* S. 88.
[17] Anne Ross: *Pagan Celtic Britain,* S. 349.

## Nachwort

[1] Mircea Eliade: *A History of Religious Ideas.*
[2] Robert Briffault: *The Mothers,* Bd. 2.
[3] Robert Briffault/Bronislaw Malinowski: *Marriage: Past and Present.*
[4] William James: *Varieties of Religious Experience* (New York 1961; dt.: *Die Vielfalt religiöser Erfahrung,* Olten und Freiburg 1979).
[5] Gerald Sykes, Privatgespräch.
[6] Barbara Walker: *The Woman's Encyclopedia of Myths and Secrets,* S. 648.
[7] C. G. Jung: *Psychology and Religion* (New Haven 1938), S. 114.

# Literaturverzeichnis


Abramova, Z. A.: «Paleolithic Art in the U.S.S.R.», in: *Arctic Anthropology,* Bd. 4, Nr. 2. Madison 1967.
Ackerman, Phyllis: *Ritual Bronzes of Ancient China.* New York 1945.
Alexiou, Stylianos: *Minoan Civilization.* Heraklion 1969.
Al-Sufi, Abd Al-Rahman: *Book of Fixed Stars.* Manuskript aus dem Jahr 1632.
Armstrong, Edward A.: *The Folklore of Birds.* London 1958.
Astley, H. J. Dukinfield: *Biblical Anthropology.* London 1929.

Bachofen, J. J.: *Myth, Religion, and Mother Right: Selected Writings of Johann Jakob Bachofen.* (Bollingen Foundation Series LXXXIV.) Princeton 1967.
–: *Das Mutterrecht.* Frankfurt 1982.
Barb, A. A.: «Diva Matrix», in: *Journal of the Warburg and Courtauld Institute,* 16 (1953).
Begg, Ean: *The Cult of the Black Virgin.* Boston 1985.
Briffault, Robert: *The Mothers.* 3 Bde., New York 1969.
Briffault, Robert/Malinowski, Bronislaw: *Marriage, Past and Present.* Boston 1956.
Brinton, Daniel E.: *Myths of the Americas.* Blauvelt 1976.
Budge, E. A. Wallis: *Amulets and Talismans.* New Hyde Park 1968.
–: *The Book of the Dead.* New Hyde Park 1960.
–: *Dwellers on the Nile.* New York 1977.
–: *The Egyptian Language: Easy Lessons in Egyptian Hieroglyphics.* New York 1976.
–: *The Gods of the Egyptians.* 2 Bde., New York 1969.
–: *Osiris and the Egyptian Resurrection.* New York 1973.

Cameron, D. O.: *The Ghassulian Wall Paintings.* London 1981.
–: *Symbols of Birth and Death in the Neolithic Era.* London 1981.
Campbell, Joseph: *The Masks of God.* 4 Bde., New York 1959–68.
–: *The Way of the Animal Powers.* San Francisco 1983.
de Chambrun-Ruspoli, Marthe: *L'épervier divin.* Genf 1969.
Cirlot, J. E.: *A Dictionary of Symbols.* New York 1962.
v. Cles-Reden, Sibylle: *The Realm of the Great Goddess.* Englewood 1962.
–: *Die Spur der Zyklopen. Werden und Weg einer ersten Weltreligion.* Köln 1960.
Coomaraswamy, Ananda: «Archaic Indian Terracottas», in: *IPEK* (1928).
Crawford, O. G. S.: *The Eye Goddess.* London 1957.
Cumont, Franz: *The Mysteries of Mithra.* New York 1956.

Dames, Michael: *The Avebury Cycle.* London 1977.
–: *The Silbury Treasure: The Great Goddess Rediscovered.* London 1967.
Daniélou, Alain: *Hindu Polytheism.* (Bollingen Foundation Series LXXIII.) New York 1964.
Davidson, H. R. Ellis: *The Gods and Myths of Northern Europe.* Harmondsworth 1965.
Desroches-Noblecourt, Christine: «Poisson, tabours et transformation du mort», in: *KEMI,* 13 (1954).
–: *Tutankamen.* New York 1954.
Downing, Christine: *The Goddess: Mythological Images of the Feminine.* New York 1981.

Eisler, Robert: *The Royal Art of Astrology.* London 1946.
Eliade, Mircea: *Birth and Rebirth: The Religious Meanings of Initiation in Human Culture.* New York 1958.
–: *The Forge and the Crucible.* New York 1962.

–: *A History of Religious Ideas.* 3 Bde., Chicago 1979 (dt.: *Geschichte der religiösen Ideen.* Freiburg 1985–1987).
–: *The Myth of the Eternal Return.* (Bollingen Foundation Series XLVI.) New York 1954.
–: *Myths, Dreams and Mysteries.* Glasgow 1977.
–: *The Quest.* Chicago 1969.
Evans, Arthur J.: «The Minoan and Mycenaean Element in Hellenic Life», in: *Annual Report of the Smithsonian Institution,* 1912–1913. Washington, D. C., 1914.
–: *The Palace of Minos.* 4 Bde., London 1921–36.

Farnell, Lewis Richard: *The Cults of the Greek States.* 5 Bde., London 1896.
Frankfort, Henri: *Kingship and the Gods.* Chicago 1948.
Frazer, James George: *Folklore in the Old Testament.* New York 1923.
–: *The Golden Bough.* 13 Bde., New York 1959 (dt.: *Der Goldene Zweig. Das Geheimnis von Glauben und Sitten der Völker.* Reinbek 1989).
Friedrich, P.: *The Meaning of Aphrodite.* Chicago 1978.

Giedion, Siegfried: *The Eternal Present: The Beginnings of Art.* (Bollingen Foundation Series XXXV.6.1.) New York 1962 (dt.: *Ewige Gegenwart. Ein Beitrag zu Konstanz und Wechsel.* Bd. 1.: *Die Entstehung der Kunst,* Bd. 2.: *Der Beginn der Architektur.* Köln 1964–1965).
Gimbutas, Marija: «The First Wave of Steppe Pasturalists into Copper Age Europe», in: *Journal of Indo-European Studies,* 5 (Winter 1977).
–: *Gods and Goddesses of Old Europe, 7000–3500 B. C.* London 1974.
–: *Goddesses and Gods of Old Europe, 6500–3500 B. C* Berkeley–Los Angeles 1982.
–: *The Language of the Goddess: Images and Symbols of Old Europe.* New York 1988.
–: «The Shape of the Past: Vulvas, Breasts and Buttocks of the Goddess», Essay aus: *Creatrix: Studies in Honor of Franklin D. Murphy.* Hrsg. v. Giorgio Buccelatti und Charles Speroni. Los Angeles 1981.
–: «The Temples of Old Europe», in: *Archaeology* (November–Dezember 1980).
– (Hrsg.): «Neolithic Macedonia», in: *Monumenta Archaeologica,* Bd. 1. Los Angeles o. J.
Gleadow, Rupert: *Your Character in the Zodiac.* New York 1968.
Glob, P. V.: *The Mound People: Danish Bronze-Age Man Preserved.* Ithaca 1974.
Goldsmith, Elisabeth Edwards: *Ancient Pagan Symbols.* New York 1929.
Goodenough, Erwin R.: *Jewish Symbols in the Greco-Roman Period.* 13 Bde. (Bollingen Foundation Series XXXVII.) New York 1953–1969.
Granet, Marcel: *Danse et légende de la Chine ancienne.* Paris 1926.
Graves, Robert: *The Greek Myths.* 2 Bde., Harmondsworth 1955 (dt.: v. Ranke-Graves, Robert: *Griechische Mythologie. Quellen und Deutung.* Reinbek 1989).
–: *The White Goddess.* New York 1948 (dt.: von Ranke-Graves, Robert: *Die weiße Göttin. Sprache des Mythos.* Reinbek 1985).
Graves, Robert/Patai, Raphael: *Hebrew Myths: The Book of Genesis.* New York 1966.
Graziosi, Paolo: «Addaura», in: *Bulletino di Paletnologia Italiana,* Bd. 8 (1952–1953).
Greenman, Emerson F.: *Guide to Serpent Mound.* Columbus 1964.
Grigson, Geoffrey: *The Goddess of Love.* New York 1977.
de Gubernatis, Angelo: *Zoological Mythology or the Legends of Animals.* 2 Bde., London 1972.

Hadfield, Emma: *Among the Natives of the Loyalty Group.* London 1920.
Harrison, Jane Ellen: *Primitive Athens as Described by Thucydides.* Cambridge 1906.
–: *Prolegomena to the Study of Greek Religion.* New York 1955.
–: *Themis: A Study of the Social Origins of Greek Religion.* New Hyde Park 1962.
Hastings, James (Hrsg.): *Encyclopedia of Religion and Ethics.* 13 Bde., Edinburgh 1935–1937.
Hawkins, Gerald S.: *Stonehenge Decoded.* Garden City 1965.
Hentze, Carl: *Bronzegerät, Kultbauten, Religion im ältesten China der Shang-Zeit.* Antwerpen 1951.
–: *Das Haus als Weltort der Seele. Ein Beitrag zur Seelensymbolik in China, Großasien, Altamerika.* Stuttgart 1961.
–: *Mythes et rituels lunaires.* Antwerpen 1932.
–: *Mythes et symboles lunaires.* Antwerpen 1932.
–: «Le poisson comme symbole de la fécondité dans la Chine ancienne», in: *Bulletin du Musée Royale.*
–: «Le symbolisme des oiseaux dans la Chine ancienne», in: *Sinologica,* 5 (1957–1958).

Herberger, Charles F.: *The Thread of Ariadne: The Labyrinth of the Calendar of Minos.* New York 1972.
Herodot: *Historien.*
Hesiod: *Theogonie. Werke und Tage.*
Homer: *Ilias/Odyssee.*

James, E. O.: *The Ancient Gods.* New York 1960.
–: *The Beginnings of Religion.* Westport 1973.
–: *Cult of the Mother Goddess.* New York 1959.
–: *From Cave to Cathedral.* New York 1965.
–: *Myths and Rituals in the Ancient Near East.* New York 1958.
Johnson, Buffie/Boyd, Tracey: «The Eternal Weaver», in: *Heresies* (Frühjahr 1978).
Jung, C. G.: *The Collected Works of C. G. Jung.* 20 Bde. (Bollingen Foundation Series XX.) Princeton 1955–78 (dt.: *Gesammelte Werke.* Olten und Freiburg, ab 1971).
–: *Psychology and Religion.* New Haven 1940 (dt.: *Psychologie und Religion.* Olten und Freiburg 1971).

Karlgren, Berhard: «The Date of Early Don-So'n Culture», in: *Bulletin of the Museum of Far Eastern Antiquities,* Bd. 14.
–: «Preliminary Report on Archaeological Research in Kansu Province», in: *IPEK* (1925).
Keeler, Clyde E.: *Secrets of the Cuna Earthmother: A Comparative Study of Ancient Religions.* New York 1960.
Kenyon, Kathleen: *Excavations at Jericho.* London 1960–1983.
Kerényi, Carl: *Dionysos: Archetypal Image of Indestructible Life.* (Bollingen Foundation Series LXV.2.) Princeton 1976.
–: *Eleusis: Archetypal Image of Mother and Daughter.* (Bollingen Foundation Series LXV.4.) Princeton 1967.
–: *Goddesses of Sun and Moon.* Irving 1979.
–: *The Gods of the Greeks.* London 1951.
–: *Die Mythologie der Griechen.* München 1987.
–: *Zeus and Hera.* (Bollingen Foundation Series LX.5.5.) Princeton 1975.
Kingsley, David R.: *The Sword and the Flute.* Berkeley–Los Angeles 1977.
Kirschner, Horst: «Ein archäologischer Beitrag zur Urgeschichte des Schamanismus», in: *Anthropos,* 47 (1952).

Laming, Annette: *Lascaux: Painting and Engraving.* Harmondsworth 1955.
Layard, John: *Stone Men of Malekula.* London 1942.
Lemozi, Amédée: *La Grotte-Temple de Pech Merle.* Paris 1929.
Levy, Gertrude R.: *The Gate of Horn.* London 1948.
–: *The Sword from the Rock.* London 1953.
Lloyd, Seton: *The Archaeology of Mesopotamia: From the Old Stone Age to the Persian Conquest.* London 1978.
Lonsdale, Steven: *Animals and the Origins of Dance.* London 1981.
Lukian: *De Dea Syria (Über die syrische Göttin).*
Lumholtz, Karl Sofus: *Unknown Mexico.* 2 Bde., New York 1902.

*Mabinogion.* Übers. v. Charlotte Guest. London 1924.
MacKenzie, Donald A.: *Egyptian Myth and Legend.* New York 1978.
–: *Myths of Pre-Columbian America.* London 1924.
Maity, P. K.: *Historical Studies in the Cult of the Mother Goddess Manasa: A Socio-Cultural Study.* Kalkutta 1966.
Maringer, Johannes: *The Gods of Prehistoric Man.* New York 1960 (dt.: *Vorgeschichtliche Religion. Religionen im steinzeitlichen Europa.* Einsiedeln, Zürich, Köln 1956).
Marshack, Alexander: *The Roots of Civilization.* New York 1972.
Mellaart, James: *Çatal Hüyük: A Neolithic Town in Anatolia.* New York 1967.
–: *Excavations at Hacilar.* 2 Bde., Edinburgh 1970 (Veröffentlichung für das British Institute of Archaeology in Ankara).
Miyuki, Mokuse: «Self Realization in the Ten Oxherding Pictures», in: *Quadrant* (Frühjahr 1982).
Moctezuma, Eduardo Motas.: «New Finds in the Great Temple», in: *National Geographic,* 158 (Dezember 1980).
Monaghan, Patricia: *The Book of Goddesses and Heroines.* New York 1981.
Montagu, Ashley: *Man: His First Million Years.* New York 1962.
Mookerjee, Ajit: *Kundalini: The Arousal of the Inner Energy.* New York 1972.
Müller, Max: *Comparative Mythology.* London o. J.
Mundkur, Balaji: *The Cult of the Serpent: An Interdisciplinary Survey of Its Manifestations and Origins.* Albany 1983.

Nanjio, Bunyiu: *Catalogue of the Chinese Tripataka.* London 1883.
Neumann, Erich: *The Great Mother: An Analysis of the Archetype.* (Bollingen Foundation Series XLVII.) New York 1955 (dt.: *Die Große Mutter. Eine Phänomenologie der weiblichen Gestaltungen des Unbewußten.* Olten und Freiburg 1988).
Nichols, Marianne: *Man, Myth and Monument.* New York 1975.
Norman, Dorothy: *The Hero: Myth, Image, Symbol.* New York–Cleveland 1969.

Pagels, Elaine: *The Gnostic Gospels.* New York 1979.
Park, H.W.: *Greek Oracles.* London 1967.
Parrot, André: *The Arts of Assyria.* New York 1961.
–: *Sumer.* New York 1961.
Patai, R.: *The Hebrew Goddess.* Philadelphia 1967.
Pausanias: *Beschreibung Griechenlands.*
Philpot, J.H. (Mrs.): *The Sacred Tree, or the Tree in Religion and Myth.* New York 1897.
Piankoff, Alexander/Rambova, Natasha: *Mythological Papyri.* 2 Bde. (Bollingen Foundation Series XL-3.) New York 1957.
Piggott, Juliet: *Japanese Mythology.* New York 1969.
Piggott, Stuart: *Prehistoric India.* Harmondsworth 1950.
Plinius d. Ältere: *Historia Naturalis.*
Plutarch: *Große Griechen und Römer. Alexander I.*
Pollard, John: *Birds in Greek Life and Myth.* London 1977.
Porada, Edith: *L'art dans le monde: Iran ancien.* Paris 1963.

Reichard, Gladys: *Navajo Religion: A Study of Symbolism.* (Bollingen Foundation Series XVIII.) Princeton 1950.
Reinach, Saloman: *Orpheus: A Study of Religions.* New York 1942.
Renfrew, Colin: *Before Civilization.* New York 1973.
Roess, A.: «Der Hallstatt-Vogel», in: *IPEK,* 14 (1939).
Ross, Anne: *Pagan Celtic Britain.* New York 1967.
Rundle-Clark, R.T.: *Myth and Symbol in Ancient Egypt.* London 1978.
Ruz Lhuillier, Alberto: «The Mystery of the Mayan Temple», in: *Saturday Evening Post* (29. August 1953).
–: «The Mystery of the Temple Inscriptions», in: *Archaeology* (1953).
–: «The Pyramid Tomb of the Prince of Palenque», in: *London Illustrated News* (1953).
Rydh, Hannah: «On Symbolism in Mortuary Ceramics», in: *Bulletin of the Museum of Far Eastern Antiquities,* 1 (1929).

de Saint-Perier, R.: «Statuette de Femme Stéatopyge découverte à Lespugue, Haute Garonne», in: *L'Anthropologie,* 32 (1922).
Salmony, Alfred: *Antler and Tongue.* Ascona 1954.
–: «Die Kunst des Aurignacien in Mal'ta (Sibirien)», in: *IPEK,* 1 (1931).
Sanders, N.K.: *Prehistoric Art in Europe.* Harmondsworth 1985.
Schafer, Edward H.: *The Divine Woman: Dragon Ladies and Rain Maidens in T'ang Literature.* San Francisco 1980.
Schliemann, Heinrich: *Ilios. Stadt und Land der Trojaner.* Leipzig 1881.
Scully, Vincent: *The Earth, the Temple and the Gods: Greek Sacred Architecture.* New Haven 1963.
Séjourné, Laurette: *Burning Water.* New York 1960.
Seligman, C.G.: «Further Note on Bird-Chariots in Europe and China», in: *Journal of the Royal Anthropological Institute of Great Britain and Ireland,* 58 (1928).
Shakespeare, William: *Antonius und Cleopatra; Macbeth.* Deutsch v. A.W. von Schlegel und Ludwig Tieck. Berlin 1912–1935.
Shepherd, Paul/Sanders, Barry: *The Sacred Paw.* New York 1985.
Shorter, Alan W.: *The Egyptian Gods.* London 1981.
Smith, W. Robertson: *The Religion of the Semites.* New York 1972.
Spence, Lewis: *Myths and Legends of Mexico and Peru.* Boston 1913.
–: *Myths and Legends of the North American Indians.* Blauvelt 1975.
Srejovič, Dragoslav: *Europe's First Monumental Sculpture: New Discoveries at Lepenski Vir.* New York 1972.
Stanton, Elizabeth Cady mit dem Revising Committee of 1894: *The Woman's Bible.* Reprint. Seattle 1974.
Stone, Merlin: *Ancient Mirrors of Womanhood.* New York 1979.
–: *When God Was a Woman.* New York 1976.

Tacitus: *Germania.*
Temple, Robert K.G.: *The Sirius Mystery.* London 1976.

Torbrugge, Walter: *Prehistoric European Art.* New York 1968.

Vats, Madho Sarup: *Excavations at Harappa.* Delhi 1974.

Vermaseren, M.J.: *Cybele and Attis: The Myth and the Cult.* London 1977.

Waley, Arthur: *The Way and Its Power: A Study of the Tao Tê Ching and Its Place in Chinese Thought.* Boston–New York 1935.

Walker, Barbara: *The Woman's Encyclopedia of Myths and Secrets.* San Francisco 1983.

Warren, Peter: *Myrtos.* London 1972.

Waterbury, Florence: *Bird Deities in China.* Ascona 1952.

Waters, Frank: *Book of the Hopi.* New York 1963 (dt.: *Das Buch der Hopi.* Köln 1982).

Wawrytko, Sandra A.: *The Undercurrent of Feminine Philosophy in Eastern and Western Thought.* Washington, D.C., 1981.

Webb, W.S./Baley, R.S.: *The Adena People.* Columbus 1957.

Westermark, E.A.: *Ritual and Belief in Morocco.* 2 Bde., New York 1968.

Wolkenstein, Diane/Kramer, Samuel Noah: *Inanna: Queen of Heaven and Earth.* New York 1983.

Woolley, Leonard: *Excavations at Ur.* New York 1954.

–: *History Unearthed.* New York 1963.

Zimmer, Heinrich: *The Art of Indian Asia.* 2 Bde., hrsg. v. J. Campbell. (Bollingen Foundation Series XXXIX.) New York 1955.

–: *The King and the Corpse.* (Bollingen Foundation Series XI.) New York 1948.

–: *Myths and Symbols in Indian Art and Civilization.* (Bollingen Foundation Series VI.) New York 1946 (dt.: *Indische Mythen und Symbole.* Düsseldorf–Köln 1972).

Zvelebil, Marek: «Postglacial Foraging in the Forests of Europe», in: *Scientific American,* 254 (1986).

# Abbildungsnachweis

Wenn nicht anders angegeben, wurden die Zeichnungen und Photographien von der Verfasserin zur Verfügung gestellt.

## PHOTOGRAPHIEN UND ZEICHNUNGEN

1. Zeichnung.
2. Nackte Figur, Petersfels, Deutschland. Photo: © Alexander Marshack, 1972.
3. Auf einem Felsblock eingravierte Figuren, La Roche, Dordogne, Frankreich.
4. Zeichnung.
5. Frauenkopf aus Elfenbein aus der Grotte du Pape, Brassempouy, Landes, Frankreich. Musée des Antiquités Nationales, St. Germain-en-Laye. Photo: Clichés des Musées Nationaux, Paris.
6. Zeichnung.
7. La Polichinelle, gefunden in der Nähe der Grimaldi-Höhle, Menton, Frankreich. Musée des Antiquités Nationales, St. Germain-en-Laye. Photo: Clichés des Musées Nationaux, Paris.
8. Jugendliche Gravettien-Figur aus dem Abri von Cazelle, Sireuil, Frankreich. Musée des Antiquités Nationales, St. Germain-en-Laye. Photo: Clichés des Musées Nationaux, Paris.
9. Venus I aus Dolní Věstonice. Moravské-Museum, Anthropos-Institut, Brno, Tschechoslowakei.
10. Venus von Lespugue (Profil), Haute Garonne, Frankreich. Paläolithisch; Elfenbein. Mit freundlicher Genehmigung des Department of Library Services, American Museum of Natural History, New York (Negativ Nr. 127 136).
11. Venus von Lespugue (Rückansicht), Haute Garonne, Frankreich. Paläolithisch; Elfenbein. Collection Musée de l'Homme, Paris. Photo: J. Oster.
12. Mezin-Figuren. Photo: © Alexander Marshack, 1972.
13. Zeichnung.
14. Gravierte Figuren mit Vogelmaske, Addaura, Sizilien.
15. Zeichnung.
16. Zeichnung.
17. Zeichnung.
18. Zeichnung. Nach M. Gimbutas, *Goddesses and Gods of Old Europe.*
19. Zeichnung. Mit freundlicher Genehmigung von M. Gimbutas aus: *Goddesses and Gods of Old Europe.*
20. Göttin aus Vidra. Historisches Museum der Stadt Bukarest, Rumänien.
21. Figur aus Hal Tarxien, Malta. Ca. 3000 v. Chr.; Ton. Photo: Adam Woolfitt / Susan Griggs Agency Ltd.
22. Nut, die Schöpferin, aus dem Grab von Ramses VI., Theben, Ägypten. XX. Dynastie, ca. 12. Jahrhundert v. Chr.; Papyrus. Egyptian Museum, Kairo.
23. Zeichnung.
24. Zeichnung.
25. Mykenische Gottheit mit Tauben, aus dem Schachtgrab 3, Zitadelle, Mykene. Ca. 1550–1400 v. Chr.; Gold. Mit freundlicher Genehmigung des National Archaeological Museum, Athen.
26. Lakshmi, auf einer Eule reitend. 19. Jahrhundert n. Chr.; Bronze. Photo: Reuben Goldberg, Philadelphia.
27. Luftaufnahme des Silbury Hill, Großbritannien. Photo: © Marilyn Bridges, 1985. Aus: M. Bridges, *Markings,* New York 1986.
28. Minoische Figurine einer Göttin mit erhobenen Armen, gekrönt mit Vögeln, Konus und Stierhörnern, Gazi bei Heraklion. Ca. 1400–1200 v. Chr.; Terrakotta. Heraklion Museum, Kreta. Photo: Constantine Koulatsoglou.
29. Vogelfrau, Stamm der Senofu, Elfenbeinküste. Zeitgenössisch; buntes Holz, H. 126 cm. Collection Musée de l'Homme, Paris. Photo: J. Oster.
30. Taube auf dem Altar der Kathedrale von Salerno. Photo: Bildarchiv Foto Marburg.
31. Zeichnung.
32. Zeichnung.

33. Costantino Nivola: *Mother's Secret.* 1986–1987; rosa Marmor, 55,9×78,7 cm. Mit freundlicher Genehmigung der Washburn Gallery, New York.
34. Amratian-Schale, Ägypten. Prähistorisch. Egyptian Museum, Kairo.
35. Stundenglasfigur einer Wassergöttin aus Traian. Historisches Museum der Sozialistischen Republik Rumänien, Bukarest.
36. Zeichnung. Mit freundlicher Genehmigung von M. Gimbutas aus: *Goddesses and Gods of Old Europe.*
37. Zeichnung. Mit freundlicher Genehmigung von M. Gimbutas aus: *Goddesses and Gods of Old Europe.*
38. Regengöttin in Form eines Kruges, aus Hacilar IV, Anatolien, Türkei. Photo: Josephine Powell.
39. Zeichnung. Nach P. Warren: *Myrtos.*
40. Weibliche Figur aus Böotien. Terrakotta, 30 cm. Mit freundlicher Genehmigung des Museum of Fine Arts, Boston.
41. Zeremonielles Weingefäß (Ausschnitt). 5. Jahrhundert v. Chr.; Bronze, H. 39,4 cm, B. 26,7 cm, Durchm. 11,4 cm. Asian Art Museum of San Francisco, The Avery Brundage Collection.
42. Wassergöttin im Glockenrock. 700 v. Chr.; Keramik. Musée du Louvre. Photo: Cliché des Musées Nationaux, Paris.
43. Kwakiutl-Maske. Zeitgenössisch. University of British Columbia Museum of Anthropology. Photo: J. L. Gijssen und M. Cotic.
44. Elfenbeinanhänger, Dolní Vĕstonice. Paläolithisch. Moravské-Museum, Anthropos-Institut, Brno, Tschechoslowakei.
45. Schaft mit Brüsten, Dolní Vĕstonice. Paläolithisch. Moravské-Museum, Anthropos-Institut, Brno, Tschechoslowakei.
46. Zeichnung.
47. Eulenköpfige Madonna. Späte Bronzezeit, ca. 1450–1225 v. Chr.; Ton, H. 35,5 cm. Mit freundlicher Genehmigung des Director of Antiquities and the Cyprus Museum, Nicosia. 1964/IX–818.
48. Zeichnung. Nach M. Gimbutas: «The Shape of the Past».
49. Wasserkrug mit Vogelkopf, gefunden auf Thera. 2. Jahrtausend v. Chr., mit freundlicher Genehmigung des National Archaeological Museum, Athen.
50. Minoische Terrakottavase in Form einer weiblichen Gestalt, Friedhof in Mallia, Kreta. Ca. 2200–2000 v. Chr.; weiße Farbe auf dunklem Grund. Heraklion Museum, Kreta. Photo: Constantine Koulatsoglou.
51. Zeichnung. Nach H. Schliemann.
52. Göttin mit Halsketten, Preußen.
53. Astarte mit Gefäß, Turgi, Spanien. 5. Jahrhundert v. Chr.; Alabaster. National Archaeological Museum, Madrid.
54. Diana von Ephesus. 2. Jahrhundert n. Chr.; Villa Albari, Rom. Photo: Alinari/Art Resource.
55. Mykenischer Bronzedreifuß mit Vögeln, Tiryns, Griechenland. 1400 v. Chr.; mit freundlicher Genehmigung des National Archaeological Museum, Athen.
56. An einen Baum gebundene Stoffetzen. Zeitgenössisch.
57. Halle der Jungfrauen, Erechtheion, Athen. Photo: Art Resource.
58. Mann mit Vogelmaske und Vogel auf der Stange, Höhle von Lascaux, Frankreich. Photo: Jean Vertut, mit freundlicher Genehmigung von Mme. Yvonne Vertut.
59. Mann mit Vogelmaske und Vogel auf der Stange, Höhle von Lascaux, Frankreich. Photo: Jean Vertut, mit freundlicher Genehmigung von Mme. Yvonne Vertut.
60. Figur eines stehenden jungen Mannes, China. Zeit der Streitenden Reiche, ca. 4. Jahrhundert v. Chr.; Bronze und Jade, H. 30 cm. Marie Antoinette Evans Fund, 31.976. Mit freundlicher Genehmigung des Museum of Fine Arts, Boston.
61. Szene auf einem Sarkophag aus Hagia Triada. Photo: Nimatallah/Art Resource.
62. Baumgöttin mit sieben Vögeln, mykenisch-minoisch. Heraklion Museum, Kreta. Photo: Constantine Koulatsoglou.
63. Ägyptische Baumgöttin, Grab des Panehsy, Theben, Ägypten. Wandmalerei.
64. Baumgottheit säugt König Thutmosis III., Grab von Thutmosis III., Theben, Ägypten. Wandmalerei.
65. Zeichnung. Nach S. Giedion.
66. Grabmodell eines chinesischen Pavillons. Han-Dynastie, 206 v. Chr.–220 n. Chr.; bleiglasiertes Steingut, 43 cm. Lucy Maud Bukkingham Collection, 1924.227. © 1988 The Art Institute of Chicago.
67. Zeichnung.
68. Zeichnung.
69. Paläolithischer Schrein aus Mammutknochen, Ukraine. Photo: Hank Morgan.
70. Zeichnung. Mit freundlicher Genehmigung aus: M. Gimbutas, *Goddesses and Gods of Old Europe.*
71. Zeichnung. Nach M. Gimbutas, *Goddesses and Gods of Old Europe.*
72. Altaraufsatz aus Ton mit

Schreinen und Schlupflöchern. Aus M. Gimbutas: «The Temples of Old Europe», in: *Archaeology*, November/Dezember 1980.
73. Zeichnung. Mit freundlicher Genehmigung von M. Gimbutas aus: *Goddesses and Gods of Old Europe*.
74. Zeichnung. Mit freundlicher Genehmigung von M. Gimbutas aus: *Goddesses and Gods of Old Europe*.
75. Tempelmodell in menschlicher Gestalt mit Vogelkopf. Photo: Giraudon, Paris.
76. Zeichnung. Nach einer Vorlage von Grace Huxtable, mit freundlicher Genehmigung von Prof. James Mellaart.
77. Tauben auf heiligen Säulen, Palast von Knossos, Kreta. Heraklion Museum, Kreta. Photo: Constantine Koulatsoglou.
78. Altar in Form eines dreiteiligen Schreins mit Vögeln, Schachtgrab 4, Zitadelle, Mykene. Ca. 1550–1500 v. Chr.; Gold. Mit freundlicher Genehmigung des National Archaeological Museum, Athen. Photo: Hirmer Fotoarchiv München.
79. Zeichnung. Nach S. v. Cles-Reden.
80. Tempeleingang, Malta. Photo: Catherine Allport.
81. Zeichnung.
82. Zeichnung. Nach S. v. Cles-Reden.
83. Augentempel von Tell Brak, Syrien. Mit freundlicher Genehmigung der Trustees of the British Museum (Department of Western Asiatic Antiquities).
84. Wagenschrein aus Dupljaja, Jugoslawien. National Museum of Beograd, Jugoslawien.
85. Bergschrein, Berg Sipylos, Kleinasien.
86. Aphrodite in einer Muschel. Musée du Louvre. Photo: Cliché des Musées Nationaux, Paris.
87. Aphrodite auf einem Schwan, Böotien. Musée du Louvre.
88. Aphrodite auf einer Gans. Mit freundlicher Genehmigung der Trustees of the British Museum. Photo: Laurie Platt Winfrey Inc.
89. Zeichnung.
90. Zeichnung.
91. Aphrodite auf dem Schwanenthron. Musée du Louvre.
92. Zeichnung.
93. Medusa mit zwei schwarzen Schwänen, Rhodos. Mit freundlicher Genehmigung der Trustees of the British Museum.
94. Zeichnung.
95. Tinnit, anthropoider Sarkophag aus der punischen Periode. Musée de Carthage, Tunesien.
96. Mutter Gans und ihr Vogel auf einem Besenstiel. Umschlagillustration von *Mother Goose's Nursery Rhymes* (London: Frederick Warne & Co.). Sammlung der Autorin.
97. Venus in einem von Schwänen gezogenen Wagen. Aus einem französischen Manuskript des 14. Jahrhunderts. Österreichische Nationalbibliothek, Wien.
98. Stehende Jungfrau. Sammlung der Autorin.
99. Die Schwarze Jungfrau. Sammlung von Tony Smith.
100. Zeichnung.
101. Zeichnung.
102. Der ägyptische Phönix, Grabpapyrus von Anhai. Ca. 1100 v. Chr.; mit freundlicher Genehmigung der Trustees of the British Museum (Department of Egyptian Antiquities).
103. Schlafende Frau, Malta. Neolithisch; Ton. National Museum, Malta. Photo: Adam Woolfitt/Susan Griggs, Agency Ltd.
104. Kraniche und Schlangen. Chinesischer Trommelständer, lackiertes Holz, H. 1,32 m, B. 1,24 m, B. der Schlangen 0,33 m. The Cleveland Museum of Art (CMA 38.9).
105. Zeichnung. Nach H. Schliemann.
106. Taube mit Jungvogel. Chinesische Bronze. Mit freundlicher Genehmigung der Trustees of the British Museum (Department of Oriental Antiquities).
107. Eulenförmiges Ritualgefäß mit Schlange, China. 15. Jahrhundert v. Chr.; mit freundlicher Genehmigung des Victoria and Albert Museum.
108. Zeichnung. Nach einer Vorlage von Grace Huxtable, mit freundlicher Genehmigung von Prof. James Mellaart.
109. Minoische Vase mit Fisch- und Vogelmuster, Friedhof von Kalyira bei Phaistos. Spätminoisch III, 14. Jahrhundert v. Chr.; Heraklion Museum, Kreta. Photo: Constantine Koulatsoglou.
110. Zeichnung. Nach einer Vorlage von Grace Huxtable, mit freundlicher Genehmigung von Prof. James Mellaart.
111. Geiergöttinnen Nechbet und Mut beschützen Osiris. Bibliothèque Nationale, Paris. Photo: Giraudon, Paris.
112. Löwin aus der Höhle von Les Combarelles, Dordogne, Frankreich. Ritzzeichnung. Photo: Gallery of Prehistoric Art, Astoria, New York (retouschiert von Douglas Mazonowicz).
113. Zeichnung. Nach einer Vorlage von Grace Huxtable, mit freundlicher Genehmigung von Prof. James Mellaart.
114. Göttin in Leopardenhaut aus Çatal Hüyük. 7100–6300 v. Chr.;

Photo: Frau J. Mellaart, mit freundlicher Genehmigung von Prof. James Mellaart.
115. Göttin auf dem Löwen-Geburtsthron aus Çatal Hüyük. 7100–6300 v. Chr.; Photo: Frau J. Mellaart, mit freundlicher Genehmigung von Prof. James Mellaart.
116. Zeichnung.
117. Göttin reitet auf einem Löwen (Ausschnitt aus einer goldenen Schale), Hasanlu, Iran. 1000 v. Chr.; Archaeological Museum, Teheran. Photo: University Museum, University of Pennsylvania.
118. Hethitische Göttin auf einem Löwen. Photo: Hirmer Fotoarchiv München.
119. Sachmet auf einem Löwenthron, Ägypten. 1350 v. Chr.; Gold. Egyptian Museum, Kairo.
120. Katzengöttin Bastet. 950 v. Chr.; Bronze. Mit freundlicher Genehmigung der Trustees of the British Museum (Department of Egyptian Antiquities).
121. Bastet. Bronze. Mit freundlicher Genehmigung der Trustees of the British Museum (Department of Egyptian Antiquities).
122. Zeichnung.
123. Löwentor zur Zitadelle, Mykene, Griechenland. Photo: Scala/Art Resource.
124. Kniende Katzenfigur, Calusa-Kultur, Key San Marco, Collier County, Florida. Späte Mississippi-Kultur, 1400–1500 n. Chr.; Holz. Department of Anthropology, Smithsonian Institution. Catalogue Nr. 240915.
125. Medusa mit Löwinnen. Etruskisch, spätes 6. Jahrhundert v. Chr.; Bronzerelief. Staatliche Antikensammlungen München, Inv. 720r.
126. Geflügelter Löwe, China. Collection Musée Guimet. Photo: Cliché des Musées Nationaux, Paris.
127. Geflügelte Göttin mit Tigern und Schlangen, gefunden in Grächwil, Schweiz. Ca. 570 v. Chr.; Bronze, H. 57 cm. Historisches Museum Bern, Schweiz. Photo, Stefan Rebsamen.
128. Zeichnung. Mit freundlicher Genehmigung von M. Gimbutas aus: *Goddesses and Gods of Old Europe.*
129. Zeichnung. Mit freundlicher Genehmigung von M. Gimbutas aus: *Goddesses and Gods of Old Europe.*
130. Hellenistische Todesgöttin mit ihrem Jagdhund. Mit freundlicher Genehmigung der Trustees of the British Museum.
131. Anbetung des Hundes Anubis. Photo: Hirmer Fotoarchiv München.
132. Anubis auf einer Pylone, Grab Tutanchamuns, Ägypten. XVIII. Dynastie, ca. 14. Jahrhundert v. Chr.; Egyptian Museum, Kairo.
133. Mimbre-Schale Ca. 900–1150 n. Chr.; Taylor Museum of the Colorado Springs Fine Arts Center, TM 4589.
134. Zeichnung. Nach S. Giedion.
135. Zeichnung. Nach B. Mundkur.
136. Bemalte neolithische Terrakottafigurine einer sitzenden Mutter mit Kind. 4. Jahrtausend v. Chr.; mit freundlicher Genehmigung des National Archeological Museum, Athen.
137. Cucuteni-Figur aus Bernovo-Luka. Erémitage-Museum, Leningrad.
138. Göttin mit gespaltener Zunge, Kamnik, Albanien. Neolithisch, bemalte Terrakotta. Mit freundlicher Genehmigung von Prof. Balaji Mundkur.
139. Mykenische Göttin mit Kind. Ton. Photo: Laurie Platt Winfrey Inc.
140. Neolithische Statuette einer sitzenden Gottheit aus Kato Ierapetra, Kreta. 4. Jahrtausend v. Chr.; Heraklion Museum, Kreta, Sammlung von Dr. Giamalakis. Mit freundlicher Genehmigung von TAP Service.
141. Gottheit mit Schlangenkind. 6. Jahrhundert v. Chr.; Terrakotta. Staatliche Antikensammlungen München, Inv. 5289.
142. Modell eines Schreines mit Gottheit. Archanes, Kreta. Ca. 1100–1000 v. Chr.; Terrakotta. Heraklion Museum, Kreta, Sammlung von Dr. Giamalakis.
143. Vogelköpfige Gottheit mit Schlangenkind, Mykene. Ca. 1400 v. Chr.; mit freundlicher Genehmigung des National Archaeological Museum, Athen.
144. Zeichnung.
145. Zeichnung. Nach M. Gimbutas, *Goddesses and Gods of Old Europe.*
146. Herrin von Pazardzik. Mitte des 3. Jahrtausends v. Chr.; Kunsthistorisches Museum, Wien.
147. Neith, Grab Tutanchamuns, Ägypten. XVIII. Dynastie, ca. 14. Jahrhundert v. Chr.; H. 56,5 cm. Photo: Lee Boltin Picture Library.
148. Renenutet in Gestalt einer Kobra. Egyptian Museum, Kairo.
149. Zeichnung.
150. Geflügelte Isis. Egyptian Museum, Kairo.
151. Gehörnte Isis. Metall. Mit freundlicher Genehmigung der Trustees of the British Museum (Dept. of Egyptian Antiquities).
152. Anat mit Schlangen, Ras Schamra, Syrien. 13. Jahrhundert v. Chr.; Gold. Musée du Louvre. Photo: Cliché des Musées Nationaux, Paris.

153. Schlangenköpfige Göttin mit Kind. Mit freundlicher Genehmigung des Ministry of Culture and Information, State Organization of Antiquities and Heritage, Bagdad, Irak.
154. Herrin der Tiere und der Pflanzen, Chafadsche, Irak. Ca. 2700 v. Chr.; Steinrelief, H. 11,4 cm. Mit freundlicher Genehmigung der Trustees of the British Museum (Department of Western Asiatic Antiquities).
155. Zeichnung.
156. Dea Syria (Atargatis), Rom. Bronze. Museo Nazionale Romano.
157. Minoische Schlangengöttin, Palast von Knossos, Kreta. Ca. 1500 v. Chr.; Fayence, H. 23 cm. Heraklion Museum, Kreta.
158. Minoische Schlangengöttin, Palast von Knossos. Ca. 1500 v. Chr.; Fayence. Heraklion Museum, Kreta. Photo: Nimtallah/Art Resource.
159. Minoische Schlangengöttin, Kreta. 1600–1500 v. Chr.; Gold und Elfenbein, H. 16,5 cm. Mit freundlicher Genehmigung des Museum of Fine Arts, Boston.
160. Zeichnung. Nach M. Gimbutas.
161. Zeichnung.
162. Minoischer Goldring mit Ritualszene, Isopata, Kreta. 15. Jahrhundert v. Chr.; Heraklion Museum, Kreta. Photo: Constantine Koulatsoglou.
163. Zeichnung.
164. Tanzende Frauen, Kreta. Ca. 1400 v. Chr.; Terrakotta. Heraklion Museum, Kreta. Photo: Constantine Koulatsoglou.
165. Vogelköpfige Figurine mit Doppelspirallocken, Hügel von Sitagroi, Ostbalkan-Kultur. Philipi Museum, Sitagroi, Griechenland. Mit freundlicher Genehmigung von M. Gimbutas.
166. Zeichnung.
167. Medusa mit Schlangenlocken. Museo Nazionale di Villa Giulia, Rom. Photo: Scala/Art Resource.
168. Gorgo Medusa, Artemistempel, Korfu. 590–580 v. Chr.; Marmorrelief. Museum of Corfu. Photo: Art Resource.
169. Herakles im Garten der Hesperiden, dem Pasithea-Maler zugeschrieben, Griechenland. 5. Jahrhundert v. Chr.; rotfigurige Vase, H. 24,5 cm. The Metropolitan Museum of Art, Rogers Fund, 1908 (08.258.20).
170. Schlangenkopf, Athen. Photo: Bildarchiv Foto Marburg.
171. Athenes Umhang mit Schlangenfransen. 6. Jahrhundert v. Chr.; Bronze. Mit freundlicher Genehmigung des National Archaeological Museum, Athen.
172. Zeichnung.
173. Zeichnung.
174. Zeus als Schlange, Kykladeninsel Keos. 4. Jahrhundert v. Chr.; Marmor. Staatliche Museen zu Berlin (Ost).
175. Hekate mit Schlange, Heiligtum der Arthemis Orthia, Sparta. 8. Jahrhundert v. Chr.; Elfenbeinplakette. Mit freundlicher Genehmigung des National Archaeological Museum, Athen.
176. Medea und Jason mit der Wächterschlange. Basilica de Porta Maggiore, Rom.
177. Demeter mit Weizen, Mohn und Schlangen. Terrakotta-Relief. Museo Nazionale Romano. Mit freundlicher Genehmigung der Soprintendenza Archeologica di Roma.
178. Coatlicue, aztekische Schlangengöttin. Präkolumbianisch, Stein. Archivo Fotografico del Instituto Nacional de Antropologia y Historia, Mexico City.
179. Coyolxauhqui, die Mondgöttin. Stein, Durchm. 9,1 m. Museo Templo Mayor, Mexico City.
180. Zeichnung.
181. Schlangenwächter, Sockel des Castillo, Chichén Itzá, Yucatan, Mexico. Archivo Fotografico del Instituto Nacional de Antropologia y Historia, Mexico City.
182. Zeichnung.
183. Neolithischer chinesischer Kopf. Museum of Far Eastern Antiquities, Stockholm.
184. Fu Xi und Nü Kua. Mit freundlicher Genehmigung der Trustees of the British Museum (Stein Collection).
185. Savasana. 18. Jahrhundert n. Chr.; Sammlung Navin Kumar, New York.
186. Zeichnung.
187. Fardal-Figurinen, Dänemark. 8. Jahrhundert v. Chr.; Bronze. National Museum, Kopenhagen. Photo: Lennart Larsen.
188. Schlangengöttin in einem Boot. 8. Jahrhundert v. Chr. (Rekonstruktion von P. V. Glob). Aus: P. V. Glob: *The Mound People.* Photo: Lennart Larsen.
189. Zeichnung.
190. Göttin in Gebärhaltung, Gotland, Schweden. ca. 400 n. Chr.; Gotlands Historical Museum, Visby. Photo: Raymond Hejdström.
191. Schlangen-Erdwerk, Adams County, Ohio. Photo: George Gerster/Photo Researchers.
192. Niniganni, vom Stamm der Baga in Guinea verehrte Pythongöttin. Holz und Farbe, H. 1,74 m. Metropolitan Museum of Art, The Michael C. Rockefeller Memorial Collection, Erbe von Nelson A. Rockefeller 1979 (1979.206.101).

193. Moses mit Schlange. Ca. 12. Jahrhundert n. Chr.; Universitätsbibliothek Lüttich, Belgien. Photo: Bildarchiv Foto Marburg.
194. Schlange, Kirche St. Ambrogio, Mailand.
195. Chaldäischer Siegelzylinder von Gula-Bau. Ca. 2500 v. Chr.; mit freundlicher Genehmigung der Trustees of the British Museum.
196. Griechische Münze aus Myra. 238–244 n. Chr.; mit freundlicher Genehmigung der Trustees of the British Museum.
197. Adam und Eva und die Schlange. *Codice Vigilano y Albeldense,* fol.17, Biblioteca de El Escorial. Mit freundlicher Genehmigung von Partrimonio Nacional, Madrid. Photo: © MAS.
198. Zeichnung.
199. Minoische Figurine einer Göttin, Palast von Knossos, Kreta. Ca. 1400–1200 v. Chr.; Terrakotta. Heraklion Museum, Kreta.
200. Zeichnung.
201. Zeichnung. Nach einer Vorlage von Grace Huxtable, mit freundlicher Genehmigung von Prof. James Mellaart.
202. In Gestalt eines Schafes verehrte Göttin, Sahara-Atlas, Algerien. Felsgravierung. Mit freundlicher Genehmigung des Frobenius-Instituts der J. W. Goethe Universität, Frankfurt-M. (Nr. F:1241).
203. Widder auf einem Altar zwischen den Schilfbündeln der Gottheit, sumerisch Ca. 2500 v. Chr.; Siegelzylinder. Staatliche Museen zu Berlin (Ost).
204. Widder und Baum aus Ur. 2500 v. Chr.; Gold auf Holzkern, Lapislazuli, Muscheln und roter Kalkstein. Mit freundlicher Genehmigung der Trustees of the British Museum.
205. Fruchtbarkeitsgöttin, Minet el-Beida, Ras Schamra, Syrien. 13. Jahrhundert v. Chr.; Fragment des Deckels eines Elfenbeinkästchens, 13,7×11,5 cm. Musée du Louvre. Photo: Cliché des Musées Nationaux, Paris.
206. Aphrodite Epiragia auf einem Schaf. 1. Jahrhundert n. Chr.; Cabinet des Medailles, Bibliothaeque Nationale, Paris.
207. Hermes mit geflügeltem Hut und geflügelten Stiefeln. 6. Jahrhundert v. Chr.; Bronze. Mit freundlicher Genehmigung des National Archaeological Museum, Athen.
208. Phrixos wird von einem Widder über das Meer getragen, Griechenland. 5. Jahrhundert v. Chr.; Terrakotta, L. 24,6 cm, H. 18,1 cm. The Metropolitan Museum of Art, Rogers Fund, 1912 (12.229.20).
209. Der Raub des Goldenen Vlieses, Syrien. 4.–6. Jahrhundert n. Chr.; Kalkstein, 1,06×0,86 m. The Nelson Atkins Museum of Art, Kansas City, Missouri (NAMA 41–36).
210. Medeas Zauberkunst verjüngt den Widder. 6. Jahrhundert v. Chr.; mit freundlicher Genehmigung der Trustees of the British Museum.
211. Verehrung der Spinne, Uruk. 3000 v. Chr.; Siegelzylinder. Mit freundlicher Genehmigung des Musée du Louvre.
212. Spinnenmotiv auf einem Halsbandanhänger aus Muschelschale, Mound bei Moccassin Bend, Hamilton County, Tennessee. Durchm. 14 cm. Mit freundlicher Genehmigung des Museum of the American Indian, Heye Foundation, New York, H. L. Johnson Collection.
213. Mimbre-Schale mit Vinegaroon (Spinne). 900–1150 n. Chr.; Photo: © Western New Mexico University Museum.
214. Zeichnung.
215. In die Enge getriebener Hirsch, Höhle von Lascaux, Frankreich. Photo: Jean Vertut, mit freundlicher Genehmigung von Mme. Yvonne Vertut.
216. Rothirschschädel mit Geweih als Maske. Star Carr, Yorkshire, England. Ca. 7500 v. Chr.; mit freundlicher Genehmigung der Trustees of the British Museum.
217. Ritualvase in Form einer Hirschkuh, Muldava-Hügel, Zentralbulgarien. Frühes 6. Jahrtausend v. Chr.; Terrakotta, L. 64 cm, H. 39 cm. Plovdiv Archaeological Museum. Mit freundlicher Genehmigung von M. Gimbutas.
218. Zeichnung.
219. Zeichnung.
220. Plakette aus dem Tempel der Ninhursanga, Al-Ubaid. Mit freundlicher Genehmigung der Trustees of the British Museum.
221. Von Kleitias signierte Françoisvase, Chiusi, Toscana. 6. Jahrhundert n. Chr. Mit freundlicher Genehmigung der Soprintendenza Archeologica per la Toscana, Florenz.
222. Villanova-Kultwagen. Landesmuseum Johanneum Graz, Abteilung für Vor- und Frühgeschichte im Schloß Eggenberg, Österreich. Photo: Hofstetter-Dia.
223. Zeichnung.
224. Paläolithischer Hirsch, Fisch und Diamantglyphe auf einer Geweihsprosse aus Lorthet, Frankreich. Musée des Antiquités Nationales, St. Germain-en-Laye. Photo: Roger-Viollet, Paris.
225. Zeichnung.
226. Zeichnung.
227. Zeichnung.

228. Geometrische griechische Tonscherbe, Tiryns, Griechenland. Mitte des 8. Jahrhunderts v. Chr.; Nauplion Museum, Griechenland.
229. Delphine auf einem Rentiergeweih, Frankreich. Magdalénien. Photo: Bildarchiv Foto Marburg.
230. Zeichnung.
231. Fischgöttin aus Lepenski Vir.
232. Ninurta zielt auf Anzu. Assyrischer Siegelzylinder. Mit freundlicher Genehmigung von The Pierpont Morgan Library, New York, no. 689.
233. Um einen Phallus tanzende Figuren. Mit freundlicher Genehmigung der Soprintendenza Archeologica per l'Etruria Meridionale.
234. Riten des Haloa-Erntefestes. Staatliche Museen zu Berlin (Ost).
235. Vishnu in seiner Fisch-Inkarnation (Matsya Avatar). Philadelphia Museum of Art.
236. Fisch und Raute. Han-Dynastie. Musées Royaux d'Art et d'Histoire, Brüssel.
237. Zeichnung.
238. Christlicher Brotlaib und Fische mit Glyphen aus einer byzantinischen Kirche, Tabgah, Israel. Photo: Zev Radovan.
239. Brotlaibe und Fische. Ausschnitt vom Sockel des North Cross, Castle Dermot, County Kildare, Irland. Mit freundlicher Genehmigung von The Photographic Section, National Parks and Monuments Branch, Office of Public Works, Dublin.
240. Zeichnung.
241. Zeichnung. Nach C. Hentze: «Le poisson comme symbole de la fécondité dans la Chine ancienne».
242. Artemis mit Fisch auf der Schürze, Böotien. 7. Jahrhundert v. Chr.; Terrakotta-Amphore. Photo: Laurie Platt Winfrey Inc.
243. Paul Klee: *Um den Fisch.* 1926; Öl auf Leinwand, ca. 46×63,8 cm. The Museum of Modern Art, New York, Abby Aldrich Rockefeller Fund.
244. Aphrodite auf einem Delphin. Staatliche Museen zu Berlin (Ost).
245. Zeichnung.
246. Zeichnung.
247. Göttin mit der überfließenden Vase. Mari, Iran. 18. Jahrhundert v. Chr.; Photo: Jean Mazenod: *L'art antique du Proche Orient,* Editions Mazenod, Paris.
248. Gott mit der überfließenden Vase. Staatliche Museen zu Berlin, DDR. Photo: Bildarchiv Foto Marburg.
249. Zeichnung.
250. Früher kykladischer Bronzespiegel mit Sonne, Spiralen und Fischen, Naxos. 3. Jahrtausend v. Chr.; mit freundlicher Genehmigung des National Archaeological Museum, Athen.
251. Ausschnitt aus einem Fenster mit Fisch, Kathedrale von Chartres, Frankreich.
252. Zeichnung.
253. Muschelschalenkelch, Lambayeque, Peru. H. 23,5 cm. Mit freundlicher Genehmigung des Museum of the American Indian, Heye Foundation, New York.
254. Zeichnung.
255. Hatmehit mit Fisch, Ägypten. 1580–1100 v. Chr.; Bronze. Liverpool Museum.
256. Hathor in Fischgestalt. Ägyptische Sammlung, Kunsthistorisches Museum, Wien.
257. Anubis mit dem Fisch als Mumie, Theben, Deir el-Medine, Grab von Kha'beknet Nr. 2, XIX. Dynastie, Ramses II. oder 1304–1237 v. Chr.
258. Steinzeit-Grab in Form eines Hais. Mit freundlicher Genehmigung des Cambridge University Museum of Archaeology and Anthropology, England.
259. Heiliger Garten und Fischteich, Grabmalerei. Wandfragment. Mit freundlicher Genehmigung der Trustees of the British Museum.
260. Zeichnung.
261. Zeichnung.
262. Zeichnung.
263. Kopf eines Schweines aus Leskavica, Ostmakedonien. Ca. Mitte des 5. Jahrtausends v. Chr.; H. 19 cm. National Museum, Belgrad, Jugoslawien. Mit freundlicher Genehmigung von M. Gimbutas.
264. Zeichnung. Nach E. Neumann.
265. Fragment des Faltenwurfs der marmornen Demeter-Statue, Despoina-Heiligtum in Lykosoura. 2. Jahrhundert v. Chr.; mit freundlicher Genehmigung des National Archaeological Museum, Athen.
266. Zeichnung.
267. Saugöttin, Indien. Photo: Laurie Platt Winfrey Inc.
268. Kuh mit schwarzem Kopf, Höhle von Lascaux, Frankreich. Photo: Jean Vertut, mit freundlicher Genehmigung von Mme. Yvonne Vertut.
269. Springende Kühe mit Pferden, Höhle von Lascaux, Frankreich. Photo: Jean Vertut, mit freundlicher Genehmigung von Mme. Yvonne Vertut.
270. Kniender Stier mit Gefäß, Iran. Ca. 2900 v. Chr.; Silber. H. ca. 16 cm, B. ca. 6,3 cm. The Metropolitan Museum of Art 1966 (66.173).
271. Kuh mit saugendem Kalb. Musée du Louvre. Photo: Cliché des Musées Nationaux, Paris.

272. Zeichnung.
273. Zeichnung.
274. Amratian-Schieferplatte. Egyptian Museum, Kairo.
275. Hathor tritt aus dem Papyrus hervor, Totenbuch von Userhetmos, Ägypten. XIX. Dynastie, 1320–1200 v. Chr.; auf Papyrus gemalt. Egyptian Museum, Kairo.
276. Sistrum mit Kopf der Göttin Hathor, Ägypten. Saïten-Dynastie (663–529 v. Chr.); Fayence. The Metropolitan Museum of Art 1926.
277. Zeichnung.
278. Hathor und Amenophis II., Deir el-Bahri, Ägypten. XVIII. Dynastie. Egyptian Museum, Kairo. Photo. Borromeo/EPA/Art Resource.
279. Europa auf dem Stier. Museo Nazionale di Palermo. Photo: Hirmer Fotoarchiv München.
280. Minoisches Rhyton in Form eines Ochsenkarrens, Kreta. 12.–11. Jahrhundert v. Chr.; Heraklion Museum, Kreta. Photo. George Xylouris.
281. Kachina-Kuh, Zuni. Ca. 1850; Cottonwood, Federn, Perlen, Wildleder, 21,6×38,1 cm. Millicent Rogers Museum, Taos, New Mexico (MRM 1978–8).
282. George A. Catlin. *Mandan Indian Buffalo Dance.* Öl auf Leinwand. Mit freundlicher Genehmigung des Department of Library Services, American Museum of Natural History, New York, Dia No. 904(2).
283. Zeichnung.
284. Laotse auf einem Wasserbüffel. Sung-Dynastie (960–1280 n. Chr.); Bronzegefäß zum Verbrennen von Weihrauch. Worcester Art Museum (1931.100).
285. Göttin aus Çatal Hüyük gebiert einen Stier. Zeichnung von Grace Huxtable, mit freundlicher Genehmigung von Prof. James Mellaart.
286. Nackte Göttin auf einem Stier. Ca. 1300 v. Chr.; Musée du Louvre.
287. Zeichnung.
288. Stier als Galionsfigur an der Harfe von Ur. Mit freundlicher Genehmigung der Trustees of the British Museum.
289. Balinesische Bestattungssarkophage. Zeitgenössisch.
290. Zeichnung.
291. Zeichnung.
292. Kretischer Stierkopf mit vierblättrigen Kleeblättern. Mit freundlicher Genehmigung der Trustees of the British Museum.
293. Zeichnung.
294. Figur mit Stierkopfmaske, Zypern. Vor 1200 v. Chr.; Terrakotta. The Metropolitan Museum of Art, The Cesnola Collection, 1974–76 (74.51.1619).
295. Kretisches Stierspiel. Heraklion Museum, Kreta. Photo: Nimatallah/Art Resource.
296. Kopf eines schwarzen Stieres, Höhle von Lascaux, Frankreich. Photo: Jean Vertut, mit freundlicher Genehmigung von Mme. Yvonne Vertut.
297. Stier mit Rosette. Mit freundlicher Genehmigung des National Archaeological Museum, Athen.
298. Adad, in jeder Hand ein Blitzbündel, auf einem Stier. 8. Jahrhundert v. Chr.; Musée du Louvre. Photo: © Arch. Phot./ S.P.A.D.E.M.
299. Mond und Gott Sin. Erémitage-Museum, Leningrad.
300. Zeichnung.
301. Kultboot mit Inannas Altar. Staatliche Museen zu Berlin (Ost).
302. Mithras tötet den Stier. Museum Karlsruhe. Photo: Alinari/ Art Resource.
303. Katafalk des Apisstieres. Egyptian Museum, Kairo.
304. Apisstier vor einem Obelisken. Mit freundlicher Genehmigung der Trustees of the British Museum.
305. Zeichnung.
306. Durga tötet den Büffel Titan. Philadelphia Museum of Art.
307. Stier-Kapitell in Persepolis. Musée du Louvre. Photo: Editions Tel (D.R.).
308. Silberne Schmucknadel mit Goldverzierungen, Mykene. 16. Jahrhundert v. Chr.; mit freundlicher Genehmigung des National Archaeological Museum, Athen.
309. Moses und das Goldene Kalb, englischer Psalter. Photo: Bildarchiv Foto Marburg/Art Resource.
310. Ochs und Esel bei der Geburt Christi. 4.–5. Jahrhundert n. Chr.; byzantinisches Steinrelief. Byzantine Museum, Athen. Mit freundlicher Genehmigung von TAP Service.
311. Sassoferrato: *Die Jungfrau mit dem Kind.* Biblioteca Vaticana, Rom. I.C.C.D. Roma D 3041.
312. Die Venus von Laussel, Dordogne, Frankreich. 20000–18000 v. Chr.; Kalksteinrelief. Musée d'Aquitaine, Bordeaux. Photo: J. M. Arnaud.
313. Wettergott auf dreifacher Ochsenschädelreihe. Erémitage-Museum, Leningrad.
314. Wettergott kutschiert wasserspeienden Stier, Hasanlu, Iran. 1000 v. Chr.; goldene Schale. Archaeological Museum, Teheran.
315. Zeremonialschale mit Stierköpfen. Tschou-Dynastie (1027–256 v. Chr.); Bronze, ca. 23,1×36,5cm. Mit freundlicher Genehmigung der Freer Gallery

of Art, Smithsonian Institution, Washington, D.C. (Nr. 31.10).
316. Venus und die Jungfrau aus einem astrologischen Traktat von Albumasar, nach der lateinischen Übersetzung von Hermann dem Dalmatiner. Ca. 1403. Mit freundlicher Genehmigung von The Pierpont Morgan Library, New York (n. 785, folio 44 v).
317. Tanzende Frauen, Cogus, Lerida, Spanien. Prähistorische Höhlenmalerei. Photo: MAS.
318. Zeichnung.
319. Selket, die Skorpiongottheit Ägyptens, als Sphinx. Mit freundlicher Genehmigung des Musée du Louvre.
320. Zeichnung.
321. Zeichnung.
322. Zeichnung.
323. Selket beschützt den Kanopenschrein, Grab Tutanchamuns. XVIII. Dynastie, ca. 14. Jahrhundert v. Chr.; Egyptian Museum, Kairo. Photo: Lee Boltin Picture Library.
324. Mimbre-Schale mit Skorpion. Ca. 900–1150 n. Chr.; © Fred Kabotie: *Designs from the Ancient Mimbreños with a Hopi Interpretation,* Flagstaff 1982.
325. Indische Skorpiongöttin trägt die Welt. Sammlung der Autorin.
326. Zeichnung.
327. Eiszeit-Gravierung eines Bären aus Finnhaugen, Norland, Norwegen. Photo: University Museum of National Antiquities, Universität Oslo, Norwegen.
328. Kopflose Bärenmutter mit Jungem, Höhle von Ekain, Spanien. Photo: © G. de G. Sieveking.
329. Bernsteinbär aus Resen Mose. Mesolithisch. National Museum, Kopenhagen. Photo: Lennart Larsen.
330. Bärenförmige Vase aus Smilčić bei Zadar, Jugoslawien. 2. Hälfte des 6. Jahrtausends v. Chr.; H. 10 cm. Archäologisches Museum Zadar, Jugoslawien. Mit freundlicher Genehmigung von M. Gimbutas.
331. Bären-Madonna, aus Fafos II, Kosovska Mitrovica, Jugoslawien. Terrakotta, verunreinigter Ton, H. 5,7 cm. Nationalmuseum, Belgrad. Mit freundlicher Genehmigung von M. Gimbutas.
332. Dea Artio, Bärengöttin, gefunden in Muri, Schweiz. Spätes 2. Jahrhundert n. Chr.; Bronze, L. des Sockels 28,6 cm. Historisches Museum Bern.

FARBTAFELN

1. Wassergöttin im Glockenrock. 700 v. Chr.; Keramik. Musée du Louvre. Photo: Cliché des Musées Nationaux, Paris.
2. *La Polichinelle,* gefunden in der Nähe der Grimaldi-Höhle, Menton, Frankreich. Musée des Antiquités Nationales, St. Germain-en-Laye. Photo: Clichés des Musées Nationaux, Paris.
3. Venus von Lespugue (Frontansicht), Haute Garonne, Frankreich. Paläolithisch; Elfenbein. Collection Musée de l'Homme, Paris. Photo: J. Oster.
4. Nut, die Schöpferin, Grab von Ramses VI., Theben, Ägypten. XX. Dynastie, ca. 12. Jahrhundert v. Chr.; Papyrus. Egyptian Museum, Kairo.
5. Figur aus Hal Tarxien, Malta. Ca. 3000 v. Chr.; Ton. Photo: Adam Woolfitt/Susan Griggs Agency Ltd.
6. Minoische Figurine einer Göttin mit erhobenen Armen, gekrönt mit Vögeln, Konus und Stierhörnern, Gazi bei Heraklion. Ca. 1400–1200 v. Chr.; Terrakotta. Heraklion Museum, Kreta. Photo: Constantine Koulatsoglou.
7. Schaft mit Brüsten, Dolní Věstonice. Paläolithisch. Moravské-Museum, Anthropos-Institut, Brno, Tschechoslowakei.
8. Astarte mit Gefäß, Turgi, Spanien. 5. Jahrhundert v. Chr.; Alabaster. National Archaeological Museum, Madrid.
9. Eulenköpfige Madonna. Späte Bronzezeit, ca. 1450–1225 v. Chr.; Ton, H. 35,5 cm. Mit freundlicher Genehmigung des Director of Antiquities and the Cyprus Museum, Nicosia. 1964/IX–818.
10. Kwakiutl-Maske. Zeitgenössisch. University of British Columbia Museum of Anthropology. Photo: J. L. Gijssen und M. Cotic.
11. Szene auf einem Sarkophag aus Hagia Triada. Photo: Nimatallah/Art Resource.
12. Altar in Form eines dreiteiligen Schreins mit Vögeln, Schachtgrab 4, Zitadelle, Mykene. Ca. 1550–1500 v. Chr.; Gold. Mit freundlicher Genehmigung des National Archaeological Museum, Athen.
13. Paläolithischer Schrein aus Mammutknochen, Ukraine. Photo: Hank Morgan.
14. Tempelmodell in menschlicher Gestalt mit Vogelkopf. Photo: Giraudon, Paris.
15. Mann mit Vogelmaske, Höhle von Lascaux, Frankreich. Photo: Jean Vertut, mit freundlicher Genehmigung von Mme. Yvonne Vertut.
16. Ägyptische Baumgöttin, Grab des Panehsy, Theben, Ägypten. Wandmalerei.
17. Aphrodite in einer Muschel. Musée du Louvre. Photo: Cliché

des Musées Nationaux, Paris.
18. Minoischer Goldring mit Ritualszene, Isopata, Kreta. 15. Jahrhundert v. Chr.; Heraklion Museum, Kreta. Photo: Constantine Koulatsoglou.
19. Anubis auf einer Pylone, Grab Tutanchamuns, Ägypten. XVIII. Dynastie, ca. 14. Jahrhundert v. Chr.; Egyptian Museum, Kairo.
20. Coatlicue, aztekische Schlangengöttin. Präkolumbianisch, Stein. Archivo Fotografico del Instituto Nacional de Antropologia y Historia, Mexico City.
21. Löwentor zur Zitadelle, Mykene, Griechenland. Photo: Scala/Art Resource.
22. Geflügelte Isis. Egyptian Museum, Kairo.
23. Neith, Grab Tutanchamuns, Ägypten. XVIII. Dynastie, ca. 14 Jahrhundert v. Chr.; H. 56,5 cm. Photo: Lee Boltin Picture Library.
24. Vogelköpfige Gottheit mit Schlangenkind, Mykene. Ca. 1400 v. Chr.; mit freundlicher Genehmigung des National Archaeological Museum, Athen.
25. Minoische Schlangengöttin, Palast von Knossos. Ca. 1500 v. Chr.; Fayence. Heraklion Museum, Kreta. Photo: Nimtallah/Art Resource.
26. Die Schwarze Jungfrau. Sammlung von Tony Smith.
27. Mutter Gans und ihr Vogel auf einem Besenstiel. Umschlagillustration von *Mother Goose's Nursery Rhymes* (London: Frederick Warne & Co.). Sammlung der Autorin.
28. Göttin auf dem Löwen-Geburtsthron, Çatal Hüyük. 7100–6300 v. Chr.; mit freundlicher Genehmigung von Eahr Joan und Lisa Foley.
29. Schlangenköpfige Göttin mit Kind. Mit freundlicher Genehmigung des Ministry of Culture and Information, State Organization of Antiquities and Heritage, Bagdad, Irak.
30. Modell eines Schreines mit Gottheit. Archanes, Kreta. Ca. 1100–1000 v. Chr.; Terrakotta. Heraklion Museum, Kreta, Sammlung von Dr. Giamalakis.
31. *Savasana.* 18. Jahrhundert n. Chr.; Sammlung Navin Kumar, New York.
32. Schlangen-Erdwerk, Adams County, Ohio. Photo: George Gerster/Photo Researchers.
33. Minoische Schlangengöttin, Palast von Knossos, Kreta. Ca. 1500 v. Chr.; Fayence, H. 23 cm. Heraklion Museum, Kreta.
34. Venus von Laussel, Dordogne, Frankreich. 20 000–18 000 v. Chr.; Kalksteinrelief. Musée d'Aquitaine, Bordeaux. Photo: J. M. Arnaud.
35. Dea Artio, Bärengöttin, gefunden in Muri, Schweiz. Spätes 2. Jahrhundert n. Chr.; Bronze, L. des Sockels 28,6 cm. Historisches Museum Bern.
36. Fischgöttin aus Lepenski Vir.
37. Ausschnitt aus einem Fenster mit Fisch, Kathedrale von Chartres, Frankreich.
38. Paul Klee: *Um den Fisch.* 1926; Öl auf Leinwand, ca. 46×63,8 cm. The Museum of Modern Art, New York, Abby Aldrich Rockefeller Fund.
39. Hathor tritt aus dem Papyrus hervor, Totenbuch von Userhetmos, Ägypten. XIX. Dynastie, 1320–1200 v. Chr.; auf Papyrus gemalt. Egyptian Museum, Kairo.
40. In die Enge getriebener Hirsch, Höhle von Lascaux, Frankreich. Photo: Jean Vertut, mit freundlicher Genehmigung von Mme. Yvonne Vertut.
41. Europa auf dem Stier. Museo Nazionale di Palermo.
42. Kniender Stier mit Gefäß, Iran. Ca. 2900 v. Chr.; Silber. H. ca. 16 cm, B. ca. 6,3 cm. The Metropolitan Museum of Art 1966 (66.173).
43. Kuh mit schwarzem Kopf, Höhle von Lascaux, Frankreich. Photo: Jean Vertut, mit freundlicher Genehmigung von Mme. Yvonne Vertut.
44. Widder und Baum aus Ur. 2500 v. Chr.; Gold auf Holzkern, Lapislazuli, Muscheln und roter Kalkstein. Mit freundlicher Genehmigung der Trustees of the British Museum.
45. George A. Catlin: *Mandan Indian Buffalo Dance.* Ca. 1835. Öl auf Leinwand. American Museum of Natural History, New York.
46. Hathor und Amenophis II., Deir el-Bahri, Ägypten. XVIII. Dynastie. Egyptian Museum, Kairo.
47. Stier als Galionsfigur an der Harfe von Ur. Mit freundlicher Genehmigung der Trustees of the British Museum. Photo: Lee Boltin Picture Library.
48. Minet el Beida, Fruchtbarkeitsgöttin, Ras Schamra, Syrien. 13. Jahrhundert v. Chr.; Fragment des Deckels eines Elfenbeinkästchens. 13,7×11,5 cm. Musée du Louvre. Photo: Cliché des Musées Nationaux, Paris.
49. Kretisches Stierspiel. Heraklion Museum, Kreta. Photo: Nimatallah/Art Resource.
50. Selket beschützt den Kanopenschrein, Grab Tutanchamuns. XVIII. Dynastie, ca. 14. Jahrhundert v. Chr.; Egyptian Museum, Kairo. Photo: Lee Boltin Picture Library.

# Register

ERICH NEUMANN

# DIE GROSSE MUTTER

Eine Phänomenologie der weiblichen Gestaltungen des Unbewußten
540 Seiten mit 186 Abbildungen, gebunden

«Neumann, einer der engsten Schüler Jungs, geht in seinem großen Werk der Phänomenologie dieses Mutter-Archetypus nach. Im Unbewußten der Einzelpsyche und in den archaischen Träumen der frühen Menschheit leben Faszinationen der Anziehung, der Angst und des Ungeheuerlichen, die sich in zahlreichen Gestalten von Mysterien des Weiblichen realisieren. Neumann interpretiert diese mythisch-symbolische Bilderwelt. – Sein Buch ist ein Grundwerk der Mythenforschung und im Bildteil ein Fundus archaischer Kunstgeschichte.»

Hans Hugelmann

JACQUES BROSSE

# MYTHOLOGIE DER BÄUME

Aus dem Französischen übersetzt
von Dr. Marta Jacober
308 Seiten, Leinen

«Von Anfang an war das Schicksal der Menschen durch ein so enges und starkes Band mit dem der Bäume verknüpft, daß man sich fragen muß, wie es einer Menschheit ergehen wird, die dieses Band brutal zerrissen hat. Wir täten gut daran, wenn wir überleben wollen, das wiederherzustellen, was wir zerstört haben: eine Weltordnung, in der Mensch und Natur eine harmonische Einheit bilden», schreibt der mehrfach ausgezeichnete Dendrologe Jacques Brosse. Sein Werk gibt einen fundierten Überblick über die Vorstellungen vom kosmischen Baum – dem Baum des Lebens –, die in den Mythen, Sagen und Legenden aller bekannten Kulturvölker ihren Niederschlag gefunden haben.

Walter-Verlag